NEW MEDIA

21 世纪新媒体专业系列教材

刘友芝 / 著

新媒体运营

NEW MEDIA OPERATING

中国人民大学出版社
·北京·

本书为国家社科基金项目“以资本运营推动传统媒体与新兴媒体产业融合一体化发展”的阶段性研究成果（项目编号：15BXW018）以及“互联网文化创意产业的创业”创新创业课程建设项目的阶段性研究成果。

序 言

周锡生

当今世界充满变革与创新。在阐释当今世界变革特征的时候，“新媒体”被时常提及，尽管人们对它的定义还有不少争议。

近20年来，随着数字技术、信息技术的飞速发展，以互联网为代表的新媒体从诞生到逐步发展壮大，深刻改变了旧有的新闻信息传播方式，系统重塑了新的媒介生态和传播格局。旧媒体时代，新闻信息的传播速度还曾与交通工具竞跑；新媒体时代，昨日甚至数小时、数十分钟之前的新闻，都可能瞬息即逝，转眼间“轻舟已过万重山”。旧媒体时代，“受众”这个词体现了公众被动接受各类新闻信息的地位；新媒体时代，媒体人已经不再是专属的职业称号，自制互动、共享交流成为普遍行为。旧媒体时代，内容占据着绝对的核心地位，其他各个环节只是附属；新媒体时代，内容为王的观念在被继续强调的同时，网络、渠道、平台和终端的作用和价值日渐凸显，服务与市场的理念正在逐步深化。可以说，当今的新媒体已经跨越了媒介形态的界限，跨越了时空的拘囿，甚至也跨越了文化的隔阂。在这种态势下，建设新媒体、发展新媒体，成为传统媒体求生存、寻突破、谋发展的必由之路。

滚滚而来的新媒体浪潮绝不仅仅是改变了传媒业本身，更是深刻渗入世界的政治、经济、文化、科技等各个领域。“世界是平的”引发人们无限遐想，平的世界创造了无限的空间。放眼全球，新媒体已经成为世界政治较量的重要因素，成为各国执政者了解社情民意的重要手段，成为社会公众参政议政的重要平台，网络动员、网络聚集、网络拷问在社交媒体上成为常态，新媒体的运用和掌控能力日益成为执政水平的重要衡量标准。与此同时，以互联网产业为核心，逐步形成了包括媒体业、电信业、IT业等在内的比较完整的新媒体产业链，产业体系也日趋完善，有力地推动了文化创意产业的发展，成为国民经济的有机组成部分，且生机盎然，潜力巨大。新媒体的文化价值也在不断迸发当中，随着平板电脑、电子阅读器的迅速普及，数字阅读、数字出版势不可当，新媒体的文化传播和社会建设功能日益强大，跨界文化交流与合作的作用更加突出，极大地丰富和满足了人们的精神文化生活需求。从这个层面来说，建设新媒体、发展新媒体，已经不再单单是传媒业的职责，更需要从历史发展的宏观视野与现实的综合因素层面加以考量与谋划。

在全球加速向网络化社会、数字化生存转型的过程中，我国的新媒体建设也与世界同步，与时代同行。目前，我国的网民数量已经超过5亿，手机用户突破了10亿大关，均位居世界第一位，且还处于强劲增长当中。如此庞大用户规模的背后，是我国近年来新媒体征程中一个个开拓的脚印与卓然的成效。在当今中国，我们可以看到，新媒体的作用被普遍认可，新媒体的影响被广泛重视，新媒体的理念深入人心，传统媒体加快向新兴媒体战略转型，各类新媒体机构不断涌现且各具特色。从网络、手机、平板电脑到户外大屏、流动媒体，从主流新闻网站到各类商业网站和专业网站，新技术不断涌现，新功能不断被挖掘，新产品不断推出，呈现出万马奔腾、一日千里之势。

当然，新媒体在我国发展的时间还比较短，在采编、经营、技术、市场、管理、人才等方面还处于探索的阶段，实践过程中出现了诸多困惑与迷思，存在着各种矛盾与冲突，远未成熟。尽管如此，新媒体的蓬勃生机让我们对它的未来充满信心，而这蓬勃生机则是来自创新。创新是新媒体时代永恒的主题，谁能够加强创新，谁就能把握未来。新媒体本身就是创新的产物，创新是新媒体的生命力所在。为此，必须根据党和政府提出的新要求，适应时代的新特点，着力把握受众需求的新变化，着力把握技术突破的新契机，着力把握媒体发展的新态势，进一步创新思想观念、创新体制机制、创新内容生产、创新方式手段，加快新兴媒体建设，大力发展新兴业务，从而更好地贯彻落实中央战略部署，为加强国际传播能力建设、构建先进强大的现代传播体系做出贡献，为促进社会主义文化大繁荣、大发展发挥更加显著的作用。

新媒体是推动社会进步的重要力量，同时也要看到，新媒体是一柄双刃剑，随着新媒体地位和作用的日益增强，其所应承担的责任也越来越重要。从某些意义上讲，新媒体所应承担的社会责任甚至比传统媒体还要更重一些。多年来，我一直强调的一句话就是“网络无改稿”。如果说传统媒体的稿件签发后发现了错误，还有时间和可能予以纠正的话，新媒体的稿件一旦签发，几秒钟之内就可与全球难计其数的受众见面，根本没有时间和可能对稿件进行改正。因此，新媒体的把关责任十分重大，这既是对社会公众负责，也是对新媒体本身负责。在强调和开发新媒体的“媒体功能”的同时，有必要进一步强化其“媒体责任”。

新媒体领域日新月异的发展实践，以及在此过程中出现的矛盾与问题，要求理论研究总结规律、升华认识，并从理论层面加以阐释和指引。中国人民大学新闻学院有几位多年来潜心研究新媒体的专家学者，由他们领衔撰写的这套新媒体丛书，对新媒体的理论、技术、经营管理、业务流程、最新发展动态进行了全面深入的研究，反映了国内外新媒体研究的最新成果，对新媒体的管理者、研究者、学习者及业界从业人员都具有重要的参考价值。本套丛书的出版，相信会有助于推动我国新媒体的快速健康发展。

（作者系新华社副社长，中国记协副主席，新华网董事长）

序

喻国明

自人类进入互联网商业化发展时代以来，相继经历了从PC互联网到移动互联网的大周期迭代，正在阔步挺进智能互联网时代。其间，人类新媒体以日新月异的加速度变化和发展着，如人们接触新媒体的终端形态、新媒体内容呈现形态和传播方式、新媒体具体的业务应用形态和产业形态几乎每天都发生着变化，互联网技术革命带来新媒体眼花缭乱的变化，让站在互联网时代“潮头”的年轻用户及其从业者欣喜不已，而更多的所谓时代“落伍者”则感到“迷茫”：对于新媒体的快速变化感到前所未有的“难以驾驭”甚至“无所适从”。

“这是最好的时代也是最坏的时代”，英国文学家狄更斯在《双城记》开篇中这样描述工业革命发生后的时代。这同样适用于互联网技术革命发生后的时代，为此提出了相应的时代命题：在人类尤其是我国三十多年的互联网商业化发展时代，新媒体多种形态的迭代发展变化有何一般性的规律可循？互联网新媒体有何规律性的外在和内在特征？新媒体组织从创立生存到成长发展的各个阶段有何一般性的市场化商业运营规律可以遵循？对上述时代命题的解答是摆在时下新媒体研究者面前的一项义不容辞的社会责任。

首先，本书作者力图从互联网商业化发展的源头和大迭代周期历程中追踪和揭示出人类尤其是中国内地互联网新媒体的市场化运营演变发展轨迹和一般性规律：先动态系统地探索了我国PC互联网、移动互联网甚至智能物联网新媒体多种形态的相继更迭规律，即每一代革命性互联网技术大潮的兴起和发展，必然首先改变用户的新媒体接触终端形态；继而促进面向终端用户的新媒体内容呈现形态和传播方式的变革以及进一步的新媒体具体业务应用形态乃至产业发展形态的创新；最后形成每一代互联网大周期下的新媒体组织的市场迭代发展格局。

其次，动态系统地探索了我国PC互联网、移动互联网甚至智能物联网各个时代新媒体组织从创立到成长再到成熟发展的带有规律性的市场化运营商业模式：互联网产品型运营不仅是互联网新媒体组织生存发展的初级阶段，并且是贯穿于新媒体组织整个生命发展周期的基石；新媒体组织进化的中级成长阶段是互联网平台型运营；新媒体组织进化的高级阶段是互联网生态型运营。

本书作者本着“顶天立地”的写作原则，“顶天”就是从“顶层”的宏观层面，以我国互联网新媒体三十多年的实践发展过程为总体背景，“立地”就是“接地气”的微观层面，以我国互联网新媒体三十多年的实践发展过程中发生的大量鲜活案例为具体范本，为读者深入浅出地揭示每一代革命性互联网技术大潮下新媒体多种形态（如终端形态、内容呈现形态和传播方式、具体业务应用形态和产业发展形态）依次更迭变化的规律，互联网二十多年新媒体发展变化中的一般性外在形式特征和内在的精神内核特征；将以往影响新媒体生存和发展的“碎片化”要素（技术、传播、业务和产业）聚合到“新媒体实体组织”这一“集大成者”上，以大量现实案例揭示每一代互联网技术变革大潮下新媒体组织创立和成长发展的市场化运营模式的一般进化规律和具体应用策略。

本书可以是青年学生学习新媒体市场化运营规律与应用策略的系统范本，也可以是新媒体从业者和经营者站在顶层的思维和商业模式层面系统“充电”的“充电宝”，同时也可为传统媒体提供“互联网＋媒体”的新媒体转型及其媒体融合的新的视野和思路方法。

（作者系教育部长江学者特聘教授、北京师范大学新闻传播学院执行院长）

目 录

第一篇 总论

第二篇 新媒体组织的产品型运营

第三篇　新媒体组织的平台型运营

第四篇　新媒体组织的商业生态型运营

第一篇 总论

引言　技术商业化发展：人类新媒体形态演变的动力引擎与价值理性遵循

“新媒体”首先是一个与新技术密切相关的概念。早在1964年，加拿大传播学者麦克卢汉就在《理解媒介：论人的延伸》一书中提出了“媒介即讯息”的观点，认为对于整个社会而言，真正有意义、有价值的“讯息”不是各个时代的媒介所传播的内容，而是这个时代所使用的传播工具的性质、它所开创的可能性及带来的社会革命。这是首次从人类媒介发展历史的宏大视角层面，将技术因素上升到影响媒介所传播的内容甚至媒介文化的重要因素，开创了媒介环境学，后人甚至将其理论误解为单一的“媒介技术决定论”，并诟病其极端性、片面性。然而，人类媒体发展史，无不印证着麦克卢汉开创的媒介环境学派理论的合理性：每一次媒介技术的重大突破及其大规模商业化应用的发展，都催生出新兴媒体形态。工业化时代的造纸和印刷技术及其大规模商业化应用，催生了纸质印刷新媒体（报刊）。电子传输技术及其商业化应用首先催生了广播新媒体，而后电子声画技术及其商业化应用催生了电视新媒体。

造纸和印刷技术最早都起源于中国。但只有进入工业化时代，才产生了可以大规模商业化应用的造纸和印刷技术。1797年，法国人尼古拉斯·路易斯·罗伯特成功发明了用机器造纸的方法，才使纸张成为一种廉价产品。1845年，德国生产了世界上第一台快速印刷机，开启了印刷技术的机械化。1860年，美国生产了第一批轮转机。德国又相继生产了双色快速印刷机、印报纸用的轮转印刷机，1900年发明了六色轮转机，实现彩色印刷。大约经过了一个世纪，各工业发达国家都相继完成了印刷工业的机械化。工业化造纸和印刷技术的大规模商业化应用，使信息的大量生产和复制成为现实，从而催生了大众化的报刊新媒体。19世纪30年代后，各国相继进入廉价报纸时期。美国出现了著名的三大“便士报”——本杰明·戴的《纽约太阳报》（1833年）、贝内特的《先驱报》（1835年）、格里利的《论坛报》（1841年）；英国也出现了《每日电讯报》《帕尔玛公报》《点滴杂志》等；法国则出现了代表性的《新闻报》《世纪报》和《费加罗报》。伴随现代大众报刊在西方国家的普及推广，西方传教士也将其引入中国。

工业化造纸和印刷技术无法实现远距离的信息传递，而人类通过电子传输技术解决了这一难题，电子传输技术的不断成熟和商业化普及应用，相继推动了广播新媒体和电视新媒体等大众电子新媒体的兴起与发展。1876年有线电话诞生，为有线广播打下技术基础。1880年，俄国人U. 奥霍罗维奇成功研制出用导线把剧院里的音乐节目传输出去的播音设备。1893年，匈牙利的布达佩斯连接了700多条电话线，定时广播新闻，形成正式的有线广播。

1873年，英国的J.C. 麦克斯韦从理论上证明了无线电波的存在。1888年，德国物理学家H.R. 赫兹通过火花放电的实验，产生并接收了无线电波。20世纪20年代是世界广播事业的“新生时代”，许多国家在这一时期建立了无线广播电台。1920年，美国匹兹堡的KDKA电台开始播音，成为全球第一家正式办理执照的无线广播电台，标志着广播事业的诞生；1922年，莫斯科中央广播电台、法国的广播电台、英国广播公司（BBC）开始播音；1923年德国、1924年意大利、1925年日本也相继建立了广播电台。

电视技术的诞生稍晚于广播，从1883年到1930年，科学家们致力于电视图像和声音同时发播的实验；二战时期，电视事业从实验阶段走到了现实的商业化应用阶段。1929年，英国广播公司进行了世界上第一次电视广播。1936年，BBC建立了电视发射台，于11月2日起定时播出电视节目；同年，英国广播公司采用贝尔德机电式电视广播，第一次播出了具有较高清晰度、步入实用阶段的电视图像。1939 年，美国无线电公司开始播送全电子式电视节目。瑞士菲普发明第一台黑白电视投影机。1940 年，美国古尔马研制出机电式彩色电视系统。20 世纪末，随着数字技术的兴起，传统的模拟电视也在向数字电视转变。但是随着互联网的兴起，能够实现双向互动的网络电视吸引了人们的兴趣，人们越来越广泛地通过互联网传输和接收电视节目，极大地挑战了传统电视的媒介霸主地位。

互联网技术的产生及其商业化应用的发展，颠覆了工业化时代的印刷媒介技术和广播电视媒介技术，推动了互联网时代的新媒体的兴起和发展。

互联网起源于 20 世纪 60 年代末，起源于美国的军用网——“阿帕网”（ARPAnet），阿帕网于 1969 年正式启用，成为互联网的前身。20 世纪 70 年代，阿帕网用一种新的方法将不同的计算机局域网互联，形成“互联网”。研究人员称之为“Internetwork”，简称“Internet”——互联网，并一直沿用到现在。互联网作为人类的一种新技术，与蒸汽机为代表的工业发明技术所不同的是，它对于人类社会的意义，不仅仅是提供人类社会发展的“原动力”，而且更重要的是直接与“人”相关，通过互联网可“连接”人们生活和生产、流通、交换、分配所需的一切“信息”和“数据”，它对人、企业和社会都产生了巨大的改变力量①，尤其是对工业时代背景下产生和发展的报纸、杂志、广播、电视等传统媒体的形态及其生存、发展方式都产生了颠覆式的影响。

互联网技术的民用商业应用推动了新媒体的兴起和发展。尽管互联网早已出现，但直到 20 世纪 90 年代，互联网都主要用于军事与研究领域。1991 年，美国的 CERFnet、PSInet 以及 Alternet 三家公司宣布在一定程度上向客户提供互联网接入服务，拉开了国际互联网民用商业应用的序幕。1994 年 4 月 20 日，通过一条 64K 的国际专线，中国全面接入国际互联网，刻下了中国进入互联网时代的起始点，互联网开始接入我国普通人的生活。

互联网接入普通人生活的民用商业化服务，首先起源于针对互联网网民的互联网终端技术的基础性互联网商业民用接入服务。例如，面向互联网网民的终端上网设备和上网传输频率的商业接入服务，最早以互联网个人电脑为主要上网终端设备，因而，首先推动了 PC 新媒体的兴起和发展。网络门户新闻媒体、网络信息搜索新媒体、网络社会化媒体、网络电子商务新媒体及网络休闲娱乐的视听新媒体和其他实用服务新媒体不断脱颖而出。

互联网终端应用技术实现了由有线固定的 PC 互联网终端逐步向无线可移动的移动互联网终端的重大突破，尤其是进入 2010 年以来，我国 3G 和 4G 互联网应用接入服务突飞猛进，移动新闻 APP 媒体、移动搜索新媒体、移动社交新媒体、移动电子商务新媒体和其他移动实用服务新媒体以及移动休闲娱乐新媒体也快速应运而生。由于可满足移动网民随时随地的各类上网需求，移动手机网络用户呈现出爆发性增长态势，各类移动新媒体已取代传统 PC 互联网的新媒体成为当下新一代互联网的主流新媒体。

总体而言，人类技术的变迁及其大规模商业化推广应用是推动新媒体形态总体演变的主要动力引擎；与此同时，伴随人类新技术演变和更迭速度的不断加快，新媒体形态演变和更迭也不断提速。按照美国传播学者的定义，一种媒体使用的人数达到全国人口的五分之一，才能被称为大众传媒。在美国，在达到 5 000 万人使用的界限标准的大众传媒中，广播用了 38 年，电视用了 13 年，有线电视用了 10 年，而互联网只用了 5 年，当代智能手机媒体 14 个月便达到 5 000万用户。同样是互联网媒体，也面临着后浪推前浪的冲击与挑战。在我国，微信、滴滴

① 郝志中．用户力：需求驱动的产品、运营和商业模式［M］．北京：机械工业出版社，2016.

出行、手游、新闻客户端等新兴媒体形式不断崛起，曾经风光无限的门户网站也逐渐沦为了传统媒体。即便领先的互联网企业也不敢懈怠，优秀APP的迭代周期约为22天，小米手机发布更新包的时间为一周。①

我国互联网近三十年的实践发展证明，“互联网新媒体”本质上是“互联网＋媒体”优势互补的新型“融合媒体”。在当代互联网占主导地位的媒体生态环境下，李良荣教授等认为，传统媒体希望借助“媒体融合”，扭转新媒体导致的被动局势，并指出媒体融合是互联网的固有属性，互联网与生俱来就是一个多媒体平台，在技术上已经融合（或聚合）了传统媒体（报纸、广播、电视等）的一切手段。它不仅融合了文本、音频、视频和图像等手段，还涵盖了海量的内容和功能，如人们可以通过网络聊天看视频、购物、玩游戏。为此，我们（传统媒体）现在的任务不是再花精力和时间去人工完成新的所谓的“融合媒体”，新媒体就是“融合媒体”，业界无须再人为地合成一个“融合媒体”，而应该集中精力探索互联网形态下新的表现形式。②

更为现实的重大问题是，只有认知和把握互联网总体的动态发展环境下的新媒体生存与发展的主要规律，传统媒体才能找到适应互联网发展环境的真正的新媒体转型与媒体融合之道。

鉴于此，为区别于前互联网时代的新媒体概念，本书将新媒体概念置入互联网技术的商业化发展语境之中，本书后面所指的“新媒体”专指互联网技术及其商业化应用的产生和动态发展变迁过程中融合了“互联网”与“传统媒体”优势的新型媒体。为帮助读者理解和认知互联网商业化发展语境中的新媒体运营规律，特在总论篇中，系统梳理我国互联网二十多年的商业化动态应用发展过程中新媒体形态更迭的一般规律，新媒体的终端应用技术、传播应用方式和市场化业务以及总体产业发展这四个维度下的新媒体动态演变特征，互联网商业发展语境下新媒体的总体本质特征，从而作为新媒体四个维度下集大成者的新媒体组织的总体运营概述，从而便于读者理解和认知后续重点探讨的新媒体组织的产品型运营、平台型运营、生态型运营的主要新媒体运营规律。

与此同时，对于互联网公司而言，基于技术支撑的所有商业服务活动都离不开信息及其传播的“纽带”作用，本质上属于媒体信息传播服务的范畴，因而在遵循其科技与商业运营规律的工具理性之外，也应遵循媒体信息传播的价值理性，在实践操作层面，以国家出台的各类各种网络服务综合治理法律体系，作为互联网商业服务活动内在约束的价值理性制度遵循的“底线”和“红线”。

---

① 喻国明，刘旸．“互联网＋”模式下媒介的融合迭代与效能转换［EB/OL］（2015－10－08）［2017－10－11］. http：//www.xmtnews.com/p/2710.html.

② 李良荣，周宽玮．媒体融合：老套路和新探索［J］．新闻记者，2014（8）．

第一章　互联网商业化发展时代的新媒体形态更迭

【知识目标】

我国互联网商业化发展时代下新媒体主要呈现形态（终端形态、内容呈现形态、传播形态、业务形态、实体组织形态）的具体更迭历程。

互联网技术及其商业化发展对新媒体主要呈现形态的具体影响因素和作用。

【能力目标】

熟悉我国新媒体兴起与发展的具体演变过程。

熟悉引领我国新媒体主要呈现形态发展变化的主要影响因素及其作用。

掌握互联网新媒体主要呈现形态发展变化的一般性规律。

【知识导入】

互联网技术的进步及其商业化应用和发展，对新媒体形态的影响具有划时代的意义，与工业时代的技术催生的四大传统媒体相比，互联网时代新媒体技术直接与“人”有关（见图1-1）。

都是技术的进步，但互联网不同的是直接与“人”有关。

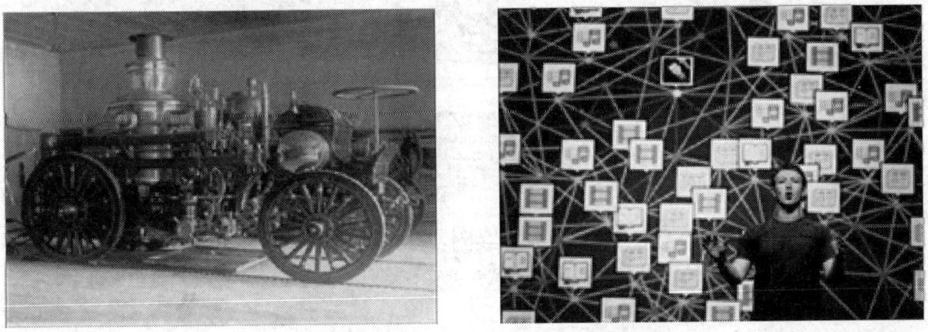

工业时代：1775年发明蒸汽机　　　　互联网时代：1969年技术出现

图1-1　时代交替：从动力到连接

资料来源：郝志中．用户力：需求驱动的产品、运营和商业模式［M］．北京：机械工业出版社，2016：4.

互联网各个发展时期的大规模商业化推广应用，相继推动了各个时期的基础应用技术、传播应用方式、市场化应用方式和产业化发展的变化，而这些具体的商业化实践发展，直接影响相应的新媒体实践发展中的具体呈现形态。

回望我国二十多年互联网商业化应用的发展历程，总体经历了从互联网 1.0 时代到 2.0 时代再到 3.0 时代的大变迁，而每一个互联网时代都伴随着互联网终端的硬件应用技术、网络传输应用技术及其传播方式的代际创新，并不断拓展其他的在线化媒体服务和线上向线下网络服务的渗透，如邮箱、论坛、新闻、搜索、游戏、即时通信、社交、各种泛娱乐消费以及购物、支付、吃饭、打车等各种实用生活服务。现如今互联网已深入普通人的线上和线下的生活服务之中，并加速新媒体形态的“螺旋式”上升和代际更迭。

第一节　新媒体终端形态的更迭

互联网技术的商业化应用，首先体现于互联网基础应用技术的商业化发展：一是表现于网民上网的终端应用设备技术，二是表现于终端上网设备的网络传输应用技术。这两类影响网民上网速度和质量的基础应用技术的商业化发展演变，直接促进了用户上网的新媒体终端形态和新媒体终端上内容呈现形态的不断更迭。

一、互联网终端技术与新媒体终端形态的更迭

互联网技术应用是以计算机信息处理设备及其网络的互联为起源的，互联网各类应用最终要落脚到网民的上网终端设备上，因而互联网上网的终端设备历来是互联网媒体竞争的入口，“得终端者得天下”成为媒体竞争的重要口号。互联网终端是一台用来让用户输入数据并显示数据计算结果的机器，是计算机系统的输入、输出设备和显示终端。在互联网的发展变迁过程中，终端技术的发展经历了“PC 互联网”“移动互联网”“家庭互联网”三个阶段的演变。如图 1－2 所示：

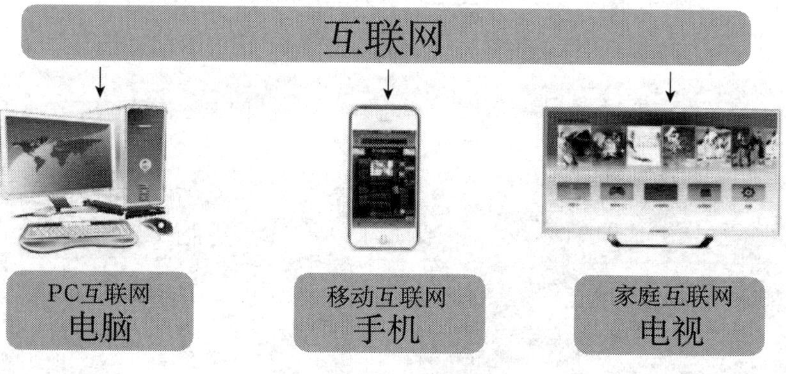

图 1－2　互联网：终端的分类

资料来源：郝志中．用户力：需求驱动的产品、运营和商业模式［M］．北京：机械工业出版社，2016：9.

在 PC 互联网时代，电脑是典型的终端媒体代表，人们使用台式电脑或者笔记本电脑连入互联网，便可获取各式各样的媒体信息和服务。1987 年 9 月 20 日，钱天白教授在北京通过拨号上网发出我国第一封电子邮件，“越过长城，通向世界”，成功发至德国，拉开了中国连入国际互联网的序幕。随着 PC 端互联网技术的发展成熟，各类门户网站如雨后春笋般涌现了出来，主要提供邮箱、新闻、搜索、短信、彩信、论坛、聊天室、BBS、网络社区等互联网商业化应用服务。在我国，典型的四大门户网站是新浪、搜狐、网易和腾讯，它们被看作与报纸、广播、电视等传统媒体迥异的新媒体，彼此之间展开了激烈的市场竞争。

在移动互联网时代，手机、iPad 等智能移动互联网设备凭借着小巧的身形、使用的便捷性、人性化的设计等特点吸引了用户的注意，移动端突破了传统 PC 端的固定性，使得人们可以随时随地享受上网的乐趣，逐渐取代了 PC 终端的主体地位。在这一时期，新媒体的典型代表是社会化媒体，"两微一端"引发的各类自媒体更是展现了强劲的渗透力，成为与传统媒体抗衡的劲敌，也提供了新的传播渠道。

电视互联网是继 PC 互联网、移动互联网后又一新的互联网终端形态，电视互联网将广电网络、移动网络和互联网三者结合，现在处于萌芽期。有人预测，在电视互联网时代，电脑将会渐渐被冷落，而"手机＋电视屏"的双屏互动能够实现大小视界的相互交融，使得移动互联网与电视互联网无缝连接，继续推动互联网发展的新进程，构建人类社会新的生活方式，也为传统电视媒体的互联网转型升级带来新的发展机遇。

从互联网发展实践来看，我国网民上网的互联网接入终端依次为 PC 端、手机端、电视端。早在中国互联网络信息中心（CNNIC）发布的第 39 次《中国互联网络发展状况统计报告》就已显示，截至 2016 年 12 月，中国网民规模达到 7.31 亿，相当于欧洲人口总量，互联网普及率达到 53.2%；网民个人上网设备进一步向手机端集中，手机上网比例不断增长，台式电脑、笔记本电脑的上网比例则呈下降趋势。截至 2016 年 12 月，在我国网民中，我国手机网民规模达到 6.95 亿，增长率连续三年超过 10%；使用手机上网的比例为 95.1%，较 2015 年底增长了 5.0 个百分点；使用台式电脑、笔记本电脑上网的比例出现下降，分别为 60.1%和 36.8%；电视作为家庭娱乐上网设备，网民使用率为 25%，较 2015 年底增长了 7.1 个百分点，成为网民上网增幅最大的智能设备。① 而截至 2023 年 6 月，网民个人上网设备进一步向手机终端集中，如图 1－3 所示：

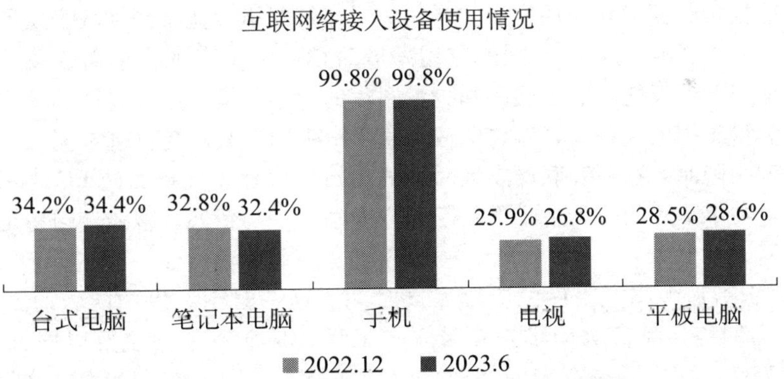

图 1－3　互联网接入设备使用占比情况

资料来源：CNNIC 第 52 次《中国互联网络发展状况统计报告》，第 10 页。

第 52 次 CNNIC 报告显示，截至 2023 年年 6 月，我国网民信息接触的首选媒体是手机，占全部媒体份额的 99.8%，PC 位列第二，占比 32.4%，网民的人均每周上网时长为 29.1 个小时。② 我国手机、电脑、iPad、电视四屏汇流的互联网终端新媒体格局正在形成之中。

其中，发展最为迅猛、应用最为广泛的还是移动终端，除了手机外，智能眼镜、手表等可穿戴移动设备以及汽车等移动设备，也可以成为移动上网终端，未来还会有更多"跟用户接触时间

① 引自 CNNIC 第 52 次《中国互联网络发展状况统计报告》，第 10 页。

② 同①.

长、跟随用户移动”的上网设备，它们将成为新的移动上网终端。随着连入互联网的设备增多和不同新终端的出现，手机将成为“核心终端”，像用户的身体器官一样，与各种上网设备及新终端互联，而手机将成为终端的中心。[①] 在当前移动互联网占主导地位的互联网商业化生态环境下，各类移动新媒体是主流新媒体，而传统的PC端互联网新媒体已逐步沦为新媒体中的“老媒体”。

展望未来，伴随着人工智能、大数据、物联网、虚拟现实/增强现实（VR/AR）技术的逐步成熟和在媒体领域的应用，机器及各种智能产物将成为新一代的信息终端，进入万物皆媒时代。新媒体的信息终端，未来发力的三个重点领域将是可穿戴设备、智能家居、智能汽车。新媒体的终端形态将进一步演化为万物皆媒的智能终端形态。

二、互联网传输技术与新媒体内容呈现形态的更迭

互联网媒体终端硬件应用技术的不断变革，推动了互联网上网设备性能的优化，对互联网的网络传输技术提出了新要求，互联网的网络传输技术成为影响新媒体发展的至关重要的又一基础性技术因素。它首先影响网络的数据传输速度，继而影响新媒体终端上的传输内容形态，最终影响新媒体服务于互联网网民的业务和产品类型。

通常人们使用“带宽”这一指标来判断互联网传输速度的大小。带宽又叫频宽，是指在固定的时间内可传输的资料数量，即在传输管道中可以传递数据的能力。在模拟设备中，带宽通常以每秒传送周期或赫兹（Hz）来表示；在数字设备中，带宽通常以bps表示，即每秒可传输之位数。人们用“4M”这个数字来区分宽带网和窄带网，网络传输速度在4M以下的为窄带网，4M以上的均被称为宽带网。

互联网传输技术的商业化应用发展主要经历了窄带网络和宽带网络两个发展时期。以中国互联网为例，1995—2004年是窄带网的应用发展时期，主要表现为早期的拨号上网，互联网的数据传输速度很低，仅能够满足文字和少量图片的数据传输，是新媒体的图文信息时代，尚无力承载包含大量数据的视频、音频、图像信息。窄带网在我国现已基本淘汰。受窄带互联网的带宽传输速度的限制，这一互联网发展时期的主流新媒体，主要面向PC终端用户，以提供及时更新的海量文字图片信息为主导的新闻门户网站为主，新浪、搜狐、网易是这一时期的代表性新闻门户网站。

2004—2009年是中国宽带网的应用发展时期。这一时期，以中国联通、中国电信、中国移动为主体的网络运营商大力推进宽带入户工程。早期宽带网主要以同轴电缆连接，网络数据传输带宽为4M。后来宽带网络改为光纤连接，这一时期4M成为网民的基本上网带宽，一部分先行网民的上网带宽拓展为10M以上。网络数据传输带宽的拓宽，带动了互联网传输的内容的改变和传输速度的提升，从窄带网时期仅能传输简单的文字和图片为主的网络新媒体内容，开始转向传输图像信息、视频、音频等为主的多元化新媒体内容，由此，带动了网络新闻、网络搜索、网络即时通信、网络社交、网络购物、网络文学、网络视频、网络游戏等多种网络商业化应用服务的爆发式发展。新一代主流新媒体也随之兴起和繁荣：腾讯、百度、阿里（阿里巴巴的简称）、京东、360凭借独特的互联网商业化应用类的产品和服务，在这一时期迅速崛起。与此同时，BBS、MSN等传统交互工具逐渐淡出网民的视野，而QQ、微博等社会化媒体开始大行其道。流媒体技术的发展成熟也促

---

① 郝志中.用户力：需求驱动的产品、运营和商业模式［M］.北京：机械工业出版社，2016：10.

进了各类视频网站的全覆盖，腾讯、爱奇艺、土豆、优酷……这些耳熟能详的名字成为人们享受娱乐生活的极佳新媒体渠道。

2009—2014年是我国移动通信技术发展的重要时期，移动网络传输速度也经历了1G、2G、3G、4G的更替，从开始仅能进行语音传输发展到如今能够满足用户的各类无线服务要求。目前我国大规模商业化网络主要是第四代通信技术（4G），下载速度能够达到100M，上传速度也可达到20M，比拨号上网速度快2 000倍。智能手机+移动4G，促进了移动互联网应用的大发展，网络用户和新媒体公司加速向移动端转移，一批新兴的移动新媒体在移动互联网"风口"快速兴起，如小米、今日头条、美团、滴滴出行等等。与此同时，传统互联网时期的一批主流新媒体公司，在短期内迅速完成了向移动端业务的转型升级：腾讯以创新性的移动社交产品——微信，率先获取了移动互联网时期新媒体竞争的第一个制胜法宝；阿里和百度分别以手机支付宝、电商APP和手机百度完成移动端的新媒体市场布局；京东和360也相继完成移动端的转型；PC互联网时期的四大门户网站也通过移动新闻客户端向移动新媒体转型。传统媒体纷纷向移动互联网转型，开办"两微一端"的移动新媒体业务（即媒体微博、媒体微信公众号、媒体客户端）。

2015年中国正式进入"互联网+"发展时代，互联网传输速度、稳定性和资费成本使之成为重要的网络基础设施，加快宽带网络建设无疑成为这个新型互联网发展模式的巨大推动力。推进光纤入户和宽带乡村工程，加快全光纤网络城市和第四代移动通信网建设，使城市与乡村的隔阂更少，联系更紧密。高速稳定的互联网，促进了家庭无线网络的使用，WiFi无线网络成为网民在固定场所下的首选接入方式。截至2015年12月，91.8%的网民最近半年曾通过WiFi无线网络接入互联网，较2015年6月增长了8.6个百分点，网民WiFi使用率达到91.8%。工信部指出，到2018年我国将计划建设宽带、融合、泛在、安全的下一代国家信息基础设施，建成一批全光纤网络城市，4G网络全面覆盖城市和乡村，80%以上的行政村实现光纤入村，直辖市、省会等主要城市宽带用户平均接入速度达到30M，以满足互联网网民群体的基本上网需求。这将进一步提升我国网民的新媒体应用水平，全面提升对"互联网+"基础设施的宏观支撑能力。大平台级的新媒体公司如阿里、腾讯、百度（BAT）迈向更大规模的生态型新媒体的发展道路，传统行业领域也崛起一批"互联网+传统行业"类的新媒体，如苏宁易购、滴滴出行、汽车之家、健康之家等等。

2016年以来，伴随着我国智能手机的进一步普及应用和手机内存容量的扩大以及移动互联网运营商流量的"降费"等移动互联网应用基础设施的进一步改善，以付费长视频（爱奇艺、优酷、腾讯视频、B站），综合类短视频与直播（快手、抖音、微视）等为代表的新兴内容呈现形态迎来行业发展的"风口"。我国移动互联网时代的新兴文娱媒体内容呈爆发式发展趋势。内容展示形态呈现出移动化，社交化，视听化（直播化、短视频化、音频化、微短剧化），多模态化，VR/AR，智能化的演变态势。

第二节　新媒体传播形态的更迭

伴随着互联网终端技术、网络传输技术等互联网基础应用技术的广泛商业化应用，互联网信息传播的3W化、Web化应用技术也应运而生，互联网作为内容和信息传播渠道的功能开始凸显，网络信息传播的应用模式也随之产生。与此同时，随着互联网终端技术、网络传输技术的不断演化，网络信息传播的应用模式也不断变革，与之相应的互联网主流新媒体也随之更迭。如表1-1所示：

表 1-1 互联网传播应用模式变迁下的新媒体更迭

主要发展阶段	第一阶段	第二阶段	第三阶段	第四阶段	第五阶段
时间	1995—2000	2000—2004	2004—2009	2009—2014	2014 年至今
互联网时代	PC 互联网 1.0 时代	PC 互联网 1.0 时代	PC 互联网 2.0 时代	移动互联网时代成熟期、智能互联网成长期	移动互联网时代成熟期、智能互联网成长期
传播模式	传统传播方式没有变革	大众主动的定向索取模式兴起	互动传播模式逐渐成为主流	个人门户传播模式兴起	移动智能精准传播、人机互动传播
传播新媒体的主要形态与特点	网络新闻门户媒体	搜索门户媒体	PC 端社会化媒体	多终端的社交门户媒体	即时众媒与精准智媒体的共生

资料来源：根据方兴东《新媒体之道与媒体融合战略选择》与《中国媒体融合 30 年研究》修改和补充整理而成。

一、Web1.0 时代单向大众网络传播的新闻门户媒体兴起

这一阶段主要是 1995—2004 年间 PC 互联网发展的早期，上网带宽主要是窄带。受限于此，在网络传播方式上，这一时期主要是 Web1.0 的单向传播时代。20 世纪 90 年代中后期随着个人电脑的逐步兴起、普及和网络传输技术的兴起，互联网信息传播的 3W 化和以 Web 网站为核心、面向互联网 PC 终端用户的“机对人”的单向被动“连接型”的大众网络传播模式兴起。相对于报纸、广播、电视等传统媒体的传统大众传播模式，“机对人”的大众网络传播模式，实现了即时性、海量性、分类聚合性等传播特性的重大突破。雅虎、新浪、搜狐、网易等 Web 网站，利用互联网技术变革，以提供即时、海量、分类聚合信息等取得了互联网市场的发展优势和发展先机，最终发展为这一时期 PC 端网民接入互联网的门户入口，成长为这一时期具有网络平台媒体特征的“大众新闻门户网站”，进而逐步取代传统媒体而成为最早的新兴互联网主流传播新媒体——第一代平台型大众门户网络媒体。然而，第一代大众新闻门户网络媒体的崛起，并未从根本上改变以传者为中心的传统大众传播模式特性，网络内容和信息由 Web 网站这一新的主导传播者向大众网民单向度地传播，网民仍然是被动接受 Web 网站信息的“受众”——“网众”（网络受众），缺乏主动性和互动性网络传播特点。而适应网民与信息主动连接的大众主动传播特性的下一代新媒体必将崛起而取代前一代具有“网众”被动接受特性的新媒体。

二、Web1.0 时代用户定向索取网络传播模式的搜索门户媒体崛起

这一阶段主要是 1995—2004 年间 PC 互联网发展的后期，以谷歌、百度为代表的新兴新媒体公司，以其搜索引擎技术的定向化、高效化和精准化，改变了 PC 互联网 1.0 时代早期 PC 端网民只能被动接受大众 Web 网站单向传播的内容信息的传播方式，转向主动“定向索取”Web 网站发布的个性化内容和信息。大众定向索取网络传播模式实现了“人与信息”的主动高效连接，开始取代“机对人”的单向被动“连接型”的大众网络传播模式，PC 端网民由被动的“网众”身份，开始转化为主动的网络“用户”身份。用户可根据自身的个性化信息需求，通过网络高效定向搜索应用工具主动索取所需个性化信息，网络用户实现了“人与信息”的主动高效连接，改变了网络用户在“机对人”的大众网络传播模式中的被动角色，网络“受众”也开始逐步转变为网络信息的主动使用者——网络“用户”，并首次在新媒体市场中取得中心地位。在这一新的大众主动“定向索取”的网络传播模式下，以网络用户为中心，依靠高效定

向连接的搜索引擎技术，首次实现了“人与信息”的主动连接，成为这一时期的基础性网络信息传播应用技术。在这一技术方面处于领先地位的互联网新媒体公司，如谷歌、百度逐步发展为大众网络用户的新的网络信息接入平台，不仅分别取代了互联网门户平台型新媒体公司——雅虎和搜狐，而且逐步取代新浪、网易等大众门户网站的新媒体市场地位，而成为新一代网络平台型大众门户网络媒体。

在1995—2004年间的PC互联网1.0时代，总体上是互联网信息传播应用技术的Web1.0时代，依靠高效定向搜索引擎技术起家的大众门户网络媒体，并未从根本上改变传统大众传播的线性特性，在网络信息传播中缺乏“人与人”主动连接的互动性。

三、Web2.0时代网络互动传播的PC端社会化媒体兴起

2004—2009年，我国互联网发展开始进入PC互联网2.0时代，网络传播应用技术发生了根本性变革，PC端互联网传播应用技术在Web2.0时代悄然兴起并得到普及和优化，如可实现网络用户之间直接信息交流的P2P技术（也被称为“点对点技术”）、可实现网络用户个性化信息订阅的RSS技术、可以让网络用户实现各种内容与服务自由组合的Widget技术、基于网络平台开放的API技术、提供用户社交服务的SNS技术等。[①] 首先在PC端出现了一系列具有互动特性的典型社会化媒体应用，如论坛、即时通信工具、SNS网站、博客、微博等，网络用户的地位得到进一步提升。网络用户除了主动地利用搜索引擎搜寻、索取自己感兴趣的信息并且对阅览内容进行实时评论、分享，还利用即时通信工具展开实时交流，在博客、微博等社交平台上发布信息，使之顺着社交网络迅速扩展开来。人们转发、分享自己感兴趣的内容，也使得信息的传播范围迅速扩大，传播速度大大增加。在这一时期，个人的大众传播能力显著增强，受众具备了传播者的身份。基于“人与机”和“人与信息”连接的线性传播模式，开始演变为基于人与人之间社会网络关系连接的个人门户传播模式，人际社会关系网络成了大众传播的“基础设施”[②]，由此催生了一批基于PC端用户社会关系的内容生产与交换平台的社会化媒体。在PC端社会化媒体中，网络用户创造内容（UGC）逐渐成为主流，个人开始成为真正的主动传播主体。

PC互联网2.0时代的我国代表性社会化媒体，主要有基于用户分享内容的豆瓣网，以人人网（校内网）、开心网、51.com为代表的SNS社会化网站，博客中国，基于用户论坛服务的天涯论坛、新浪微博，等等。但这些兴起于PC端的社会化媒体由于没有体现网民UGC的劳动价值，同时缺乏UGC的筛选性过滤，信息分享的可信度问题日趋凸显，影响了用户的留存率和用户规模的自然扩张，缺乏商业变现价值，因而大多出现市场没落、生存期较短的问题。从世界范围来看，在2005年之际MySpace成为世界上最大的社会化媒体网站，当时其页面访问量超越了著名搜索引擎谷歌。2006年第三方被允许开发基于脸书（Facebook）的网站API应用，使得Facebook随后一跃成为全球用户量增长最快的社会化媒体。

四、Web3.0时代个人门户网络传播的多终端社交门户媒体崛起

2009年以来，互联网传播应用技术，如Mashup有效聚合技术，可管理的VoIP与网络聊天（IM），可控的Blog/Vlog/Wiki，有利于建立可信关系的SNS，在Web3.0时代悄然兴起。

---

① 彭兰．从“大众门户”到“个人门户”——网络传播模式的关键变革［J］．国际新闻界，2012（10）．

② 同①.

同时 Web3.0 的网络模式将实现不同终端的兼容，而且具有很强的普适推广价值，使个人具有更强的传播能力。用户个人可以方便地集 UGC 生产与多终端传播于一体，个人真正具备了大众传播能力，以用户个人为主导的个人门户传播模式得以建立。在这一时代背景下，一些起源于 PC 端 Web2.0 的 MySpace、YouTube、Facebook、推特（Twitter）、新浪微博经过适时创新，成功地从 Web2.0 互动传播模式过渡到 Web3.0 具备高效可信的个性化、互动性和深入应用服务模式，逐步发展为大型互动开放的多终端社交门户媒体平台，在商业上也取得了成功。

五、移动智能时代即时众媒与精准智媒的共生

2014 年以来，伴随着智能手机、WiFi 和 3G 及 4G 网络的普及应用，微信、微博、手机 QQ 已成为融网络聊天、交友、视频分享、博客、播客、网络社区、游戏、音乐共享、购物等多种功能为一体的新一代综合性网络社交媒体平台。截至 2015 年 12 月，我国网民规模达 6.68 亿，互联网普及率为 50.3%；手机网民规模达 6.2 亿，占整体网民比例提升至 90.1%。[①] 伴随着我国互联网基础设施的进一步完善，将会有更多的中国人接入互联网。预计到 2020 年，我国固定宽带家庭普及率将达到 70%，移动宽带用户普及率达到 85%，整体互联网普及率达到发达国家的平均水平。[②]

2015 年 11 月 10 日，腾讯旗下的两大社交软件——QQ 月活跃用户（MAU）数达到 8.6 亿，微信月活跃用户数达 6.5 亿，其中，QQ 智能终端月活跃用户数达到 6.39 亿，微信智能终端月活跃用户数已超越移动 QQ，腾讯两大社交软件的月活跃用户数已超过 15 亿。[③] 2015 年 8 月 28 日，Facebook 的 CEO 马克·扎克伯格（Mark Zuckerberg）在个人 Facebook 账号上发布消息称，Facebook 本周一的单日用户数突破 10 亿，月活跃用户数已接近 15 亿。[④] 数十亿人同时在线的大规模即时互动成为新的社会活动形式，人类逐步进入网络空间，开始超越现实空间并且主导现实空间的全新生存空间。人类的全新生存空间就是现实空间与网络空间相互交织的融合空间[⑤]，所有人对所有人传播已成为当代网络传播的新模式，也是当代人类新媒体传播的新特性，互联网传播新媒体已进入大规模即时互动的众媒发展新阶段。

与此同时，以今日头条为代表的机器学习和以大数据挖掘技术为代表的个性化推荐式传播得到了广泛的应用，力图实现千人千面的个性化推荐功能在各类移动新闻资讯 APP 和其他移动电商、营销类 APP 应用中几乎成为网络营销传播的“标配”。网络空间时代的即时众媒与精准智媒共生的媒体景象已然形成。

六、人机融合网络传播新模式与新一代智能新媒体有望崛起

2015 年以来，“人与人”的互动沟通传播不仅得以普及应用，而且正在向智能化互联网时代迈进，人机互动、人机融合传播新模式已初步显示这一发展迹象。

人工智能、语义网、物联网、视频直播等新的互联网技术有了重大突破，计算机界面正在

---

① 引自 http://tech.sina.com.cn/z/CNNIC37/。

② 引自 http://www.xinhuanet.com/2016-04/28/c_128941029.htm。

③ 引自 http://mt.sohu.com/20151110/n425956346.shtml。

④ 引自创业邦《Facebook 创历史记录：单日用户数突破 10 亿》(http://www.cyzone.cn/a/20150828/279537.html)。

⑤ 方兴东，潘斐斐，李树波．新媒体之道与媒体融合战略选择：纽约时报与人民日报媒体融合 20 年历程与经验比较研究 [J]．新闻记者，2016 (1).

从键盘变为麦克风＋键盘，语音搜索所占份额正在不断加大。

汽车正在成为另一类“计算机”，“人机交互”的新传播方式正在被语音输入和汽车改变。2016年，语音识别正确率已经提高到了90%，新一代“人机互动”的车载语音新媒体有望兴起。

视频直播智能手机直线式快速增长，自2015年起，我国移动视频直播用户规模的增长速度逐步加快，截至2016年，视频直播用户规模达到1.86亿，同比增长近90%。视频化智能手机直播媒体正在取代文字、图片甚至单纯语音的互联网传播媒体，成为最受欢迎的即时智能传播媒体。目前，网络视频直播内容主要集中于真人秀场类、体育直播类、游戏直播类、教育直播类、旅游直播类，新闻资讯类视频直播也正在逐步兴起。伴随着VR/AR传播技术的逐步成熟，视频直播互动有望出现新的突破，VR/AR传播技术将进一步提升用户在事件中的临场感和进入感。

智能穿戴设备正在作为传感器突破人身的局限，与人的智慧进一步融合。由“物”所监测和感知的某些信息，可直接达到目标用户，可能会进一步削弱媒介的中介性意义，甚至可能出现物体生产内容（Object Generated Content，OGC）——传感式新闻。随着传感器在更多智能设备中的普及，“物-人”间的直接信息交互将逐渐变成常态，构建新的人机合一的智能传播新模式。

2016年11月15日，腾讯网的企鹅智酷与清华大学新闻与传播学院新媒体传播研究中心联合发布《2016中国新媒体趋势报告》，报告主题为“智媒来临与人机边界”。这一报告的第三部分“技术实践篇”指出人机融合智能媒体的五大模式：机器新闻（以财报、股市信息、天气预报、体育赛报等事实性报道为主）、基于个性化推荐的个性化新闻、传感式新闻（通过智能物体实现人的感官延伸，深化用户反馈）、临场化新闻（网络视频直播、VR/AR新闻、VR/AR直播）、基于技术聚合而形成的规模化分布式新闻。

伴随着未来我国5G商用化的逐步推进，在未来智能化互联网环境下，在人与人的互动沟通传播基础之上，人与机的互动交流将成为现实的主导传播模式，适应这一新的互联网传播模式的新一代智能新媒体有望在现实探索中崛起。

第三节　新媒体业务形态的更迭

由于技术互联网和传播互联网的飞速发展，面向网民用户的更实用的互联网市场化应用随之创新拓展，新媒体业务形态也随之更迭。

一、PC互联网窄带应用与新媒体业务形态的更迭

1995—2004年是窄带PC互联网发展时期，同时也是互联网1.0单向传播时代，这一时期主要兴起的是向网民提供图文信息的互联网商业服务，如提供新闻、电子邮箱、论坛、聊天室和信息搜索服务的互联网图文信息网站。1998年中华新闻网、新浪、搜狐、网易等PC端网络媒体公司相继创立，1999年QQ诞生，2000年互联网泡沫破灭之后，2002年短信服务（Short Message Service）成为互联网网络媒体的救世主，之后广告成为新闻网站的首选商业模式，逐步由亏损转为盈利。新闻门户模式得以确立，这一时期主流新媒体是以新浪、搜狐、网易为代表的新闻门户网站，但2001年以来以百度为代表的新一代搜索门户网站发展势头迅猛，新兴的电子商务网站和博客网站、网络游戏网站在这一时期也悄然兴起。

二、PC 互联网宽带应用与新媒体业务形态的更迭

2004—2009 年是宽带 PC 互联网发展时期，网络运营商接入 ADSL 宽带入户，直接推动了运营商 ADSL 宽带入户的增多，也是互联网终端 PC 端的通信、游戏、搜索、社交、视频等多种商业化服务应用的集中爆发期。首先兴起的是网络游戏，早在 2001—2004 年，盛大、腾讯、网易等互联网新媒体公司先行进入网络游戏业务领域，2007 年个人收费网络游戏大爆发，盛大、巨人、完美、网易、腾讯在网游业务领域展开大战，2007 年网游市场规模突破 100 亿元。2004—2006 年是网络视频爆发期，乐视、土豆、优酷等视频网站相继创立。随着网络游戏、音频、视频等互联网内容逐步丰富，搜索这项应用服务迎来了第一波发展。2003 年的“非典”催热了电子商务产业的发展，阿里旗下的淘宝平台异军突起，随后支付宝迅速为消费者所接受，随着 2007 年京东 B2C 全面启动，中国网购规模于 2008 年突破千亿元。大量商家在电子商务领域获利，积极投放互联网广告，从而推动了搜索的第二波发展。社交、搜索、电商快速崛起，游戏、广告和电商三个细分市场催生了中国 PC 互联网新的三巨头——腾讯、百度、阿里，互联网发展的 BAT 大格局逐步成形。

三、移动互联网应用与新媒体业务形态的更迭

2011 年以来是移动互联网与互联网＋时期。我国移动互联网智能终端设备从 2011 年的 1.27 亿台猛增至 2015 年 12 月的 8.99 亿台，几乎赶上了发达国家人口的总和；2015 年 3 月 5 日，李克强在《政府工作报告》中提出制订“互联网＋”国家战略计划；2015 年 5 月，国务院办公厅印发了《关于加快高速宽带网络建设推进网络提速降费的指导意见》，明确指出要加快网络基础设施建设，大幅提高网络速度。意见出台后，三大运营商相继开展“提速降费”行动，实施“流量当月不清零”等措施，这对于改善网民网络接入环境，提升 3G 和 4G 网络使用率有良好的促进作用。截至 2015 年 12 月，91.8%的网民最近半年曾通过 WiFi 无线网络接入互联网，WiFi 无线网络成为网民在固定场所下的首选接入方式，使用 3G 和 4G 上网的网民达到 88.8%①；到 2015 年底，4G 增长了 25 个百分点，2G、3G 分别下降了 10、15 个百分点，甚至 WiFi，都下降了 3 个百分点②；我国网民使用手机上网的比例由 2014 年的 85.8%提升至 90.1%，手机网民规模达 6.2 亿，较 2014 年底增加 6 303 万人③。

随着网络环境的日益完善、移动互联网技术的发展，各类移动互联网应用逐渐被开发。移动互联网商业化应用集中于五大类：一是以即时通信、搜索引擎、网络新闻和手机社交为主的智能手机基础应用；二是以网络购物、团购、网上订餐、在线旅行预订为主的智能手机商务交易类应用；三是以知识产权为核心的网络文学、影视、动漫、游戏、网络音乐、视频直播为主的智能手机网络娱乐类应用；四是以网络支付、互联网理财为主的智能手机网络金融服务应用；五是以在线教育、互联网医疗、网络约租车为主的智能手机公共服务类应用。

从基础的娱乐沟通、信息查询，到商务交易、网络金融，再到教育、医疗、交通等公共服务，移动互联网塑造了全新的社会生活形态，潜移默化地改变着移动网民的日常生活，网络用户和互联网业务加速向移动端转移。

---

① 引自 http：//tech.qq.com/a/20160122/021814.htm。

② 引自 http：//tech.sina.com.cn/2016－01－08/doc－ifxnkkuy7746197.shtml。

③ 引自 http：//tech.qq.com/a/20160122/021814.htm。

截至 2015 年 12 月，即时通信、应用商店、在线视频、在线音乐、浏览器、综合资讯、搜索下载、购物商城、地图导航、安全服务位居 APP 应用月度活跃用户前十位，与上述互联网商业化应用相伴而生的新媒体，如微信、QQ、手机淘宝、手机百度、腾讯视频、支付宝、酷狗音乐、QQ 浏览器、爱奇艺视频、UC 浏览器的月活跃用户都突破了两亿大关。从各类 APP 月活跃用户的增速来看，乐视视频超过 150%、今日头条超过 140%、高德地图超过 130%、滴滴出行超过 120%；从各类 APP 日活跃用户的同比增长率来看，高德地图超过 170%，今日头条、乐视视频均超过 130%，开心消消乐、快手均超过 100%。微信和 QQ 用户分别为 4.9 亿和 2.9 亿，腾讯新闻日活跃用户超过了微博。百度糯米增长了 246.8%、高德地图增长了 212.4%、百度云增长了 160.9%、今日头条增长了 139.9%、酷我音乐增长了 119.7%。[①]

第四节　新媒体组织形态的更迭

互联网二十多年商业化应用的实践发展历程，在很大程度上也是一部不断“螺旋式”上升的产业互联网发展变迁史，是从 PC 互联网到移动互联网、“互联网＋”再到物联网（智能互联网）的互联网产业发展过程。其中，1995—2009 年，主要是 PC 互联网产业发展时期。自 2011 年以来，是移动互联网、“互联网＋”、智能互联网相互交织的互联网产业发展时期。每一个产业互联网发展时代，都是伴随着从技术互联网到传播互联网再到商业互联网的变迁，并最终落脚于千千万万个新媒体组织——大多数是以商业化应用为主营业务的自负盈亏的实体化商业性新媒体公司，其总体变迁轨迹如图 1－4 所示：

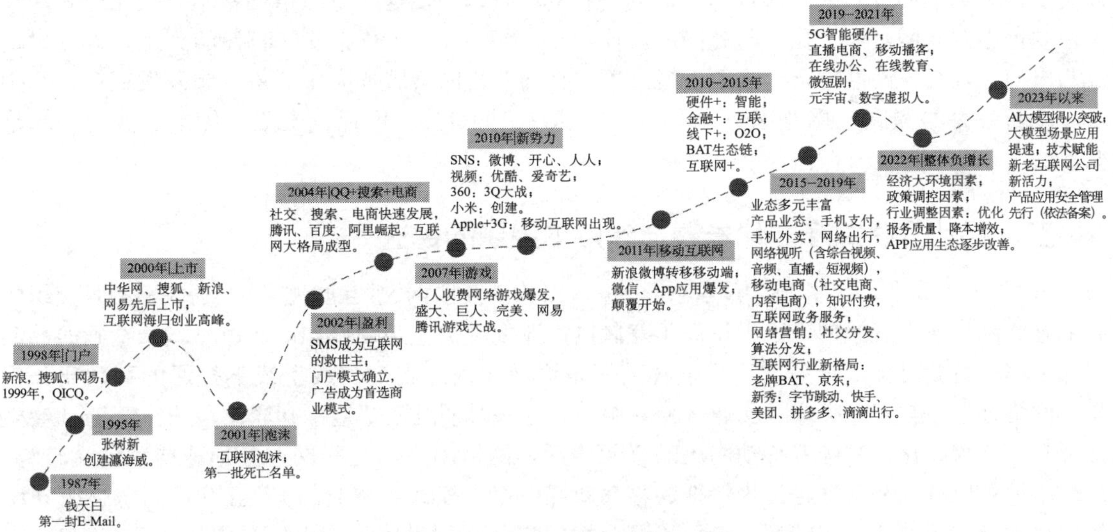

图 1－4　中国互联网发展轨迹暨新媒体组织的更迭

资料来源：根据郝志中《用户力：需求驱动的产品、运营和商业模式》与第 36—52 次 CNNIC 报告整理而成。

每一个产业互联网时期，新媒体组织大多呈现出新兴新媒体实体组织与前一代产业互联网时期老一代转型类新媒体实体组织并存的总体发展格局。

---

① 引自 http：//tech.qq.com/a/20160122/021814.htm。

一、PC互联网产业化发展与新媒体组织的更迭

在1995—2009年的PC互联网产业发展时期，最早涌现的是窄带互联网时期的拨号上网类新闻网站，这一时期的主要代表是创办于1985年并兴盛于20世纪90年代的美国在线公司和1995年张树新创立的中国瀛海威信息通信公司。美国在线和中国瀛海威两家互联网新媒体公司都是这一时期新创立的互联网信息接入服务商，主要提供拨号上网的新闻、教育和娱乐服务；但由于上网速度和服务器技术的限制，它们分别受到来自1995年美国创立的雅虎和1997年中国创立的网易、四通利方论坛（新浪的前身）、搜狐的强力挑战。2004年中国瀛海威倒闭；2015年5月11日美国在线公司被美国电信巨头威瑞森（Verizon）以44亿美元收购。2000年至2003年在窄带互联网向宽带互联网过渡时期，以雅虎、新浪、搜狐、网易为代表的大众新闻门户网站，在海量的互联网信息环境中，为用户创造快速、便捷、高效的信息获取方式，是中国互联网1.0时代的主流新媒体实体组织。与此同时，谷歌、百度等新一代搜索引擎门户网站迅速崛起，逐步取代了互联网1.0时代的老一代大众新闻门户网站，如雅虎和中国三大门户网站新浪、搜狐、网易。其中，雅虎的核心资产于2016年7月25日被美国电信巨头威瑞森以48亿美元收购；而在中国，最早的三大新闻门户网站新浪、搜狐、网易也遭到了来自新一代新媒体百度、阿里和腾讯的逆袭和包抄。同一时期，网络平台型社交门户媒体（腾讯、Facebook）和电商平台型媒体（亚马逊和阿里）也迅速崛起，成为新一代新媒体组织的“领头羊”。

至此，2004—2009年期间，PC互联网产业发展时期分别以基础性的搜索、电商和社交互联网应用而爆发成长的综合性门户媒体即百度、阿里和腾讯，中国第一阵营的实体化商业新媒体组织格局基本形成，它们通过不断地创新和资本收购，使这一组织格局基本延续至今，2015年位列世界互联网企业十强。与此同时，伴随PC互联网2.0产业发展时代的到来，这一时期成为电商、社交、网络安全、视频、搜索等多种商业化网络服务应用的集中爆发发展期，催生了一批新势力的互联网网络公司，如京东、人人网、360、乐视、土豆、优酷、搜狗、新浪微博。

二、移动互联网产业化发展与新媒体组织的更迭

自2011年以来，我国PC互联网产业进入以移动互联网、“互联网+”、物联网相互交织的新的互联网产业发展时期，大大拓展了互联网产业发展的应用领域和产业边界。从基础的移动智能上网设备到可穿戴设备，从线上移动娱乐沟通和信息查询到线上线下打通的移动商务交易、网络金融、教育、医疗、交通等公共服务，这一时期全面塑造了互联网用户全新的社会生活形态，潜移默化地改变着移动网民的日常生活，网络用户和互联网业务加速向移动端转移，产生了大量以分享和共享经济为特征的移动新媒体组织模式。相应的PC互联网新媒体公司纷纷向移动互联网产业方向转型，老一代综合性门户互联网媒体公司BAT凭借其资金优势、用户和人才优势快速向移动端的互联网产业转移，总体上仍然保持着移动互联网、“互联网+”时代的综合性优势市场地位，腾讯、阿里、百度三家公司是中国移动互联网市场的领导者，它们占据了中国用户71%的移动消费时长。①

老一代垂直门户公司京东、360、携程、唯品会、苏宁云商也纷纷向移动端转移；小米是

① 引自“互联网女皇”玛丽·米克尔《2016年互联网趋势报告》（中文版）（http：//www.199it.com/archives/479199.html）。

2010年我国首家新创立的新兴移动互联网（新媒体）公司；2012年同时诞生了两家新兴的移动互联网（新媒体）公司——今日头条、滴滴出行；在2014年至2015年一年中，同程旅游、途家网、今日头条、美团、聚美优品、饿了么的下载量增长速度超过了BAT的产品。移动互联网革命，推动了新的独角兽互联网新媒体公司不断崛起。据艾瑞咨询在2015年9月的统计，中国市值超过10亿美元的独角兽公司有200家，排名前两位的蚂蚁金服和小米科技，市值分别达到460亿美元和450亿美元。滴滴快的合并以后市值也达到了150亿美元。大众点评和美团合并之后，市值超过了100亿美元。①

自2011年进入移动互联网产业发展时代，作为第一代网络平台型新闻门户媒体，我国三大新闻门户网站新浪、搜狐、网易在遭到来自新一代网络平台型新媒体BAT公司的逆袭和包抄之后，通过不断地推陈出新，加快转型步伐，在与BAT公司的市场竞争中，在某些特色业务领域保持了一定的差异化竞争优势。如新浪推出新浪微博（2014年拆分后在美国上市），网易推出网易新闻客户端、网易云课堂、网易有道。它们在中国新媒体组织格局中占有一席之地，其中，搜狐、网易始终位居中国互联网新媒体公司前十强，新浪则在2014年以后逐步跌出前十强，2015年和2016年度分别位列第十四强和第十五强。

在2016年中国互联网百强企业榜单中，阿里、腾讯、百度、京东、360、搜狐、网易、携程、唯品会、苏宁云商位列前十。北京新美大科技公司（美团、大众点评）、网速科技公司、小米科技公司、乐视网信息公司进入中国互联网企业十五强之列。2016年中国互联网企业百强有以下突出特点：一是规模、实力进一步壮大，保持了较快增长，百强企业2015年的互联网业务收入总额达到7 561亿元，同比增长42.7%，带动信息消费增长8.1%，超过五成企业互联网业务收入超过10亿元，12家企业超过100亿元；二是业态多元丰富，覆盖综合门户、垂直门户、电子商务、互联网金融、网络视频、网络游戏、网络营销、大数据服务、IDC、CDN、互联网接入等主要互联网业务领域；三是电子商务发展迅猛，在“互联网+”政策的引领下，电子商务企业从2015年的20家增加到2016年的34家，8家B2B电商进入榜单；四是“大众创业、万众创新”政策效果初步显现，有成立不足三年的企业初次入榜，各地互联网企业快速发展，特色鲜明，领军企业纷纷涌现，呈现“百花齐放”的格局。②

从世界范围来看，1995—2015年的二十年间，前十五大互联网上市公司的市值总和增长了140倍，全球互联网市场领导企业——苹果、谷歌、亚马逊、Facebook、腾讯、阿里等公司，现金充裕。我国互联网企业竞争能力不断增强，在2015年全球互联网企业市值前十五强中，中国占据四席；而在全球互联网企业市值前三十强中，中国占据十席；在全球营收前十强中，中国企业营收平均增速是美国企业的2.5倍。然而，互联网行业由于技术日新月异、市场瞬息万变，如果对互联网技术及其用户市场需求变化反应迟缓，创新乏力，即使再强大的互联网新媒体公司也会被淘汰出局。互联网发展二十多年来，世界互联网上市公司前十五强除苹果公司外，其余十四家大换血，美国在线和雅虎甚至被收购；而在中国，互联网新媒体公司的市场地位也是充满变数的，最早的三大互联网新媒体公司已不再是前三强，而让位于BAT，曾经是中国第一大新闻门户网站的新浪甚至跌出前十强，勉强保持在前十五强之列。

---

① 引自高红冰《平台经济崛起改变互联网治理模式》（http：// www.rmlt.com.cn/2016/0205/417073_3.shtml）。

② 引自吴刚《2016年中国互联网企业100强榜》（http：// tech.sina.com.cn/i/2016-07-13/doc-ifxtwihq0169554.shtm）。

【知识回顾】

本章从互联网商业化应用发展的四个层面——互联网基础应用技术、互联网传播应用方式、市场化应用和产业化发展，分别阐述了终端新媒体、传播新媒体、业务新媒体、新媒体组织这四个新媒体形态的动态演变规律和特征。

互联网基础应用技术的变迁催生了终端新媒体从PC端新媒体到手机新媒体，再到互联网智能电视的动态演变；互联网传播应用方式的变迁促进了传播新媒体由单向被动的网络传播新媒体向双向互动的交互传播社会化媒体、即时传播新媒体、移动化新媒体、个性化新媒体的动态演变以及基于互联网用户市场化需求的新闻资讯、交流沟通和娱乐、实用生活服务等新媒体业务的动态演变。

互联网产业化的发展，催生了早期PC端窄带互联网的新闻门户平台型新媒体组织的爆发式发展，推动了中期PC端宽带互联网的平台型社交媒体、电商媒体、网络文学媒体、网络视频媒体多轮产业发展浪潮。移动互联网时代，一批新势力互联网新媒体公司快速崛起；"互联网+"时代，本地生活服务新媒体有了较好的发展，新老互联网商业生态型新媒体组织应运而生。

【思考题】

1. 每一代互联网基础通信技术的突破性创新及其大规模商业化（PC网络窄带和宽带、移动互联网3G和4G、WiFi、有线网络的光纤化）发展，都会引起用户接入的新媒体终端、新媒体内容呈现形态、新媒体传播方式和具体的互联网产品业务形态和产业形态的依次革命性更迭，对于互联网商业化迭代的这一变化规律，你有何具体感受？试举例说明。

2. 请比较分析在移动互联网4G时代和PC桌面互联网宽带时代，新媒体终端、新媒体内容呈现介质形态、新媒体传播方式及其具体的产品业务形态和收入模式有何主要区别？试举例说明。

3. 我国移动通信技术5G商业化时代即将到来，试初步展望5G时代的新媒体终端、新媒体内容呈现介质形态、新媒体传播方式及其具体的商业化产品业务形态与4G时代相比将会呈现哪些基本变化态势？

4. 在移动互联网和未来智能互联网产业发展过程中，传统新闻媒体和传统门户网络媒体在移动化新媒体转型过程中，各自在哪些环节存在着需要重点突破的现实障碍？试举例说明。

第二章　互联网商业化发展语境下的新媒体特征

【知识目标】

互联网商业化发展语境下的新媒体各类形态（终端形态、传播形态、业务形态和实体组织形态）的动态演变特征。

互联网商业化发展语境下新媒体总体的本质特征（外在功能、内在价值观、商业模式和实体组织发展等方面的总体本质特征）。

【能力目标】

了解终端新媒体的动态演变特征。

掌握传播新媒体的动态演变特征。

掌握新媒体市场化业务的动态演变特征。

掌握新媒体组织的动态演变特征。

了解互联网商业化发展语境下新媒体的外在功能本质特征。

深入理解互联网商业化发展语境下新媒体的内在价值观本质特征。

掌握互联网新媒体实体组织的概念与迭代规律。

【知识导入】

自 1994 年我国正式接入国际互联网进入商业化应用发展时期以来，经过二十多年互联网商业化实践应用的快速发展，新媒体的实践应用形态随之发生了翻天覆地的变化，但要探索新媒体运营的整体发展规律，首先需要梳理二十多年来新媒体的动态演变特征，在此基础上，总结归纳新媒体的总体特征。

我国新媒体的动态演变经历了 PC 端窄带互联网时期的新闻门户，PC 端宽带互联网时期的交互式传播的社会化媒体、电商媒体、网络文学媒体、网络视频媒体，移动互联网时代的网络音乐媒体、移动社交媒体、移动电商媒体、视频直播媒体，“互联网＋”时代的本地生活服务媒体的动态演变。

是什么因素主导其动态演变的，有何规律可循？

第一节　新媒体形态演变的主要特征

在互联网商业化发展语境之下，具体的新媒体形态主要包括终端形态、传播形态、业务形态、组织形态。这些互联网新媒体形态，往往伴随着不同的互联网时代而呈现出动态的演变特征。

一、新媒体终端形态演变的主要特征

如前所述，我国互联网二十多年的实践发展所催生的新媒体，首先起源于向个人普及的互联网基础应用技术——互联网个人网民所拥有的上网终端设备以及上网设备的网络传输频率。从我国互联网基础技术应用实践的变迁来看，个人网民所拥有的上网终端设备主要经历了PC端桌面上网电脑、移动上网设备（如最初的笔记本电脑、智能手机、iPad甚至随身携带的可穿戴互联网设备智能手表和手环等等）和家庭互联网电视的变迁发展，上网设备的网络传输频率主要经历了窄带互联网、宽带互联网和移动上网的1G、2G、3G、4G和无线WiFi的演进。

从互联网基础应用技术实践的变迁层面来看，新媒体主要体现为伴随互联网个人网民的上网终端设备和网络传输速度及其传输成本的变化而不断变迁的互联网终端新媒体。匡文波教授将新媒体定义为“借助计算机（或具有计算机本质特征的数字设备）传播信息的载体”①。从互联网终端基础应用技术的动态演变来看，互联网终端新媒体主要经历了第一代窄带互联网PC端新媒体、第二代宽带互联网PC端新媒体和第三代高速宽带、移动互联网终端新媒体（以3G、4G智能手机和无线WiFi智能手机为主导的终端新媒体）的更迭。从当下我国网民上网的终端设备现状来看，智能手机已成为我国网民上网的主要终端。截至2016年12月，我国互联网网民已达7.31亿，95.1%的网民以智能手机终端设备上网，60%以上的网民以台式电脑上网。以3G、4G和以家庭为主导的固定场所的WiFi无线网络接入的手机、平板电脑、智能电视等无线终端，已成为我国网民上网的主要终端新媒体，其中智能手机成为主流终端媒体。2018年以后，我国5G网络商业化进程将促使新的终端媒体形态出现。

二、新媒体传播形态演变的主要特征

中国互联网二十多年的发展实践，不仅促进了互联网终端新媒体的更迭，也带动了新媒体信息及服务提供者的互联网传播应用技术的Web化并不断更替，实现了由第一代窄带互联网PC端新媒体的Web1.0时代到第二代宽带互联网PC端新媒体的Web2.0时代再到第三代高速互联网和移动互联网Web3.0时代的变迁，其传播主体、传播内容、传播方式都发生了很大变化。

Web1.0时代（1995—2004年），在PC端网站信息聚合技术的创新应用下，网站传播模式是以编辑为特征的，网站提供给用户的内容是网站编辑进行处理后提供的，用户阅读网站提供的内容。这是网站到用户的单向传播行为，依据不同类型用户的信息需求提供即时、分类的各类聚合新闻和资讯。文字和图片是主要传播内容，这一传播时代基于“机对人”和“人与信息”连接的单向度的线性传播模式，缺乏网站与网民的主动互动。Web1.0时代的代表性PC端网站是“机对人”传播模式下的雅虎、搜狐、新浪、网易等早期门户网站，以及后期产生的基于“人与信息”连接的定向索取传播模式下的谷歌、百度等新一代门户网站。

Web2.0时代（2004—2009年），在4M及以上宽带互联网的普及应用和部分网站P2P、RSS、Widget、API、SNS等一系列互动传播技术的创新与应用下，PC端网站的传播模式更注重用户的交互作用，用户既是其网站内容的消费者（浏览者），也是网站内容的制造者（博客、微博、社区、自媒体），PC端网站加强了网站与用户之间的互动，网站内容基于用户提供，网站的诸多功能也由用户参与建设，实现了网站与用户的双向交流与参与。用户在Web2.0网站

① 匡文波．到底什么是新媒体？[J]．新闻与写作，2012（7）．

系统内拥有自己的数据并完全基于 Web，所有功能都能通过浏览器完成。在这一传播时代，基于“机对人”和“人与信息”连接的线性传播模式，开始演变为基于人与人之间社会网络关系连接的个人门户传播模式，人际社会关系网络成为大众传播的“基础设施”[①]，由此催生了一批基于 PC 端用户社会关系的内容生产与交换平台的社会化媒体，如我国的天涯社区、人人网、豆瓣网、QQ 空间和新浪微博，美国社交网站 MySpace、Facebook、Twitter 和视频分享网站 YouTube。在这些社会化网络媒体平台中，网络用户创造内容逐渐成为主流。Web2.0 时代的社会化网络媒体以 PC 终端为主导。

Web3.0 时代（2009 年至今），在宽带互联网提速降费和 3G、4G、无线网络的普及应用下，互联网信息传播应用技术在 Web3.0 时代兴起，网站内的信息可以直接和其他网站的相关信息进行交互，能通过第三方信息平台同时对多家网站的信息进行整合并使用，用户在互联网上拥有自己的数据，能在不同网站上使用。Web3.0 的网络模式可实现不同终端的兼容，从 PC 端互联网到 WAP 手机、PDA、机顶盒、专用终端，其不止应用在 PC 互联网单一终端上。同时 Web3.0 将 Web2.0 缺乏可信度的互动传播模式提升到具备高效可信的个性化、互动性和深入应用服务模式，催生了新一代综合网络社交媒体平台，成为以智能手机为主导的跨终端的所有人对所有人的即时互动传播的新型传播媒体。

综上所述，从互联网传播应用模式的变迁层面来看，伴随互联网应用技术的 Web 化和创新升级，新媒体体现为带动互联网信息传播及其服务的传播主体、内容、方式等互联网传播应用模式的不断演变而不断更替的新型传播媒体。从最初的 Web1.0 时代单向线性传播的 PC 端网络新闻门户媒体、搜索门户媒体，发展为 Web2.0 时代的 PC 端社会化媒体，再到 Web3.0 时代的跨终端的综合社交门户媒体以及移动互联网时代以智能手机为主导终端的大规模即时互动传播的新型传播服务媒体，美国《连线》杂志将其定义为“所有人对所有人的传播”[②]。新一代互联网传播新媒体为此创造了人类新的空间观，即信息源于现实空间，但却以网络为主导传播空间，最终形成信息发生的现实空间与传播的网络空间相互交织的融合空间。面向未来，基于智能互联网的人机互动传播新模式与当前的人与人互动传播模式相互交织的新一代互联网传播新媒体有望兴起。

从我国互联网发展的总体历程来看，各个互联网时代的互联网总体传播特征是受互联网应用技术影响的，而互联网技术和互联网传播特征是影响新媒体形态变迁的宏观因素，快速更迭的互联网技术和传播特征加速着新媒体形态的迭代，主流新媒体经历了由 PC 互联网时代 Web1.0 时期的 PC 端网络媒体（以门户网站为代表）到 Web2.0 时期的 PC 端社会化自媒体（以博客、播客和 SNS 为代表）的更迭；移动互联网时代实现了从基于智能手机的微博、微信等即时社交媒体，到基于大数据、云计算的精准传播媒体和基于移动网络视频技术的即时弹幕互动媒体、网络直播媒体，再到基于 VR/AR 技术的新型视频媒体的系列化快速更迭与聚合。

由此可见，新媒体形态的变迁与演化是互联网技术与传播模式创新的影响结果。随着互联网技术的不断创新和更迭，新的新媒体形态涌现，并快速发展为替代前互联网时代或时期新媒体的主流新媒体。

从互联网技术和传播特征来看，移动化、即时性、交互性、精准性、智能化是如今评判新媒体的主要标尺。

---

① 匡文波．到底什么是新媒体？［J］．新闻与写作，2012（7）.

② 严三九．新媒体概论［M］．北京：化学工业出版社，2011.

三、新媒体业务形态演变的主要特征

中国互联网二十年多年的飞速发展史，首先是一部互联网技术创新史，其次是互联网传播模式创新和演变史，同时，更是互联网市场化应用的快速变迁史，因为获取更多的经济利益是互联网创新者们的主要出发点，技术互联网和传播互联网的不断创新只是促进互联网市场化应用创新的基础条件，远非互联网创新者们的最终目的。在以用户需求和用户体验为导向的用户驱动下，各类具体应用服务和产品等互联网业务不断创新拓展，以获取不断变迁的互联网市场竞争能力和盈利能力，这是一代又一代互联网创业创新者前赴后继进入并推动互联网发展的原动力。从这个意义上讲，探析互联网商业化应用变迁层面的业务新媒体概念，更具现实研究价值。

如前所述，互联网商业化应用的变迁，先后经历了基于 PC 端的互联网 1.0 时代、2.0 时代以及移动 PC 端的移动互联网 3.0 时代和“互联网＋”时代。

1995—2004 年，互联网商业化应用主要以基于 PC 端的互联网 1.0 时代的互联网图文信息获取类的商业应用服务为主导，以基础的窄带拨号上网方式和互联网 1.0 的“机对人”的单向传播为主要基础，互联网创业创新者主要提供图文信息类的电子邮箱、论坛、聊天室（如 QQ）、新闻、即时短信、信息搜索、网络小说、电子商务等互联网市场化的用户服务类业务和产品。

2004—2009 年，互联网商业化应用主要以基于 PC 端宽带互联网 2.0 时代的互动沟通交流和娱乐休闲为主导，首先源于由窄带拨号上网方式向宽带上网方式的互联网基础应用技术的商业化变革，其次源于互联网 2.0 的“人与人”的互动传播变革。用户首次成为引领互联网发展变迁的主导力量。这一时代，一批满足年轻用户新需求的网络游戏、视频、精准搜索、互动社交、PC 端网购等多种互联网商业化服务应用，如雨后春笋般涌现出来。

2009 年以来是移动互联网与“互联网＋”时期。随着网络环境的日益完善、移动互联网技术的发展，互联网实践发展进入 3.0 时代，出现了高速宽带下的无线 WiFi 上网和移动 3G、4G 网络的上网成本的降低和普及应用，以及基于智能手机的大规模即时互动传播，以满足年轻人为目的的各类移动互联网商业化应用业务逐渐被开发。目前，移动互联网市场化应用集中于五大类：一是以即时通信、搜索引擎等为主的智能手机基础应用；二是以网络购物、团购等为主的智能手机商务交易类应用；三是以知识产权为核心的智能手机网络娱乐类应用；四是以网络支付、互联网理财为主的智能手机网络金融服务应用；五是以在线教育、互联网医疗、网络约租车为主的智能手机公共服务类应用。其中，前四项业务为移动互联网线上应用业务，第五项业务为互联网向线下渗透的服务业务，即“互联网＋”服务业务。未来，面向互联网线下渗透的 O2O 业务领域，将不断拓展和深入。总之，移动化、社交化、娱乐化、视频化、服务化将成为新一代新媒体市场化应用的主要发展方向。

综上所述，互联网市场化应用的变迁，实际上是在互联网基础应用技术的市场化突破、与互联网传播方式的变革相伴而生的用户需求驱动下的更广阔、更深入、更具体的互联网业务拓展的过程。从互联网市场化应用的变迁层面来看，新媒体以满足用户需求和体验为市场导向，以基础应用技术为支撑，以互联网用户传播模式的变迁为起点，不断创新拓展更好更实用的各类具体互联网应用服务及其产品，这一层面的新媒体，最终以新媒体应用产品的市场化运营为出发点和落脚点，亦是互联网产品化层面的新媒体。

中国互联网二十多年的发展，也是互联网市场化的业务新媒体不断涌现和更迭变迁的过程。

首先，PC端的互联网1.0时代（1995—2004年），主流互联网业务新媒体是以新浪、搜狐、网易为代表的新闻门户网站，但2001—2004年以百度为代表的新一代搜索门户网站发展势头迅猛，新兴的电子商务网站和博客网站、网络游戏网站在这一时期也悄然兴起。

其次，PC端的互联网2.0时代（2004—2009年），是网络游戏、网络视频的首次集中爆发期，催生了盛大、巨人、完美、网易、腾讯等互联网业务新媒体和乐视、土豆、优酷等视频网站，电商业务的兴起和爆发式成长，成就了B2C电商媒体平台，如阿里旗下的淘宝平台、天猫平台。电商业务的发展，也催生了互联网支付媒体，如支付宝金融服务平台。随着网络游戏、音频、视频等互联网内容的逐步丰富和电子商务的快速发展，精准化搜索和互动式的即时通信和社交业务进一步发展，社交、搜索、电商快速崛起，游戏、广告和电商三个细分市场催生了中国PC互联网新的三巨头腾讯、百度、阿里，互联网大格局成形。

最后，2009年进入移动互联网和移动"互联网＋"时代，新媒体加速向移动端业务和线上线下业务渗透，呈现出两大发展态势。

一方面，一批适应移动互联网用户的移动硬件（智能手机）、社交化、移动位置场景、移动内容、移动线下新需求的移动新势力互联网业务媒体不断涌现，如小米、微信、UC浏览器、今日头条（头条号）、高德地图、美团、滴滴出行、爱奇艺视频、YY直播、斗鱼直播、酷我音乐、喜马拉雅FM迅速脱颖而出；一批移动互联网垂直细分应用的业务新媒体更是层出不穷，如走移动垂直社交业务发展路线的米聊、陌陌、无秘、美柚、阿里钉钉，走移动垂直细分内容发展路线的开心消消乐、快手、花椒、映客、秒拍、一条、二更，走移动垂直社群内容发展路线的微信公众号自媒体如罗辑思维、知乎、视知、毒舌电影、日食记、吴晓波的音频《李翔商业内参》、马东的音频教程《好好说话》等等，走移动社交电商的如口袋购物、微店、有赞、微盟等微信电商。

另一方面，PC互联网时代已崛起的互联网规模化平台型媒体，如BAT加速向移动互联网业务转型，典型的如：腾讯开拓了微信即时通信和微信支付，拓展了手机QQ、QQ浏览器、腾讯新闻、腾讯视频、腾讯手机管家以及以知识产权为核心的网络文学、手机游戏、影视、动漫等IP网络产业生态圈业务；阿里拓展了手机淘宝、手机支付宝、娱乐宝、蚂蚁金服等移动互联网新业务；百度拓展了手机百度、百度卫士、百度云、百度视频、百度糯米等移动互联网新业务。以京东、360为代表的垂直类平台型媒体也纷纷加快向移动终端拓展，如手机京东，360手机卫士、手机助手。以新浪、搜狐、网易为代表的新闻门户网站首先推出了各自的手机新闻客户端业务，此外，也推出了新浪微博、搜狐视频、网易有道、网易云课堂以及手机游戏等特色互联网应用业务。

四、新媒体组织形态演变的主要特征

从前述互联网产业化的应用发展与变迁下的新媒体更迭历程来看，互联网二十多年的实践发展历程，在很大程度上也是一部产业互联网的不断"螺旋式"上升的变迁史，是从PC互联网到移动互联网、"互联网＋"再到物联网的互联网产业发展过程，每一代产业互联网发展时期，都伴随着技术互联网到传播互联网再到商业互联网的变迁，并最终落脚于产业互联网发展变迁的无数个"细胞"——千千万万个新媒体实体组织。

由此可见，互联网发展的每一个时代的新媒体概念层级，都从其最基础的互联网接入技术层面的终端新媒体源起，初步发展到互联网传播应用层面的传播新媒体，然后再拓展到更宽泛更深入的互联网具体产品化的业务新媒体，最终落实到互联网产业发展层面的具体承担者——实体化新媒体组织。

从互联网产业变迁层面所理解的新媒体，是以互联网基础应用技术为基石，以互联网传播模式为纽带，以市场化的互联网产品和服务应用为核心的新媒体实体组织。与前述互联网传播新媒体和互联网业务新媒体相比，其最大特点是实现了组织层面的跳跃式战略升级。对外，产权清晰，具有参与互联网市场和互联网产业生态竞争的独立市场主体身份；对内，具有独立的自我决策和自我发展能力。

回望互联网产业发展变迁中的新媒体组织发展历程，大多数互联网产业发展的新媒体组织是以互联网基础应用技术为基石，以互联网传播模式为纽带，以市场化的互联网产品和服务应用为核心，具有独立主体身份的产权清晰、独立且自负盈亏的实体化商业性新媒体公司。

在互联网发展过程中也涌现出一批由传统媒体通过互联网转型与升级的途径创办的新媒体组织，但由于传统媒体的惯性媒体组织思维而非互联网的公司化市场化思维，因而，它们大多以传统媒体内部的网络中心、新媒体事业部、内部新媒体子公司等内部组织形式存在，对外不具有独立核算和自负盈亏特征的市场主体身份，并没有真正实体化，典型的如《纽约时报》创办二十多年的新媒体组织就属于非实体化商业性质，因而与商业性新媒体实体组织相比，新媒体转型进展缓慢，错失最佳转型和发展时机。在中国，只有极少数传统新闻门户网站（如人民网、新华网、东方网、凤凰新媒体、芒果 TV）和传统垂直资讯类门户服务网站（如东方财富网）通过独立的新媒体市场化战略走上了实体化的独立的强新媒体发展道路，连续多年进入中国互联网新媒体公司百强之列，逐步处于榜单上升通道之中，尤其是新华网已进入前二十强之列，人民网也跻身于前三十五强，凤凰新媒体则有所下滑。实践充分验证了“与时俱进”是新媒体组织的生存之道，同时以铁的事实说明“快鱼吃慢鱼、好鱼吃差鱼”，“不进则退”的互联网竞争法则是新媒体组织市场格局演变的“不二法则”，中外新媒体组织，无论是直接创办的商业性新媒体公司还是传统媒体基于转型需求而间接创办的新媒体组织，无一例外需要遵循互联网时代的这一生存法则。

第二节　新媒体发展的总体本质特征

何谓新媒体？它在发展过程中具有哪些总体性的本质特征？这是一个仁者见仁，智者见智的概念，学界和业界有着各自不同的认知。

新媒体概念是 1967 年由美国哥伦比亚广播电视网（CBS）技术研究所所长戈尔德马克（P. Goldmark）率先提出的。当时用“新媒体”一词来形容电子录像。该词语由此诞生并传播开来。此后，与传播学、新闻学相关的专家学者、机构以及新闻传播从业者们，主要从技术层面、传播层面等角度对“新媒体”一词进行了概念界定。从技术角度看，新媒体是一种随着传播技术的发展而产生的新媒介形态，其晚于报纸杂志、广播电视等媒介形态。匡文波教授从这个角度对其进行定义，认为“新媒体是借助计算机（或具有计算机本质特征的数字设备）传播信息的载体”①。从传播模式来看，新媒体是指具有交互性、开放性、即时性等特征的媒介，美国《连线》杂志将其定义为“所有人对所有人的传播”②。

总体而言，自互联网普及应用以来，新媒体飞速发展，并对传统媒体的传播模式、生产模

---

① 匡文波．到底什么是新媒体？[J]．新闻与写作，2012（7）.

② 严三九．新媒体概论［M］．北京：化学工业出版社，2011.

式甚至整体组织的生存产生强烈的挑战，甚至改变了整个社会结构。整个社会结构已步入以互联网为主导的“网络化社会”。在这一背景下，学界大多从传播学、新闻学、社会学、政治学角度，从飞速发展的新媒体基本传播规律、互联网社会传播规律、互联网政治传播规律、互联网新闻生产规律的层面加以认知；就业界而言，大多从务实的技术层面和商业化应用层面加以认知。

尽管在理论上对于新媒体并未达成概念共识，但对新媒体特点有两点最基本的共识：一是新媒体是相对于传统媒体而言的；二是新媒体是人类技术创新的产物，在互联网时代，新媒体就是互联网新媒体，亦即广义层面的互联网媒体。

为区别于前互联网时代的新媒体概念，本书将新媒体概念置入互联网商业化发展的实践语境下，将互联网时代产生和发展变化的新兴媒体称为“新媒体”。

本节以我国二十多年的互联网商业化发展过程为总体语境，依次递进总结归纳互联网商业化发展语境中的新媒体的总体本质特征，如外在功能、内在价值观、商业模式以及综合性的新媒体实体组织的本质特征。

一、新媒体总体外在功能的本质特征

自 1994 年我国正式接入国际互联网以来，经过二十多年的实践发展，我国已成为世界互联网应用的第一大国。

中国互联网络信息中心在国家网信办新闻发布厅发布了第 38 次《中国互联网络发展状况统计报告》（简称《报告》）。《报告》显示，截至 2016 年 6 月，中国网民规模达 7.1 亿，互联网普及率达到 51.7%，超过全球平均水平 3.1 个百分点。这表明自 1994 年我国正式接入国际互联网以来，经过二十多年的互联网实践应用与发展，2016 年我国互联网普及率已超过人口总数的一半以上，我国社会人口结构已正式步入以互联网网民为主导的网络化社会。与此同时，手机网民规模达 6.56 亿，网民中使用手机上网的人群占比由 2015 年底的 90.1%提升至 92.5%，手机上网主导地位强化。随着移动通信网络环境的不断完善以及智能手机的进一步普及，移动互联网应用向用户各类生活需求深入渗透，网络广告、在线视频、在线教育、泛娱乐、社交网络、互联网金融、在线医疗、智能硬件、电商与 O2O、二手车电商、在线养护和在线旅游成为 2015 年中国互联网年度热点应用。① 这表明随着 2001 年我国移动梦网开启、2009 年 3G 手机商用和 2014 年 4G 手机商用，我国互联网应用已步入以智能互联网手机为主导的移动互联网时代。

伴随我国互联网的实践发展，我国网络广告市场规模持续大幅增长，2014 年网络媒体广告首次超过电视广告，收入规模超过 1 500 亿元，跃居媒体广告市场首位。② 2015 年我国互联网广告市场规模达到 2 097 亿元，同比增长 36.1%，占中国广告市场份额的近 50%。其中，移动广告是我国互联网广告增幅最快的。2015 年移动广告的市场规模增长 80%，达到 147.7 亿美元，2016 年增速放缓至 55%，2016 年中国移动广告市场规模首次超过 PC 互联网广告的市场规模。

我国互联网电商规模已稳居世界第一，无论是从互联网应用人口规模还是从互联网产业发展规模来看，中国已成为世界互联网应用发展的第一大国。

---

① 引自艾瑞咨询《2015 年中国互联网年度热点洞察报告》（http：//www.199it.com/archives/428979.html）。

② 崔保国．中国传媒产业发展报告（2015）［M］．北京：社会科学文献出版社，2015.

伴随二十多年的互联网实践应用与发展，我国各类新媒体如雨后春笋般涌现，新媒体概念的外延和内涵特征已发生了翻天覆地的变化。

站在总体的互联网发展语境之下，有助于我们全面深刻地认知新媒体的外在功能特征。

（一）新媒体总体外在功能特征的历史变迁

对于媒介的外在功能，以往新闻传播学一般主要从媒介的微观视角——新闻传播学本身层面理解“媒介”的功能，认为任何一种媒介都是信息传播的工具和载体，如报纸杂志是以印刷为传播技术工具，以纸张和文字、图片为承载和传播形式的传统媒介，而广播电视是以电子为传播技术工具，以声音、画面为承载和传播形式的传统媒介。

麦克卢汉则从媒介对个人和社会的影响的宏观视角，划时代地预言了媒介的新功能。其《理解媒介》（1964）一书指出了“一切媒介均是人的感觉的延伸”和“媒介即讯息”等媒介新功能边界的观点。一方面，“一切媒介均是人的感觉的延伸”，我们的感觉器官和神经系统凭借各种媒介得以延伸——轮子是脚的延伸，文字是眼睛的延伸，电视是眼睛和耳朵共同的延伸，特别指出电子媒介是中枢神经的延伸，电子媒介把人又重新整合为一个统一的有机体。何道宽教授在重新解读麦克卢汉和媒介环境学时，进一步指出“在电子媒介之前的一切媒介是人体的延伸，而电子媒介是人脑的延伸，比如 AI 就是意识和智能的延伸”。另一方面，“媒介即讯息”，任何媒介的“内容”都是另一种媒介，文字的媒介是言语。正如文字是印刷的内容，印刷又是电报的内容一样，麦克卢汉认为媒介带给个人与社会的影响并不在于媒介传递的内容本身而是媒介形式本身，任何媒介（即人的任何延伸）对个人和社会的任何影响，都是由新的尺度产生的，任何一种延伸（或曰任何一种新的技术），都要在我们的事务中引进一种新的尺度。任何一种新媒介的出现都意味着人的能力获得了一次新的延伸，从而总会带来传播内容（讯息）的变化。

总体而言，麦克卢汉从人类媒介技术发展史的宏观层面探析了“新媒介（形式）决定媒介的新讯息（内容）”的新的媒介功能观点，在人类进入信息时代尤其是PC端互联网和移动端互联网时代时，这一观点得到了实践的验证。

（二）新媒体总体外在功能的拓展：“网络连接器”

伴随着互联网突飞猛进的时代变迁，新媒体的外在功能和边界得到了进一步的拓展。

通过对我国二十多年互联网实践应用的总体宏观层面的观察，喻国明教授指出，所谓“连接一切”，中国自接入国际互联网以来，虽然现象级意义上的变化林林总总，但究其实质，无非是构建起了三大网络：内容网络、人际网络以及物联网络。①

自国际互联网诞生以来，互联网不仅是人类传播方式转变和传播能力提升的技术手段，更是解构传统工业社会的力量，它催生了新型的社会结构，社会学家卡斯特尔（Castells）将这种新型的社会结构命名为“网络社会”。在这种网络化社会下，新媒体的功能和边界有了更进一步的突破：可“连接一切”内容讯息的“网络连接器”。

这里所指的网络，主要包括网民用来上网的有形工具（终端上网设备）和数字信息的网络传输载体。经过我国二十多年的互联网发展，我国网民的上网终端设备已呈现出多元化形态，如台式电脑、笔记本电脑、平板电脑、智能手机和其他可上网的物质设备，再如可穿戴的手表

---

① 喻国明．传媒转型是一场革命——“互联网＋”时代传媒发展的关键与路径［R］．全国新闻学骨干教师研修班的学术报告，2016.

和手环等设备、车载网或其他人工智能终端上网设备，数字信息的网络传输载体也由窄带传输网发展到宽带传输网再到无线WiFi以及手机移动传输网。只有互联网上网终端设备和数字信息的网络传输载体同时具备，才能保障网民通过互联网连接所需的一切网络信息。

在互联网上网终端设备和上网传输技术和具体载体——“带宽”的支持下，用户可长时间接触上网终端设备，并对上网终端设备进行操作、与之互动，而提供这种操作与互动的正是一代又一代满足网民多元化互联网信息应用的新媒体，正是它们前赴后继、风起云涌地通过PC互联网、移动互联网进行技术创新，将各个互联网发展阶段的用户需求以“连接一切”信息服务的“网络连接器”的新媒介功能和新媒介形态体现出来，从而使新媒体的外在功能边界拓展为满足各个互联网发展阶段用户需求的各类“连接一切”讯息服务的“网络连接器”。

1. 内容服务新媒体：“连接一切”内容讯息的“网络连接器”

新媒体是“连接一切”内容讯息的“网络连接器”，即互联网内容服务新媒体。在有效的网络传输载体通过各类终端上网设备和各类具体的内容讯息连接服务技术的支持下，网民既可直接“连接”上专业新闻机构生产和传播的时政、财经、科技、社会、生活、娱乐等各种类别的网络新闻内容，也可主动搜索和互动“连接”上所需的各类个性化讯息内容。通过4G手机和无线WiFi以及手机上网流量，网民更是在业余休闲时间内频频“连接”各类娱乐休闲类内容，如小说、音乐、影视、动漫、游戏。新浪、搜狐、人民网、今日头条、百度知道、百度百科、起点中文网、腾讯文学、QQ音乐、酷狗、唱吧、优酷、乐视、爱奇艺、巨人网络、腾讯游戏是主要为广大网民用户提供上述内容“网络连接”讯息服务的新媒体，而“内容”（主要包括新闻、资讯等信息和网络文学、影视、音乐、动漫等各类网络娱乐内容）也是新媒体“连接”网民用户的重要应用“入口”和“标配”。

2. 社交服务新媒体：“连接一切”人际关系讯息的“网络连接器”

新媒体是“连接一切”人际关系信息的“网络连接器”，即互联网人际交流服务新媒体。在以互动为主要发展特征的PC互联网2.0时代和移动互联网3.0时代，一些互联网媒体公司为满足用户的互动需求，创新开发了众多人际信息交流和沟通的网络应用产品，如即时通信、电子邮箱、博客、微博、社区（贴吧、论坛），有效地“连接”上了不同时空的人们，实现了一切人际关系交流和沟通的简便化、快捷化，大大提升了网民人际关系交流和沟通的效率，成为“人与人”之间社交讯息交流和沟通的“网络连接器”——人际网络媒体。较为知名的人际网络媒体主要有以即时通信为基础的QQ、微信、陌陌，以微博为基础的新浪微博，以兴趣社区为基础的百度贴吧和知乎。“社交”现已成为新媒体“连接”网民用户的基本应用“入口”和“标配”。

3. 生活服务智能新媒体：“连接一切”人与物讯息交流和交易的“网络连接器”

新媒体是“连接一切”人与物讯息交流和交易的“网络连接器”，即人与万物互联的生活服务智能新媒体。如今，互联网除了是人们常见的线上网络内容信息、线上网络人际关系的信息交流和沟通的“网络连接器”，而且也是“连接一切”人与物之间的信息交流和交易的“网络连接器”。淘宝、苏宁、京东、去哪儿、58同城、滴滴出行、高德导航等互联网应用，更是方便、即时、简单地将网民与日常商品、旅行酒店、出租房屋、地理空间和出租车有效地“连接”起来，成为“人与物”之间讯息传播交流和电商交易的“网络连接器”。一个可见的趋势是大量的“普通商品”正在成为“人与物”之间讯息传播交流和电商交易的“网络连接器”，如方便面上的二维码，可方便即时地将商家方便面的商品讯息（生产地址、日期、有效期）全部显示出来，已拥有1亿消费群体的方便面二维码，无疑已成为细分商品领域的“巨流新媒体”。“网络购物”也成为新媒体“连接”网民用户的主要应用“入口”和新媒体“变现”的主要“标配”。

由此可见，新媒体已由传统媒体的单一内容和单一媒介载体发展成一切讯息提供、沟通和消费的“网络媒介桥梁”，即“连接一切”讯息的“网络连接器”。互联网技术与网络载体，不仅可直接连接“人与新闻和资讯讯息”，而且也可直接连接“人与人”之间社交关系讯息与沟通，并且可连接人与商家之间的物品和服务的讯息，甚至可直接连接“人与机器人”之间的服务讯息，极大地拓展了传统媒介的场域范围，也突破了新闻传播学对媒介和新媒体的传统理解，新媒体已发展成可“连接一切”网络讯息的“网络连接器”。方便、即时、快速、互动、聚合、多媒体化（从文字、图片、声音到视频）已成为新媒体外在功能边界的主要符号式标签，将人体能力提升到跨越人类时空的前所未有的高度和范围，新媒体使人类开始迈入泛在化的“地球村”新部落化时代。

总体而言，从新媒体的功能和边界来看，新媒体是以互联网终端设备和网络频率为基础载体，面向用户需求和体验要求的“人与内容信息”“人与人”和“人与物”甚至是万物之间的信息“互联”等“连接一切”讯息的“网络连接器”。如今，已形成了不同互联网终端和网络频率下的各类“人与内容”讯息连接的网络新闻媒体和搜索媒体、“人与娱乐内容”连接的网络娱乐媒体（如网络游戏、网络动漫、网络文学、网络影视）、以网络即时互动传播技术进行“人与人”网络关系连接的社交媒体、以网络购物技术进行“人与物”网络连接的电商媒体以及以移动出行技术进行“人与车”网络连接的网络约车媒体等。进入移动互联网和智能互联网时代，以手机终端媒体为中心的所有人对所有人的即时互动传播和“人机互动”讯息传播，也将成为新媒体的常态功能。

总体而言，从我国互联网二十多年的发展过程来看，新媒体的功能边界已广泛地拓展为“连接一切”讯息的“网络连接器”。从这个意义上讲，绝大多数为互联网用户提供互联网各类网络信息连接服务的互联网新媒体公司属于新媒体服务公司。

二、新媒体总体内在价值观的本质特征

互联网新媒体不仅仅在外在形式上表现为可“连接一切”讯息的“网络连接器”，更是从内在的发展价值观上表现为建构“互联网＋媒体”的“融合发展观”。这一内在发展观的建构，首先从以“工业化价值观”为主导跃升到以“互联网价值观”为主导，然后在以互联网内在价值观为主导的前提下，再融合传统媒体核心精华的内在媒体内容价值观的优势特征。

“工业化价值观”以工业化的厂商机构思维为典型特征，各行各业的产品或服务的提供者（供应者如厂家、商家）成为各行各业的主控中心，尽管厂家、商家等组织机构在市场竞争压力下也强调“客户需求”“客户至上”，但各行各业的产品或产业运营的实质，却是从一群用户的需求（而非个体用户需求）出发，设计标准化产品或服务，并通过标准化、规范化、规模化生产模式降低生产成本，以追求工业化时代的无差别的规模经济优势，“客户需求”“客户至上”只是停留在工业化厂商机构外在化的“标签口号”。总体上，“工业化价值观”是以工业化厂商组织机构为中心，以工业化产品的标准化和规范化为基本操作模式，以厂商的“产品规模经济”为商业文化。“工业化价值观”的中心是“工业化厂商机构”。传统媒体如报纸、广播、电视便是人类工业时代“工业化价值观”的产物，从事新闻信息和其他内容生产的传统媒体机构是新闻传播价值链中的中心掌控者，尽管在传媒市场竞争压力下也强调“受众需求”“受众至上”，但整个新闻生产和整体传播过程仍然是基于传媒机构本位的媒体思维，受众只是信息传播的“被动接受者”，受众没有真正的“话语权”，传统媒体机构是新闻传播产业链条的中心

环节。

“互联网价值观”以互联网思维、互联网精神为典型特征，将互联网用户真正置于互联网价值观的中心地位，用户完全内化为互联网组织机构的真正的灵魂般的中心，“用户口号”和“用户思维”替代了工业化价值观中的外在标签，不仅在互联网组织机构的产品和服务的研发设计和生产过程中真正体现用户的需求，而且在用户的使用过程中以用户体验为检验标准，及时更新和迭代。互联网 2.0 时代强调机构与用户的互动，互联网 3.0 时代，用户更是产品设计、生产等前端环节的直接参与者。

“互联网价值观”是真正以互联网用户为中心，以互联网服务或产品的用户需求和用户体验为基本操作模式，以互联网服务或产品的“用户规模经济”和“用户黏性经济”为商业文化。

“互联网价值观”的核心是“用户思维”。新媒体的互联网价值观将传统媒体的“受众”提升到新媒体组织机构的中心地位，将“受众”从互联网 1.0 时代的被动“网众”提升到互联网 2.0 时代的用户中心、互联网 3.0 时代主动的“参与者”。“用户思维”是新媒体发展的核心思维，就前述新媒体具有“连接一切”讯息的“网络连接器”媒体功能而言，真正的新媒体是基于“用户思维”而不是“传媒机构本位思维”的“网络连接器”，进一步而言，是在用户需求、用户服务和用户体验基础之上的“网络连接器”。如果仍以传媒机构本位思维连接“人与讯息”“人与人”和“人与物”，则其“网络连接”的传播效果会大打折扣。因此，以什么样的“核心价值观”（内在思维）进行新媒体网络功能的“连接”，是深层次鉴别真伪新媒体的内在核心尺度。

在新媒体实践发展过程中，比较常见的现象是一些传统媒体也像原创的新媒体公司一样，创办了一些连接“人与讯息”“人与人”和“人与物”的“网络连接器”的新媒体，如新闻网站、手机报、媒体官方微博、媒体微信公众号、新闻客户端等新媒体形态类产品。然而，无论是传播效果还是市场效果，其总体上收效不大，与互联网环境下的新型主流媒体要求相去甚远。

造成传统媒体这种新媒体转型结果的原因是多方面的，深层次的原因就在于其仍然以工业思维即以传统媒体为中心的机构本位思维，仍然将使用新闻或资讯讯息的网民（含手机网民）视为受众，而根本不考虑所提供的新闻或资讯讯息是否是网民愿意接受的。

然而，在互联网尤其是移动互联网主导环境下，网民不再是传统媒体主导环境下的标准化信息的被动接受者，而得益于互联网的赋权和平权；网民不再是机构媒体讯息的被动接受者网众，而是具有主动选择、消费甚至主动生产倾向的用户。用户有把控讯息流的话语权、主动权和决策权。对于互联网讯息提供者发布或推送的讯息，用户有权接受和不接受，或暂时接受、而后随时卸载。一条讯息触及用户后，用户有没有反应，有没有行动，也是显而易见的。用户成为主导新媒体生产、传播模式，甚至是新媒体组织的生存模式的主要原动力。在尊重新媒体新闻内在价值规律的前提下，要以用户对移动互联网时代新闻、资讯信息的真实需求（社交需求、个性化需求、可视化需求）去重构移动新媒体的生产和传播模式，以服务于用户的需求和体验而重构新媒体的生存方式。对新型主流媒体而言，其互联网思维以服务用户、开放平台和产品迭代为主要特征。①

进一步探究总体成因，以工业化媒体机构的发展思维为主导的“媒体＋互联网”的“内在发展观”，往往只是将互联网作为新媒体运作的“末端”环节——仅仅作为传统媒体补充的新

① 石长顺，梁媛媛．互联网思维下的新型主流媒体建构［J］．编辑之友，2015（1）．

媒体传播或营销的终端渠道而已，而新媒体运作的前端——新媒体内容生产方式和新媒体内容传播方式，并没有发生多大改变，仍然以传统媒体的“编辑”为主导，控制着被动接受新媒体内容的“受众”，而没有在内在价值观上真正体现“以用户为中心”的互联网思维和互联网精神。

互联网新媒体内在的发展价值观，犹如一颗“核桃”，作为新媒体内在发展的“核桃”，其外围和中心都遵循用户思维下的新媒体商业运作模式，即以用户需求和体验要求驱动互联网新媒体产品形态的设计、产品上线后的新媒体产品持续迭代及其用户运营以及建立在用户规模尤其是活跃用户规模基础之上的互联网新媒体整体商业运作模式。

与此同时，鉴于互联网新媒体兼具强大的经济属性和社会属性，用户思维下的互联网新媒体整体商业运作模式的内在发展价值观，贯穿着新媒体应遵循的社会基本伦理价值观，即有利于国家政治、经济、社会和文化持续稳定发展的基本“公序良俗”：新媒体内容的真实性、不偏不倚的客观性和平衡性、自觉抵制新媒体内容的“三俗”、尊重和保护其他媒体内容生产方的“内容版权”。新媒体时代这一社会基本伦理价值观是新闻专业主义在互联网新媒体时代所体现的基本“核心价值观”，是互联网新媒体“核桃”真正的内在“核心”。

简言之，用户思维下的互联网新媒体整体商业运作模式是以新媒体时代社会基本伦理价值观为“红线”的。网信办于 2017 年 5 月 2 日发布的《互联网新闻信息服务管理规定》，将新媒体应遵循的社会基本伦理价值观，以互联网行业管理的法律法规的形式明示，这有助于我国新媒体组织及其相关从业人员自觉培养新媒体的“红线”意识和商业“底线思维”。具体而言，在新媒体核心的内容生产和传播乃至整体的新媒体的内容运营、活动运营和用户运营过程中，用户思维不能突破这一核心的新媒体基本伦理“红线”。

综上所述，互联网新媒体发展的内在价值观，是一种完全不同于互联网诞生和发展早期的传统媒体所探索的“以传统媒体为主导”的“媒体＋互联网”的互联网新媒体发展理念、思路和模式，而是真正“以互联网为主导”的“互联网＋媒体”的“融合发展观”。其典型发展运作特征主要表现如下：一是将互联网的用户思维置于媒体产品和产业运作的“前端”环节，而不是“后端”甚至“末端”环节；二是互联网新媒体的用户思维务必以新媒体时代社会基本伦理价值观为“底性思维”，互联网新媒体在商业实践发展过程中不可逾越其核心的社会基本伦理价值观；三是以互联网服务或产品所拥有的间接“用户规模经济”（以“用户规模”或“活跃用户规模”为主导）取代工业化时代的直接“产品规模经济”而主导整体的新媒体运作模式。

三、新媒体总体商业模式的本质特征

纵观互联网诞生以来的新媒体实体组织的演变发展过程，总体上，向不同终端用户提供各类网络讯息（内容讯息、人际关系交流和沟通讯息、人与物沟通和交易讯息）“连接”应用服务的新媒体组织，获得了互联网用户的认同，在此基础之上获得了巨大的商业成功。

在互联网二十多年大浪淘沙式发展过程中，新媒体实体组织得以存活下来的原因，除了它们创新性地满足了互联网用户的新需求和新体验要求之外，一个较为隐藏的商业“秘籍”就是它们大都从传统大众媒体的商业生存模式中得到了启发，传承并创新了传统大众媒体的二次售卖商业变现模式。

在我国互联网发展的早期，互联网上网设备制造商、服务商和网络运营商以及大部分软件开发商等互联网科技公司，主要沿用其他物质性行业的一次性高价售卖的传统商业变现模式，因而，用户使用人数增长速度缓慢，上述互联网科技公司的成长速度也较为缓慢。而以新浪、搜狐、网易等向用户提供上网软件信息服务（电子邮箱和新闻等网络讯息服务）的互联网门户公司，大胆摒弃传统互联网科技公司的一次性高价售卖的传统商业变现模式，而引进传统大众媒体的二次售卖商业变现模式——通过一次低价售卖（如欧美报纸一次发行的便士报、美分报）甚至一次免费售卖（如广播听众的免费收听、电视的免费收看）的方式，换取足够规模的受众注意力资源，然后，将吸纳的受众注意力资源以高价二次售卖给需要投放大量广告的广告主，从而换取收入的独特商业变现模式。这完全不同于其他行业一次性直接高价售卖的商业变现模式，而创造性地以用户使用频率高的电子邮箱和新闻等基础信息服务免费方式，吸纳高用户点击量、浏览量，以此换取广告主在门户网站上投放各类高价的网络广告，这种方式创造性地沿袭了大众传统媒体的商业变现模式。1998 年国中网（中华网前身）报道世界杯足球赛而获得 200 万元人民币的广告收入，标志着我国互联网门户媒体公司的网络广告商业变现模式的开启。使门户网络信息服务商实现了由互联网科技公司向真正的互联网门户媒体公司的转型，并逆袭了以传统一次性直接高价售卖为商业变现模式的传统互联网科技公司，创造了我国互联网早期第一波发展的“神话”。从 1998 年 7 月到 2000 年 7 月，上网用户人数获得了爆发式发展，两年间每半年都以超过 50%的比率增长，2000 年 7 月比 1998 年 7 月增长 13 倍以上。[①] 这一时期，互联网门户媒体公司的网络广告收入也迅猛增长，如新浪的网络广告收入从 1999 年的不到 1 个亿，增至 2000 年的 4 个亿。此后，尽管互联网发展速度放缓，但一直处于绝对增长之中，2002 年 7 月网民人数增至 4 580 万。尽管 2000 年至 2003 年是中外互联网的冬天，网络广告商业模式受到一定的影响，但是搜狐、新浪、网易、中华网、Tom 等几家新闻门户网站，通过与移动通信运营商合作推出适合当时手机用户使用的短信服务，如铃声、图片、文字传情、新闻、游戏等手机短内容，与移动通信运营商短信收费分成的 SP 方式，实现了从亏损到盈利的转折。2004 年新浪、搜狐、网易公布财务报表，网络广告盈利丰厚，进入全面盈利阶段。由此可见，正是通过传承和创新大众媒体的二次售卖商业变现模式，即以一次基础网络连接服务“免费”策略，吸引巨大规模的互联网上网用户群体，换取增值服务的二次售卖商业变现模式（针对广告主的网络广告服务收费、针对 VIP 会员的增值服务收费、针对手机用户的短信服务收费，增值收费业务大多于 2005 年取消），我国互联网门户科技信息服务公司，才真正转型为实质性的互联网门户媒体公司。

门户媒体公司通过学习和创新传统大众媒体的二次售卖商业变现模式初战告捷，此后被众多互联网科技服务公司纷纷效仿。

百度、谷歌通过向用户提供免费的定向索取信息搜索服务，积累了巨量黏性用户，因向被搜索的广告主收取高价网络广告费用的收费模式而跻身世界前十大互联网媒体公司。腾讯的 QQ 早期免费提供基础性聊天社交服务，积累了数量庞大的 QQ 用户，后来，在资金压力下，对这项服务曾短暂地实行了收费政策，但收费导致 QQ 用户快速流失，这让腾讯对 QQ 和微信的基础性聊天社交服务实行“永久免费”，从而累积起数亿 QQ 和微信注册用户。以此用户规模为基础，腾讯门户新闻网站和腾讯新闻客户端，获取了大量网络广告收入，而且针对重度 QQ 和微信用户实行增值社交服务收费，尤其是 QQ 和微信游戏用户的道具收费和第三方游戏开发公司在腾讯 QQ 用户平台上售卖的佣金提成，游戏增值服务收入占据腾讯利润来源的 80%。阿里的电商媒体是以淘宝起家的，而淘宝的崛起是以个人店主的“免费”开店策略起家的，完全颠覆了当时在中国境内业已火爆的中国易贝和易趣的收费模式，迅速吸引了大量个人

① 根据相关年份的中国互联网络发展状况统计报告数据整理。

店主进驻淘宝网上 C2C 电商平台，而节省了大量实体店铺费用的淘宝个人店主，以大大低于实体店的优惠零售价吸引大量买家购买，从而，淘宝在短期内迅速取代了采用“收费模式”的中国易贝和易趣，开创了中国电商前期开店“免费”、后期销售“收费”的电商媒体“二次”商业变现（主要是向卖家收取的广告推广的营收费用）的新纪元。如 C2C 淘宝平台向个人卖家收取的在线营销费用，向 B2C 天猫企业卖家收取的交易额佣金费用，向聚划算卖家收取的展示广告位置费用以及特定的旺铺月使用费，总体上阿里在中国零售方面的营收，主要来源于卖家的广告推广营收。以此为契机，阿里迅速成长壮大并在 2014 年在美国上市，市值反超前期分别在中国香港和美国上市的腾讯和百度，成为中国第一、世界第三的互联网媒体服务公司。

此后，一批新势力互联网科技服务公司，如互联网安全服务公司 360，网络游戏公司巨人网络游戏、完美时空游戏以及门户媒体创办的细分网络游戏公司腾讯游戏、网易游戏、搜狐游戏，视频服务公司优酷、土豆，社会化媒体新浪微博，移动互联网和“互联网＋”应用的小米、陌陌、乐视、滴滴出行也都借力大众媒体的“二次”商业变现的模式，创新了基础服务用户“免费”，增值服务用户“收费”（如向广告主和重度用户收费和个人增值服务如会员费、道具费、佣金提成费）的“免费＋收费”的新媒体“二次”商业变现，从而转型为互联网媒体服务公司（如图 2－1 所示）。

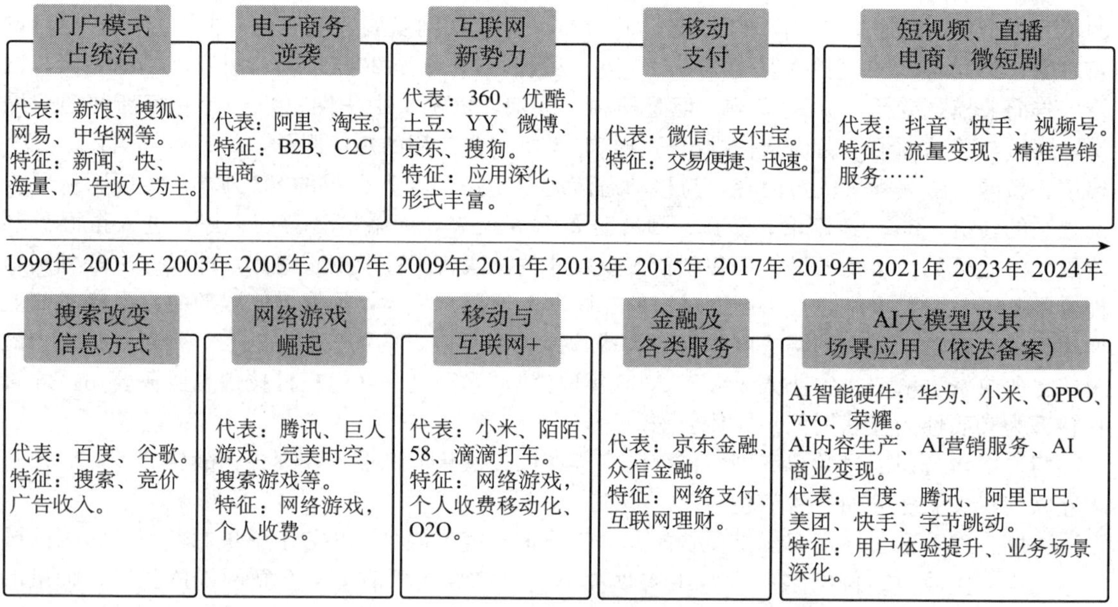

图 2－1　新媒体公司商业实践模式的具体演进

资料来源：根据 1999 年至 2023 年各年间的《中国互联网发展状况统计报告》（CNNIC 报告）整理而成。

总体而言，纵观互联网二十多年发展的历程，大多数存活下来的互联网信息科技服务公司都是以传承和创新传统大众媒体的“二次”商业变现模式而立足于时下互联网市场竞争环境的。因而，互联网信息科技服务公司，最终都转型为向互联网用户提供特定网络信息连接服务的新媒体服务公司。

新媒体不再局限于狭义的网络新闻媒体组织，而是包括所有向互联网用户提供“连接一切”网络信息服务的新媒体服务公司。从这个意义上讲，大多数互联网信息服务公司可称为新媒体公司——新媒体实体组织。

四、新媒体实体组织的总体本质特征

（一）新媒体实体组织：新媒体各类形态特征的“集大成者”

我国互联网的商业化应用实践的发展，总体上经过了 PC 互联网、移动互联网和“互联网+”等主要发展阶段，并正在向智能物联网发展阶段阔步迈进。

每一个重大互联网发展时代的新媒体，都源起于这一互联网时代最基础的互联网接入技术层面的终端新媒体，初步发展到互联网传播应用层面的传播新媒体，随后再拓展到更宽泛更深入的具体网络连接产品服务的业务新媒体，最终落实到互联网产业发展层面的具体承担者——实体化的新媒体组织。这不仅意味着每一互联网时代的新媒体是由该互联网时代具有典型特征的一组阶梯式新媒体共同组成的，而且也表明某一互联网时代的新媒体实体组织是在资本的“黏合”和“聚合”下形成的典型的阶梯式新媒体商业化发展特征的“集大成者”。

PC 互联网 1.0 时代的新媒体，起源于基于网民拨号上网的桌面电脑终端媒体。针对这一终端媒体，以新浪、搜狐为代表的商业网络媒体开创了中国最早的单向传播的网络新闻门户传播模式，即基于网络新闻（信息）的聚合、联合、搜索，为用户创造快速、便捷、高效的信息获取方式，赢得了桌面电脑终端用户的海量入口机会。这一时期的互联网业务新媒体主要提供网络新闻、电子邮箱、短信、网络聊天服务，海量的用户规模带动网络广告的爆发式增长，最终成就了三大新闻门户类互联网新媒体公司，造就了 PC 端第一代网络平台型的互联网市场发展的大格局。

PC 互联网 2.0 时代的新媒体，起源于桌面电脑终端的宽带上网方式的普及应用，带动了 Web2.0 信息传播技术和传播方式的兴起，网络传播方式由 Web1.0 时代的单向网络传播方式向 Web2.0 时代的用户互动传播方式转化，带动了网络社交、网络游戏、网络视频、网络精准搜索、网络购物等业务新媒体的集中爆发式发展，最终促成了中国第一阵营的平台型互联网新媒体公司——BAT 的崛起，BAT 取代了 PC 互联网 1.0 时代三大新闻门户类互联网新媒体公司的市场地位，催生了一批新势力互联网公司，如京东、人人网、360、乐视、土豆、优酷、搜狗、新浪微博。

移动互联网和“互联网+”时代的新媒体，起源于 4G 智能手机终端媒体，带动了 Web3.0 信息传播技术和传播方式的兴起，大规模即时互动传播成为这一互联网时代的主流传播方式，成就了微信这一传播新媒体，带动了一系列衍生的移动互联网市场化网络信息连接业务应用。智能手机应用主要分为两大类。一是移动智能互联网的线上业务应用，主要包括即时通信、搜索引擎、网络新闻和手机社交等基础服务应用，以知识产权为核心的网络文学、影视、动漫、游戏、网络音乐、视频直播等网络娱乐类应用，以网络支付、互联网理财为主的网络金融服务应用。二是基于移动智能互联网的打通和连接线上与线下业务的应用，包括以网络购物、团购、网上订餐、在线旅行预订为主的商务交易类应用，以在线教育、互联网医疗、网络约租车为主的公共服务类应用。在移动化和智能化互联网时期，一方面，一批适应移动互联网用户新需求的新兴互联网业务媒体不断涌现，如小米、微信、UC 浏览器、今日头条、高德地图、滴滴出行、爱奇艺视频、YY 直播、斗鱼直播、开心消消乐、快手、酷我音乐、喜马拉雅 FM；另一方面，一批在 PC 互联网产业发展时期已崛起的互联网水平类平台型媒体，如 BAT，加快向移动终端的业务转型，而细分垂直类平台型媒体，如京东、360、新浪、搜狐、网易以特色移动产品或服务纷纷向移动终端的业务转型。

综上所述，新媒体的发展变迁史，实质上是一个伴随互联网基础应用技术变迁及其商业化发展而推进新媒体终端形态的逐步变迁，进而引发互联网新媒体内容呈现形态及其传播方式的变迁，以及广泛互联网的新媒体市场化业务形态变迁乃至更广泛更深入的互联网新媒体产业形态变迁的过程。每一个互联网基础应用技术变迁及其商业化发展时代，通过资本要素的“黏合”和“聚合”，都会最终催化出这一互联网时代的集各个新媒体发展要素（技术、内容传播、业务和产业）于一体的代表性新媒体实体组织。如互联网 1.0 时代以新浪、网易、搜狐为代表的 PC 端三大新闻门户媒体组织；互联网 2.0 时代以腾讯 QQ、开心网、世纪佳缘网为代表的 PC 端社会化媒体，腾讯新闻门户媒体和以腾讯游戏为代表的游戏门户媒体；萌芽于互联网 1.0 时代而兴盛于互联网 2.0 时代的百度搜索媒体，以淘宝、京东为代表的电商媒体，以土豆、优酷为代表的视频媒体，以 360 为代表的安全防护媒体；进入互联网 3.0 时代以来，优质新媒体组织进一步向平台型和生态型新媒体组织转型和进化，以 BAT 为代表，此后又纷纷向移动互联网转型与升级，与此同时一大批新兴的移动互联网新媒体组织应运而生，如今日头条、美团、滴滴出行。

（二）主流新媒体实体组织的代际迭代本质特征

从互联网商业化发展的实践来看，作为典型特征的阶梯式新媒体的“集大成者”，新媒体实体组织往往伴随 PC 互联网 1.0、2.0 时代和移动互联网 3.0 时代的发展，呈现出较为明显的“长江后浪推前浪”的代际迭代性特征。

在 PC 互联网 1.0 时代，最初以拨号上网起家的美国在线网站为以宽带上网的新一代搜索门户网站美国雅虎所取代，呈现出新媒体实体组织的代际迭代性发展态势。如今，作为传统 PC 互联网 1.0 时代崛起的世界“元老级”的新闻门户网站，如新浪、搜狐、网易、美国在线、雅虎已是“明日黄花”。现时人们已将其视为“互联网旧媒体”“互联网老媒体”，其中，美国在线于 2015 年和雅虎的核心资产于 2016 年分别被美国电信运营商威瑞森收购。

进入 PC 互联网 2.0 时代，美国谷歌、Facebook、亚马逊和中国的 BAT 分别以新一代的精准化搜索、社交、网购等新技术和新服务方式，满足了互联网新时代用户的新需求和新体验要求而快速聚集起海量用户成为新一代巨流新媒体平台型组织，相继取代了 PC 互联网 1.0 时代的美国在线、雅虎、新浪、搜狐、网易等网络门户新媒体实体组织的“第一梯队”地位，而成为新一代主流新媒体实体组织。

伴随 4G 智能手机和无线宽带网络 WiFi 等移动互联网基本技术应用的普及，互联网进入以智能手机为主导的移动互联网和“互联网+”的更新的时代。在这一互联网新时代，由于互联网技术发生了革命性的突变，催生了这一互联网时代用户的一系列新需求，从互联网终端硬件的智能手机需求到所有人对所有人的去中心化的即时互动传播需求，再发展为用户的一系列线上线下的日常生活服务需求，数量庞大的移动互联网时代的用户新需求和新体验，创造了巨大的新媒体市场发展空间，吸引了一批又一批对移动互联网新时代高度敏感的互联网创业者。其中，一批通晓并运用移动互联网运营规则的移动新媒体实体组织快速成长起来，如开创移动互联网新时代的原创智能手机的终端媒体公司——美国苹果公司迅速成长起来，短短几年就快速取代了 PC 互联网 2.0 时代的美国谷歌、Facebook、亚马逊和中国 BAT，成为全球市值最高的新媒体公司。而中国的小米则创造性地运用了互联网运营规则，快速开创了属于中国的终端媒体公司，中国的腾讯以即时互动社交媒体产品——微信，奠定了腾讯在移动互联网时代新的平台型新媒体市场垄断地位，今日头条以精准的云计算和大数据挖掘技术迅速成为移动互联网时代的内容分发平台式新媒体。基于智能手机的移动出行服务媒体如美国 Uber、中国滴滴出行在短期内相继快速崛起。基于智能手机的“两微一端”（微信、微博和新闻客户端）已取代 PC 端新闻网站，成为主要的新闻资讯类新媒体，如腾讯新闻客户端与微信用户的捆绑，使之成为用户量第一的新闻客户端，网易则以有态度的细分运营策略，在新闻客户端市场占据了一席之地。而新一代的移动搜索技术、移动即时互动社交、移动电商等运营策略，满足了移动互联网时代用户的基本应用需求，成就了谷歌、百度、Facebook、腾讯、阿里和亚马逊等移动互联网新时代的超级平台型媒体。

总体而言，新媒体实体组织是互联网时代变迁的具体动态发展产物，从我国互联网二十多年的实践应用与发展过程来看，我国互联网总体上以互联网应用技术的变革为总方向，呈现出从有线互联网（PC端互联网）到移动互联网（移动端互联网）和智能物联网代际迭代的发展趋势。每一代互联网所具体呈现的是以其应用终端（互联网上网设备和上网带宽）技术变革和商业化普及应用为起点，随之引导传播技术及其传播模式的变革，进一步扩散到为网民（用户）提供各类互联网网络连接服务的市场化业务应用的过程。在这一过程中，涌现出一代又一代、一批又一批的新媒体实体组织，正是它们以用户价值为导向，推广互联网网络连接服务市场化应用的示范效应，吸引了更多的新的新媒体组织的创立，从而推动了我国互联网不断向前发展。

判断主流新媒体的标准，应视具体的互联网时代的生态环境而定。由于互联网技术的日新月异和市场的瞬息万变，不同互联网时代的主流新媒体一直处于动态变迁之中。如图 2-2 所示，1995 年至 2015 年二十年间，全球前十五强互联网新媒体公司除苹果公司外，其余全部被更换。其中，2015 年中国互联网新媒体公司已占据重要地位，在全球前十五强互联网新媒体公司中，中国已占 4 席，阿里、腾讯、百度、京东分别位列第 3、6、8 和 11 位。

而中国互联网企业百强榜单也处于变化之中。2016 年中国互联网企业百强榜单前十分别是阿里、腾讯、百度、京东、360、搜狐、网易、携程、唯品会、苏宁云商。

为此，本书将“新媒体”界定为互联网发展语境中的“新媒体实体组织”，即创始人在资本的“黏合”和“聚合”下，以满足某一类互联网用户需求和体验要求为价值导向，面向某一类互联网终端或多个终端（PC端、移动端和互联网电视端及其他可上网的终端），以某一互联网基础应用技术和传播方式为基础，从事某一特定或多样化、市场化网络信息连接服务的应用业务，以基础网络服务免费，增值服务付费的新媒体“二次”商业变现模式为生存和发展模式，具有独立新媒体市场主体身份的经济实体组织。

全球互联网上市公司，按市值排名

1995年12月

	Company	Home Country	Market Cap. ($MM)
1	Netscape	USA	$5,415
2	Apple	USA	3,918
3	Axel Springer	Germany	2,317
4	RentPath	USA	1,656
5	Web.com	USA	982
6	PSINet	USA	742
7	Netcom On-Line	USA	399
8	IAC / Interactive	USA	326
9	Copart	USA	325
10	Wave Corporation	USA	203
11	iStar Internet	Canada	174
12	Firefox Communications	USA	158
13	Storage Computer Corp.	USA	95
14	Live Microsystems	USA	86
15	iLive	USA	57
Total Market Cap of Top 15			$16,752

2015年5月

	Company	Home Country	Market Cap. ($MM)
1	Apple	USA	$763,567
2	Google	USA	373,437
3	Alibaba	China	232,755
4	Facebook	USA	226,009
5	Amazon.com	USA	199,139
6	Tencent	China	190,110
7	eBay	USA	72,549
8	Baidu	China	71,581
9	Priceline.com	USA	62,645
10	Salesforce.com	USA	49,173
11	JD.com	China	47,711
12	Yahoo!	USA	40,808
13	Netflix	USA	37,700
14	LinkedIn	USA	24,718
15	Twitter	USA	23,965
Total Market Cap of Top 15			$2,410,867

图 2-2　全球互联网上市公司排名

资料来源：“互联网女皇”玛丽·米格尔《2015 年互联网趋势报告》（http：//www.360doc.com/content/15/0528/22/25320366_474067676.shtml）。

每一个互联网时代的主流新媒体实体组织都是以主流互联网终端媒体为入口，以互联网的用户价值为内在价值观，以主流互联网传播方式和媒体为纽带，以最新互联网时代用户体验更好的市场化互联网产品和服务应用为核心业务，具有独特的“二次”商业变现模式的新媒体经济实体组织。

二十多年的互联网技术日新月异、互联网用户市场需求瞬息万变，顺应不同互联网时代发展潮流的互联网主流新媒体实体组织，也呈现出时代的代际迭代性。

21 世纪初的互联网 1.0 时代，社会公认的主流新媒体组织是 PC 端商业门户网站，新浪、搜狐、网易是这一时期的代表性新媒体组织，这一时代也是门户媒体组织主导的时代；而 2004—2009 年间的互联网 2.0 时代的主流新媒体组织，主要以 PC 端搜索媒体组织、PC 端电商媒体、PC 端社交媒体组织为代表，百度、腾讯和阿里是其代表性新媒体组织，这一时代是新媒体组织主导的时代；2009—2014 年间互联网 3.0 时代的主流新媒体是以智能手机为基础的即时搜索媒体、即时互动社交媒体、即时电商媒体，主要以相应 PC 端业务的移动互联网转型后的百度、腾讯、阿里为代表的多元化扩张发展的水平类新媒体组织为主导。但与此同时，这一时期也涌现出一批市场细分领域的新兴垂直类移动新媒体组织，如提供手机硬件和各类软件应用服务的小米，提供内容资讯服务的今日头条、澎湃、界面、罗辑思维、一条、二更等移动内容资讯新媒体，提供视频直播服务的映客直播、YY 直播和斗鱼直播等各类移动网络视频直播服务类媒体，提供网络约车服务的滴滴出行、神州专车等网络生活服务类媒体。

2015 年以来，新媒体组织进一步发展的主要方向，是以智能手机为终端，以互联网大数据、社交化、视频化、服务化（社区化）为综合特征的内容资讯娱乐类媒体组织和“互联网+”生活服务类媒体组织。

（三）主流新媒体实体组织的总体生存法则

回望互联网新媒体组织的发展历程，新媒体组织的主力军是在资本的“黏合”和“聚合”下直接创办的以互联网技术为基石，以互联网传播模式为纽带，以市场化应用的互联网产品和服务为核心，具有独立主体身份的产权清晰、自负盈亏的实体化商业性新媒体公司。但也有一部分来自传统媒体，即通过互联网转型与升级的途径创办的新媒体组织。由于传统媒体的惯性媒体组织思维而非互联网的公司化市场化思维，因而，它们大多以传统媒体内部的网络中心、新媒体事业部、内部新媒体子公司等内部组织形式存在，对外不具有独立核算和自负盈亏特征的市场主体身份，并没有真正实体化。如《纽约时报》创办了二十多年的新媒体组织就属于非实体化商业性质。因而与商业性新媒体实体组织相比，这类新媒体组织转型进展缓慢，错失最佳转型和发展时机。只有极少数传统新闻门户网站（如人民网、新华网、东方网、凤凰新媒体、芒果 TV）和传统垂直类资讯门户服务网站（如东方财富网）通过独立的新媒体市场化战略走上了实体化的独立的强新媒体的发展道路，连续多年进入中国互联网新媒体公司百强之列，并且逐步处于榜单上升通道之中，尤其是新华网已进入前二十强之列，人民网也跻身于前三十五强。新媒体的发展实践充分验证了新媒体发展的时代性，只有时代性新媒体组织，没有“一劳永逸”的新媒体组织。“与时俱进”是新媒体组织的生存之道，“快鱼吃慢鱼、好鱼吃差鱼”等“不进则退”的互联网竞争法则，是新媒体组织市场格局演变的“不二法则”。中外新媒体组织，无论是直接创办的商业性新媒体公司还是传统媒体基于转型需求而间接创办的新媒体组织，无一例外需要遵循互联网时代的这一生存法则。

【知识回顾】

站在互联网商业化发展的时代背景下，作为“连接一切”讯息的“网络连接器”的新媒体，从外在形态上颠覆了传统媒体的媒体形态，并实时快速地更迭，新媒体组织的外延范围不再局限于狭义的网络新闻媒体组织，而是包括所有向互联网用户提供“连接一切”网络讯息服务的新媒体服务公司。从这个意义上讲，大多数互联网信息服务公司都可称之为新媒体公司，以新媒体各类网络讯息服务为运营对象的实体组织。

作为“连接一切”讯息的“网络连接器”的新媒体，同时也改变了新媒体组织的生存方式，更是催生了人类的新价值观，即以创新、开放、共享、平等的互联网精神为核心的新媒体价值观。互联网发展语境之下的新媒体实体组织，通过传承并创新传统大众媒体“二次”商业变现模式而得以生存和发展。近年来兴起的内容付费商业模式，也是建立在类似的传统媒体“二次”商业变现模式（内容免费＋网络广告变现）所积累的庞大的活跃用户规模基础之上的。

从这个意义上讲，绝大多数互联网新媒体公司都是具有媒体商业模式的新媒体实体组织。此外，本章还重点探讨了新媒体实体组织是新媒体商业化应用的各类形态演变特征的“集大成者”和主流新媒体实体组织的代际迭代特征及其“与时俱进”的总体生存法则。

【思考题】

1. 谈谈你对我国互联网语境下新媒体的外在媒介功能是“连接一切”讯息服务的“网络连接器”的认识。请举例说明。

2. 结合当下互联网新媒体发展实践，谈谈互联网新媒体的基本“用户思维”应以哪些新媒体社会基本伦理观为“底线”。请举例说明。

3. 传统媒体的新媒体转型如何转变其内在价值观？请举例说明。

4. 如何理解新媒体组织是在资本的“黏合”和“聚合”下的诸多外在互联网新媒体形态（新媒体终端形态、内容呈现形态、传播形态和业务形态）及其内在价值观的“集大成者”？请举例说明。

5. 如何理解只有时代性新媒体组织，没有“一劳永逸”的新媒体组织？请举例说明。

第三章　互联网时代新媒体组织的市场化运营概述

【知识目标】

新媒体运营的概念和构成要素。
新媒体运营的演变特征。

【能力目标】

了解新媒体运营的基本概念和构成要素。
熟悉互联网时代新媒体运营的典型特征、分类和方式。

【知识导入】

自互联网商业化发展以来，催生了一代又一代的新媒体实体组织，它们大多为基于用户需求和体验创新驱动的市场化新媒体公司。符合互联网时代发展特征的新媒体运营是成就新媒体大公司的现实法宝，反之，不符合或滞后于互联网时代发展特征的新媒体公司，则被无情淘汰出局。在我国互联网二十多年发展历程中，消失掉的新媒体公司远比存活下来的新媒体公司要多得多。如图 3－1 所示：

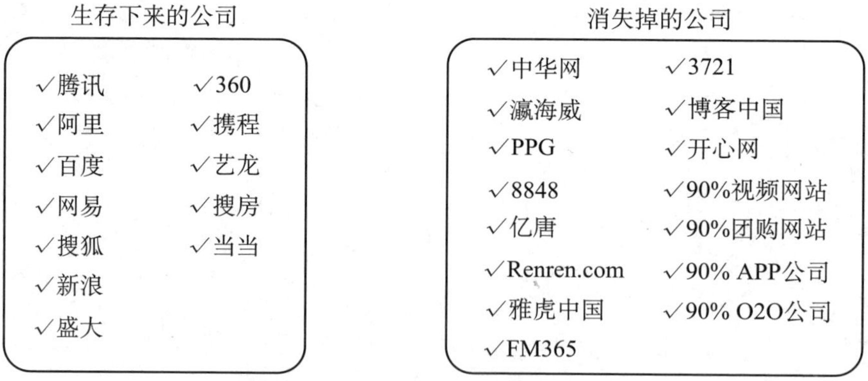

图 3－1　互联网媒体公司：消失掉的远比生存下来的多得多

资料来源：郝志中《用户力：互联网》PPT。

总结二十多年来成功和失败的新媒体公司运营的主要经验和具体教训，探析互联网时代新媒体实体组织的主要市场化商业运营规律，可为更多的新媒体创业公司和传统媒体乃至传统互联网新媒体公司的转型与升级提供有益的现实借鉴。

第一节 新媒体运营的主要构成要素

纵观我国互联网二十多年发展的轨迹，互联网时代新媒体运营主要是新媒体实体组织在互联网商业生态环境中为追求自身生存和发展的利益最大化诉求，以用户需求和体验为核心，研发具有用户价值的互联网应用产品和服务，并促进其用户规模最大化，通过用户黏性运营策略实现用户规模的活跃化，最终获取海量活跃用户基础之上的各种变现收入的过程。互联网新媒体运营简言之就是指新媒体实体组织为自身生存和发展需求而进行的市场化商业运营活动。

一、两大核心主体：新媒体实体组织和用户

新媒体运营有着两大亘古不变的核心主体：一是新媒体实体组织；二是互联网用户。

新媒体实体组织，是主观为追求自身利益最大化的生存和发展诉求而客观为他人（用户）进行一系列互联网运营理念、技术、产品与服务等应用乃至商业模式创新的主体，即“用户驱动型互联网运营主体”。作为满足互联网时代新媒体生存与发展的利益诉求而不断创新的新媒体实体组织，这一主体是构成新媒体运营的直接主观原动力主体。

互联网用户群体，是新媒体个性化产品（内容、信息或其他互联网应用性产品或服务）的使用者、传播者、参与者甚至生产者，尤其是进入移动互联网时代，用户既可主动接受某一互联网产品的使用（安装、注册），也可随时随地不使用（卸载）。用户有主动消费甚至主动生产的倾向。用户把控信息流的话语权、主动权和决策权。一条信息触及用户后，用户有没有反应，有没有行动，显而易见。在统计分析上，因大数据存储、分析能力的提升，每个用户的画像是清晰的。在互联网产品或服务的生产、营销传播和广告学上，用户更凸显了精准定位、目标传播、个性消费的意义。

而在非互联网时代，受众是媒介霸权下的标准化信息接受者，受众不掌握信息传播的话语权，受众是被动的、离散的，这类群体只是作为商家运营主体提供产品的最终消费者的“客体”身份而存在，如传统媒体时代作为传统媒体产品（报纸、杂志、广播、电视）的“受众”（读者、听众、观众）身份存在。从传播效果角度来看，受众因“被动接受”的意味太浓，所以很难分清传播内容是否真正触及了目标传播对象，也不知道这些受众在认知层面有哪些改变，更不知道受众在接受这些信息后的态度和具体行动。在统计分析上，受众也只是以一种概率画像的形式模糊存在。

用户之所以能替代非互联网时代的“受众”或“客户”的“客体”身份而转化为互联网时代新媒体运营的另一“主体”身份，不仅是因为互联网平等话语权的产生，更是由于用户直接掌握着新媒体实体组织信息传播或服务的主导权。在互联网时代尤其是移动互联网时代、大数据智能互联网时代，用户的需求和体验要求已发展为新媒体实体组织的主要运营方向，用户是新媒体实现自身利益诉求的源头、“发动机”和终极目标的重要主体。用户群体这一主体是在客观上引领新媒体实体组织不断进行互联网终端、应用、收入模式和发展模式创新的客观原动力主体。

（一）两类新媒体实体组织及其特征

互联网时代新媒体的运营源于新媒体实体组织的创办，新媒体实体组织是新媒体运营的直接承担主体。在我国，新媒体实体组织主要分为两大类。

第一类是商业性互联网实体组织，它是在互联网时代新出现的、受到互联网思维直接影响

的市场化新媒体公司，往往是由互联网创业者从零开始直接创办的互联网市场化应用的新媒体实体组织，有较大影响力的有谷歌、Facebook、苹果、阿里、腾讯、百度、京东、新浪、网易、小米、滴滴出行等。这类新媒体公司的兴起，主要源于互联网技术创新和用户需求的启发，以创造或满足用户的新需求、新体验、新要求而建立，没有可以依靠的传统媒体与信息平台，具有明晰的产权，因而享有独立的决策权，客观上先天具有适应互联网商业生态环境变化的快速反应和应对的意识和能力，并承担自负盈亏的具体运营结果，而互联网商业生态变迁环境（以互联网技术和用户需求为主导）下的互联网竞争法则是引领其不断进行互联网创新的“牵引力”。这类市场化新媒体公司都在向“用户型”发展，属于典型的“用户驱动型互联网运营主体”，是新媒体实体组织的主导类型，大多是提供网络内容、网络关系、物联服务和其他线上线下结合的O2O等连接服务的新媒体公司，简称为互联网新媒体公司。

第二类源自传统媒体的新媒体实体组织，是以传统媒体形式、内容和理念为基础，受到互联网新传播技术影响的、经过“改造”的新媒体，即转型类新媒体组织，比如人民网、新华网、央视国际、凤凰网等等。这类新媒体组织以人民日报社、新华社、中央电视台、凤凰卫视等传统媒体平台为依托，其传播理念、用户群大多没有发生质的变化，新媒体之“新”的意义是相对而言的，不是完全的互联网颠覆性新媒体。新媒体组织只是这些媒体机构整个业务传播链条中的一个环节，互联网的出现对它们产生的影响主要体现在技术层面，但从组织的基础产权性质以及内容传播的角度上看，并没有发生脱胎换骨的改变，其本质上是传统媒体在互联网技术外壳下的全新媒体表现形式，能够使用户更快地接受信息并在其所提供的平台上进行互动，但其依然受到用户群体的使用特点、内容需求以及自身理念的限制，其表现和特征与市场化新媒体公司有较大的不同，目前也仍存在着一些较为明显的制约屏障。如互联网思维理念、技术更新速度、体制机制以及新媒体人才滞后，因而其在互联网商业生态竞争环境下反应相对迟缓、创新速度和用户竞争力不及原生态的新媒体公司，属于以传统媒体自身需求为主的“转型类互联网运营主体”。

（二）互联网用户的特征与规模

新媒体运营的另一主体是互联网用户，互联网用户是新媒体实体组织得以生存和发展的互联网源头和终极目标，亦即新媒体实体组织的“衣食父母”。新媒体实体组织，谁掌握的用户越多，谁离用户越近，谁创造的用户价值就越高。从我国互联网二十多年的实践发展过程来看，互联网的用户特征、用户规模等对新媒体实体组织的生存和发展产生了重大的现实影响。

1. 互联网用户的特征

在新媒体运营中，新媒体实体组织作为直接的运营主体，首先面对的是“用户是谁”的选择，包括用户的年龄、性别、职业、收入等自然属性以及用户习惯与偏好。截至2015年12月，新网民不断增长，低龄（19岁以下）和学生群体比重最大。2015年新增加的网民群体中，低龄（19岁以下）、学生群体的占比分别为46.1%、46.4%，这部分人的互联网使用目的主要是娱乐、沟通。我国网民以10岁至39岁年龄段的人为主要群体，比例达到75.1%。其中，20岁至29岁年龄段网民的比例为29.9%，在整体网民中的占比最大。与2014年底相比，10岁以下低龄群体和40岁以上中高龄群体的占比均有所提升，互联网继续向这两部分人群渗透。网民中具备中等教育程度的群体规模最大，初中、高中/中专/技校学历的网民占比分别为37.4%、29.2%。与2014年底相比，小学及以下学历人群占比提升了2.6个百分点，中国网民继续向低学历人群扩散。中国网民的男女比例为53.6∶46.4，网民性别结构趋向均衡。[①] 截

① 引自CNNIC第37次《中国互联网络发展状况统计报告》。

至2016年12月，我国网民总体规模达7.31亿，其中，手机网民规模达6.95亿，网民中使用手机上网的人群占比由2015年底的90.1%提升至95.1%①，PC互联网用户增长放缓，移动互联网用户增长迅速，是PC互联网网民的三倍。国内知名大数据服务提供商贵士移动（Quest Mobile）进一步详细分析了移动互联网用户的年龄结构，指出“80后”用户占了近80%的比重，年轻人成为互联网用户的主力军。如图3-2所示：

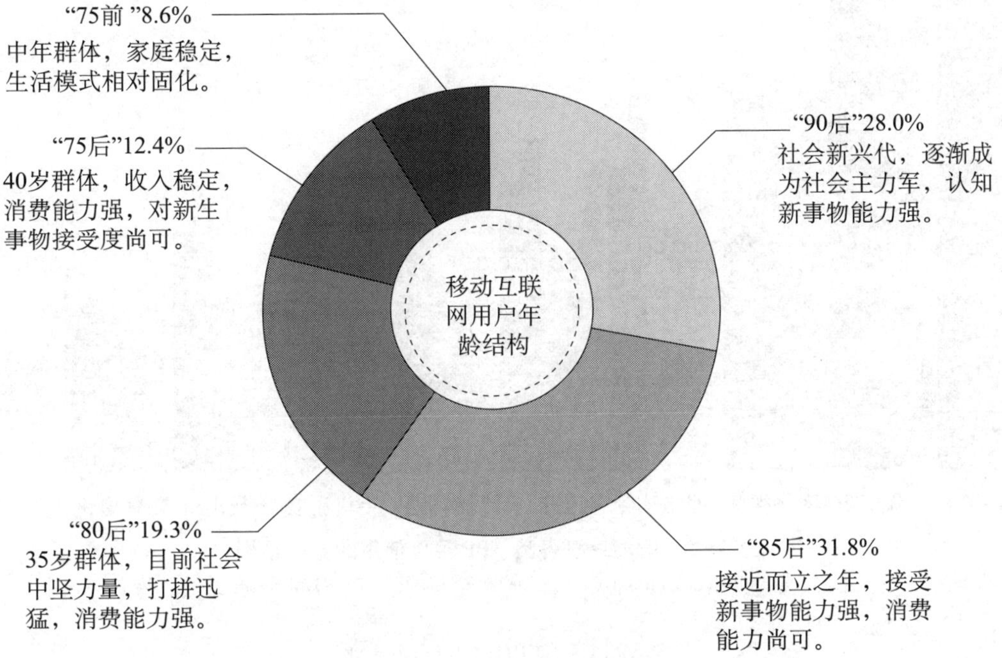

图3-2 移动互联网用户年龄结构

资料来源：http：//tech.sina.com.cn/2016-01-08/doc-ifxnkkuy7746197.shtml。

可见，从互联网实践来看，绝大多数互联网产品或服务是年轻人率先使用，然后向其他用户群体加速扩散的。年轻人是同一互联网时代接受新生事物最快和消费观念超前的特殊人群，是新媒体公司最为青睐的种子用户，其用户特征是“年轻、爱尝鲜、爱传播”，成为新媒体公司重点攻克的主体对象，互联网新媒体公司研发的一款产品或服务一旦被年轻人普遍接受，很快就会引起全社会其他人群的关注。因而对于新媒体公司而言，开发互联网用户的应用产品，尤其是娱乐休闲和社交应用产品，初始用户可重点关注年轻用户。“得年轻人得天下”，年轻用户是新媒体公司的重点用户群体（粉丝用户）。

从2015年12月各类移动互联网APP月度用户结构来看，数据显示“90后”和“75后”成为重度用户。这意味着各类APP在经过年轻用户的第一拨“尝鲜”后，经过他们的用户体验传导到有收入而且时间相对充裕的年长者，有些甚至是他们的父母辈。贵士移动发布的各类移动APP月度使用调查数据也显示了“90后”和“75后”是互联网应用产品的重度使用者（见图3-3、图3-4）。有时间、有收入保障的“75后”甚至有赶超“90后”的趋势。相较于“90后”而言，新生力量“00后”似乎更加独具一格，有着更强的个人意识和精神追求。不盲目追随主流、喜好更加多样且个性化，“00后”这一代人的特征也出现在其网络消费中。“00

① 引自CNNIC第38次《中国互联网络发展状况统计报告》，第1页。

后”群体的兴趣多元化，意味着他们具有更强的垂直兴趣凝聚特点。而从性别结构来看，数据显示大多数类别的 APP 月度使用的女性用户超过男性用户（见图 3－5）。

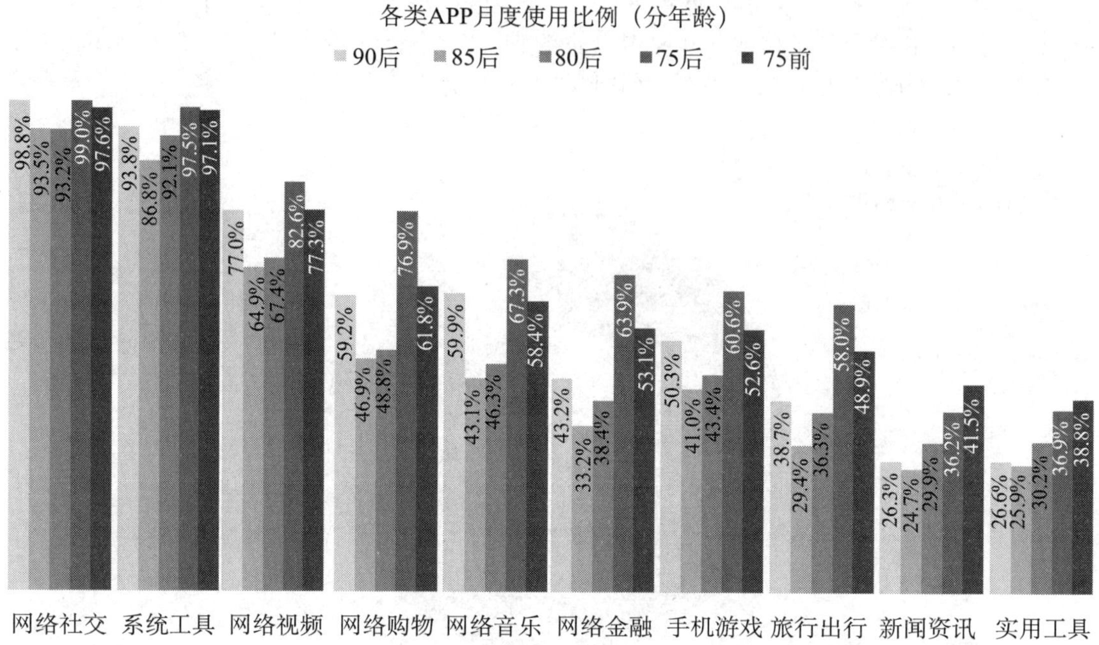

图 3－3 智能手机各类 APP 月度使用的年龄结构

资料来源：http：//tech. sina. com. cn/2016－01－08/doc－ifxnkkuy7746197. shtml。

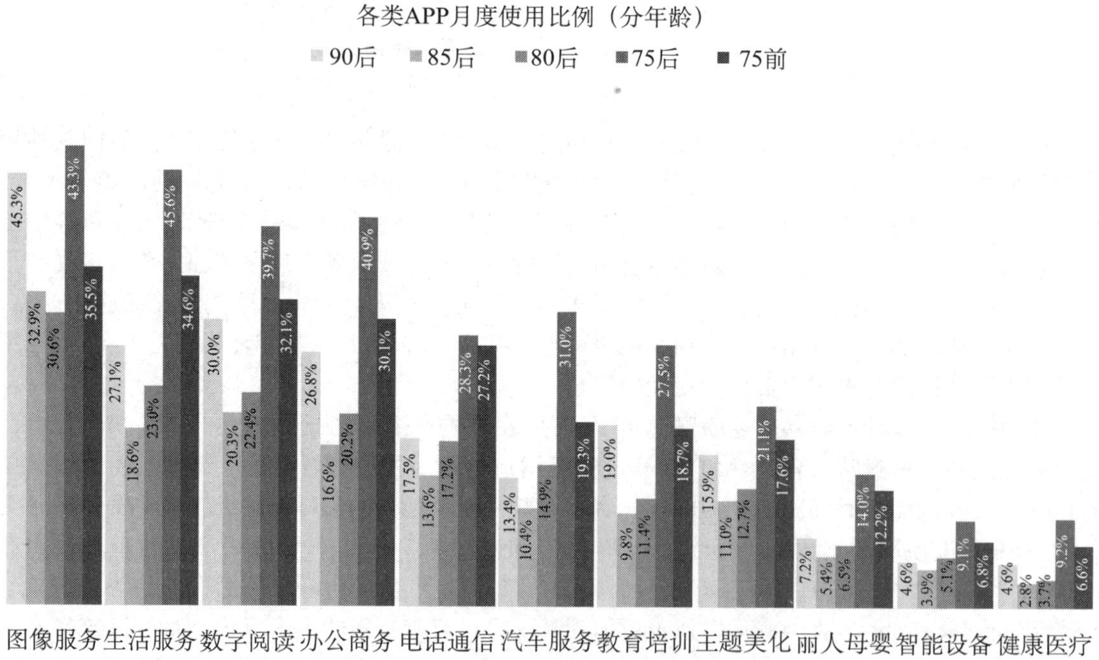

图 3－4 智能手机各类 APP 月度使用的年龄结构

资料来源：http：//tech. sina. com. cn/2016－01－08/doc－ifxnkkuy7746197. shtml。

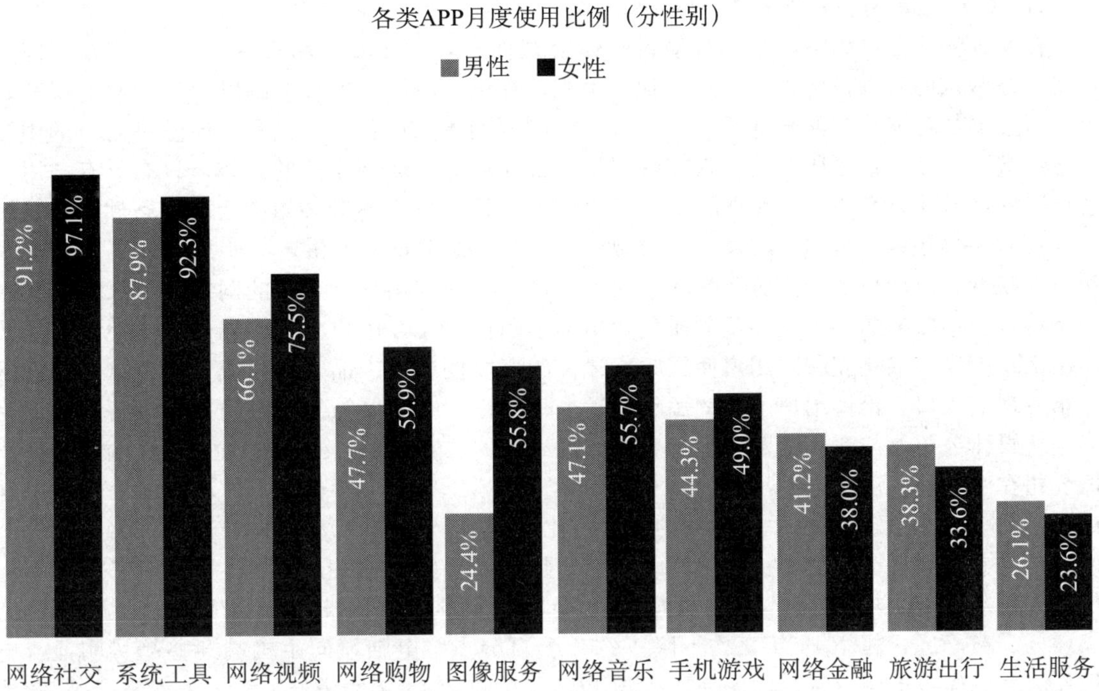

图 3-5 智能手机各类 APP 月度使用的性别结构

资料来源：http：//tech. sina. com. cn/2016-01-08/doc-ifxnkkuy7746197. shtml。

2. *互联网用户的规模*

新媒体运营是以用户规模取胜的商业运营模式。经过互联网二十多年的发展，截至 2016 年 6 月，我国网民规模达 7.10 亿，互联网普及率达到 51.7%，超过全球平均水平 3.1 个百分点，超过亚洲平均水平 8.1 个百分点。① 同时，伴随近年来移动互联网的爆发式发展，截至 2016 年 3 月，国内移动互联网月度活跃用户数突破 9.27 亿。② 庞大的互联网用户规模基数，总体上昭示着新媒体公司有着潜力巨大的互联网市场拓展空间，我国互联网市场存在着规模庞大的潜在人口红利，吸引着新媒体公司不断投身其中，这也是互联网用户能成为新媒体运营的另一客观主体的重要现实因素之一。与此同时，近年来，我国互联网上网用户和移动互联网月度活跃设备数的增幅逐步趋缓，环比增长率稳定在 1%左右，市场结构已经成熟，与 2015 年底相比提高 1.3 个百分点，新增长红利基本到头。对于具体的新媒体公司而言，能否在我国庞大的总体互联网用户规模中分得一杯羹，则取决于其新媒体的运营水平和能力。

二、主要客体要素：用户导向的终端、应用和收入模式

互联网时代的新媒体运营，简言之是新媒体公司创造用户价值继而实现最大化商业变现的过程。这一过程除了新媒体实体组织和用户这两大核心主体之外，还必须具备三大客体要素：基于用户导向的终端、应用和收入模式。

---

① 引自 CNNIC 第 38 次《中国互联网络发展状况统计报告》。

② 引自 http：//money. 163. com/16/0419/17/BL1HU9QO00253B0H. html。

1. 终端：接入互联网用户的第一入口

在新媒体运营过程中，终端对于新媒体公司而言，意味着“用户在哪儿”。终端，即用户接入互联网的硬件设备，如台式电脑、手机、笔记本电脑、平板电脑以及互联网电视和其他可以上网的智能物联网硬件设备。这些可以联网的上网设备，已成为目前网民用户的主要接触终端。当然，不是所有的接入互联网设备都能成为互联网竞争的终端，只有具有“用户意义”的终端才是真正的互联网终端。可以联网的设备成为终端必须满足两个条件：一是用户要长时间接触；二是用户有操作和互动行为。① 从这个意义上讲，一些户外和公共设备虽然可以联网，但用户很少停留和操作，故不能成为具有“用户意义”的网络终端。伴随互联网市场化应用服务的多元化甚至同质化竞争的不断白热化，用户上网终端的重要性极大地凸显出来，因为终端是互联网用户使用频率最高的互联网应用产品，因而成为用户接入互联网的第一现实入口，抢占用户上网的源头渠道——用户长时间接触的互联网接入设备，已成为如今新媒体公司参与互联网商业生态竞争的最有效的法宝。“得终端得天下”，终端成为新媒体公司在互联网运营中抢占用户资源的第一客体要素。截至 2016 年 6 月，我国手机网民规模达 6.56 亿，网民中使用手机上网的人群占比由 2015 年底的 90.1%提升至 92.5%，网民上网设备进一步向移动端集中。截至 2015 年 12 月，移动互联网智能终端设备活跃数达到 8.99 亿。通过台式电脑、笔记本、平板电脑上网的比例则呈下降趋势，比例分别为 67.6%、38.7%、31.5%，较 2014 年底均下降了约 4 个百分点，电脑端向手机端迁移趋势明显。电视作为家庭娱乐上网设备，网民使用率为 17.9%，较 2014 年底增长了 2.3 个百分点。② 智能手机已成为我国网民接入互联网的第一终端，“得手机得天下”。与此同时，不同的终端联网设备，由于屏幕大小不同，终端产品的功能和用户体验也会不同，各上网终端的应用场景也不同，如 PC 办公，手机通信、娱乐、社交，电视家庭客厅娱乐，互联网的不同终端将长期存在。③ 随着连入互联网的设备增多，不同新终端出现，手机将成为“核心终端”。手机像用户的身体器官一样，与各种上网设备及新终端互联，而手机将成为终端的中心。④ 在新媒体运营中，上网终端设备对于新媒体实体组织的意义不仅在于其是获取用户的第一入口，而且互联网终端的网速和上网资费直接制约和影响着互联网新媒体公司开拓满足用户需求的具体应用产品和服务的层次性。

2. 应用：从用户需求出发

接入用户互联网终端设备之中的网络服务或产品，是继互联网终端设备之后接入互联网用户的下一个入口。尽管终端是新媒体公司通往用户的第一入口，但不同互联网时代，优秀新媒体公司从用户的时代需求出发，开发的好的应用产品和服务是“会说话”的，如腾讯公司开发和不断更迭的 QQ 和微信已是跨终端的用户第一入口了，是获取海量用户的最终通行证。对于新媒体公司而言，好的互联网应用产品和服务是吸引新用户和留住老用户的最终落地方式。

总体而言，伴随我国互联网二十多年的发展，新媒体公司主要围绕互联网用户的四大类基本需求——娱乐休闲、沟通交流、获取信息和实用服务而不断开发相应的好的应用产品和服务。

---

① 郝志中．用户力：需求驱动的产品、运营和商业模式［M］．北京：机械工业出版社，2016.
② 引自 CNNIC 第 37 次《中国互联网络发展状况统计报告》。
③ 同①.
④ 同①.

如图 3－6 所示，娱乐休闲、沟通交流、获取信息这三种用户基本需求都属于线上网络服务需求（Online），而第四类实用服务是线上信息与线下服务相结合（O2O）。前三类用户需求基本上已为腾讯、百度等巨流平台型互联网媒体公司牢牢占领，但是由于它们面对的用户不断年轻化，上述大佬级巨流平台型互联网新媒体公司的应用产品存在着跟不上更为年轻化用户的现实需求和体验要求的现象。因而，在这三类用户需求中，更好玩更好用的垂直细分类娱乐休闲产品和沟通交流产品，将是留给后起的新媒体公司的新机会，而第四类实用服务则是巨流平台型互联网新媒体公司所不擅长的，后起的互联网新媒体公司的新机会主要体现在现实刚需服务层面，典型的如外卖、团购、网约出租车、共享单车。

第一需求：娱乐休闲类

✓音乐：QQ音乐、酷狗、唱吧
✓影视：优酷、暴风、迅雷
✓游戏：传奇、魔兽、捕鱼达人
✓小说：起点、百度文学

第二需求：沟通交流类

✓IM：QQ、微信、陌陌
✓邮箱：QQ邮箱、126、Gmail
✓空间/微博：新浪微博、QQ空间
✓社区：贴吧、天涯、人人

第三需求：获取信息类

✓新闻：今日头条、新浪、搜狐
✓搜索：百度、搜狗、360搜索
✓其他：知乎、知道、百科

第四需求：实用服务类

✓电子商务：淘宝、苏宁、京东
✓网络服务：去哪儿、58同城、滴滴出行等
✓网络软件：360、搜狗输入法、高德导航

图 3－6　应用：基于四大类用户需求

资料来源：郝志中．用户力：需求驱动的产品、运营和商业模式［M］．北京：机械工业出版社，2016：8.

由于互联网技术的变迁，互联网上网终端的更新换代和上网速度的不断提升以及网络运营商上网资费的不断降低，互联网用户的基本需求也不断提升，吸引新媒体公司为追求海量用户，而开发出满足不同互联网时代用户基本需求的好的应用产品和服务。在我国互联网二十多年的应用服务发展中，由于用户需求是变化的，因而新媒体开发的互联网应用服务或产品也是不断更迭的。如图 3－7 所示：

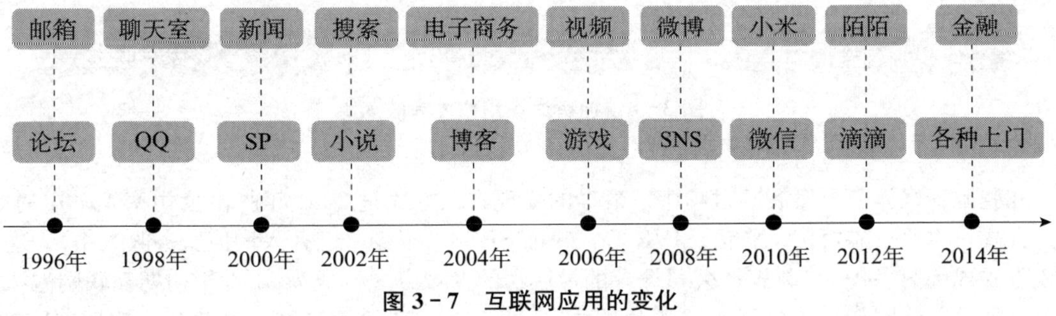

图 3－7　互联网应用的变化

资料来源：郝志中．用户力：需求驱动的产品、运营和商业模式［M］．北京：机械工业出版社，2016：11.

2014 年移动互联网进入提速发展时代，2015 年进入“互联网＋”时代，基于移动互联网智能手机用户需求的变化要求，移动互联网应用进一步拓展和多元化。

如前所述，截至 2015 年 12 月，移动互联网市场化应用集中于五大类：一是以即时通信、搜索引擎、网络新闻和手机社交为主的智能手机基础应用；二是以网络购物、团购、网上订

餐、在线旅行预订为主的智能手机商务交易类应用；三是以知识产权为核心的网络文学、影视、动漫、游戏、网络音乐、视频直播为主的智能手机网络娱乐类应用；四是以网络支付、互联网理财为主的智能手机网络金融服务应用；五是以在线教育、互联网医疗、网络约租车为主的智能手机公共服务类应用。基础的娱乐沟通、信息查询，到商务交易、网络金融，再到教育、医疗、交通等公共服务，移动互联网塑造了全新的社会生活形态，潜移默化地改变着移动网民的日常生活。未来，移动互联网应用将更加贴近用户的生活。其中，前四项业务为移动互联网线上应用业务，第五项业务为互联网向线下渗透的服务业务，即“互联网＋”服务业务，未来，面向互联网线下渗透的业务领域，将不断拓展和深入。

3. 收入模式：拥有海量用户才有收入

新媒体公司为用户提供应用服务或产品，目的在于以此获取用户规模并转化为可以变现的各类营业收入，以保障其可持续的生存和发展。互联网发展二十多年来，广告、游戏和电商、会员（佣金）等增值服务是主要收入变现方式。

新媒体运营与传统媒体运营所不同的是，在互联网竞争环境下，获取收入（广告收入和增值收入）的用户规模门槛大为提高，互联网应用产品获取收入的月度用户和日度用户规模门槛至少在千万级以上，获取较高的收入动辄需要以亿计算的用户规模。而传统报纸在 20 世纪 90 年代至 21 世纪初期的黄金年代，获取广告收入的读者规模门槛仅为几十万，如此广告收入就有保障，超过百万读者的报纸，可获取上亿的广告收入。而新媒体实体组织，如阿里、腾讯、百度、网易、京东、搜狐通过优秀的互联网应用产品或服务，满足用户的时代需求，获取大量用户，以好的用户体验增加用户停留时间与黏度，增强用户价值，以获取广告、电商以及游戏、会员（佣金）等增值服务收入，其强大的收入和盈利能力是建立在其海量用户规模基础之上的，遵循互联网经济特有的梅特卡夫法则，即网络价值以用户数量的平方为速度增长。如图 3－8 所示：

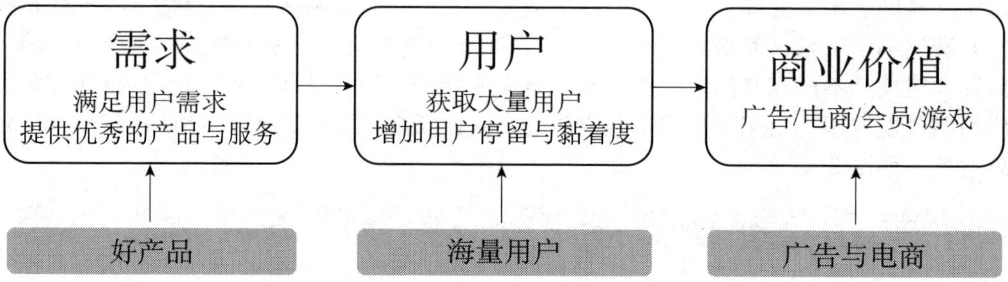

图 3－8　拥有海量用户才有收入

资料来源：郝志中《用户力：互联网》PPT。

在我国新媒体公司发展的过程中，最早的变现收入方式是 2001 年腾讯公司率先采用的 SP 收入方式，主要依靠短信、彩信、IVR 等，目前 SP 收入很少（已并入增值服务收入中）。这种收入方式成为第一代 PC 新媒体公司探寻的最成功的变现方式，成为 21 世纪初期互联网泡沫破灭之后拯救互联网新媒体公司的“救命稻草”，使濒临破产的门户网站“起死回生”。从 2002 年开始，门户网站的广告收入开始多元化，出现了百度的搜索广告收入、淘宝和京东的电商收入、腾讯的游戏和会员等增值收入，多元化收入方式逐步成熟起来。从阿里、腾讯、百度、网易、京东、搜狐的 2014 年财报数据来看，我国新媒体公司存在广告、游戏、会员收费、电商收入、增值收入等多种收入来源模式，如表 3－1 所示：

表 3-1 **2014 年我国主要新媒体公司收入** 单位：美元

公司	收入	利润	收入方式
阿里	87 亿	39 亿	1. 广告收入（主）；2. 会员收费；3. 电商佣金。
腾讯	130 亿	39 亿	1. 游戏收入（主）；2. 广告收入；3. 会员收入；4. 电商收入。
百度	80 亿	21 亿	1. 广告收入（主）；2. 增值收入。
网易	20.1 亿	7.6 亿	1. 游戏收入（主）；2. 广告收入（辅）；3. 电商及其他（辅）。
京东	185 亿	−8 亿	电商收入。
搜狐	17 亿	−1.7 亿	1. 广告收入；2. 游戏收入。

注：根据 2014 年各互联网公司财报数据。

资料来源：郝志中．用户力：需求驱动的产品、运营和商业模式［M］．北京：机械工业出版社，2016：20.

此外，在互联网发展的过程中，新媒体公司曾总结出层出不穷的互联网运营理念，但所有的运营理念，都共同指向新媒体公司竞争的最基础最深层的法宝——“用户需求”。

综上所述，互联网时代新媒体运营的主要构成要素是以特定的运营流程有机连接起来的：先起源于客观的互联网终端状况，而终端决定用户规模和主要特征；然后基于互联网终端和用户的客观状况，一批新媒体实体组织在资本的支持下创新性地开发满足一定时期用户需求的特有互联网应用产品和服务，包括特有的媒体应用产品或服务；而只有创造迎合海量用户的新媒体应用产品或服务的实体组织才能开发出特定的收入模式，从而成为收入和盈利模式超强的新媒体公司，进入移动互联网时代，其主要构成要素与商业模式如图 3-9 所示：

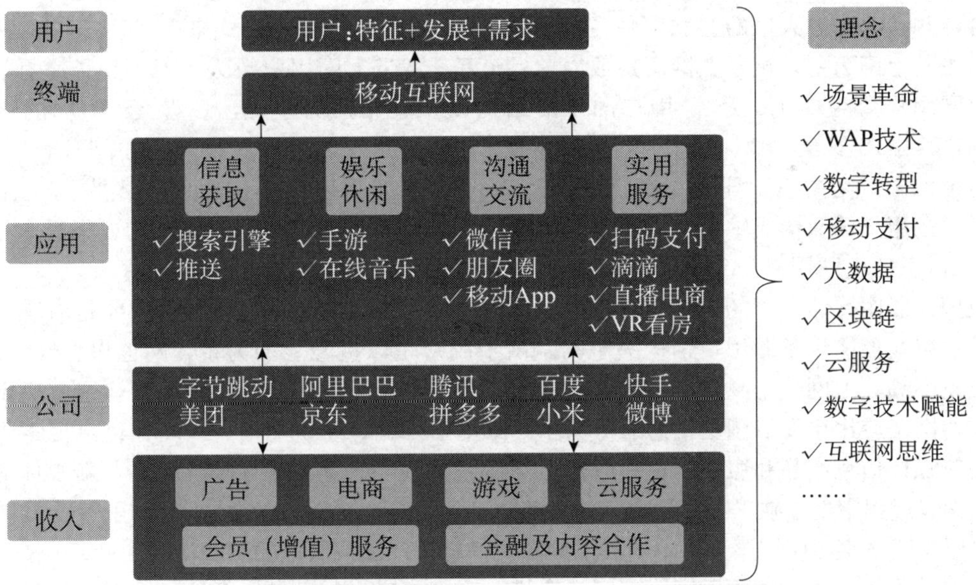

图 3-9 新媒体运营的主要构成要素与商业模式

资料来源：郝志中．用户力：需求驱动的产品、运营和商业模式［M］．北京：机械工业出版社，2016：13.

第二节 互联网时代的新媒体运营的典型特征

1994 年中国正式接入国际互联网。从 1997 年网络媒体进入中国以来，在此后的二十多年间，互联网媒体的传播技术、发展理念、运营模式都发生了巨大变化。通常，在我国互联网简称为 Web，是 World Wide Web 的缩写，简称为 www，中文为万维网，即我们常说的互联网。我国互联网的发展历程，主要分为三个时代，即基于网络互联的 Web1.0 时代，基于社交互联的 Web2.0 时代和基于移动互联 Web3.0 时代。①

在我国互联网三个时代的变迁过程中，市场化新媒体公司在市场利益驱动下，面临日新月异的互联网技术和瞬息万变的用户需求，为获取海量用户，它们不断创新用户传播方式和开发新的互联网应用产品或服务，并创新收入模式，形成了一代又一代的新媒体运营模式，成就了一代又一代的互联网大佬级新媒体公司。

一、互联网 1.0 时代的新媒体运营的典型特征

互联网 1.0 时代，主要产生于我国互联网发展的早期阶段。在这一阶段，新媒体运营的典型模式主要是人与信息连接的网络门户模式和信息搜索方式。具体特征如下。

终端：上网设备以台式电脑为主，台式机数量和规模增长较快，但总体规模较小，PC 端电脑上网以拨号为主、宽带为辅。这一时期，尽管计算机设备从 1999 年初的 74.7 万台上升到 2004 年底的 4 160 万台，但与我国庞大的人口基数相比，总体上 PC 端电脑设备拥有数量比例仅有万分之三点多。从上网方式而言，上述 PC 端电脑设备最早以拨号上网为主，后来以窄带上网为主，直至 2002 年 5 月 17 日，中国电信才启动宽带互联网，但宽带上网设备仍然为辅助上网设备。

用户：规模小、用户结构以拨号上网、年轻的较高学历用户为主。这一时期，我国上网用户数从 1999 年初的 210 万上升到 2004 年底的 9 400 万人，但在上网用户中，人均上网设备不足一台，并且我国总人口的互联网使用普及率不足 10%。从上网方式来看，用户的上网方式主要以拨号上网为主，拨号上网用户数为 5 240 万，宽带上网用户数为 4 280 万（其中单位的专线上网用户数为 3 050 万）。用户的年龄结构以年轻用户为主导，18 岁至 35 岁的用户占 64.4%，其中18 岁至 24 岁占 35.3%、25 岁至 30 岁占 17.7%、31 岁至 35 岁占 11.4%。用户的学历结构中，高中以上学历占绝大多数，高中以上的上网用户占 87%，大专以上用户占 57.3%。在用户职业构成中，学生群体占比最大，占比 32.4%。从用户收入构成来看，月收入 2 000 元以下的上网用户占 74.4%。总体上，用户以年轻的较高学历用户为主。

应用：以图文信息类的人与信息连接服务为主导的初级实务型应用。这主要是由这一时期的用户的终端上网设备和用户结构决定的。由于用户是以拨号上网为主，网速慢、经常断网、上网质量不高、上网成本高，而用户以低收入、相对高学历的年轻用户为主导，这就决定了这一时期的网络应用主要以图文信息服务为主，如电子邮箱、手机短信、新闻、信息搜索等文字图片类新媒体信息产品和服务。这一时期上网用户规模小，还是小众群体，在与新媒体应用服务商的博弈过程中处于缺乏“话语权”的劣势方，用户还未成为真正的主动“用户”，在传播主体中，属于网络媒体应用服务商单向提供的图文信息类产品或服务的“被动接受者”——网众。

公司的收入模式：主要以网络新闻门户模式和网络广告为主导，新浪、搜狐、网易三大新闻门户网站占据这一时期的新媒体公司龙头地位。在窄带互联网向宽带互联网过渡时期，以新浪、搜狐、网易为代表的大众新闻门户网站，以快速、海量、聚合的即时新闻资讯吸引并聚集这一时期的海量用户浏览，互联网日益成为网民日常生活中反复接触的事物，这意味着互联网作为主流广告媒体的价值越来越明显。互联网广告具有投放精准、受众价值高、效果可追踪等特点，在解决“浪费的一半广告费”的问题上，具有得天独厚的优势。三大新闻门户网站，凭

① 肖亚翠，曹三省，张斌．移动互联：从 Web1.0 到 Web3.0［C］．2013.

借海量用户的新闻点击浏览量获取上亿的网络图文广告收入。从2002—2003年，广告成为新浪、搜狐和网易三大门户网站的主导收入模式。三大门户网站2003年度的业绩报告显示，其分别实现了1.14亿美元、8 900万美元和8 000万美元的全年度营业收入，以及3 100万美元、3 900万美元和2 600万美元的全年度净利润，首次迎来了全年度盈利。以新浪、搜狐、网易为主导的新闻门户模式是这一时期的主导新媒体运营模式，此外，腾讯以即时通信和社交起家，发展成这一时期具有用户黏性的新闻门户网站。与此同时，以百度和谷歌为代表的新兴新媒体公司以更精准的图文信息搜索服务，满足了这一时期用户按需、主动、定向索取信息的新需求和新体验，赢得了更年轻用户的青睐，快速集聚较大的用户规模。百度和谷歌的精准信息搜索方式改变了新闻门户模式的大众被动网络传播服务模式，创新了定向索取式这一新的大众主动索取信息的传播服务模式。

总体来看，互联网1.0时代是从传统媒体运营模式向网络媒体运营模式转变的Web1.0时代，是新媒体运营的初级过渡阶段。

以新浪、搜狐为代表的商业网络媒体开创了中国最早的门户模式。门户网站创造的，是在海量的互联网信息环境中，为用户提供的快速、便捷、高效的信息获取方式。Web1.0时代的本质是聚合、联合、搜索，其聚合的对象是巨量、芜杂的信息。①

Web1.0时代，互联网媒体以网页制作为核心，网页编辑向用户进行单向度传播，主要为用户提供页面浏览、搜索、邮箱等方面的服务。页面内容由网页编辑选择，主体内容多与主流媒体保持一致，用户的角色仅限于网络媒体的受众、消费者。Web1.0时代的网络媒体，采取的是集中控制式的传播模式，采编环境封闭。因此，流水线化的网络新闻、人海战术、静态网页、职业化的信息发布队伍、所有的信息均从浏览器中取得，成为Web1.0时代网络媒体的典型特征②，其核心代表为四大门户网站：新浪、搜狐、腾讯、网易。

Web1.0时代的新媒体运营有以下几个特征。

第一，Web1.0时代的互联网媒体采用技术创新主导模式，信息技术的运用和变革对网站的诞生和发展起到了至关重要的影响。③ 例如，门户网站新浪以技术平台起家，搜狐以搜索技术起家，腾讯以即时通信技术起家，盛大网络以网络游戏起家等。

第二，Web1.0时代的互联网媒体盈利模式单一，通过用户的点击量进行盈利。该时期互联网媒体的主要产品为静态网页，面向用户单向传播。因此，其产品效果的唯一来源是用户的点击量和浏览量，其广告投放的成效也取决于用户的关注度。因而，用户规模、用户忠实度，直接决定着互联网媒体的生存状态。

第三，Web1.0时代的互联网媒体产品较为单一，内容运营封闭。该时期互联网媒体提供的产品主要包括网页新闻、信息搜索和电子邮箱服务。相较于后来兴起的Web2.0时代的自媒体、社交服务而言，较为单一。同时，产品内容运营也较为封闭，除管理员（或编辑）可进行外部编辑外，其余人员均无权限。产品内容完全取决于编辑的选择，信息均来源于互联网和其他主流媒体，产品内容运营缺乏自由度和原创性。

第四，Web1.0时代的互联网媒体在发展后期出现了向综合门户合流的趋势，许多知名的网络公司纷纷走向了门户网站。④ 该时期的互联网媒体，提供的产品服务、信息内容同质化严

---

① 刘畅．网人合一·类像世界·体验经济——从Web 1.0到Web3.0的启示［J］．云南社会科学，2008（2）．

② 丁芳．Web1.0网络媒体与Web2.0网络媒体的对比分析［J］．湖南大众传媒职业技术学院学报，2008（5）．

③ 肖亚翠，曹三省，张斌．移动互联：从Web1.0到Web3.0［C］．2013．

④ 同③．

重。但基于门户网站这一更为宽广的网络平台，各网站服务种类增多、盈利方式更为多元。

二、互联网2.0时代的新媒体运营的典型特征

互联网2.0时代，我国新媒体运营的主要现实基础发生了较大的变化。①

终端：上网设备以宽带上网为主导的台式电脑为主，3G手机上网比例增幅较大。在这一期间，台式电脑仍然是网民上网的主要设备，占上网设备的89.4%，以宽带上网为主导。截至2005年6月30日，宽带上网设备已占54.6%，而截至2009年12月31日宽带上网设备已上升到90%。伴随2009年3G手机的市场化应用的发展，手机作为上网设备的使用比例增幅较大，从2008年末的39.5%上升到2009年6月的46%，与此同时，台式机和笔记本上网使用比例在下降。但总体上，这一时期，台式电脑仍为上网主流，占70%以上。

用户：上网用户规模翻了两番，用户以PC端宽带上网为主，网民结构日趋均衡，上网时间明显延长。2005年6月，我国上网用户总人数已超过1亿，而截至2009年6月30日，我国网民规模达到3.38亿人，互联网普及率由2004年底的不足10%上升到2009年6月的25.5%，宽带网民规模达到3.2亿人，占网民总体的94.3%。中国手机网民规模为1.55亿人，占整体网民的45.9%。虽然这一时期我国的宽带普及率很高，但是其宽带接入速度远远落后于同期互联网发达国家。网民上网的频率相对较高，每周上网6至7天的网民占比达39.5%。同时，网民的年龄结构更加均衡，30岁以上年龄段人群占比攀升，占整体网民的38.5%。这部分人群更为成熟，消费能力较强，是互联网经济发展的重要用户群。网民上网时间也明显延长，相比上一年，2009年网民上网时长继续增加，平均每个网民每周增加了2.1小时。

应用：多元化、个性化的互联网应用呈现出爆发式增长态势。一方面，宽带上网的普及，大大降低了用户的每日上网成本，扩大了用户规模群体，提高了用户上网频率，拉长了用户每周上网的时长，为提升互联网应用的广度和深度创造了用户客观基础；另一方面由于互联网2.0时代的"人与人"的互动传播变革，用户首次成为引领互联网发展变迁的主导力量。这一时期，一批满足年轻用户新需求的网络游戏、视频、精准搜索、互动社交、PC端网购等多种互联网商业化服务应用，如雨后春笋般兴起。

从这一时期网民的互联网使用目的来看，整体上网络应用行为可以划分为信息获取类、交流沟通类、网络娱乐类、商务交易类四种，基本涵盖了网络新闻、搜索引擎、即时通信、博客、网络游戏、网络音乐、网络购物、网上支付、网络金融等具体应用类型。从整体来看，这一时期，中国网民在网络娱乐、信息获取和交流沟通上的使用比例较高，除了论坛/BBS外，这三类网络应用在网民中的普及率均在50%以上。截至2009年12月，使用率前三名分别是网络音乐（83.5%）、网络新闻（80.1%）、搜索引擎（73.3%）。尽管商务交易类使用率仍然处于较低的水平，其中网络购物普及率仅为28%，但从发展速度上看，商务交易类应用遥遥领先，商务交易类应用平均年增幅68%，其中，网上支付用户年增幅80.9%，在所有应用中排名第一。2009年是商务交易类应用大发展的一年，中国互联网应用的消费商务化趋势明显。

在上述网络应用中，最突出的变化是2005年以博客为代表、以宽带上网为主导的PC端Web2.0概念推动了中国互联网的发展。Web2.0概念的出现标志着新媒体发展进入新阶段。

以宽带上网为主导的PC端社交互联的Web2.0时代，对于网民的多元化应用产生了重大影响，这是这一时期互联网应用的突出变化。

---

① 以下数据来源于中国互联网络信息中心相关年份的统计报告。

伴随着2005年以交互为主导的PC端社交互联Web2.0的发展，以博客、社交网站为代表的新兴互联网应用兴起。截至2009年12月，博客应用在网民中的用户规模达到2.21亿，使用率为57.7%，活跃博客的规模进一步扩大，在半年内更新过博客空间的博客用户规模达到1.45亿，增长率为37.9%。在用户规模增长的同时，中国博客的活跃度有所提高，博客数量的增长带来了用户聚集的规模效应。博客频道在各类型网站中成为标准配置，在博客被广泛使用的同时，也出现了一系列社会化网络媒体，比如Blog、RSS、Wiki、SNS交友网络等，其中SNS元素的加入对博客用户的增长起到了推动作用。随着国内社交网站的兴起，部分草根博客用户进入社交网站，并使用其中的日志功能来撰写博客，受到社交网络氛围的激励，其更新、参与、互动更为活跃，带动了博客用户的增长。活跃博客用户的增长，一方面受益于互联网普及率的进一步提高，另一方面受益于微博的带动作用。Web2.0继续发展，综合了博客、即时通信、手机传播优势的微博应用正在获得越来越多网民的青睐，互动性强、使用门槛低、更新便捷的特性使微博用户对内容的更新比传统博客更为活跃。① 博客的发展也带动了社交网站用户的发展。截至2009年底，中国使用社交网站的网民数达到1.76亿，在网民中的渗透率达到45.8%。社交网站是帮助人们建立社会性网络的互联网应用服务，一般都为用户提供自我表现、网络交际等功能，也包括一些基本的网络应用。社交网站的用户关系由现实向网络延伸或在网站平台上逐渐培养，用户可以通过多种方式与他人构建关系，进行互动，这些连接关系可以是内容、话题、互动应用等多种方式。随着互联网普及率的提高和网民对于网络应用的深入使用，越来越多的互联网用户将现实生活中的人际关系延伸到网络中。各类社交网站因需而起，在竞争中快速发展，病毒式营销、口碑相传的推广方式推动了中国社交网站用户规模的迅速扩大。通过内容使用户黏着、互动和人际关系在网络上的维护与拓展，社交网站正在发挥平台化、工具化的作用，逐步成为广大网民休闲娱乐、获取资讯、传播信息的重要渠道。②

基于宽带上网的PC端社交互联的Web2.0时代，在宽带上网和社交元素的催化下，具有社交互动元素的网络娱乐（网络音乐、网络游戏、网络视频）也蓬勃发展起来。网络游戏用户规模持续扩大，截至2009年底，其用户规模达到2.65亿人，较2008年增长41.5%。这主要源于网页游戏+SNS游戏（社交类游戏）的应用开发，网络游戏的用户使用比例逐年增长。截至2009年底，网络游戏用户使用率上升到68.9%。网络音乐的普及率高达80%以上，主要源于其大众化的内容以及使用的便捷性，用户进入门槛较低。网络视频用户使用率也高达近70%，达到2.02亿，网络视频的用户主要为30岁以下的年轻人。③

基于宽带上网的PC端社交互联的Web2.0时代，对于起源于Web1.0时代的人与信息网络连接的信息获取类互联网应用（网络新闻和搜索引擎）也产生了重要影响，增强了用户信息获取的自主性与交互性。

伴随着以交互为主导的Web2.0的兴起，“互动性”成为这一时期网络新闻重要的特点之一，它将传统媒体与受众的单向度传播关系转变为双向或多向互动的传播关系。网络新闻在表现形式上实现了媒体整合运作，表现力与感染力更为突出。对重大事件，例如奥运会的报道，网络媒体站到了主流媒体行列。2009年网络新闻使用率为80.1%，用户规模达到30 769万人，年增幅31.5%。网络新闻的用户增长主要源自以下因素：一方面，随着中国互联网的快速发展，网络媒体覆盖的地域和人群日趋广泛；另一方面，随着网络视频、手机上网、微博等网络

① 引自CNNIC第25次《中国互联网络发展状况统计报告》，第34页。
② 引自CNNIC第25次《中国互联网络发展状况统计报告》，第35页。
③ 引自CNNIC第25次《中国互联网络发展状况统计报告》，第35页。

技术和应用的发展，网络新闻表达和传递信息的渠道和形式更加丰富，传播方式更具互动性、自主性、多样性，这促使网络媒体的发展更加活跃。①

起源于Web1.0时代的搜索引擎信息获取类应用，在Web2.0时代获得了长足的发展，2009年搜索引擎用户规模达到2.8亿，搜索引擎的使用率为73.3%，超过了即时通信成为这一时期网民使用互联网的第三大应用。搜索引擎的用户价值不断提升，其成为这一时期基础的网络应用之一。搜索引擎的快速增长得益于以下几个因素：首先，互联网的快速渗透，网络应用的日趋丰富，产生了更多的信息需求，这些信息需求直接带动了搜索量的增长；其次，在网络信息量与日俱增、海量信息丰富了人们的信息来源的同时，海量的信息也给人们获取信息造成了困扰，而专业搜索、垂直搜索等，凭借日趋精准化、人性化的信息检索服务提升了网民的使用率和认同度，助推了搜索引擎的快速发展。② 与此同时，搜索引擎凭借其社交、互动与网络社区的结合，也是这一时期搜索引擎应用的新特点，如百度在原有的信息搜索功能基础之上，增加了百度贴吧、百度知道、百度经验等具有社交互动性的信息搜索服务产品。

此外，这一时期的基础互联网应用——即时通信，承载的功能日益丰富。一方面，其成为社会化网络的连接点；另一方面，其平台性也使其逐渐成为电子邮箱、博客、网络游戏和搜索等多种网络应用的重要入口。

起源于互联网1.0时代末的中国“非典”时期的电子商务，在互联网2.0时代也获得了一定的发展，尤其是2008年以来的金融危机客观上促进了网络购物的快速发展。从供应端来看，很多企业受到冲击，网络作为便捷的营销平台，成为企业摆脱困境的捷径。2009年企业进驻C2C或自建B2C平台的数量增长迅速，增加了网络购物市场的商品供应量。从用户端来看，随着网购观念的普及，网络购物已经渐成网民消费生活的习惯。2009年，网络购物用户规模为1.08亿，年增长45.9%，网络购物使用率继续上升。据CNNIC监测，2009年中国网络购物市场交易规模达到2 500亿元，较2008年翻了番。③ 2009年，网络支付的使用率达到24.5%，用户规模9 406万，年增幅高达80.9%，是用户增长最快的网络应用，越来越多的网民开始使用网上支付。

公司的收入模式：在互联网应用产品中占独特优势的BAT迅速崛起，替代了互联网1.0时代的三大新闻门户网站。与此同时，一批新兴垂直性互联网新势力公司快速兴起，收入模式呈现出多元化。这一时期首先崛起的是以搜索引擎应用起家的百度，这一时期搜索引擎用户规模达到2.8亿，搜索引擎已成为网民用户服务基础应用工具，使用率在73.3%。用户规模和用户使用率的快速增长，表明搜索引擎作为互联网入口地位的提升，同时由于搜索引擎营销的低成本、目标用户的精准性、营销效果的可视性等优势，其日益获得广告主的认同和青睐，而百度在中国网民的搜索引擎应用中占有绝对优势，百度以网民用户的搜索引擎应用和商家客户的精准化搜索广告迅速成长。2005年8月5日，百度公司在美国纳斯达克挂牌上市。其股票发行价为27美元，在首日的交易中，以66美元跳空开盘，股价最高达151.21美元，收盘价122.54美元，涨幅达354%，创下2000年互联网泡沫以来，五年间纳斯达克IPO首发上市日涨幅最高的纪录。百度在随后几年的机遇期进一步发展成较大的平台型互联网龙头公司之一。以即时通信交流沟通＋社交＋游戏为核心应用的腾讯，在这一时期，进一步推动了其基于熟人社交的QQ的发展。2009年即时通信用户规模达到2.7亿，2007年用户的即时通信使用率达

---

① 引自CNNIC第25次《中国互联网络发展状况统计报告》，第32页。

② 引自CNNIC第25次《中国互联网络发展状况统计报告》，第32页。

③ 引自CNNIC第25次《中国互联网络发展状况统计报告》，第38页。

到这一时期的最高潮 81.4%，此后两年遭到新兴的各类博客和社交网站的冲击，2008 年和 2009 年呈现出逐年下滑的态势，用户的使用率分别降为 75.3%和 70.9%。但这一时期网络游戏用户规模和使用率却逐年上升，2009 年用户规模达 2.6 亿，用户使用率达 68.9%，增速为 41.5%。腾讯 QQ 的即时通信交流沟通+社交+游戏用户几乎是重合的，此外，腾讯 QQ 还成为用户即时应用如电子邮箱、新闻、搜索的方便入口，成为集电子邮箱、社交、网络游戏、搜索、新闻于一体的综合性平台入口。腾讯在这一时期凭借其综合性平台入口，大力拓展网络游戏用户，以提升网络游戏的增值收入（占 80%）、其他多元化的广告收入和会员费收入等等，腾讯成为互联网 2.0 时代的中国新媒体平台型公司的龙头老大。2009 年，网购市场规模比 2008 年翻番，而网购用户中 75%使用网上支付。阿里的网购用户和网上支付用户在网购和网上支付市场居首位。2009 年阿里以网购和网上支付迅速后来居上，以广告收入、会员收费和电商佣金为收入模式，成为中国互联网三大平台型公司之一，游戏、广告和电商三个细分市场催生了中国 PC 互联网新的三巨头——腾讯、百度、阿里，奠定了中国互联网 BAT 大格局，从而替代了互联网 1.0 时代的三大新闻门户网站。

三大新闻门户网站新浪、搜狐、网易也适应互联网 2.0 时代的变化要求，不断创新与转型，使其传播方式更具互动性、自主性、多样性，从而进一步促进了这一时期网络新闻媒体覆盖人数的快速增长。2009 年，网络新闻的用户规模整体达到 30 769 万人，网络新闻使用率为 80.1%，年增幅 31.5%。[①] 随着网络媒体覆盖人数的快速增长，互联网黏性的不断提高，网络媒体的广告价值快速提升，以门户网站为代表的网络新闻媒体成为推动网络广告市场发展的重要力量。三大网络新闻媒体在原有网络媒体基础之上，加快业务转型，网易和搜狐的网络游戏业务快速发展，新浪博客成为中国博客第一品牌，它们依然保持较强的互联网市场竞争优势，成为这一时期仅次于 BAT 的第二梯队互联网新媒体公司。

此外，伴随着网络安全、电商业务、网络视频、网络游戏的兴起和爆发式成长，一批新兴的专业化垂直性互联网新媒体公司，如 360、京东、土豆、优酷、盛大、巨人、完美等也逐步兴起。

这一时期，尽管以博客和社交网站为代表的社会化媒体取得了长足的发展，但由于其没有体现网民 UGC 的劳动价值，同时缺乏 UGC 的筛选性过滤，信息分享的可信度问题日趋突出，影响了用户的留存率和用户规模的自然扩张，用户使用规模和用户黏性远不及以腾讯为代表的 QQ（QQ 重度用户与游戏用户重合性很高），缺乏现实有效的商业变现价值，因而大多市场没落，生存期较短。如校内网、人人网、开心网等社交网站在移动互联网时代，迅速遭到微信的冲击，“昙花一现”，仅有微博在移动互联网时代得以存活。

三、互联网 3.0 时代的新媒体运营的典型特征

互联网 3.0 时代，主要是自 2009 年至今。这一时期最突出的互联网特征是互联网基础应用的宽带化、高速化、无线 WiFi 化和 3G 及 4G 智能手机的使用。

手机上网比例快速上升，呈现出手机、台式电脑、笔记本电脑、平板电脑和互联网电视等多终端上网设备并存现象，家里、固定场所和户外上网等多场景互联网接入状况的变化。这一变化，吸引众多新媒体公司开发更加多元化、精细化的互联网应用产品或服务，以满足互联网用户的新需求、新体验、新要求，并创新收入模式。老一代互联网巨头 BAT 继续引领互联网

---

① 引自 CNNIC 第 25 次《中国互联网络发展状况统计报告》，第 31 页。

市场，同时涌现出一批新势力新媒体公司。

终端：网民个人上网设备进一步向手机端集中，手机上网比例不断增长，台式电脑、笔记本电脑、平板电脑的上网比例则呈下降趋势。以手机为主导的多终端高速上网设备普及。2009年3G商用进程正式启动，2010年6月手机上网占比攀升至65.9%，台式电脑仍居上网设备首位，占73.6%。2014年中国4G商用进程全面启动，截至2015年12月，我国手机网民通过3G/4G上网的比例为88.8%。截至2015年12月，我国网民中使用手机、台式电脑、笔记本电脑、平板电脑上网的比例分别为90.1%、67.6%、38.7%、31.5%，网民个人上网设备进一步向手机端集中。由于网络传输速度提升和上网成本的降低，网民通过宽带接入互联网的比例已经占到总体网民的90%，宽带上网已经成为绝对主流。相对于互联网2.0时代，其宽带接入速度大大提升。随着移动互联时代的降临，在家里使用电脑接入互联网的城镇网民中，家庭WiFi的普及情况已达到很高水平。截至2015年12月，通过WiFi无线网络接入互联网的网民比例为91.8%，手机上网成本大幅降低。随着网络技术和宽带技术的发展，网络电视融传统电视和网络为一体，其共享性、智能性和可控性迎合了现代家庭娱乐需求，逐渐成为一种新兴的家庭娱乐模式。自2014年以来，网络电视使用率小幅上升，由2014年的15.6%升至2015年的17.9%。用户可以通过3G/4G智能手机、PC终端、互联网电视等多终端上网设备，无线WiFi上网设备获取信息。用户可以随时随地使用合适的互联网终端上网设备，其中，在家里或其他固定场所，用户可使用以无线WiFi接入上网设备，在家里上网使用比例最高的是无线WiFi的多终端互联网设备。即时通信、社交用手机，娱乐用台式电脑、笔记本电脑或电视。在户外不固定场所用户多使用3G/4G手机上网。如图3-10所示：

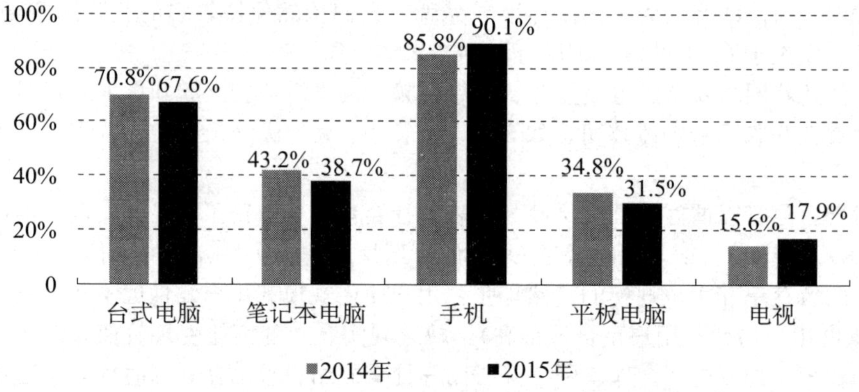

图3-10 互联网络接入设备使用情况

资料来源：CNNIC第37次《中国互联网络发展状况统计报告》，第43页。

用户：用户规模增长了一倍、用户结构日趋大众化。伴随着多终端高速上网设备的普及应用，我国互联网上网用户规模大幅上升，CNNIC发布的相应年份的《中国互联网络发展状况统计报告》显示，我国互联网网民规模由2009年6月底的3.38亿大幅增至2016年6月底的7.1亿，用户规模翻了一番，与此同时，手机网民规模达5.27亿，首次超越传统PC网民规模，互联网使用时长延长。2014年，中国网民的人均周上网时长达26.1小时，20岁至29岁年龄段网民占比最大，初高中学历者占据了网民数量的半壁江山，互联网应用门槛降低，互联网结构日趋大众化。

应用：在移动互联网的推动下，个人互联网应用发展整体上呈现出上升态势，呈现出多元化发展趋势。2014年，中国网民的人均周上网时长达26.1小时，网民用户对互联网应用使用的广度和深度加大，即时通信在沟通交流类应用中的使用率居高不下，网络应用霸主地位不可撼动。伴随着移动支付的逐步成熟，淘宝、携程等移动商务类应用得到了长足的发展，手机旅行预订应用表现突出。与此同时，微博、电子邮箱等其他交流沟通类应用使用率持续走低，博客、人人网社交性退化，媒体功能凸显，使用率呈现回升态势，移动社交逐渐向单一应用聚合。移动端网络游戏和移动端音乐应用的使用率呈现持续增长势头。2015 年，我国个人互联网应用发展迅速，除论坛/BBS外，其他应用的用户规模均呈上升趋势，网上支付场景不断丰富，用户规模增长 36.8%。在移动端，网上支付仍是商务交易、网络金融类应用的领跑者，其他各项应用的用户规模均出现不同幅度的扩大。一是基础应用相对饱和，用户使用体验有较大突破。即时通信、搜索引擎、网络新闻和社交作为基础的互联网应用，其用户规模一直保持稳中有升的趋势：即时通信的使用率已基本见顶，从基础功能向外延伸的态势更加明显，成为用户连接各类生活服务的综合性平台；搜索引擎由信息服务向生态化平台服务快速转型推进，移动搜索引擎市场快速增长的态势得以延续；网络新闻市场朝着“资深编辑＋智能算法”相互融合的方向发展，实现精准个性化推荐；社交应用借助大数据及移动社交技术，与其他领域融合发展。二是商务交易类应用保持稳健增长，企业积极拓展市场，发掘新增长点，商务交易类应用经过多年的发展，进入稳健时期。网络购物市场保持快速发展，跨境电商和农村电商成为市场热点；团购行业继续“去团购化”，深挖 O2O 模式下的消费潜力；网上订餐市场在大型互联网企业的战略注资下，积极扩充线下商户；在旅行消费高速增长的带动下，在线旅行预订行业迅速发展。三是网络娱乐类应用稳步发展，以优质内容为核心拉动娱乐应用快速增长。以知识产权为核心的网络娱乐产业链在 2015 年展现出巨大的商业价值，由热门网络文学作品改编的影视作品不仅屡创收视新高，改编的游戏也迅速获得忠实粉丝的关注，而影视和游戏的成功改编又反哺了网络文学本身的发展，促使其商业模式由单纯向用户收费转变为利用免费模式扩大受众群体进而培养优质知识产权（Intellectual Property，IP）。与此同时，随着视频直播业务的发展，网络音乐节目的视频直播成为一种正在探索的新商业模式，在吸引用户的同时为音乐从业者提供了新的发展机会。此外，网络支付快速向线下支付场景延伸和拓展，相比 2014 年底，网络支付用户规模增长 1.12 亿，在线教育、互联网医疗、网络约租车等公共服务类应用的用户规模均在 1 亿以上，用户习惯逐渐养成。①

这一时期的互联网应用更加注重用户体验，从媒体应用来看，手机新闻等信息获取类应用的发展相对平稳。进入 Web3.0 时代，其传播特征是新媒体在运营过程中更多地考虑到了用户的偏好，而个性化的体验无疑是处在纷繁冗杂的信息环境中的用户所迫切渴求的。相比门户网站，用户在当下显然更加青睐微博、论坛等社会化新媒体，这些平台让他们看到了为自己定制一个专属门户的可能性。这类“个人门户”不但能够让用户高效地筛选出具有公共价值的信息，还可以在使用过程中满足用户的社交需要，也就是说，这些社会化新媒体中的内容成为联结用户间关系的桥梁。对于新闻网站等社会化程度较低的新媒体而言，个性化搜索引擎的建立将成为其发展要点。此类新媒体需要借助技术手段掌握用户的偏好及搜索习惯，并以此为依托将互联网中的海量信息进行智能处理，聚合成能够满足用户要求的内容，从而实现个性化的信息定制，从最大限度上保证用户体验。聚合是 Web3.0 时代的最大传播特征，这一时期的互联网产品也开始逐步向聚合型应用转型，如百度等手机搜索引擎。一方面，企业利用创新技术令搜索精准度全面提升，优化用户体验，携手社交网站、团购等互联网服务企业，在拓展用户来源的同时丰富搜索产品的内容与形式，力争最大限度满足用户的各类需求；另一方面，企业针

① 引自 http：//tech.qq.com/a/20160122/021814.htm。

对移动端客户推出独立搜索APP，对用户偏好进行深入分析，实现“信息找人式”的精准营销。最终形成以搜索产品为核心，集社交、视频、旅游、购物、本地生活服务等功能于一体的搜索服务，增强用户黏性，从而令现有的庞大用户规模得到进一步提升。

公司的收入模式：在Web3.0时代，伴随着移动互联网和“互联网+”时代的到来，一批新兴垂直性移动互联网新势力公司如小米、今日头条、爱奇艺、滴滴出行、YY直播、美团、一点资讯快速兴起，甚至成为引领这一时代发展趋势的“独角兽”。与此同时，在网民互联网应用产品中占绝对优势的BAT加快移动互联网和“互联网+”转型格局的战略布局。这一时期新媒体公司的收入方式和收入模式呈现出多元化特征。除传统的广告、电商、游戏收入结构外，移动O2O和内容增值成为新的收入来源。

广告依然是这一时期新媒体公司的主要收入方式。然而，这一时期的广告投放并非传统“广撒网式”的全面覆盖，而是根据用户的兴趣来进行投放。使用同一个互联网应用的不同用户，看到的会是为其量身定做的不同广告，在降低广告商投放成本的同时削弱用户的反感心理。此外，广告突破了PC端的束缚，任何移动终端上都可能会出现广告的身影。

手机游戏也成为这一时期互联网企业的重要收入来源。Web3.0时代，用户平均收入进一步增长，付费意识增强，游戏环环相扣的设计强化用户黏性，种种因素的共同作用令用户的付费意愿较Web2.0时代大有增进。此外，支付宝等移动支付应用为用户提供了便捷的付费途径，大大降低了用户在付费时的心理压力，从某种程度上来说，同样促进了用户的付费行为。

电商是依托Web3.0环境的全新产物，手机购物在移动商务市场发展迅速。截至2014年6月，用户规模已达到2.05亿。移动端购物发展如此迅猛，一方面归功于相关部门通过各类政策营造出的良好网购环境，另一方面倚仗企业为推广移动端购物采取的一系列优惠手段。在大数据技术的支持下，部分企业推出了C2B定制化创新模式，满足用户个性化需求，实现精准营销。

自2012年腾讯推出微信公众号以来，产生了大量微信内容公众号类的自媒体，较为典型的有知识教育类的罗辑思维、视知，生活美学类的一条、二更。这类自媒体类内容产品，呈现出与传统内容产品所不同的多元化收入方式，广告、电商、付费阅读是内容项目变现的主要方式。

除此之外，视频网站、微博等应用的会员收费也是Web3.0时代互联网企业的收入来源之一。

第三节　新媒体组织成长的动态化运营概述

纵观以互联网新媒体公司为代表的中外新媒体实体组织的产生和发展过程，产品型、平台型、生态型这三种类型的公司代表着目前互联网新媒体公司的进化层级。从数量上看，三种类型的公司数量呈金字塔结构，产品型公司数量最多，98%的互联网新媒体公司属于产品型，如陌陌、赶集网等，市值大多集中在10亿美元级别。相对于产品型公司，平台型公司数量比较少，如京东、360等，市值集中在100亿美元级别。生态型公司放眼全球也没有几个，如苹果，市值已经超过7 000亿美元，比微软、谷歌、Facebook和亚马逊四家互联网新媒体公司市值的总和还要多。这三种类型的公司分别是以产品思维、平台思维和生态思维为基础的，分别对应互联网新媒体公司生存和发展的低维、中维、高维的运营思路。①

① 喻晓马，程宇宁，喻卫东．互联网商业生态——重构商业规则［M］．北京：中国人民大学出版社，2016．

与新媒体组织生存和发展的产品思维、平台思维和生态思维相对应的动态成长路径主要有三种：一是新媒体组织的互联网产品型运营；二是新媒体组织的互联网平台型运营；三是新媒体组织的互联网商业生态型运营。

一、互联网产品型运营：新媒体组织生存发展的初级阶段和基石

互联网产品型运营，简言之是指新媒体组织为了在互联网竞争市场求得生存和发展空间而从事的互联网产品的市场化商业运营过程，具体是指主动面向互联网新媒体市场中某一用户群体的网络应用需求而决策、研发设计相应的互联网产品并向用户推广运营的一系列市场化商业经营活动。互联网产品型运营活动贯穿于新媒体组织的整个市场生命周期之中。它是绝大多数新媒体组织最基本的生存思维与路径，98%的互联网新媒体公司是以互联网产品型运营思维和方式生存的。进入移动互联网时代，体现移动互联网用户需求的移动互联网产品层出不穷，典型的如下：移动社交类产品，如微信、陌陌；移动个性化资讯推荐产品，如今日头条、UC头条；微信公众号自媒体产品，如罗辑思维、一条、二更；视频直播类产品，如YY直播、斗鱼直播、映客直播；短视频类产品，如秒拍、快手；知识付费型APP，如得到、分答、知乎Live；移动类外卖产品，如美团、饿了么、百度外卖；移动出行产品，如滴滴和快的合并组成的滴滴出行，摩拜、OFO等共享单车。

互联网产品型运营，也是一部分平台型甚至是商业生态型新媒体组织成长最基础的初级阶段，如一些资讯服务平台、电商平台或实用服务平台甚至商业生态型企业都是以成功地运营用户青睐的优质产品为基础的，如头条号资讯平台是以今日头条的优质个性化资讯推荐产品为基础的。

与此同时，由于互联网技术市场的日新月异和互联网用户需求和体验要求的瞬息万变，互联网产品或服务的创新和更迭速度不断加快，互联网产品型运营过程贯穿于新媒体组织生存和发展的整个市场化生命周期过程之中。在移动互联网时代，四大门户网站推出新闻客户端，百度推出手机百度、百度地图，电商企业推出手机端电商APP产品。

当然，新媒体公司如果仅仅停留在产品型运营阶段，在当今开放式互联网商业生态竞争环境中，很容易为同领域甚至异领域的新媒体平台型公司甚至是高维的互联网商业生态型公司所打败。如当当的没落是因为它只是一个产品型的图书垂直电商，而京东则进化成了平台型电商公司，其图书电商功能部分覆盖了当当的产品功能。进入移动互联网时代，今日头条的个性化推荐产品的创新，不仅对传统媒体产品而且对新闻门户类平台型产品产生了较大冲击，倒逼后者适应移动互联网时代用户的个性化需求和体验要求，进行适应性更迭。当下，大部分资讯类产品、电商类产品或实用服务产品及其平台，纷纷推出个性化用户推荐的产品新功能。进入移动互联网时代，作为社交型互联网巨头的腾讯公司快速推出移动端的革命性创新产品——微信及其小程序，使腾讯得以继续引领中国互联网社交领域。

总体而言，互联网产品型运营是绝大多数新媒体公司生存和发展的起点，伴随着互联网产品成长为用户规模大和用户黏性强的优质产品，互联网新媒体公司可向新媒体平台化思维和路径转型。与此同时，已有的互联网产品也需要适应互联网时代的变迁而适时地更新迭代甚至革命性地创新，以继续保持产品的竞争优势。

二、互联网平台型运营：新媒体组织的中级成长阶段

当某一款互联网产品通过初创期、迭代优化期和成熟稳定期时，这一款互联网产品基本上

就可获得较大规模用户的价值认同，并享有较高的用户活跃度，从而就可在某一垂直性细分产品领域，获取独具特色的市场领先优势，甚至在较长时间内都保持不可超越和不可替代的互联网市场竞争优势。接下来，新媒体组织就可进入初步扩张的成长发展期，这一时期的主要扩张发展路径，就是以业已建立的互联网优势竞争产品为基石，先探索网络平台化的优势产业的商业运营规律，从而进一步确立在某一互联网市场细分领域的市场领先优势，巩固其市场竞争优势地位，并获取更多的平台化收入。

互联网平台型运营是大部分新媒体组织从生存需求转化到发展需求的中级战略的思维和路径，也是一部分商业生态型新媒体组织成长的中级阶段，为过渡到高级形态的互联网商业生态型运营打下良好的基础。

从互联网平台型运营的实践发展历程来看，进入PC互联网成熟发展时期，新媒体平台型运营成为大多数成功的互联网产品运营类新媒体组织的升级版商业运营模式，60%的互联网新媒体公司在互联网产品型运营上取得初步市场成功之后，开始由产品化思维向平台化思维转型，互联网细分应用行业领域涌现出一批PC互联网平台型产业运营的新媒体组织。互联网信息获取类行业领域，涌现出新浪、网易、搜狐和腾讯四大新闻门户平台公司以及百度搜索平台；电商行业领域，涌现出淘宝、京东、天猫、苏宁易购等PC端电商平台；在互联网沟通和交流领域，QQ空间、开心网平台、人人网平台快速蹿红；在互联网娱乐领域，中文起点网、土豆、优酷、爱奇艺、腾讯视频、搜狐视频、乐视以及盛大游戏、腾讯游戏、网易游戏等互联网娱乐平台层出不穷；在互联网实用服务领域，前程无忧人才招聘平台、360的防毒平台、世纪佳缘的婚恋交友平台、携程的旅游预订平台、大众点评平台涌现。

进入移动互联网时代，上述PC端时期诞生的互联网平台型新媒体公司，有些快速转型为移动新媒体平台而得以继续存活乃至进一步发展，如阿里成为多环状的电商平台和支付平台，腾讯则发展为以QQ和微信交互促进发展的双社交平台。而有些因不适应移动互联网时代的挑战而逐步走向没落，其平台服务功能为后起的新兴移动新媒体平台的新功能所覆盖甚至完全替代，如以海量聚合为特点的新浪、网易、搜狐等新闻门户型新媒体平台（尽管在移动互联网时代在形式上转型为门户型新闻客户端）逐步被以个性化精准推荐为特点的移动互联网产品甚至平台——头条号超越，腾讯新闻客户端平台依靠其庞大的微信用户群而暂时领先于头条号平台；开心网平台、人人网平台等社交型平台公司遭到微信群、微信朋友圈、手机QQ平台的强力冲击而走向没落；大众点评的功能受到团购的挑战。也有一些在PC互联网时代崛起的新媒体平台型公司，在移动互联网时代能真正转型成功和存活下来的新媒体平台公司，如一批电商平台、娱乐类视频平台、实用服务平台。与此同时，以今日头条、滴滴出行、美团为代表的在移动互联网时代新诞生的互联网新媒体公司正加速由互联网产品型运营向互联网平台型运营转型。

总体而言，互联网平台型运营模式是大部分新媒体组织从产品型公司成长为平台型公司的主要思维和路径。平台型运营模式要时刻保持产品和模式的创新，同时防范以下风险。一方面，随时防范来自同类行业或异类行业新产品的新功能的覆盖和利润池的捣毁；另一方面，随时防范来自互联网商业生态型企业的颠覆性冲击。

三、互联网商业生态型运营：新媒体组织的高级发展阶段

在移动互联网、大数据、“互联网＋”和智能物联网时代，在平台防覆盖和“赢家通吃”双重竞争机制的作用下，新媒体的单一互联网平台型产业运营的商业模式已被超越和重构，进

一步提升到系统化的互联网产业生态（互联网商业生态系统）的运营阶段，成为新媒体组织运营的最高级形式。

互联网商业生态系统一般包括三个层次：简单的互联网商业生态系统是单一互联网产业的“生态圈”，起源于初期的单一互联网产业的平台“生态圈”；复杂的互联网商业生态系统是多元互联网产业的“生态链”；终极的商业生态系统是互联网的“生态链”＋“生态圈”的多元互联网产业“链圈”式生态系统。本书所指的商业生态系统主要是多元产业的“生态链”和“生态圈”共同组成的终极形态的“链圈”式互联网商业生态系统。

终极形态的互联网商业生态系统是通过纵向互联网产业“生态链”和横向互联网产业“生态圈”共同交织发展起来的，只有具有高频刚性需求且拥有用户深度口碑优势的极少数互联网垄断性产品型企业或互联网垄断性平台型企业能转型或直接发展为系统化的互联网商业生态型企业。

互联网商业生态型运营是极少数新媒体公司实现成长和发展需求的高级战略路径。苹果、谷歌、阿里、腾讯、小米等互联网新媒体公司通过构建自己的商业生态体系，逐步发展为“赢家通吃”的互联网商业生态型企业。

综上所述，基于互联网商业化应用与发展的产品型运营、平台型运营和商业生态型运营是新媒体组织动态成长的三个发展阶段，其具体的运营模式和策略将分别在后面的三个篇章中具体阐述。

【知识回顾】

本章主要阐述了新媒体组织在市场化商业运营过程中的三个基本问题。一是新媒体运营的主要构成要素，包括两大核心主体：新媒体实体组织和互联网用户。互联网用户从传统媒体运营中的被动客体身份（受众）上升为新媒体运营中的主动主体身份，引导着新媒体实体组织的市场化运营方向；主要客体要素包括基于用户的终端、应用和收入模式。二是互联网时代变迁下的新媒体运营的典型特征，包括互联网 1.0、2.0、3.0 时代的新媒体运营的典型特征。三是新媒体组织成长的动态化运营概述，从初级阶段的互联网产品型运营，到中级阶段的互联网平台型运营，再到高级阶段的互联网商业生态型运营，其贯穿于新媒体组织整个市场生命周期发展过程之中。

【思考题】

1. 如何理解用户从传统媒体运营中的被动客体身份（受众）上升为新媒体运营中的主动主体身份？请举例说明。

2. 如何理解“只有‘时代’产品而没有‘一劳永逸’的‘成功’产品”？请举例说明。

3. 从传播角度看，互联网 3.0 时代新媒体市场化运营策略出现了哪些新趋势？请举例说明。

4. 你认为微信公众号市场化运营要注意什么问题？有哪些小技巧？

5. 举一个例子说明，新媒体组织如何从互联网产品型运营阶段逐步上升为平台型运营阶段，最后发展到商业生态型运营阶段。

第二篇　新媒体组织的产品型运营

引言　互联网产品型运营：新媒体组织的初级阶段和整个生命周期的基石

自1995年张树新创建商业性新媒体组织（公司）——瀛海威开始，二十多年来，我国以提供各类网络信息连接服务而获取商业利益的互联网网站层出不穷。截至2016年12月，域名注册者在中国境内的网站数量为482万个。[①] 从新媒体组织的生存和发展的实践历程来看，98%的互联网新媒体公司属于产品型运营公司，绝大多数新媒体组织生存和发展的主要方式是互联网产品的市场化运营，即互联网产品运营。

新媒体组织所从事的产品运营主要分为两个层次：一是狭义的产品运营，主要是指互联网新产品研发上线后的网络运营，包括新产品的内容运营、活动运营、用户运营；二是广义的产品运营，不仅包括互联网产品上线之后的网络运营，而且也包括互联网产品上线之前的研发决策与设计等孕育期运营，贯穿一款互联网产品的整个生命发展周期且贯穿新媒体组织自创办以来的整个生命发展周期。

本书所探讨的新媒体组织的产品运营，主要是指广义层面的互联网产品运营。

互联网产品运营对于新媒体组织（公司）生存和发展的意义，犹如人体细胞对于人体生命健康成长的意义，它像人体细胞的"新陈代谢"活动，贯穿于新媒体组织的整个市场生命周期之中。

新媒体组织的孕育期和初创期始于一款初始创新性互联网产品的创立和成功运营，这款产品为新媒体市场的用户所接受甚至青睐，从而使新创立的新媒体组织（公司）能初步立足于新媒体市场，如新浪新闻网站这个初始产品的成功运营对于新浪初始生存的意义，百度的第一代信息搜索引擎产品的成功运营对于百度立足于新媒体市场的意义，QQ这个初始产品的成功运营对于腾讯初始生存的意义；淘宝网站的成功运营对于阿里真正立足于新媒体市场的意义。

然而，在互联网技术日新月异、网民需求不断变化的新媒体市场，随时会有新的同类产品甚至完全替代性产品出现，即便新媒体组织"一炮打响"的新产品在互联网一定时期或一个互联网时代能够有效地生存和发展，也不能保障其新媒体公司的可持续生存和发展。因而，无论多么成功的新媒体组织，要想可持续地生存和发展，就必须伴随新媒体技术和用户需求的变化而不断更新已"老化"的产品甚至重新开发出自身的"革命性"创新互联网产品。如新浪在互联网2.0交互时代开发的"新浪博客"产品，在进入移动互联网时代后，又迅速变革创新为"新浪微博"产品，使新浪得以持续生存和发展。此外，阿里创新开发的第二代B2C电商网站"天猫商城"就有效地应对了第一代C2C电商网站淘宝所遭受的来自京东的电商网站的市场冲击。同样，进入移动互联网时代，腾讯主动创新开发的新一代网络即时通信产品——微信和更新的手机QQ产品，使其得以继续引领移动互联网社交媒体市场。百度在移动互联网时代主动迅速更新的第二代信息搜索产品——手机百度，使其得以在移动互联网搜索媒体市场占领先机。

在新媒体市场中，新媒体组织因时代的"成功"产品而取得"成功"，这里的"成功"都具有暂时的时代性、阶段性。当互联网技术和用户需求发生时代的"突变"时，只有与时俱进地主动创新、更新自身曾经"成功"的产品，才能继续持续生存和发展；如果新媒体组织不主动及时地"革"自身原有时代的"老产品"的"命"，就会被动地被新媒体市场中的同类竞争

① 引自CNNIC第39次《中国互联网络发展状况统计报告》，第1页。

者或新兴的潜在竞争者的“新产品”“革”掉“命”。曾经在PC互联网门户发展时代独领风骚的美国在线和美国雅虎，分别于2015年和2016年被美国最大的电信运营商收购，主要原因在于没有随着互联网时代技术和用户需求的变化主动及时地创新自身的老一代“成功”产品，而被后来兴起的谷歌、Facebook“革”掉“命”。

在互联网技术和用户需求不断发展和变化的新媒体市场，只有“时代”产品而没有“一劳永逸”的“成功”产品，只有时代性、创新性新媒体组织而没有“一劳永逸”的“成功”新媒体组织。如前所述，1995年前十五大互联网新媒体公司在2015年只有一家继续保留在前十五名之列，这便是有力的例证。在技术日新月异、市场瞬息万变的今天，几乎每天都会有新的互联网企业诞生。与此同时，也几乎每天都有互联网企业因产品经营不善而倒下。如2017年第一季度相继公布的一批被动关门或主动战略收缩的中国互联网“死亡名单”：斯凯无人机、光圈直播、完美幻境、绿盒子、订房宝等。[①]

综上所述，初始产品的创立及成功运营对于初创期的新媒体组织具有重大的生存意义，而产品的创新换代与成功运营对于处于互联网突变期的老一代新媒体组织的生存转型和传统媒体适应互联网市场环境变化的转型式生存和发展，都具有关乎其兴衰存亡的意义。互联网产品的市场化运营是一个新媒体组织从创办以来得以生存和持续发展的基石，互联网产品的市场化运营贯穿新媒体组织的整个生命发展周期。

本篇主要探讨新媒体组织基于用户需求的产品分类、产品运营的基本环节和主要运营过程、互联网产品的一般商业模式和各大类产品的具体收入模式等。

---

① 引自《2017年第一季度中国互联网“死亡名单”》（http：//tech.sina.com.cn/i/2017-04-02/doc-ifycwymx3399711.shtml）。

第四章　基于用户需求的主要互联网产品类型

【知识目标】

互联网应用产品的两大分类。

基于用户上网需求的四类互联网软件应用产品的概况。

【能力目标】

了解基于用户需求的互联网应用产品的两大分类。

重点熟悉各类互联网软件应用产品的特点、发展过程和市场现状等基本概况。

【知识导入】

既然互联网产品的市场化运营贯穿于新媒体组织生存和发展的整个生命周期之中，那么新媒体组织对于互联网产品大类的选择，就变得至关重要。进一步的问题是，在新媒体市场中，主要有哪些类别的互联网产品类型？这是新媒体组织在从事互联网产品的市场化运营时，需要首先厘清的基础性问题。

由于新媒体组织产品运营的核心是满足用户上网的需求，因此需要从用户需求的角度，对我国二十多年来的互联网产品进行分类。基于网民上网需求的新媒体终端产品分类、新媒体软件服务产品分类，可以让新媒体组织首先了解和明晰新媒体的主流产品分类特征。其中，网民接入互联网的主要需求是使用新媒体软件服务类产品，本章对这一类互联网产品类型进一步分为四小类，介绍其主要特点、发展过程和市场现状等基本概况，以便于新媒体组织在进行产品开发和设计时，整体地了解和熟悉新媒体组织在产品运营实践中的基本运行方向。

第一节　基于用户需求的新媒体终端类产品

根据我国互联网二十多年以来的网民用户的主要需求，新媒体应用类产品主要分为两大类：一大类是满足网民接入互联网需求的上网硬件设备类产品，即网民接入互联网的新媒体终端类产品；另一大类是在用户接入不同互联网终端类产品后，进一步满足网民上网需求的新媒体软件服务类产品。

互联网时代，用户上网的需求始于可接入互联网的终端类产品。“得终端者得天下”成为互联网新媒体公司市场竞争的重要法则之一，反映了互联网终端类产品对于新媒体组织生存和发展的举足轻重的现实意义。

从网民上网的终端设备现状来看，截至 2016 年 12 月，95.1％的网民以智能手机终端设备上网，60％以上的网民以台式电脑上网。从上网设备的发展趋势来看，网民使用智能手机和智能电视上网的比例较 2015 年均有明显提升，而使用台式电脑和笔记本电脑上网的比例较 2015

年进一步下降，其中，笔记本电脑比例缓慢下降。网民上网设备进一步向移动端集中。如图4-1所示：

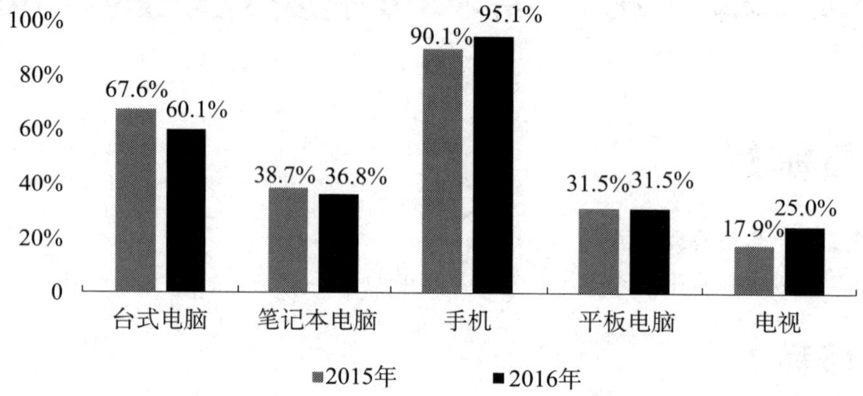

图4-1　互联网络接入设备使用情况

资料来源：CNNIC第39次《中国互联网络发展状况统计报告》，第43页。

从当下网民接触互联网终端设备的需求趋势来看，智能手机和智能电视成为新媒体组织开拓互联网终端领域的新方向，在互联网终端类产品的运营领域中，新媒体先行者率先占领了新的新媒体市场先机，典型代表有苹果、小米、乐视、上海文广的百视通公司，这些公司以用户需求的互联网上网终端设备率先获得了互联网入口级用户平台，而大量的互联网应用软件服务预装在其互联网终端设备产品之中，为后续的多元化互联网增值服务提供了先行的基础条件。

第二节　基于用户上网需求的新媒体软件服务类产品

互联网终端类产品是满足网民上网需求的基础性互联网应用产品，但网民接入互联网上网设备后的具体上网需求，反映在网民用户日常接触互联网的时长和频率之中。2016年下半年，中国网民的人均周上网时长为26.4小时①，网民上网时长大部分花在满足其日常上网需求的互联网软件服务类产品上。因而，互联网软件服务类产品是满足用户上网需求的主要互联网产品类型。根据我国互联网二十多年以来网民日常接触互联网终端设备的主要上网需求，这一大类可具体分为信息获取类、交流沟通类、休闲娱乐类、实用服务类四类。

从网民用户接触终端的纵向变迁过程来看，当下四类新媒体软件服务类产品，又可细分为PC端互联网应用产品和移动端互联网应用产品。每一类产品的发展，与上网通信设备的价格、网络带宽的速度、上网流量的成本有较大关系。

PC端上的这四类产品的用户需求，首先与PC端设备的内在容量、硬件上网速度和电脑价格的性价比相关，它们直接影响到PC端电脑的普及率；其次与接入的上网带宽速度及其使用成本有较大关联。早期，即窄带和高成本时期，文字类的新闻或信息搜索的获取成为当时用户的主要上网需求；进入宽带和宽带降费时期，社交、视频游戏娱乐类和购物类互联网应用产品成为年轻网民上网的主要需求。如表4-1所示：

① 引自CNNIC第39次《中国互联网络发展状况统计报告》，第44页。

表 4-1　　2015 年 12 月至 2016 年 12 月中国网民各类互联网应用的使用率

	2016 年		2015 年		
应用	用户规模（万）	网民使用率	用户规模（万）	网民使用率	全年增长率
即时通信	66 628	91.1%	62 408	90.7%	6.8%
搜索引擎	60 238	82.4%	56 623	82.3%	6.4%
网络新闻	61 390	84.0%	56 440	82.0%	8.8%
网络视频	54 455	74.5%	50 391	73.2%	8.1%
网络音乐	50 313	68.8%	50 137	72.8%	0.4%
网上支付	47 450	64.9%	41 618	60.5%	14.0%
网络购物	46 670	63.8%	41 325	60.0%	12.9%
网络游戏	41 704	57.0%	39 148	56.9%	6.5%
网上银行	36 552	50.0%	33 639	48.9%	8.7%
网络文学	33 319	45.6%	29 674	43.1%	12.3%
旅行预订	29 922	40.9%	25 955	37.7%	15.3%
电子邮件	24 815	33.9%	25 847	37.6%	−4.0%
论坛/BBS	12 079	16.5%	11 901	17.3%	1.5%
互联网理财	9 890	13.5%	9 026	13.1%	9.6%
网上炒股或炒基金	6 276	8.6%	5 892	8.6%	6.5%
微博	27 143	37.1%	23 045	33.5%	17.8%
地图查询	46 166	63.1%	37 997	55.2%	21.5%
网上订外卖	20 856	28.5%	11 356	16.5%	83.7%
在线教育	13 764	18.8%	11 014	16.0%	25.0%
互联网医疗	19 476	26.6%	15 211	22.1%	28.0%
互联网政务	23 897	32.7%	—	—	—

资料来源：CNNIC 第 39 次《中国互联网络发展状况统计报告》，第 47 页。

移动端互联网应用产品主要与智能手机的内存容量及其手机价格、移动网络的速度和网络流量成本有很大关系。近几年来，智能手机内存容量大、手机性价比高的千元智能手机进入普通网民生活。同时，截至 2016 年 6 月，我国手机网民中通过 3G/4G 上网的比例为 91.7%，较 2015 年底增长了 2.9 个百分点。流量共享、流量当月不清零、降低漫游资费等“提速降费”举措的落实，为我国 3G/4G 用户的进一步增长提供保障。截至 2016 年 6 月，92.7%的网民最近半年通过 WiFi 无线网络接入过互联网。随着智能手机的进一步普及和移动通信网络环境的不断完善，移动互联网应用向各类用户生活需求深入渗透，促进手机上网使用率的增长，中国的互联网已完成了从 PC 端向移动端的转移，其中，向手机和平板电脑的转移在 90%以上。手机网民占全体网民的 95.1%，手机网民规模为 6.95 亿。①

① 引自 CNNIC 第 39 次《中国互联网络发展状况统计报告》，第 35 页。

基于移动端（当下以智能手机为主导）的新媒体软件服务类产品成为各类互联网应用的主要发展方向和趋势（如表 4－2 所示）。

表 4－2　2015 年 12 月至 2016 年 12 月中国网民各类手机互联网应用的使用率

	2016 年		2015 年		
应用	用户规模（万）	网民使用率	用户规模（万）	网民使用率	全年增长率
手机即时通信	63 797	91.8%	55 719	89.9%	14.5%
手机网络新闻	57 126	82.2%	48 165	77.7%	18.6%
手机搜索	57 511	82.7%	47 784	77.1%	20.4%
手机网络音乐	46 791	67.3%	41 640	67.2%	12.4%
手机网络视频	49 987	71.9%	40 508	65.4%	23.4%
手机网上支付	46 920	67.5%	35 771	57.7%	31.2%
手机网络购物	44 093	63.4%	33 967	54.8%	29.8%
手机网络游戏	35 166	50.6%	27 928	45.1%	25.9%
手机网上银行	33 357	48.0%	27 675	44.6%	20.5%
手机网络文学	30 377	43.7%	25 908	41.8%	17.2%
手机旅行预订	26 179	37.7%	20 990	33.9%	24.7%
手机邮件	19 713	28.4%	16 671	26.9%	18.2%
手机论坛/BBS	9 739	14.0%	8 604	13.9%	13.2%
手机网上炒股或炒基金	4 871	7.0%	4 293	6.9%	13.5%
手机在线教育课程	9 798	14.1%	5 303	8.6%	84.8%
手机微博	24 086	34.6%	18 690	30.2%	28.9%
手机地图、手机导航	43 123	62.0%	33 804	54.5%	27.6%
手机网上订外卖	19 387	27.9%	10 413	16.8%	86.2%

资料来源：CNNIC 第 39 次《中国互联网络发展状况统计报告》，第 48 页。

一、网络资讯信息获取类产品

信息获取类的互联网产品在用户上网需求中占有很大的比重，属于用户的高频刚需类产品。根据用户需求，总体上有网络新闻、搜索引擎、问答社区和社交媒体这四类新媒体信息获取类产品。不同的新媒体信息获取类产品提供的信息不同，它们共同组成了互联网时代的网络新闻和信息服务圈。

（一）专业网络新闻资讯获取类产品

截至 2016 年 12 月，我国网络新闻用户规模为 6.14 亿，网民使用比例为 84.0%。与 2015 年底相比，用户增加 4 950 万，年增长率为 8.8%。其中，手机网络新闻用户规模为 5.71 亿，占移动网民的 82.2%，较 2015 年底增加 8 961 万，年增长率为 18.6%。从用户需求角度来看，作为移动网民的重要应用，网络新闻使用率仅次于即时通信，排在第二位。① 由此可见，网络

① 引自 CNNIC 第 39 次《中国互联网络发展状况统计报告》，第 51 页。

新闻尤其是手机网络新闻是我国网民尤其是手机网民的基础互联网应用。作为网民信息获取类的重要应用，网络新闻产品可进一步细分为两小类：一是PC端用户使用的四大门户新闻网站（新浪、腾讯、网易、搜狐）；二是移动端用户使用的四大门户新闻客户端（移动端转型的腾讯、网易、新浪、搜狐）以及新兴移动新闻客户端（如今日头条、天天快报、一点资讯）和其他传统媒体开设的新媒体账号（两微一端）。2016年已有520家报业新媒体账号，其中开通微信公众号的报业单位有454家，开通率为87.3%，开通新浪微博的报业单位共435家，开通率为83.7%，开通客户端的报业单位有317家，开通率为61.0%[①]，如“东澎湃、界面”“南并读”“西封面”“北无界”“中九派”以及人民网、新华网、央视、凤凰等新闻客户端、与今日头条合作开设的媒体头条号等等。

头条号在2016年获得飞速发展，成为活跃的自媒体平台。头条号的数量从2015年12月的4.5万达到2016年11月的39.0万，收入可观，2016年11月头条号广告分成达到3 353万元。[②] 据头条号2017年1月公布的大数据，头条号共计44万，其中自媒体账号数量共计33万，占75%；企业账号5.7万个，占13.0%；机构和其他账号5.3万，占12.0%。

各报业单位对微信平台相对比较重视，覆盖率最高；微博平台的覆盖率次之；由于创建客户端的投入大、需要的资源多，因此，客户端的覆盖率相对较低。

进入移动互联网时代，新闻客户端成为专业网络新闻信息类产品。根据艾媒咨询发布的《2016—2017中国移动资讯市场研究》，从平台活跃用户排行来看，腾讯新闻（38.5%）、UC头条（35.3%）、今日头条（32.6%）稳居前三。腾讯新闻依托其渠道优势，稳居活跃用户首位；UC头条依托UC流量优势紧跟其后；今日头条凭借算法技术受到用户的推崇，针对性的阅读内容是其最大优势。网易新闻（24.6%）、搜狐新闻（18.5%）、凤凰新闻（9.6%）和新浪新闻（9.5%）紧跟其后。

近几年，伴随着技术的不断发展，新闻的呈现方式发生了多样性的变化。如直播，已经开通新闻类直播平台的有《新京报》、澎湃新闻、凤凰新闻等；使用VR或者VR直播的有《南方都市报》、《人民日报》、财新网、央视新闻、腾讯新闻；使用机器人新闻的有腾讯新闻（Dreamwriter）、今日头条（小明）、《人民日报》（快手小新）等。

总体来讲，网络新闻产品以PC端的新浪和移动端的今日头条为典型代表。从用户需求的特点来看，“免费海量互动看新闻”是新浪的主要产品特点，“个性化看新闻”是今日头条的主要产品特点。

（二）搜索引擎信息获取类产品

根据中国互联网络信息中心发布的第39次《中国互联网络发展状况统计报告》数据，截至2016年12月，我国搜索引擎用户规模达6.02亿，使用率为82.4%，用户规模较2015年底增加3 615万，增长率为6.4%。其中，手机搜索用户数达5.75亿，使用率为82.7%，用户规模较2015年底增加9 727万，增长率为20.4%。搜索引擎是第二大互联网应用，仅次于即时通信应用。[③]

搜索引擎在提供信息方面有其本身的优势，无论是海量信息的获取还是呈现，用户都能方便地获取他所查询的信息。在国内，主要的搜索引擎有百度、搜狗、360等。

---

① 引自中国报业协会《中国报业新媒体影响力研究报告》（http：//www.360doc.com/content/16/1201/14/35940102_611031357.shtml）。

② 引自今日头条算数中心《2016移动资讯行业细分报告》（http：//www.199it.com/archives/559343.html）。

③ 引自CNNIC第39次《中国互联网络发展状况统计报告》，第50页。

从我国搜索引擎的总体发展状况来看，搜索引擎技术和强大的数据库以及更前沿的技术进行对接，带来更加丰富的产品以及更好的用户体验。

第一，搜索引擎通过将自然语言识别、人工智能与机器学习等技术进行融合，推出了以交互式问答机器人为典型代表的搜索引擎深度问答产品，使网民更准确、更快速地获取知识类信息。[1] 如图 4－2 所示：

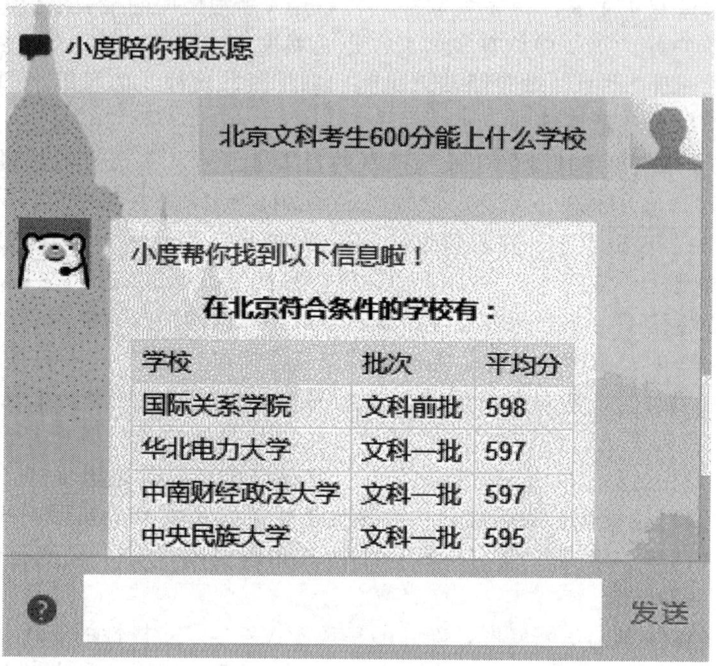

图 4－2　百度机器人回答高考报志愿的信息

资料来源：http：//roll.sohu.com/20140625/n401352779.shtml。

第二，搜索的输入模式更加多元化。除了语音、图片输入，搜索引擎还结合了触控式硬件设备，不仅创新搜索体验，还在推动互联网普遍服务方面发挥了积极作用，如百度与清华合作开展可触摸点阵式屏幕和语音交互研究，为视障人群提供盲人搜索服务。

第三，搜索引擎的服务模式在技术提升的过程中，本身也在发生变化，越来越呈现出桥梁的作用，即一方连接用户，另一方对接服务。搜索引擎负责提供关键性的技术支持，进而打造互联网的生态。搜索引擎盈利模式也不再局限于关键词排名，而是通过面向用户提供“一站式”生活服务搜索，满足人们的需求，提供更多的增值服务，还能基于用户属性和特征进行精准推送，帮助企业开展营销，打造更好的互联网生态。

第四，搜索引擎深度融合人工智能，垂直专业化成发展趋势。搜索产品与人工智能技术深度融合，在信息多样性、搜索便捷度、结果准确性等方面大幅提升用户搜索体验。目前，市场上主流搜索引擎的机器识别技术已经能够以较高的成功率探测或者识别语音、图像、视频等，进一步帮助用户实现所想即所搜、所搜即所得。人工智能机器人辅助搜索，已经成为各大搜索引擎的标准配置，如百度的“度秘”、搜狗的“语音助手”、必应的“小冰”等，正逐渐受到用户的认可和欢迎。

---

① 引自 CNNIC 第 39 次《中国互联网络发展状况统计报告》，第 27 页。

(三) 问答社区资讯获取类产品

问答社区是在 Web2.0 时代，伴随着用户参与感的不断提升而日益发展起来的一种互联网信息获取类产品。在问答社区中，用户自主性更强，往往根据自己的需要提出问题，然后会有在该问题上比较专业的其他用户进行回答。在国内，较典型的问答社区有百度知道、天涯社区、百度贴吧、知乎、分答等。

有人说，互联网让知识变得浅薄，人们习惯于接受更加零碎的知识，而一些问答社区的出现，将更加结构化、分类详细、树状体系的信息提炼出来，运用社会化筛选机制，将不同的人聚集在一起，分享其经验和知识，并为优质内容找到合适的用户传播途径。

问答社区资讯获取类产品提供了一种新的信息服务模式。比如百度知道与一般性的百度信息搜索不同，是一种将网络的搜索引擎服务与用户主动参与问题提出与解答的有机结合，属于用户 UGC 社会化信息服务模式。用户直接通过自然语言提出问题，将回答问题的任务转交给问答社区平台——百度知道，看到并能解答问题的用户，既可以利用自身积累的已有知识，也可以直接利用网络资源或者其他资源进行解答，形成若干不同的解答者和不同的答案，以供问题提出者参考。

问答社区资讯获取类产品，同时还发挥着社会化媒体的作用。问答社区平台将用户零散的时间利用起来，并且通过用户自组织的社会化筛选机制，自发生产出较高质量的内容。如知乎问答平台，通过设置"赞同和反对"的用户投票系统、折叠答案、内容要有价值的要求等平台功能，保证知乎问答社区平台的用户 UGC 内容的高价值。

(四) 社交媒体信息获取类产品

在信息获取上，还需要注意的就是，在移动互联网时代，人们越来越倾向于通过社交媒体来获取信息。一些专业新闻机构，专门为社交媒体提供社交用的新闻素材。由于社交媒体的天然社交性质，其新闻大多以娱乐新闻以及重大和突发热门新闻事件报道为主，主要为不同的社交群成员提供交流沟通的新闻谈资，一些社交媒体开发的新闻产品更是如此。社会化媒体来源于英文 Social Media 一词。2007 年，安东尼·梅菲尔在《什么是社会化媒体》(*What Is Social Media*) 这一在线出版的著作中指出："社会化媒体是一种给予用户极大参与空间的新型在线媒体，具有参与、公开、交流、对话、社区化、连通性等特征，社会化媒体最大的特点是赋予每个人创造并传播内容的能力。"[①] 维基百科的定义是，"供人们彼此之间分享意见、经验和见解的工具性平台，可以通过包括文本、图片、声音、视频等多种文本方式呈现"。清华大学教授彭兰认为社会化媒体的主要特征有两个方面：一是内容生产与社交的结合，也就是说，社会关系与内容生产两者间是相互融合的；二是社会化媒体平台上的主角是用户，而不是网站的运营者。[②] 2014 年微信提供公众平台、朋友圈、消息推送等功能，用户可以通过摇一摇、搜索号码、附近的人、扫二维码等方式添加好友和关注公众平台，同时可以将内容分享给好友，如将用户看到的精彩内容分享到微信朋友圈。用户可以通过朋友圈发表文字和图片，也可通过其他软件将文章或者音乐分享到朋友圈。2014 年微信公众平台、朋友圈诞生之后，微博大 V 纷纷

---

① 引自 http://www.icrossing.co.uk/fileadmin/uploads/eBooks/What_is_Social_Media_iCrossing_ebook.pdf。

② 彭兰．社会化媒体、移动终端、大数据：影响新闻生产的新技术因素［J］．新闻界，2012（16）．

离场开辟微信自媒体渠道，微博用户增长数量一度放缓，微信成了移动社交媒体的头牌。截至2016年11月，传统媒体、企业甚至个人开设的微信公众号总数已高达2 300万个，但网络短视频和网络直播平台的出现，使微博的媒体信息告知功能再一次焕发生机，微博用户数再次呈现较高增长态势。

在当下国内社交媒体使用情况下，用户整体覆盖率最高的是即时通信，其次为社交网站，再次为微博。目前，国内社会化媒体的整体发展方向为向移动终端、垂直社交的轻量化信息时代靠近，匿名社交和阅后即焚兴起，社群化的特征越来越明显。走移动垂直细分内容发展路线的有开心消消乐、快手、花椒、映客、秒拍、一条、二更；走移动垂直社群内容发展路线的有微信公众号自媒体罗辑思维、知乎、视知、毒舌电影、日食记、吴晓波的音频《李翔商业内参》、马东的音频教程《好好说话》等等。

从当下我国网络新闻资讯类产品的总体发展状况来看，网络新闻资讯类产品已经进入相对成熟的发展阶段，主要具有如下几个典型特点。

第一，新闻资讯类APP平台型产品开始重视原创内容。伴随着综合性新闻资讯类APP平台型产品的发展，市场格局已呈现出基本稳定的发展态势，原创独家内容开始成为新闻资讯类APP平台重要的核心竞争要素，今日头条（头条号）、UC头条号占据新闻资讯类APP平台的前两位。拿出巨额资金鼓励内容原创作者是当下的主要内容竞争战略，如2016年今日头条用10亿元补贴短视频创作，阿里UC头条号推出10亿元“W+”量子计划，鼓励原创。此外，在内容竞争战略方面，网易以“天网计划”内容直播战略来打造PGC直播内容。

第二，社交平台类自媒体成为网络新闻资讯类APP产品及平台素材收集的重要途径。目前，以社交平台为基础创建的自媒体，主要包括微信公众号、微博账号。其中，以微信为社交平台创建的自媒体数量占比高达60%，以微博为社交平台创建的自媒体数量占比为20%。一方面，微博、微信等社交工具与客户端的协同，极大提升了新闻传播的范围和速度；另一方面，社交的自媒体应用在下载用户规模方面的优势，拓展了新闻素材来源。2016年，社交媒体被称为诸多社会热点事件爆发、发酵的源头，进一步带动新闻网站、传统媒体的跟进和报道。①

第三，个性化推荐成为用户获取资讯的主流方式。据艾媒咨询的数据，2016年移动资讯用户在获取信息时更倾向于个性化推荐的，占38.3%，其次为热点资讯，占33.6%。②

第四，新兴的知识付费型资讯类产品应运而生。随着国家优质知识产权保护进程的持续推进以及游戏付费、音乐付费和视频付费的爆发式增长，以优质知识产权为基础的知识付费型资讯类产品纷纷应运而生，如知乎旗下的“知乎Live”、果壳旗下的“分答”、罗辑思维旗下的付费专栏APP“得到”等等。

二、网络交流沟通类产品

在互联网产品大类中，用户使用频率最高的就是交流沟通类产品，它属于用户交互类的高频刚需类产品，主要有即时通信、网络社区、空间微博等。这类产品在交流和沟通方面带来了巨大的用户黏性，凭借庞大的用户群，发展了一系列的产品生态。

---

① 引自CNNIC第39次《中国互联网络发展状况统计报告》，第52页。

② 引自艾媒咨询《2016—2017中国移动资讯市场研究》，第11页。

社交网络服务是新媒体时代用户使用率最高的基础性网络服务之一。社交网络源自网络社交，网络社交的起点是电子邮件，BBS 把网络社交推进了一步，从单纯的点对点交流成本的降低，推进到了点对面交流成本的降低。即时通信和博客更像是前面两个社交工具的升级版本，二者提高了即时效果（传输速度）和同时交流（并行处理）能力，比如从 RSS、flickr 到 YouTube、Digg、Mini－feed、Twitter、Fetion、Video－Mail，解决或改进了单一功能，是丰富网络社交的工具。

（一）以即时通信为基础的网络交流沟通类产品

即时通信靠着交互性和及时性，满足了人们交流的需求并且随着移动互联网技术的不断发展，不断扩大即时通信的发展空间，基于地理位置的移动特性，出现了移动端的即时通信及其社交网络类产品。

1. 大众交流沟通类产品

大众即时通信及其社交网络类产品以腾讯推出的微信、手机 QQ 为代表。

微信支持通过网络快速发送免费（需消耗少量网络流量）语音短信、视频、图片和文字等，同时，也可以使用基于共享流媒体内容的资料和基于位置的摇一摇、漂流瓶、朋友圈、公众平台、语音记事本等服务插件。微信的多功能和方便体验使其成为用户社交工具的首选产品，截至 2017 年上半年月活跃用户已达 9.63 亿。腾讯利用庞大的社交用户群体资源，相继开发各类增值服务和收费业务，如 QQ 推出用来获得 QQ 会员特权的各种类型的充值服务，微信推出的付费表情包、微信红包等。

2. 移动垂直细分类产品

除腾讯推出的微信和手机 QQ 之外，其他移动新媒体则走细分人群的移动垂直社交网络发展路线，主要有米聊、陌陌、探探、无秘、美柚、阿里钉钉等即时通信工具类社交网络产品。这类产品呈现出从熟人社交到陌生人社交、从大众社交到垂直社交的发展态势。

（二）网络社区类产品

网络社区是伴随即时通信的垂直细分化而发展起来的网络社交网络，主要是将一些兴趣相同的人们聚集在一起，满足分众化时代的大众需求，并且形成特色的网络文化和群体文化。发展初期的网络社区，对于整个互联网的影响很大，像孙志刚案，就首先在网络社区内发酵。社区分类众多并且详细，比如你喜爱某一个人物、书籍、游戏等，都能在某一网络社区里找到志同道合的人。很多网络文化及网络热词都诞生于贴吧并得到进一步传播，如挽尊、么么哒、兰州烧饼等，也有很多名人入驻。当下我国常见的网络社区，主要是基于各种各样的兴趣小组形成的垂直社交型产品，如 PC 互联网时期产生的豆瓣、天涯、百度贴吧、猫扑、虎扑、知乎等，移动互联网时代基于地理位置的移动社交工具而产生的微信群和微信朋友圈、罗辑思维的会员社区、陌陌兴趣小组和陌陌吧、唱吧、美柚密友圈、阿里钉钉的企业群聊等。

（三）空间微博类产品

空间微博诞生于 PC 互联网时代，既可以在 PC 端也可以在移动设备上使用。

空间微博类产品是区别于即时通信及网络社区类的另一种交流沟通类产品。微博是一种陌生用户之间非对等的交流沟通类产品，重在信息传播；微信是为移动而生的，是一种熟人用户之间以即时通信为基础的交流沟通类产品，重在对等社交。新浪微博就是典型的社交媒体平台，腾讯微信则是典型的社交沟通平台，两者的差异日趋明显，具体如表 4-3 所示：

表 4-3 微博与微信属性特征比较

	微信	微博
平台属性	社会化关系网络	社会化信息网络
用户关系	点对点，对等双向	点对面，非对等关系
传播方式	闭环传播、私密交流	开放扩散、公开传播
媒体定位	订阅、精选、精确	信息多样、海量
互动特性	自动回复＋人工回复	非指向性回复
时间特点	瞬时（信息发布）	差时（信息传递）
移动属性	为移动而生，占领碎片化时间	可以移动

资料来源：《以一敌万的微信》(https://news.cnblogs.com/n/199663/)。

因平台功能和属性不同，微博与微信之间不存在直接的竞争冲突，其竞争冲突主要来源于两个产品的功能差异而导致的用户使用频率的差别：微博功能相对单一，属于单一平台级别的网络社交媒体类产品；而微信则发展为集即时通信、社交媒体（微信公众号、朋友圈）和社交增值服务（支付、游戏、商城）等多功能于一体的平台级别网络社交媒体类产品。从用户使用频率来看，微信对于绝大多数用户而言是黏性较高的高频互动刚需类社交网络平台级别产品，而微博对于一部分用户而言是黏性较低的低频非刚需类社交媒体平台级别产品。从两者的活跃用户规模来看，微博远不及微信。在移动端，微博月活跃用户占比达 89%，微博日活跃用户增长到 1.32 亿；而微信，经过五年多的发展，2016 年已经覆盖了我国 90%以上的智能手机用户，月活跃用户量达到 7 亿。

三、网络娱乐休闲类产品

网络娱乐休闲是网民的重要需求，也是新媒体提供的重要互联网应用类产品或服务，是新媒体组织获取用户流量的主要来源。网络娱乐休闲类产品主要包括网络音乐类产品、网络视频类产品、网络直播类产品、网络游戏类产品和网络文学类产品。各种娱乐休闲应用满足了分众化用户的需求，带来了互联网经济形态的变化和发展。从基础服务的免费到精品原创知识产权的收费，这类产品形成了多样化的盈利模式。

（一）网络音乐类产品

网络音乐类的应用有很多：一部分是依托 PC 端积累用户的平台开发的网络音乐类产品，如腾讯 QQ 音乐、酷狗音乐、酷我音乐、虾米音乐、网易云音乐等；另一部分是在移动互联网时代兴起的新兴音乐 APP，如蜻蜓 FM、喜马拉雅 FM、唱吧等。经过 2015 年以来的连续并购，腾讯、阿里、百度和网易割据市场的格局已经形成。[①]

当下，网络音乐类产品发展变化的主要表现如下。

1. 优质音乐的精准推送

互联网时代信息爆炸、技术发展，带来了更多的信息搜集和挖掘的可能，推荐算法能较好地推荐歌曲给用户。当然，这也是一种比较理想化的产品形式，盈利模式通常会成为音乐产品的瓶颈，虽然可以利用粉丝经济推送相应的数字专辑，但是发展的模式依然不太明朗。

① 引自 CNNIC 第 39 次《中国互联网络发展状况统计报告》，第 62 页。

2. 网络音乐版权的规范化整治

自国家版权局下发文件要求“网络音乐服务商必须将未经授权的音乐作品全部下架”以来，国内网络音乐盗版问题得到明显改善。该要求在保障作品来源合法性的同时不仅实现了企业盈利，而且推动了版权的健康流转，为未来网络音乐行业的健康发展提供了良好模式。

3. 网络音乐产业生态环境的逐渐形成

随着行业的发展，网络音乐与其他互联网娱乐形式的融合日趋普遍。越来越多的创作者开始通过互联网参与网络游戏、网络视频的音乐创作，网络音乐成为其他互联网娱乐行业音乐素材的来源之一。与此同时，网络音乐行业自身的产业链也在不断拓展，包括明星演出、粉丝运营、媒体推广、票务平台在内的整条音乐产业链被打通。

(二) 网络视频类产品

截至2016年12月，我国网络视频用户规模达5.45亿。① 我国网络视频类产品类型多元化趋势明显。按视频长短来分，主要包括长视频和短视频两大类。其中，网络长视频主要以专业化、职业化视频内容生产为主，属于主流视频网站创办的长视频类产品，如优酷视频、爱奇艺视频、腾讯视频、乐视视频、土豆视频、芒果TV、搜狐视频、凤凰视频等；短视频类产品主要走社交化的UGC内容发展道路，如美拍、快手、小咖秀等，也有走专业化的内容发展道路的，如专业化网络达人生产的一条、将UGC和PGC生产方式结合起来的梨视频。

我国主流视频网站积极与各娱乐行业合作，打通相关产业链，打造娱乐生态系统，在视频收看设备、内容、播出模式和商业模式上表现出以下特点。

1. 收看设备方面，多屏趋势明显，手机端与智能电视多点发力

一方面，网络视频用户不断向手机端迁移，85.7%的视频用户分布在手机端，手机因其移动性和便利性，加之无线网络的覆盖，成为视频流量最重要的一环；另一方面，随着智能电视的普及，智能电视这一终端设备可以直接连接网络，更为便利地提供海量的资源和视频。未来，VR设备、交互式和智能化产品日益普及，网络视频类产品的发展空间依然很广阔。

目前，乐视新媒体方阵已形成手机屏、PC电脑屏、平板电脑屏、笔记本电脑屏、互联网电视屏、车载系统屏等多屏一体格局，芒果TV的视频终端已呈现出多屏化发展态势。

2. 视频内容方面，不断涌出的自制内容日益朝着精品化、差异化方向发展

随着国家对优质视频内容版权保护力度的加大，网络视频产业的市场竞争程度日趋白热化，主流视频平台基本都开始涉足上游视频内容的研发与制作，专业化的内容运作显著提升了自制内容的水准。目前各主流视频平台的自制节目和自制剧的数量和质量有赶超版权购买节目之势。网络节目的品类进化主要体现在从语言类节目进化到以综艺和真人秀为代表的多元类型化节目上，有明星访谈（如《大牌驾到》），有棚内综艺（如《你正常吗》《Hi歌》），有户外真人秀（如《爱上超模》《尖叫吧路人》），有直播（如《百里挑一之女神约吗》），以及各种体育比赛和演唱会的直播，还有各种垂直领域的节目（如《侣行》《纹理》）和其他诸如体育、音乐、美食、电影等各种门类的节目。这其中既有《奇葩说》这样的原创模式节目，也有《我们15个》《魅力野兽》这样的引进模式节目，节目类型比较多元化。网络剧的品类进化主要体现在从幽默搞笑吐槽类单本剧进化到各种类型的连续剧上，科幻、奇幻、犯罪、惊悚、穿越、言情、青春等等类型应有尽有。②

---

① 引自CNNIC第39次《中国互联网络发展状况统计报告》，第60页。

② 四点进化：视频网站自制内容发生核变[N]. 新闻与传播学术前沿，2015-07-28.

各大视频网站一方面保持对超级IP、纯网综艺节目的投入力度，另一方面加大对体育、财经、漫画、音乐等垂直领域的内容建设，打造差异化的内容平台。

3. 播出模式方面，基于视频网站的优质内容，视频平台收费首播、台网免费后播的台网共赢排播方式逐渐成为主流

首先，主流视频平台逐渐形成自己的差异化排播系统，网站付费会员为“好看”和“先看”付费，这不仅能缩短从内容生产到播出的周期，也有利于增加制作公司商业投入的回报。其次，付费首播舆论助推电视剧的收视率，台网跟播则再次扩大电视剧的关注度，一方面实现了用户覆盖互补，另一方面也实现了台网的相互导流。①

4. 商业模式方面，优质内容推动用户付费习惯进一步养成，视频用户消费潜力增长空间较大

通过不断增强的版权意识和自制的精良内容，视频网站的付费用户开始迅速增加，这也是目前视频网站的主要盈利来源。因此，各大视频网站都精心制作自制剧，充分挖掘用户的兴趣点所在，带动增值服务的繁荣。

（三）网络直播类产品

2016年网络直播服务在资本力量的推动下实现了快速发展。艾媒咨询数据显示，中国在线直播平台数量已超过200家，网络直播市场规模约为90亿元。截至2016年12月，网络直播用户规模达到3.44亿，占网民总体的47.1%。②

我国主要的网络直播平台可以大致分为两类：一类是秀场直播，包括六间房、YY、映客、花椒、一直播等网络直播平台；另一类是体育和游戏竞技类直播，包括斗鱼、熊猫、风云直播等。由于网络直播的推广成本、带宽成本和主播签约成本均较高，仅依靠用户购买虚拟礼物和流量广告两种变现方式很难维持其发展，其商业模式仍处于探索阶段。

此外，我国文化部于2016年4月开展了对互联网直播平台违规直播行为的专项整治行动，并要求网络主播必须实名认证，未来网络直播监管将更加严格。

（四）网络游戏类产品

截至2016年12月，我国网络游戏用户规模达到4.17亿，占整体网民的57.0%。手机网络游戏用户规模为3.52亿。③ 国内主要的游戏平台有盛大、完美、腾讯、网易等。

2016年上半年，网络游戏用户规模保持稳定，设备移动化、版权正规化和内容影视化成为主要趋势。

PC端网游用户向移动端流转的态势依然持续。数据显示，2016年上半年网络游戏用户的PC端设备使用率下降至61.4%，而手机端设备使用率由2015年底的71.3%上升至77.3%。④预计未来随着手机端游戏品质的不断提升和玩法的不断拓展，移动端游戏用户规模将持续增长，但PC设备在人机交互方面相比移动设备存在难以替代的显著优势，因此移动端游戏很难完全取代PC端游戏。

网络游戏内容影视化成为趋势。网络游戏作为泛娱乐产业生态的重要组成部分，与其他网络文化娱乐形式加速融合。以网络游戏故事背景为轴心，带动其他多种网络娱乐内容形态协同

① 引自CNNIC第39次《中国互联网络发展状况统计报告》，第61页。
② 引自CNNIC第39次《中国互联网络发展状况统计报告》，第62页。
③ 引自CNNIC第39次《中国互联网络发展状况统计报告》，第58页。
④ 引自CNNIC第39次《中国互联网络发展状况统计报告》，第37页。

发展，进而形成健康的泛娱乐产业生态，将是未来网络游戏厂商的重要发展方向。[①]

（五）网络文学类产品

网络文学在互联网的整个生态组成中也占有一定的比重。国内主要的网络文学网站和产品有阅文集团、中文在线等。经过近两年的大规模并购重组，网络文学市场目前已经形成了较为清晰的市场格局，产业生态化和版权正规化是2016年上半年网络文学市场变化的主要特征。

首先，以网络文学为核心IP来源的产业生态逐渐形成，并丰富了自身的盈利模式。作为泛娱乐IP产业链的最前端，网络文学作品依靠互联网低传播成本的优势积累了大量忠实读者，这部分用户在网络文学作品向电影、电视剧、游戏等领域的改编过程中发挥了极大的作用。与此同时，由于网络文学产业生态的逐渐形成，其盈利模式也突破了从前单纯依靠用户付费的发展瓶颈，转变为影视内容生产和用户付费并存的多元盈利模式。

其次，网络文学市场的版权正规化进程得到持续推动。自网络文学出现以来，盗版网络文学网站就凭借其低成本优势，长期扰乱市场的正常经营秩序。这些网站数量多、规模小，从客观上提高了版权方的维权成本，很难根除盗版网络文学网站。随着网络文学平台集团化的形成，大型平台拥有更多精力和资源依据相关法律法规对盗版网站发起维权行动，这从一定程度上解决了网络文学作者的"维权难"问题。

四、网络实用服务类产品

媒介是人的延伸，互联网产品具有连接一切的媒介服务功能。网络实用服务类产品是一种提供专门实用服务的互联网应用类产品，越来越多专业的网络实用服务类产品，可以让人们的现实生活和虚拟网络媒介实现无缝对接，从而满足网民用户细分化的实用服务需求。它主要包括电子商务服务类产品和网络生活服务类产品两大类。

（一）电子商务服务类产品

互联网的电子商务服务体现在生活的很多方面，这类产品占比和影响力最大的为在线购物类产品和在线支付类产品。

1. 在线购物类产品

作为传统零售与信息消费相结合的产物，网络购物顺应了消费升级的发展趋势。对于电子商务，各人网络巨头都想从中分一杯羹。截至2016年12月，我国网络购物用户规模达到4.67亿，其中，我国手机网络购物用户规模达到4.41亿。我国网络购物市场依然保持快速、稳健的增长趋势。[②] 比较红火的有淘宝、京东、当当、唯品会等。

与此同时，电商平台营销方式多元化升级，从购物消费模式向服务消费模式延伸拓展。如在PC端和移动端引入媒体元素，进行兴趣导购，拓展电商基于用户购物场景（时间、地点和情景）的智能精准推荐功能；探索视频电商导购模式，以短视频和直播为载体深挖网红效应的经济价值等。

2. 在线支付类产品

截至2016年12月，我国网民中使用网上支付的用户规模达到4.75亿，手机网上支付的

---

① 引自CNNIC第39次《中国互联网络发展状况统计报告》，第38页。

② 引自CNNIC第39次《中国互联网络发展状况统计报告》，第53页。

使用比例由 57.7%提升至 67.5%。① 互联网支付类产品主要有支付宝钱包、百度钱包、微信支付等，还有各大银行的网银支付方式。我国网上支付用户规模持续高速增长的主要影响因素如下。

第一，高速发展的电子商务应用促使网上支付的需求进一步增强，拉动网上支付用户规模的增长。

第二，各网上支付厂商在线下消费场景中积极布局，不断拓展和丰富线下消费支付场景，并推出诸多补贴政策，吸引非网上支付用户尝试。

第三，网上支付厂商加大营销投入力度，持续扩大网上支付产品的影响力，进一步打通社交关系链条，带动非网上支付用户实现线上支付，如支付宝的春晚“集福”、微信的春晚“抢红包”等。

（二）网络生活服务类产品

1. 一站式生活服务平台类产品

在我国，一站式生活服务平台类产品主要以阿里的支付宝和腾讯的微信支付为代表。阿里的支付宝产品，起初是为阿里旗下的淘宝、天猫商城提供电商信用担保和网络即时支付服务的，支付宝在电商领域的成功，使支付宝成为用户在线支付产品的首选。以此为契机，阿里将支付宝功能延展到用户的金融理财服务上，推出余额宝、招财宝。进入移动互联网和“互联网+”时代，支付宝更是推出了为城市用户提供一站式生活服务的战略发展计划，提供水费、电费、电话费、燃气费、宽带费、物业费等各类在线生活缴费服务和其他在线城市服务。

腾讯利用庞大而具有黏性的社交用户群资源，不仅推出一站式在线信息及娱乐生活服务（集网络新闻资讯、网络游戏、网络文学、网络视频、动漫于一体）业务，而且利用微信，将PC互联网时代开发的 PC 端支付工具——拍拍通（不敌支付宝）成功地提升为移动支付工具——微信支付，通过独特的微信红包活动，成功地使微信支付成为可以与支付宝匹敌的在线便捷安全支付工具类产品。腾讯以微信公众号、朋友圈和微信支付功能，为用户创办微店提供移动电商业务，并以微信支付功能和庞大的微信用户规模开发用户的各类生活缴费服务和城市生活服务业务。

一站式生活服务平台类产品近年来发展的背景有以下几方面：移动互联网时代，互联网企业赢家通吃，平台化公司通过跨界或延伸产业链，提升单个用户价值；大数据时代，服务业信息化程度迅速提升，信息质量和效率的提升打破信息不对称瓶颈，企业核心优势从资源垄断转变为对消费者需求的理解，进而催生下游新需求。一站式生活服务平台类产品对于提升单个用户价值，形成完整的互联网生态有很大的帮助。

2. 垂直细分型生活服务类产品

当下网络生活服务类产品的主要细分领域有网络约租车类产品、在线教育服务类产品和其他网络工具服务类产品。

（1）网络约租车类产品。

网络约租车类产品（滴滴出行、神州专车等）的发展对于出租车行业，乃至整个交通行业都带来了很大变化。一方面，网络约租车服务类产品推动传统出租车市场转型升级。网络约租车凭借互联网市场化的创新解决方式，提升了租车者的叫车效率，降低了司机的空载率，同时使服务更加贴合用户的需求。截至 2016 年 12 月，用网络预约出租车的用户规模达 2.25 亿，

---

① 引自 CNNIC 第 39 次《中国互联网络发展状况统计报告》，第 57 页。

网约车用户在网民中占比为30.7%。[①] 另一方面，网络预约专车类服务的出现丰富了用车行业细分市场，成为分享经济发展的典型业态。用户使用习惯已经逐步养成。网络预约出租车、专车系列在满足用户个性化出行需求的同时，也提高了闲置出租车的利用率。

然而，我国网约车在出行安全的市场准入关键环节上，还需要相关政府部门进一步加强和提高管理水平，以此促进我国网络约租车行业持续健康发展。

(2) 在线教育服务类产品。

随着互联网的发展，国家对教育行业的高度重视、云计算等相关技术的应用和推广，以及人们对知识和技能的需求，推动在线教育服务类产品大力发展，主要包括B2B平台型、B2C服务型、辅导工具型和网校型等类型，如网易云课堂、多贝公开课、酷学习、梯子网等。

从细分市场、接入终端、技术支持层面来看，在线教育服务类产品的发展趋势如下。

首先，一站式教育资源整合，市场前景将十分乐观。移动教育正逐步成为在线教育的主流。与PC端相比，移动教育能提供个性化的学习场景，借助移动设备的触感、语音输出等功能，构建出更加个性化的人机交互场景，提升学习本身的趣味性。基于移动终端，开发拥有优质教学内容、能寓教于乐的教育产品，在市场上更有优势。其次，大数据技术助力在线教育体验改善。在线教育平台通过大数据挖掘技术，掌握用户个人属性、教育水平、收入、消费等情况，帮助了解用户需求和学习动机，针对具体人群进行精准定位，推荐定制化的学习内容，同时增加平台的商业变现能力。此外，VR、AR技术的发展和相关硬件设备的开发，使“沉浸式教学模式”成为可能，尤其在建筑、物理、医学、生物等专业课程中，为在线教育提供真实场景的教学体验，增强互动性，提升学习效率。

(三) 网络工具服务类产品

在我国互联网服务类产品中，工具服务类产品占有较大的比重。工具服务类产品有两大类：一类是服务于企业和机构的B端互联网工具类产品，另一类是服务于最终消费者的C端互联网工具类产品。其中，B端互联网工具服务类产品，发展一直较为稳定，并且垄断性和品牌性要求更高一些，通常是比较大型的互联网新媒体公司在进行运营和维护，如著名的芯片产品公司英特尔和存储制造公司、著名的企业数据库软件服务商甲骨文公司；C端互联网工具服务类产品发展变化较快，如导航类、浏览器类、安全保护类、输入法类、地图类、输入输出设备、操作性服务软件，PhotoShop图片类、视频制作类、文本制作类以及各种工具的衍生和发展产品等，具体应用产品有UC浏览器、360手机卫士、腾讯手机管家、搜狗输入法、高德地图、百度地图、美图秀秀、美颜相机、应用宝、小米应用商店、猎豹清理大师、金山电池医生、欧朋流量包等等。

随着我国网民生活方式进一步在线化和线上线下一体化，天气服务类产品如小米天气，在线旅游服务类产品如同程旅游，在线本地化租房服务类产品如58同城，在线炒股服务类产品如同花顺，在线理财服务类产品如百度理财、招商银行、平安口袋银行也迅速成长起来，其产品的用户活跃度进入我国百强之列。

综上所述，2016年，我国互联网已完成了从PC端向移动端的转移。基于移动互联网时代的用户需求和体验要求，开发优质移动端APP产品，成为各类互联网新媒体公司的主要发力点。根据2016年12月12日，全球领先的移动互联网第三方数据挖掘和分析机构艾媒咨询发

---

① 引自CNNIC第39次《中国互联网络发展状况统计报告》，第66页。

布的《2016年11月中国APP活跃用户排行榜（TOP450）》，笔者在此节选其中用户活跃度占比（某一时间段内活跃用户在总用户量中的占比）前107位的优质APP产品。数据显示，APP整体市场厮杀激烈。微信和QQ仍以明显的优势高歌猛进；腾讯视频活跃用户占比下滑，由10月第三的地位降到第六；优酷和支付宝钱包趁势追击，表现强劲，分列第三和第四。具体如表4－4所示：

表4－4　2016年11月中国APP活跃用户排行榜（TOP450）（节选）

排名	APP	活跃用户占比	排名	APP	活跃用户占比
1	微信	89.49%	18	淘宝	17.07%
2	QQ	71.21%	19	360手机卫士	16.01%
3	优酷	37.11%	20	腾讯手机管家	15.28%
4	支付宝钱包	34.09%	21	新浪微博	14.87%
5	爱奇艺视频	33.96%	22	乐视视频	14.36%
6	腾讯视频	33.62%	23	猎豹清理大师	14.06%
7	UC浏览器	33.59%	24	QQ音乐	13.90%
8	搜狗手机输入法	27.92%	25	WiFi万能钥匙	12.96%
9	滴滴出行	25.67%	26	360浏览器	12.79%
10	腾讯新闻	24.48%	27	高德地图	12.63%
11	美团团购	23.67%	28	百度糯米	12.57%
12	今日头条	22.42%	29	百度理财	12.43%
13	大众点评	22.39%	30	美图秀秀	12.13%
14	百度输入法	22.26%	31	小米天气	11.86%
15	酷狗音乐	21.17%	32	QQ邮箱	11.17%
16	QQ浏览器	20.49%	33	美颜相机	10.93%
17	秒拍	18.33%	34	迅雷	10.39%

续前表

排名	APP	活跃用户占比
35	京东	10.34%
36	百度地图	10.26%
37	联通手机营业厅	10.05%
38	58 同城	9.92%
39	百度云	9.66%
40	360 清理大师	9.58%
41	QQ 空间	9.51%
42	百度贴吧	9.20%
43	360 免费 WiFi	8.87%
44	QT 语音	8.07%
45	腾讯地图	7.98%
46	酷我音乐	7.93%
47	虾米音乐	7.82%
48	快手	7.63%
49	QQ 同步助手	7.60%
50	网易云音乐	7.46%
51	金山电池医生	7.35%
52	1 元夺宝	7.04%
53	土豆视频	7.03%
54	360 手机助手	6.72%
55	PP 助手	6.65%
56	招商银行	6.65%
57	搜狐视频	6.59%
58	凤凰新闻	6.55%
59	芒果 TV	6.45%
60	网易新闻	6.29%
61	应用宝	6.07%
62	钉钉	6.00%
63	百度手机卫士	5.98%
64	一直播	5.72%
65	一点资讯	5.66%
66	百度手机助手	5.58%
67	小米应用商店	5.40%
68	知乎日报	5.30%
69	讯飞输入法	5.26%
70	MM 商场	5.24%
71	网易有道词典	5.23%
72	金山手机毒霸	5.17%
73	美团外卖	5.13%
74	新浪新闻	5.08%

续前表

排名	APP	活跃用户占比	排名	APP	活跃用户占比
75	天天快报	5.08%	92	途牛旅游	3.85%
76	YY 语音	4.79%	93	直播吧	3.82%
77	陌陌	4.76%	94	360 影视大全	3.81%
78	汽车之家	4.74%	95	咪咕阅读	3.70%
79	聚划算	4.70%	96	ZAKER	3.65%
80	搜狐新闻	4.61%	97	凤凰视频	3.57%
81	欧朋流量宝	4.61%	98	搜狗地图	3.55%
82	汽车报价	4.48%	99	淘打折	3.50%
83	饿了么	4.28%	100	墨迹天气	3.36%
84	猫眼电影	4.17%	101	酷我 K 歌	3.26%
85	天天 P 图	4.16%	102	去哪儿旅行	3.21%
86	平安口袋银行	4.14%	103	酷我听书 FM	3.20%
87	拼多多	4.00%	104	哔哩哔哩动画	3.19%
88	书旗小说	3.99%	105	56 视频	3.10%
89	搜狗浏览器	3.98%	106	天气通	3.06%
90	同程旅游	3.98%	107	乐视云盘	3.04%
91	千牛	3.87%			

资料来源：https://baijia.baidu.com/s?old_id=722094。

【知识回顾】

根据我国互联网二十多年以来的网民用户的主要需求，互联网产品类型主要分为两大类：一大类满足网民接入互联网的上网硬件设备类产品，是网民上网必备的新媒体终端类产品；另一大类是在用户接入不同互联网终端类产品后，进一步满足网民上网需求的新媒体软件服务类产品。网民上网时长大部分花在满足其日常上网需求的新媒体软件服务类产品上，因此，新媒体软件服务类产品是满足用户上网需求的主要互联网产品类型。根据我国互联网二十多年以来网民日常接触互联网终端设备的主要上网需求，可以将新媒体软件服务类产品分为信息获取类、交流沟通类、娱乐休闲类、实用服务类四类。随着互联网的发展，每一大类新媒体软件服务类产品，又都基于用户需求，不断延伸出新的小类，这为新媒体组织的产品功能设计和改善提供参考。

【思考题】

1. 你日常使用最多的新闻客户端有哪几个？请按兴趣大小进行排列并分析它们吸引你的主要功能和特点。

2. 你日常使用最多的微信公众号有哪几个？请按兴趣大小进行排列并分析它们吸引你的主要功能和特点。

3. 如果你是某一款手机音乐应用的产品经理，结合产品功能、用户需求和行业竞争，你会做出怎样的改进？

4. 如何看待网络直播的兴起？结合你使用后的体验感受，谈谈其产品的优势和劣势，你认为应该如何改进？

5. 如何看待短视频的兴起？举例说明其优势和劣势，未来发展趋势如何？

6. 你日常使用最多的本地化生活服务类 APP 主要有哪几个？结合你使用后的体验感受，谈谈其产品的优势和劣势。

第五章　新媒体组织产品运营的主要过程与策略

【知识目标】

新媒体组织产品运营的主要环节和具体过程。
产品运营各环节的主要策略。

【能力目标】

了解新媒体组织互联网产品运营的目标。
熟悉互联网产品运营的主要环节、具体过程及其策略。

【知识导入】

千里之行，始于足下，新媒体组织的生存和发展，是从市场化产品运营开始的。当新媒体组织创立之后，当务之急是组织相关部门人员，根据用户需求开发一款满足其要求的互联网产品（广义层面的互联网产品），然后，通过一系列产品运营的目标和策略，使这一互联网产品的用户规模和活跃度达到能获取较高收入的程度。当代中国互联网第一阵营的互联网巨头企业都依赖于用户市场占有率第一的、具有核心竞争力的互联网产品而生存和发展，典型的如腾讯的微信，从第一代版本的单纯移动通信功能产品发展为第六代版本的集社交、资讯、支付、购物和线下消费于一体的多功能移动社交类极致性产品，达成了数亿的用户规模和较高的用户活跃度，在所有互联网产品中名列第一，使腾讯在当下中国移动互联网生态格局中占据不可替代的市场地位。那么，新媒体组织的产品运营有哪些主要过程和策略？这是本章重点讨论的问题。

第一节　新媒体组织产品运营的总体运营环节与策略

一、时间维度的产品运营的总体运营环节与策略

新媒体组织的运营是从互联网产品运营开始的。尤其是在新媒体组织初创时，第一款互联网产品能否运营成功，直接关系到新媒体组织能否安全度过初创期。

互联网产品的市场化运营，源于用户需求的驱动，满足用户需求体现在互联网产品运营的整个生命周期过程之中。一款互联网产品的总体运营环节，从时间维度来看，贯穿于互联网产品上线前后的整个市场生命周期，从互联网产品上线之前的孕育期到互联网产品上线之后的初创期、成长期、成熟期、衰退期、消亡期。具体分为新产品上线之前的孕育期运营、产品上线

之后的网络运营阶段、产品衰退期和消亡期。

上线之前的孕育期是前提，强调“优生”，新产品上线之前的孕育期运营环节包括以用户新时代新需求为导向的产品决策、功能设计、用户体验设计、测试、上线。

新产品上线之后，产品就进入网络运营阶段，包括种子期、爆发期、平台期。有些产品在进入成熟期后，如果不努力随着时代而创新更迭，就会进入衰退期甚至消亡期。新产品上线之后的网络运营是关键，强调“优育”。网络运营不是网络推广，而是在不断满足网络用户需求及完善产品的基础上，以持续获取用户和提升用户活跃度为目标的一系列工作，包括通过初上线的初始产品获取网络种子用户的“种子期”运营（对应于产品初创期的运营）、通过产品的快速迭代更新而促进网络用户规模爆发式增长的“爆发期”运营（对应于产品成长期的运营）和快速增长后网络用户发展放缓的“平台期”运营（对应于产品成熟期的运营）。互联网新产品上线后的网络运营，其各个周期具体的产品特征、用户特征、运营任务和目标各不相同。其中，种子期生产简单明确、具有最小核心功能的种子期产品，定位于种子用户，关注用户的自然留存率，建立用户口碑；爆发期是以产品核心功能为主线进行产品的快速迭代，将种子用户转向目标用户并加速扩展的过程，通过形成用户口碑传播力而提升用户来源量；平台期，产品持续迭代，修复 Bug，提高稳定性，增加衍生新功能，运营关键是通过提升现有用户的使用体验，进而提升用户的口碑传播力，最终提升用户的活跃度和新的用户来源量。当产品已进入衰退期和消亡期，新媒体公司就不必再做无谓的挣扎，转而主动变革和创新，导入新产品，促进成熟产品创新转型，如图 5-1 所示。

总体而言，时间维度的产品运营的总体运营环节与策略，是以用户需求为导向，着眼于一款互联网产品从正式上线之前的孕育期到正式面向用户推出的整个网络运营的种子期、爆发期

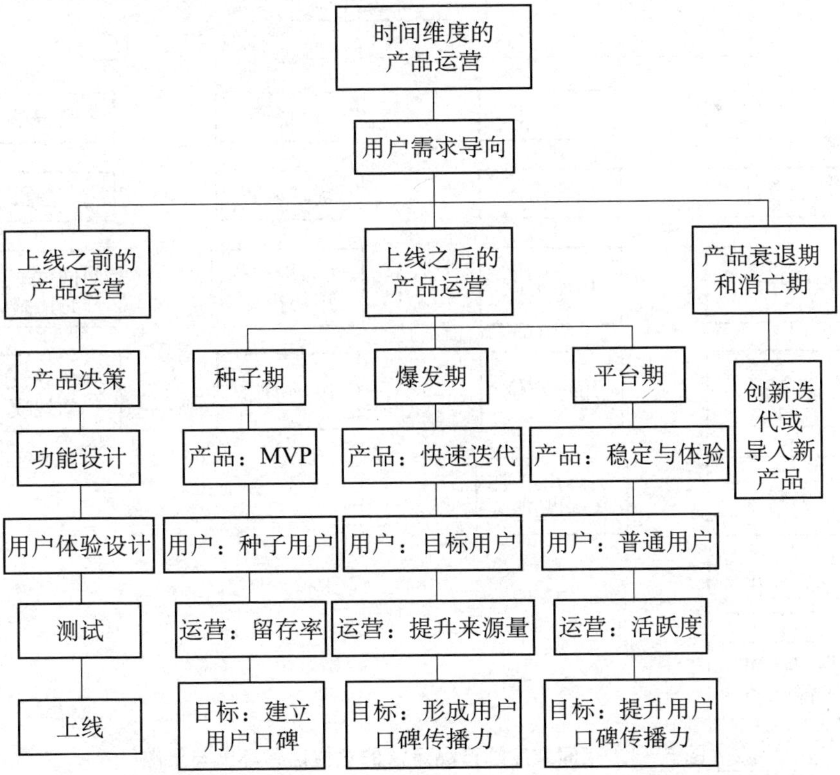

图 5-1　时间维度的产品运营的总体运营环节与策略

和平台期，或随着时代而进行创新迭代而让逐步进入衰退期的老产品焕发生机，或主动导入全新产品，这一互联网产品纵向贯穿整个生命周期的运营过程。

二、空间维度的产品运营的总体运营环节与策略

一个新媒体组织在成功地运营第一款新媒体基础产品（如腾讯开发的最初的中文聊天产品QQ）后，就会进行多元的衍生产品的开发或运营，如腾讯QQ邮箱、QQ空间、腾讯门户新闻网站等等。在互联网时代进行大变革（如从PC互联网时代进入移动互联网时代）时，需要如初创企业一样开发具有革命性新功能的产品，要从组织设置上保障每一款新媒体产品的第一个运营环节能顺利运行，这一组织设置，主要体现在新媒体组织产品运营的空间维度的运营环节。

空间维度的总体运营环节，主要是指新媒体组织为确保一代又一代的多元化互联网产品的有序运营所必须设置的业务职能部门及其相互关系。互联网产品的空间维度的运营是个体系，涉及所有与产品运营相关的业务职能部门，由技术产品部、运营部、市场部、商务部等多个业务部门构成。这些业务环节是互联网产品运营的核心，需要自建，因为根据用户需求和运营情况，需要产品不断快速迭代，运营不断调整，外包很难做到无缝协作。[①] 互联网运营的特点就是“快”，各个业务职能部门的运营职责既需要保持相对的稳定性，又需要保持对其他业务部门的开放性，共同服务于基于用户需求变化的产品运营。从空间维度看，新媒体组织产品运营的常设业务部门的主要业务职能和目标如图5-2所示：

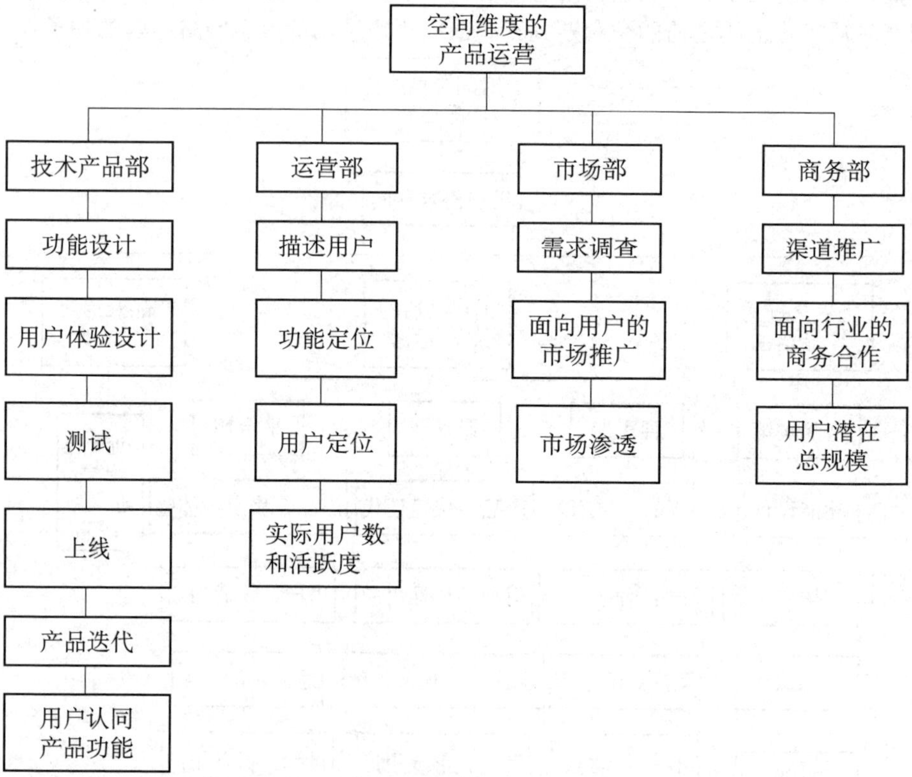

图5-2 空间维度的产品运营的总体运营环节与策略

① 郝志中．用户力：需求驱动的产品、运营和商业模式［M］．北京：机械工业出版社，2016：127-128.

总之，互联网产品是新媒体组织赖以生存和发展的基石，时间维度的互联网产品运营环节设置是主导性的，是互联网产品在互联网外部竞争时的“生死攸关”的运营环节；而空间维度的互联网产品运营环节设置应服务于时间维度的内部职能部门的运营环节，各个内部职能部门应以提高各时间维度运营环节的效果和效率为准绳，形成各个常规职能部门的协调一致，共同服务于各个时间维度的运营。因此，本章后两节的内容主要以时间维度的产品运营环节为主体展开讨论。

第二节　互联网产品上线之前的产品设计

一个优秀的新媒体公司，首先是一个懂用户需求的互联网产品公司，让最普通的用户都能够简单方便地使用某一类互联网产品。在当代中国，微信产品的用户使用广度和频率为所有互联网产品之最，下至会说话、会看视频的小孩，上至八九十岁的老人都会使用微信。基于用户需求和体验要求的产品设计，是产品运营的首要环节。

新媒体组织的任何一款互联网产品的运营，都起源于互联网产品正式上线之前的产品设计，亦即产品上线之前的孕育期运营。这一环节的产品运营质量与效果，直接关系到互联网产品上线之后的网络运营效果，是互联网产品度过初创期的最基础环节，同时也是新媒体组织中的产品经理最主要的工作职责。互联网产品上线之前的产品设计在孕育期的运营过程主要包括基于用户需求的产品决策、功能设计和用户体验三个关键节点。① 用户需求驱动下的产品设计的主要过程具体包括恰当的产品决策、人性化的功能设计、优质的初始用户体验，这一过程为产品正式上线之后的用户规模和活跃度的增长和维系打下坚实的基础。

一、产品决策：有舍有得

产品决策是产品设计的前提条件，首先是建立在以用户需求为驱动的产品定位上，其次是基于用户分析、竞争分析和内部资源分析基础之上的“做”与“不做”的投入产出的取舍抉择。②

（一）以用户需求为驱动的产品定位

产品定位是产品设计的第一步，产品设计一开始就应根据用户的潜在真实需求确定产品的功能定位（做什么）、用户定位（做给谁）和目标定位（做啥样），产品定位的要义是简明扼要的，定位越简单越明确，对用户群体、用户需求和产品价值就把握得越深刻越完备。

1. 基于用户的真实需求，定位新产品的核心功能

（1）发现用户上网的真实需求。

根据用户需求来做产品决策，第一步是判断用户的真实需求。有个很经典的例子，福特汽车公司创始人亨利·福特说，如果在马车时代询问客户有何需求，很多人可能都会回答说：“要一匹跑得更快的马。”看似用户的基本需求是“马”，其实用户的真实需求是“更快”。所以，我们一定要透过现象看本质，发现用户的潜在真实需求。

目前，我国网民对于网络的基本需求大致分为四类：获取信息、娱乐休闲、沟通交流和实用服务。在这四大类产品需求中，判断用户对未来产品功能的进一步的潜在真实需求，不是简

① 郝志中．用户力：需求驱动的产品、运营和商业模式［M］．北京：机械工业出版社，2016：60－117.
② 同①65－66.

单笼统地定义用户所描述的表面需求，而是相对已上线的同类互联网服务产品，更好地满足用户的真实需求。①

以用户看新闻的需求为例，满足这一需求的方式在我国主要有三个层次：看新闻，不花钱海量看新闻，不花钱海量个性化看新闻。在互联网普及之前，大众报纸取代了手抄报纸；PC端互联网时代，新浪率先发现并满足了我国第一批网民希望"不花钱买报纸，还可快速看海量新闻"的新的真实需求；进入移动互联网时代，今日头条发现并率先满足了最早一批移动网民的"不花钱海量看聚合推荐的个性化新闻"的新需求，澎湃新闻引入用户问答社区的不花钱海量看专业新闻机构原创的高品质新闻，一点资讯提供不花钱海量看个性化推荐的专业新闻机构原创的高品质新闻和聚合推荐，同时引入社交和个性化看新闻元素。同样是看新闻，新一代新闻产品在老一代新闻产品的原有功能上提供了更"好"的看新闻体验。

以用户的通信需求为例，满足这一需求的方式在我国主要有三个层次：中国电信以"座机"满足了用户的"通信"需求，中国移动以手机满足了用户"方便通信"的需求，腾讯公司以微信满足了用户"便宜又方便通信"的需求，代际迭代的通信产品同样体现了更"好"的新功能。

用户的社交需求，从线下的日常朋友交流到微信朋友圈的"更大范围"的网络沟通性社交再到秘密/无秘/友秘等新一代移动社交产品的"更深度、隐私"社交，不同时代人们的社交需求也体现一个"更"字。

以用户看视频的需求为例，用户看视频的需求从在爱奇艺、优酷、乐视视频网站上看正版或自制的长视频发展到用一条看专业机构制作的一条原创短视频（以5分钟手机短视频为主），再到在YY、斗鱼等直播平台上看网民上传的各类全民直播视频内容。

以用户玩游戏的需求为例，俄罗斯方块是"人和机器"玩小游戏，魔兽是"网友与网友"玩"更好玩"的游戏，微信游戏是"朋友和朋友"玩"更好玩更社交"的游戏。

以用户的购物需求为例，商场是线下实体店购物，卓越网提供更便宜和方便的网上购物，淘宝店提供更丰富的购物，京东自营提供更快更好的购物，苏宁易购提供线上订货而线下实体店可看货、提货的线上线下一体化购物。

综上所述，一代又一代的互联网新技术和新模式，能够更好地判断和满足用户的新的真实需求。透过我国互联网二十多年的发展，网络用户在广义的互联网产品上的真实需求，总体上体现四个"更"，即更快、更多、更便宜、更好玩。如表5-1所示：

表5-1　　用户上网的真实需求

需求	代表的产品
更便宜	新浪新闻：不用买报纸，免费看新闻 360：免费杀毒 淘宝：买便宜货 美团：很便宜才买 微信：比电话费便宜的通信 上门服务：更便宜更省事 嘀嗒拼车：拼车更便宜

① 郝志中．用户力：需求驱动的产品、运营和商业模式［M］．北京：机械工业出版社，2016：25.

续前表

需求	代表的产品
更快	QQ/微信：时时沟通 京东：送货上门省得逛街 滴滴打车：更快打到车 百度：更快速查询，获取信息 陌陌：更方便认识陌生人 高德：更方便找到目的地
更好玩	魔兽：更好玩 唱吧：手机 KTV 微博：看新闻、看评论
更多	门户：更多内容 优酷：更多电影电视剧 百度 mp3：更多歌

资料来源：郝志中．用户力：需求驱动的产品、运营和商业模式［M］．北京：机械工业出版社，2016：30.

站在移动互联网的更年轻用户的需求视角来看，网易云音乐满足小众音乐用户的听歌需求，秒拍满足网民更快更好玩地上传视频的需求，快手满足二三线普通年轻人更方便记录生活的需求。

相对看短视频和视频直播，用户可自制视频的秒拍、美拍、美图秀秀、快手、小咖秀、一直播等社交互动型的短视频、直播制作类产品更加贴合更年轻用户更好玩的需求。

（2）定位新产品的核心功能，即确定新产品主要做什么。

在发现用户的真实需求后，未来的产品设计，必须先要确定如何以更好的产品新功能满足用户的真实需求。对于用户来说，产品功能的描述不能长篇大论，不能过于专业，要用简短易懂的话让用户明白产品的功用，应以一句话简明扼要地定义产品新功能，可以采取两种方式：第一是类比法，“做与×××一样的产品”；另一种是排除法，“不做与×××一样的产品”。[①] 如“网易云音乐做与 QQ 音乐一样的产品”“网易云音乐做与唱吧一样的产品”“秒拍不做与美拍一样的产品”“快手不做与秒拍一样的产品”。

2. 基于产品核心功能的用户定位

用户定位是要说明新设计的产品功能是为什么类型的用户服务的，这类用户具备什么属性（性别、年龄、职业等），他们会在什么场景下产生需求（时间、空间、情景等）。用户定位主要通过用户描述、用户分级和用户聚焦三个步骤来完成。

（1）用户描述。

用户描述最基本的三个因素是，说清楚什么样的用户有此新功能产品的真实需求，在什么时候会使用这一新功能的产品，使用这一新功能的程度（频率）如何。如图 5－3 所示。

其一，用户特征描述。

什么样的用户有此新功能产品的需求？这既包括用户的性别、年龄、学历、收入等自然属性，又包括爱好和习惯等描述。以移动资讯产品为例，艾媒咨询《2016—2017 中国移动资讯市场研究报告》对移动资讯用户性别、年龄、学历、收入分布的统计如图 5－4、图 5－5、图 5－6、图 5－7 所示。

---

① 郝志中．用户力：需求驱动的产品、运营和商业模式［M］．北京：机械工业出版社，2016：63.

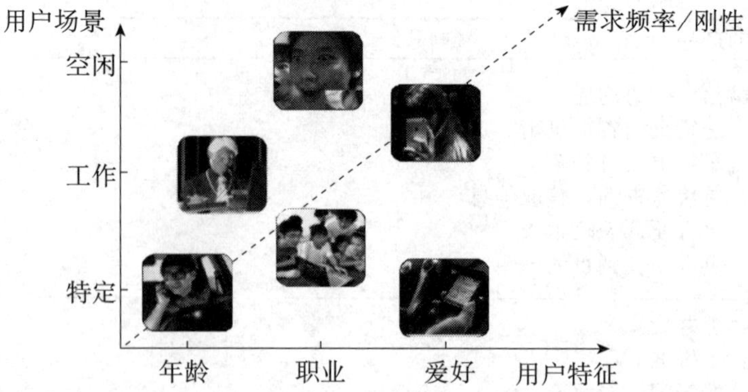

图 5-3　用户描述的三个基本要素：特征、场景和频率

资料来源：郝志中．用户力：需求驱动的产品、运营和商业模式［M］．北京：机械工业出版社，2016：36.

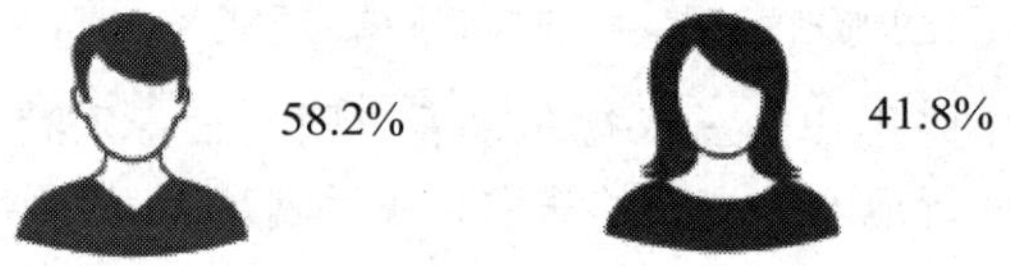

图 5-4　2016 年中国移动资讯用户性别分布

资料来源：艾媒咨询。

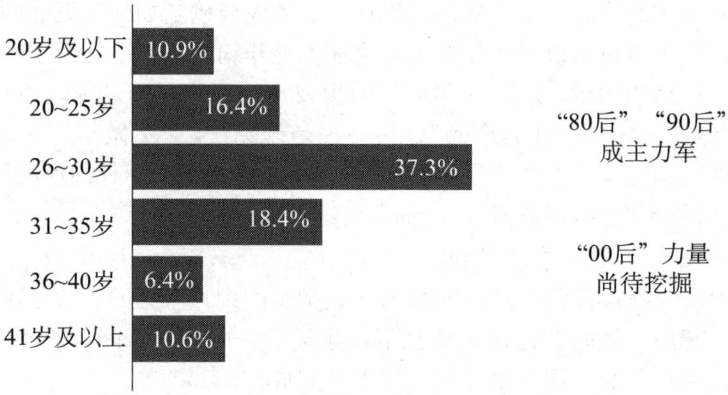

图 5-5　2016 年中国移动资讯用户年龄分布

资料来源：艾媒咨询。

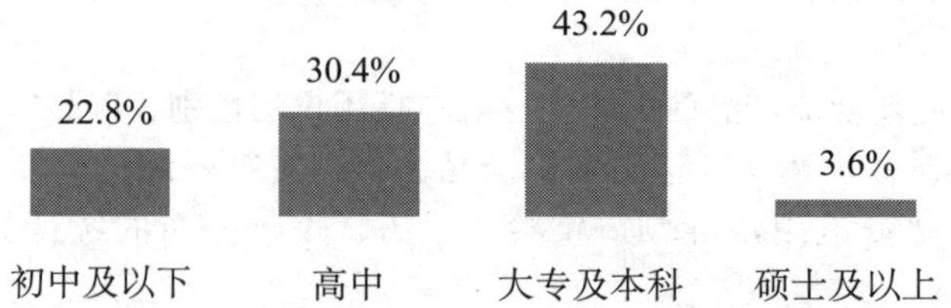

图 5-6　2016 年中国移动资讯用户学历分布

资料来源：艾媒咨询。

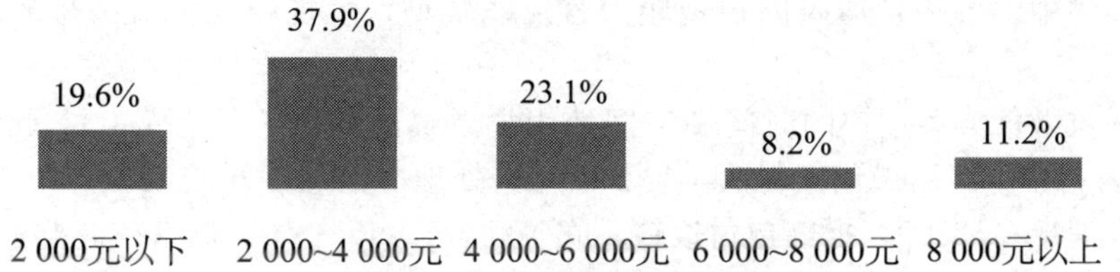

图 5－7　2016 年中国移动资讯用户收入情况分布

资料来源：艾媒咨询。

我国移动资讯用户，从性别来看，58.2%为男性用户，41.8%为女性用户；从年龄来看，以“80 后”和“90 后”为主力军，未来将以“00 后”为主力军；从学历来看，大专和本科用户占比为43.2%，位居第一，高中用户占比 30.4%，位居第二；从收入来看，2 000元至 4 000元占 37.9%，4 000 元至 6 000 元占 23.1%，2 000 元至 6 000 元之间占 61%。总体来讲，当下我国移动资讯用户分布呈现两头小中间大的橄榄形结构。“80 后”和“90 后”的年轻中偏低收入用户群体成为主力军。

其二，用户场景描述。

场景本来是一个影视用语，指在特定时间和空间内发生的行动。① 互联网语境下的场景具有以下特征：场景是最真实的以人为中心的体验细节；场景是一种价值交换方式和新生活方式的表现形态；场景构成堪比新闻五要素即时间、地点、人物、事件、链接方式。②

在我国，移动互联网产品如移动资讯、移动社交、手机音乐、视频直播、网上订餐、网约车等的目标用户群体，主要是以“80 后”和“90 后”为主的年轻群体，这些年轻用户群体在什么时间、空间、场景下会使用这些移动互联网产品呢？他们对于这些产品的真实需求将直接关系到产品功能定位。用户对于产品的使用场景（时间、空间和情景）在产品设计上主要起到以下方面的指导作用，即帮助产品设计团队，一是明确用户目标，了解在对应场景下用户想做什么。二是观察用户操作行为，用户场景对于用户操作的影响非常大，如在地铁、公交车里用户更适合单手操作手机。三是洞察用户心理，将设计者带进相应的用户场景里，换位思考，才能更好地洞察用户心理，了解用户对于产品的真正需求，从而帮助设计者掌握用户对于产品的主要功能或多功能的需求，设计出让用户满意甚至尖叫的极致产品。

当下，我国移动端阅读人群呈现年轻化趋势，30 岁及以下的读者占了全体用户的 77%，而移动端的快速普及使阅读在碎片化时间的渗透性进一步加强，公交和地铁成为移动端阅读的首选场景。艾媒咨询数据显示，以移动资讯产品为例，年轻用户的阅读场景在睡前、上下班途中、饭点时间占比最大，分别占 52.2%、45.3%及 43.2%。移动资讯阅读用户极少留有专门时间用于浏览，更多的是利用碎片化时间，公交和地铁成为移动端阅读的首选场景。③ 以今日头条及其头条号为代表的移动资讯客户端洞悉了年轻用户的这一特定阅读场景，设计了向年轻用户在特定时间和空间内精准地推送个性化资讯的产品功能，有效地满足了年轻用户利用碎片化时间在上下班途中阅读场景下方便快捷获取个性化信息的阅读需求，推出了个性化推送的移动资讯阅读产品而迅速赢得了大量活跃的年轻用户群体，成为移动互联网时代一款“现象级”的资讯类 APP 产品。同时，快节奏的生活使得以占用视觉为主要形式的娱乐内容开始向用户

① 吴声．场景革命——重构人与商业的链接［M］．北京：机械工业出版社，2016：28.

② 同①29.

③ 引自艾媒咨询《2016—2017 中国移动资讯市场研究》，第 13 页。

的碎片化时间集中。头条号适时向短视频内容形态转型，短视频成为头条号的主要内容呈现形态。

当下，一位微信典型用户的时间和空间使用场景描述如下：早上7:00，起床刷微信朋友圈；8:30到公司楼下，用微信支付买早餐；9:00，处理群消息，开始工作；10:00忙里偷闲刷朋友圈、收发消息；12:00，拆红包付饭钱、吃午饭；12:45午休，逛京东、群里聊天；17:00，刷刷朋友圈，准备下班；18:00下班回家，微信支付买晚饭所需实物；22:00准备睡觉，和朋友聊天、再抢个红包。微信APP产品从第一代版本的单纯移动通信功能产品发展为第六代版本集社交、资讯、支付、购物和线下消费于一体的多功能移动社交类极致产品。

其三，用户使用的频率描述。

用户描述除了用户特征、用户场景的描述之外，要想对用户的真实需求有所了解，还需进一步对用户潜在真实需求的使用频率进行测算，如一天使用社交产品几次？一天打几次车？几天去看一次电影？一个月购物几次？一年旅游几次？在互联网产品运营中，用户高频使用成为产品设计者的主要驱动力。对于使用频率高的用户群体给予重点关注，在产品的功能定位设计中，优先满足使用频率高的重度用户对产品核心功能的需求。如果产品的总体使用频率低，可以暂时不考虑开发设计这一产品。如在线听歌是许多年轻用户的刚需，在一天学习和工作之余的闲暇时间或在需要情感宣泄的特殊情景之下，在线随时随地听歌对于许多年轻用户而言都是高频次的重度消费需求。

总体而言，在移动互联网时代，30岁以下的年轻用户在闲暇时间和地点（如上下班的路途之中）和特殊情景（如夜读、孤独寂寞）等场景之下，对于移动资讯、手机社交、手机音乐、手机短视频等产品都有较强的需求和较高的使用频率。

（2）用户分级。

用户分级是在用户特征描述的基础上，根据用户需求的频率（频次），对于已描述的用户所做的进一步分级定义。

用户分级根据用户信息及用户其他需求的频率和强度，将用户群体分为普遍用户、目标用户和粉丝用户。[①] 普遍用户是指理论上需要使用新产品或产品新功能的用户；目标用户是指在普遍用户中有明确的用户属性、用户场景和较高使用频率的用户；粉丝用户是指在目标用户中频繁使用产品并具有传播力的忠实用户。

用户分级对产品设计与运营都有重要的意义，普通用户要涉及，目标用户要锁定，粉丝用户要累积。

以移动社交产品微信为例，其普通用户是具备移动网络终端和一定操作技能、通过朋友邀请愿意注册、登录成为微信用户的手机网民；目标用户是居住在一二线城市、年龄在25岁以上的白领群体；粉丝用户是充分且频繁使用微信各功能（尤其是除了即时通信、朋友圈等基础功能外的延伸功能，如公众号、微信支付、微信读书、微信运动等），依赖微信维系日常生活和工作的用户。

（3）用户聚焦。

产品的用户定位，除了要对用户分级外，最重要的是先运营哪个级别的用户，确定哪个级别的用户最可能成为产品口碑的建立者与传播者，再有针对性地发展用户、满足用户需求。如果产品一上线就猛推，不做用户筛选，放任自流，那么新产品或产品的新功能就可能因为方向不清、指向不明而失利。一般来说，粉丝用户是最渴求使用此新产品或产品新功能的用户，要

---

① 郝志中. 用户力：需求驱动的产品、运营和商业模式［M］. 北京：机械工业出版社，2016：49-50.

优先让这一级用户有好的使用体验，使其成为产品口碑的建立者与传播者。典型案例是网易云音乐，其是由网易于2013年在被QQ音乐、酷我、酷狗、虾米、天天动听等早已经瓜分完了的整个在线音乐市场的不折不扣的红海之中创办的新兴网络音乐产品，为了求生存，网易云音乐最初定位于所有“被QQ音乐等巨头抛弃的用户”，主要是喜爱小众音乐的用户。这样的用户定位其实是较窄的粉丝用户的定位，有可能导致日后用户规模较小，但网易云音乐产品开发团队认为喜爱小众音乐的用户一旦喜爱网易云音乐产品，产品使用频率高，就可能成为其重度用户，形成强大的口碑建立者与传播者，有利于产品口碑的积累。正是聚焦喜爱小众音乐的粉丝用户定位策略，使网易云音乐再不仅仅是一个音乐播放器，而是以歌单发现和社交分享为主的音乐社区，相对QQ音乐等同类网络音乐产品更具差异性，这使网易云音乐产品“后来居上”。而同类的聚焦于粉丝用户定位策略的案例随处可见，如：唱吧定位于“最时尚的手机KTV”，聚焦关注音乐与娱乐的年轻人群；美图秀秀将早期产品的粉丝用户定位聚焦于爱拍照、爱秀的年轻女孩；斗鱼将早期产品的粉丝用户定位聚焦于关注电竞赛事、游戏直播的电竞游戏玩家；快手将粉丝用户定位于二三线城市渴望记录日常生活的普通年轻人。

3. 确立新产品的发展愿景

新产品的发展愿景即对“发展目标是什么”的描述。一方面要找到同类型产品的领先者，以之为参照系，避免产品发展的总体方向出差错；另一方面要找到同类型产品的竞争者，以之为对比，以时刻保持竞争状态，使其成为延续产品生命周期的鞭策动力。另外，对于互联网产品来说，发展目标的设定周期不宜过长，最多制订季度发展计划，并且要时刻观测环境，根据环境的变化调整发展计划。① 因为互联网产品的用户需求变化是很快的，只有跟上互联网发展的最新趋势与潮流，设计的产品才能更好地满足用户需求。

如同样是移动互联网时代的社交产品，微信定位于社交通信平台，用户定位于熟人圈，最终发展愿景是通过产品的平台化运作，成为移动互联网用户的最大入口。而陌陌是基于地理位置的交友工具，用户定位于陌生人，以单身男女为主，最终发展愿景是成为陌生单身男女的交友平台。网易云音乐第一步产品定位不仅是一个音乐播放器，而且是一个有温度、有情感的音乐社区，其最终发展愿景是建立包括制作、发行、消费在内的音乐平台生态圈。

简而言之，基于用户需求的产品定位有三步：做什么？做给谁？做啥样？

（二）产品决策：做与不做的取舍抉择

产品决策环节解决的就是做与不做的投入产出比问题。决策流程包括需求分析、竞争分析和资源分析三方面。即分析用户需求的存在与大小，领先者与竞争者的优劣势，自身资源的有无和好坏。其中，需求驱动是产品决策的核心，通过用户需求分析确定实际存在的需求，不要猜测和假设需求，需求成立，再考虑竞争、内部资源和其他决策因素。产品决策要义是有舍有得，有时决定放弃比坚持更重要。

1. 产品决策：基于用户需求的分析

用户需求是产品决策过程中最基础的核心环节：首先，要探寻和判断用户的真实需求；其次，要根据用户这一真实需求的市场大小、公司资源能否满足用户这一需求、这一真实需求与公司以往产品是否具有一致性，综合做出基于用户需求的“做”与“不做”的产品决策。

（1）探寻和判断用户的真实需求。

基于用户需求的产品决策，首先需要探寻用户的某一种或几种真实需求是否存在。

---

① 郝志中．用户力：需求驱动的产品、运营和商业模式［M］．北京：机械工业出版社，2016：64.

第一步，采集用户需求，明确其目的、行为和原因。

采集用户上网的真实需求有三个方面：目的（基本需求是什么）、行为（需求过程，用户会怎么做）和原因（真实需求，用户需求的本质是什么）。

从互联网用户上网的目的来看，用户的基本需求（功能）主要包括获取资讯信息、沟通交流、娱乐休闲、实用服务四大类；用户的需求行为（过程）是指通过互联网找、选、用三步典型的行为过程；需求原因是从心理上探寻用户当下或未来对某一类互联网产品“更多、更便宜、更方便、更好玩”的真实心理诉求。

需求采集主要包括两种方式四种方法。两种方式包括定性和定量方式，定性方式主要包括用户访谈（说）、可用性测试（做）两种具体方法，而定量方式主要包括调查问卷（说或写）、数据分析（做）两种具体方法。①

用户访谈是指邀请用户面对面沟通，一对一或一对多。其主要步骤是目的设定—提纲设计—用户筛选和邀请—现场访谈—结果汇总与分析—提炼需求。这是全面、直接的需求采集形式，用以分析当下用户存在的需求问题（主要是尚未满足的现实需求“痛点”），探测用户的新需求行为及其产生的主要心理诉求原因。

可用性测试指邀请用户使用产品，观察用户行为和反馈，分析用户需求。其主要步骤是目的设定—测试准备—用户邀请—测试执行—用户访谈—结果汇总与分析，用以定性采集用户需求，验证用户的需求问题、新需求行为及其原因。

调查问卷是指通过在网络上投放问卷的方式收集用户需求。其主要步骤是目的设定—问卷设计—测试—问卷投放—结果汇总与分析—提炼需求。这是用户需求的定量采集形式，用以定量分析用户存在的需求问题、新需求行为与原因。

数据分析是指通过统计用户日志文件或实际使用数据，采集和分析用户需求。其主要步骤是目的设定—代码植入—数据收集—数据分析—需求分析，用以定量采集用户需求，通过数据发现和校正用户的需求问题、新需求行为及其原因。

第二步，提炼用户需求，主要方法有过滤、排序。

用户需求的过滤，主要是指首先排除需求采集过程中用户明显的不合理需求，如小众偏门并且使用频率低的需求、完全没有应用场景的需求。②

用户需求的排序，主要包括对用户的目的（基本需求）、用户行为（通过什么方式）、用户行为方式产生的原因（真实需求）的排序。

以用户上网看视频的需求排序为例，上网看视频的目的（基本需求）的排序，包括看电影、电视剧、新闻/资讯、电视直播节目、搞笑/意外/奇闻怪事、相声/小品/戏剧、体育新闻/节目集锦、娱乐节目/综艺、纪录片、游戏视频、原创/自拍/DV秀等内容的排序。而用户上网看视频的行为方式排序包括用户通过不同上网终端（手机、台式电脑、平板电脑、笔记本电脑、互联网电视）的排序以及上网各终端的搜索引擎、视频网站站内搜索、浏览别人的博客发现、主动上视频网站看视频的行为的排序。用户选择某几类视频网站或APP看视频的主要原因排序有播放流程、画面清晰度高、内容免费浏览、内容更新快、分类合理、使用方便、内容配有语言字幕、内容全面丰富、声音清晰、有现场感、视频搜索好用、视频拥有合法版权、网友原创相互分享、视频作者来自知名机构品牌等。③

---

① 郝志中．用户力：需求驱动的产品、运营和商业模式［M］．北京：机械工业出版社，2016：38－45.

② 同①46.

③ 同①47－49.

第三步，用户分级，明确拟定新产品的普遍用户、目标用户、粉丝用户。

如前所述，产品设计的各个环节都与用户分层有关，普遍用户是产品决策的关键因素，目标用户是产品功能设计的目标对象，粉丝用户是产品用户体验改进的目标对象。用户需求的定义是否准确、清晰，对于后续的产品设计和运营至关重要。

（2）基于用户需求分析的做与不做的抉择。

探寻和判断用户的真实需求是产品决策的最基础的一环，但作为以市场化运作机制运营的新媒体公司而言，是否设计和开发满足用户的真实需求的新产品，还需要进一步衡量需求的大小、考察需求满足的全过程、评估需求的一致性，才能最终科学地做出做与不做的产品决策。

第一步，要衡量产品的需求大小。① 产品的需求大小由用户的需求范围和需求频率决定。即需求范围＋需求频率＝需求大小。数量庞大的普通用户和目标用户的需求一定是大需求，此外，普通用户的高频需求＝大需求，目标用户的高频需求＝大需求。产品初期覆盖的粉丝用户，尽管不如目标用户和普遍用户的覆盖范围广，但从长远来看，只要产品在初期能得到粉丝用户的高度认同，不仅自身需求频率变高，而且经由粉丝用户的口碑效应产生的病毒式传播，可使产品迅速传导到目标用户和普遍用户之中，因而粉丝用户的重要需求是特殊的大需求（粉丝用户的重要需求＝特殊大需求）。例如，在“用户选择视频网站的因素”调查中，“播放流畅”和“画面清晰”占比最高。对此，各大视频网站投入巨资增加服务器、带宽，不断优化播放质量。而“相互分享”虽然比例较低，但是愿意把视频分享给朋友的用户绝对是视频网站的粉丝用户，因此也要将其理解为特殊的大需求。各大视频网站也都付出了不菲的技术成本，和十几家社交产品、开放平台进行技术对接。先满足普通用户的大需求，再满足忠实用户的大需求，当基础大需求满足后，要集中不断满足粉丝用户的大需求，提升竞争力。大需求就要果断做，小需求就要谨慎决策或者不做，不要轻易决策，做了再撤很难。产品的竞争力集中在更好地满足用户的大需求上。

第二步，要考察产品需求满足的全过程。② 考察用户需求的全过程并有能力满足，就决定做，如果没有能力全部满足，就要谨慎决策。比如，网民免费看最新电影的需求全过程是找电影—选电影—看电影。每一步需求对应的分别是片源库存—片源搜索—片源播放。那么针对用户的此需求，有海量的片源库存、便捷的搜索功能和流畅清晰的播放器的视频网站就能在竞争中脱颖而出。相反，那些有片源没有播放器或者有播放器片源少的网站则容易被淘汰。网民网络购物的需求全过程是用户打开购物网站—找到想买的产品—比较产品质量与价格—决定是否购买—确认订单信息—最后进行支付。网络听歌的需求全过程，如百度 mp3 是搜索—视听—下载—资源—播放。这些网络环节如果有一个不能满足，用户就会感到使用不流畅，也就不能有效地转化和留住用户。此外，打车、找饭馆、聊天、交友等需求行为满足的全过程，也基本上是三个步骤：找—选—用（买）。如果这三个基本步骤不能全部满足，就会让用户的使用体验不顺畅，因而不能贸然做出“做”的产品决策。再如当下一些网络社区类产品，常常因为电商的物流和快递环节不通畅，而影响用户下订单。

第三步，要评估需求的一致性。③ 需求的一致性的评估，主要是考察用户需求是否与原有产品或者公司的核心价值统一。价值偏离，决策要慎重；加强核心价值，逐步外延。如果是新产品立项的决策，需要判断新产品满足用户需求的方向与原有公司的能力及优势是否一致；如

---

① 郝志中．用户力：需求驱动的产品、运营和商业模式［M］．北京：机械工业出版社，2016：68.

② 同①70.

③ 同①72.

果是产品新功能的决策，需要判断新功能是否在用户需求的主线上，而且是否必须要增加，还是可有可无。用户需求与公司一致，就决策做；如果不一致，就要谨慎决策。比如，百度作为全球最大的中文搜索引擎，其百度贴吧、百度知道功能的研发都是紧紧围绕网民搜索需求做出的决策。百度贴吧是以搜索关键词为主题的论坛，用户可以在百度贴吧中展开共同兴趣的讨论与交流；百度知道则是对用户搜索的带问号的长句子的回应，是用户问答互动的知识社区。从单纯的搜索到主题的交流再到知识的共享，百度产品功能的延伸实际上形成了用户需求满足的闭环，让用户长时间留在百度。

2. 产品决策：基于外部市场竞争环境的分析

当需求决策成立时，下一步就需要考虑外部市场环境的竞争，以找到市场机会。市场机会主要从领先者、行业进入壁垒、潜在进入者的角度做竞争分析，竞争分析直接影响产品决策。

对于领先者，在竞争分析中要侧重它的弱点，领先者致命的弱点不是体现在资源少，技术差，产品丑上，而是领先者在满足用户需求上有缺陷，尤其是在哪些方面没有满足用户需求，没有更好地满足用户需求。有用户需求上的致命弱点，才有市场机会。如淘宝作为第三方网上C2C大卖场，对于商家产品品质和物流的不可控，成就了京东的自营电商模式。类似的情况还有网易云音乐，因为当时QQ音乐、酷狗等音乐APP的曲库优先级、推荐顺序等完全是按照人气热度来排列的，喜欢小众音乐的人在QQ音乐等平台上根本无法得到满足，这无疑给后来的网易云音乐提供了一个较好的市场发展机遇。唱吧就是对K歌达人用户分享需求的填补，唱吧不仅能唱歌，还能点赞、评论、转发，更加有趣好玩。

行业进入壁垒主要涉及资金、技术、政策、内容、运营经验以及其他特殊因素。以视频行业为例，资金方面主要是视频运营成本，资金压力；政策方面主要是新闻、视频、游戏、手机增值的准入；技术方面主要是视频制作和播放、互动体验技术；内容方面主要是原创内容生产能力和优质内容资源的库存；经验方面主要是视频运营经验和渠道。此外，自制优质内容版权的保护和用户付费习惯的培养都是进入视频行业的重大准入挑战。

市场进入者在竞争分析中要衡量自身的实力对比，对于同一个功能的产品，如果对方的资金更为雄厚、技术更为成熟、经验更为充足，那么就应该果断放弃。

潜在进入者尤其要注意BAT，当某一款新产品有市场前景的迹象时，有强大资金、技术和人才支持的BAT就会中途包抄，这已成为我国互联网发展进程中的一个常态。此时，同类竞品合并成为应对BAT的一个有效“竞合”策略，博客中国与新浪博客的合并，优酷与土豆的合并，滴滴打车与快的的合并，提高了BAT的进入“门槛”。

3. 产品决策：基于企业内部资源与其他因素的分析

影响产品决策的第三个要考虑的因素就是基于企业内部资源与其他因素的分析。以视频网站为例，视频网站能不能做收费视频，首先要考察企业的内部资源。

考察企业是否具备实力做收费新产品或产品新功能，最终有没有能力做好和运营好这一款产品，主要应分析自身是否具备足够的资金、技术、产品、人力资源、开发和运营经验等基本内部资源，以支持产品的研发、运营与持续发展。其他内部因素指考察和评估企业是否具有优质原创视频产品的品牌塑造能力：有价值，有社会责任感，利国利民。此外，考察收费视频产品的商业运作模式，如果投入大、收入少、更亏，则需要考虑自身是否存在政治、法律、社会、道德等问题。

4. 产品决策案例：视频网站能不能做收费视频

在我国，视频网站已有十多年的发展历程，但一直以来，我国实行的是高价正版购买、用户免费收看，以用户流量换取视频广告的商业运营模式，这使大多数视频网站鲜有盈利，承受巨大的资金运行压力。近年来，在国家加大自制视频版权保护力度的外部环境下，爱奇艺凭借百度的资金支持，尝试做会员用户的收费视频，取得了一定的突破性进展。表 5-2 以爱奇艺为例，对其收费视频项目做一个简要的产品决策方案。

表 5-2　　产品决策案例：视频网站能不能做收费视频

因素	关键点	YES OR NO	说明
需求驱动	需求范围	YES	用户是来看视频的，收费可以看得更好
	需求过程	YES	
	价值统一	YES	
竞争分析	领先者	YES	目前无领先者
	行业进入壁垒	YES	无壁垒
	潜在进入者	NO	很多，主要风险在版权
内部资源	技术资源	YES	具备
	资金能力	YES	具备（百度支持）
	运营经验	YES	具备视频平台运作经验
其他因素	品牌塑造	YES	具备（以 PGC 影视内容为核心）
	政策风险	YES	具备
	收入	NO	投入大，收入少，可能更亏

资料来源：郝志中．用户力：需求驱动的产品、运营和商业模式［M］．北京：机械工业出版社，2016：83.

从表 5-2 可见，对于爱奇艺视频网站而言，YES 多于 NO，这表明可以进一步进行规划，在收费外部机遇大于内部风险的总体情形之下，可以尝试建立收费项目。目前，爱奇艺付费观看优质视频的用户逐步增长，其在收费视频方面取得了一定的突破性进展。其他视频网站能否走收费视频的发展道路，主要还取决于外部竞争、内部资源和其他因素的综合分析。

总体而言，产品决策是产品运营至关重要的首要环节，是互联网新产品能否成功的源头，是互联网产品经理的首要职责。产品经理在做产品决策时需要把握的主要原则如下：一是产品决策要基于用户需求，做用户需求的“客观发现者”，而非用户需求的“主观创造者”；二是产品决策要慎重，在用户需求“小”时，决定“不做”有时候比决定“做什么”更重要；三是从现象看到问题的本质是产品经理的核心能力；四是产品决策一旦做了，就要努力做到最好。

二、功能设计：主次分明

功能设计是继产品决策的下一步产品设计环节。功能设计是产品功能如何满足用户需求的过程，根据用户需求确定基础功能与核心功能。基础功能是满足用户的基本需求的功能。核心功能是在基础功能上，更好地满足用户需求的功能，是满足用户真实需求的功能。① 功能设计的要义是主次分明，强大的核心功能才是产品在激烈的市场竞争中的立身之本。

产品设计与研发部门需要梳理前期产品决策环节的定位、用户及需求，分拆功能模块，一是基础功能，二是核心功能；要明确产品的基础功能是产品基础，核心功能是竞争优势。

基础功能是满足用户基本需求的功能。同一类型的互联网产品（信息获取类、交流沟通类、娱乐休闲类、实用服务类），其基础功能是大体相同的。在已有的互联网产品中，已经有非常成熟的示范，用户对互联网产品的基础功能已经形成使用习惯。因此，新产品的基础功能

① 郝志中．用户力：需求驱动的产品、运营和商业模式［M］．北京：机械工业出版社，2016：86.

设计可以借鉴成熟产品，尽量不要违背用户使用习惯。

结合外部竞争和内部资源两方面因素，综合确定产品的核心功能。

要明确核心功能是满足用户需求的关键因素，例如，思考如何让产品比竞争者产品更好更快地满足用户需求。核心功能的确定有两个方法：

第一，观察用户需求满足过程中的难点。

第二，思考如何使基础功能“更”发挥，这里的“更”，可以是更多、更快、更便宜、更有趣等。互联网时代，产品不仅要帮助用户节省时间、金钱、精力，还要关注用户对“好玩有趣个性”的追求，要做到“人无我有，人有我优”，还要明确核心功能是满足用户需求的重点，即思考为满足用户的需求，哪个环节最重要。

以QQ文件传输的核心功能设计为例，产品功能定位于文件传输，通过用户使用流程进行QQ文件传输功能的分解：一是功能选择——功能在哪；二是选择文件——哪个文件；三是发送—接收；四是文件传输；五是本地保存。QQ文件传输的关键因素是快速传输，功能重点是文件传输过程可实现离线传输，因而QQ文件传输的核心功能是快速传输和离线传输。找到这一核心功能，就要着力强化这一功能。QQ文件传输的核心功能设计流程分解为五步：打开聊天框—点选发送功能—打开本地文件—文件传输—接收完毕。QQ具备了快速传输和离线传输的核心竞争优势。

今日头条的核心功能是以机器数据挖掘技术为支撑，以海量数据为依托，通过机器学习综合感知用户具体的环境特征与社交属性。如借助用户在新闻客户端的滑动、搜索、查询、点击、收藏、评论、分享等动作判断用户的兴趣爱好；然后，在内容数据库中快速提取与用户兴趣爱好相匹配的新闻或资讯并推送给用户。

唱吧定位于“最时尚的手机KTV”功能，产品功能设计简单实用，集中于“K歌”与“社交”两大主功能，唱吧很快就在爱好唱歌、乐于分享的音乐爱好者群体中建立起了产品口碑。截至2016年第二季度，唱吧已有3亿以上的注册用户，月活跃用户超过3 000万，成为音乐社交应用中的领跑者。

网易云音乐的核心功能，不是按照人气热度来排列歌曲，也不是基于“K歌”与“社交”的音乐社交，而是依托专业音乐人、DJ节目、歌单、社交、大牌推荐、地理位置和音乐指纹等核心要素，主打音乐发现和分享、好友推荐。歌单和电台占据首页，算法推荐功能强大，网易云音乐率先在喜爱小众音乐的用户中赢得了产品口碑。网易云音乐于2013年4月上线，上线两年便用户过亿，截至2016年6月，用户已过两亿。而在此之前，酷狗音乐客户端从推出到用户突破7 500万，用了六年；天天动听客户端从推出到用户突破7 000万，用时四年；网易云音乐客户端从推出到用户破亿，仅用两年。如此成绩，很多人称之为移动互联网黑马。[①]据中国联通发布的《沃指数之移动应用APP排行榜》，在音乐类排名中，网易云音乐已经稳居音乐应用前三，与QQ音乐、酷狗音乐组成音乐应用第一阵营，在用户月均流量上更是持续碾压竞争对手。这也就意味着网易云音乐在用户黏性和用户质量方面，保持着行业领先地位。

总体而言，产品决策的过程是功能设计的基础；功能设计的关键是找到关键因素与功能重点，从而确定核心功能；核心功能只有一个，核心功能强大是产品立身之本，是成功关键；做好竞争分析，首先要借鉴同类成熟产品的基本功能，再做好核心功能的创新。核心功能持续强化才能带来口碑。

---

① 引自《网易云音乐产品分析：数据陡增背后的产品逻辑》(http://www.iyunying.org/pm/85675.html)。

三、用户体验：用户至上

产品设计的第三步是用户体验。用户体验关注的是用户对产品的使用感受，用户体验设计包括结构设计、交互设计、视觉设计等，它不光满足用户需求，还要让用户更爽。很多产品不是功能的竞争，而是体验的竞争。

如果说产品功能设计是产品“硬件”设计的话，那么用户体验设计就是产品“软件”设计了。用户体验的要义是用户的使用感受至上，从专业技术产品设计者思维转换为用户愉悦使用的体验思维。进入移动互联网时代，要想让产品的用户规模最大化，务必首先了解普通网民应用互联网产品的主要特征：一是除年轻用户以外，大部分用户是新互联网产品的技术“小白”，二是快节奏时代背景下用户很“懒”，不愿花时间思考和学习。因此，在用户体验设计时，要遵循“三不要两要”原则。①

第一，不要强迫用户。不强迫用户升级、不强迫用户注册、不强迫用户使用，给用户自主选择权，不要为用户做决定。

第二，不要让用户思考。表达过于专业让用户看不懂、界面凌乱让用户找不到、选择过多让用户选不好，这些都会增加用户的思考。

第三，不要破坏用户习惯。用户对产品的色彩、页面结构都有较为恒定的接受习惯，一旦发生大的改变，将打破用户的惯有认知和习惯，不习惯、不舒适就是对用户体验的破坏。

第四，要简单易操作。外观足够简洁、操作流程足够简化是互联网产品在用户体验设计时需把握的重要原则。用户操作简单才是王道。产品结构简单，从必备功能起步；使用流程简化，精简使用步骤，多设计一个使用步骤，就有让用户产生畏难、麻烦甚至退却的不良使用体验；此外，要将核心使用功能的按钮、导航、文字链接、输入框等做大做突出。微信产品上线后能在短短两三年内达到6亿注册用户规模、四五年内达到7亿月活跃用户规模，主要得益于站在技术“小白”的普通用户视角，其产品功能设计体现了操作简单、对用户界面友好的原则。又如滴滴出行微信公众号的首要功能是出行服务，因而，在APP界面架构方面，充分考虑用户使用时的体验需求——简单方便，在菜单栏的最左端就是“我要打车”，方便用户使用。作为将社交视为产品一大特色的网易云音乐，将分享按钮和评论按钮都安放到当前界面的一级入口，显而易见，用户可以快速地进行分享、沟通，符合产品的既定战略和设计。②

第五，要给用户惊喜，满足用户潜在需求。以网易云音乐为例，2013年上线的网易云音乐，凭借创新和工匠精神打造了优秀的用户体验，整个APP的默认主题是黑红色，搭配iOS系统的毛玻璃效果，显得既古典又新潮，让整个APP看起来非常有格调，黑胶片的转速刚刚好，不快不慢，让人感觉很流畅圆滑，不论你在哪个界面，无论是播放界面，还是歌单列表，对歌曲的操作都是统一的。此外，用户操作流程足够简化。由于产品核心功能是基于歌单和电台的音乐发现和分享、好友推荐功能，因而，将歌单和电台置于首页，易于操作。目前，网易云音乐已经成为市面上增长最快和口碑最好的音乐产品。③ 此外京东主打正品产品、次日达和良好的退换货机制，让一部分用户获得惊喜的体验，从而赢得电商第二的市场份额。

一般的产品经理往往易陷入产品功能和逻辑本身，要努力做到跳出产品，以用户“学习成本最小化”的视角，再次审视你的产品，不要强迫用户、不要让用户思考、简单易操作、不破

---

① 郝志中．用户力：需求驱动的产品、运营和商业模式［M］．北京：机械工业出版社，2016：92－113．

② 引自《网易云音乐产品分析：数据陡增背后的产品逻辑》（http：//www.iyunying.org/pm/85675.html）。

③ 引自《网易云音乐产品分析：数据陡增背后的产品逻辑》（http：//www.iyunying.org/pm/85675.html）。

坏用户使用习惯、超出用户预期。优秀的产品经理的能力，不是表现在设计多么强大的功能，而是降低用户使用产品的门槛。

互联网产品的界面设计者务必要摒弃“从设计者自身出发体现更多技术和功能”的工业思维，要真正从用户需求和体验要求出发，更好地发现和满足用户的真实需求。设计让用户操作简单的核心功能产品，这是在设计环节体现对用户友好的互联网思维，使其拥有便捷和愉悦的使用体验。

以新浪微博为例，新浪在这款微博产品问世之前，就着手对其用户的真实需求及其产品的核心功能进行了分析：用户能更加快速地找到自己需要的信息，只需要关注就行了。因而，新浪在开发这一微博产品时，就对微博产品的用户真实需求（更快，意味着信息的短小精悍）和产品的功能进行了定位，往这个方向发展，占领了市场先机。

从微信支付和支付宝的用户体验来看，微信支付体现了“用户操作简单才是王道”的用户体验设计原则，将一切做到最简单，这是微信支付与支付宝最大的差别。微信支付只是微信中的一个功能，而支付宝钱包的功能则更多。这种功能差异与产品定位有关，微信首先还是一个社交产品，用户的需求只是简单的收支和其延伸功能。“微信红包”这个功能的设计，同样遵循了简单的原则。从用户的操作过程来看，发送方通过“新年红包”公众号，选择发送红包的数量和金额，以及祝福的话语，通过“微信支付”进行支付，就可以发送给好友；接收方则在打开红包后获得相应收益，只需要将储蓄卡与微信关联，就可以在一个工作日后提现。“微信红包”由于“抢”的动作，使得其更具有“游戏性”，相对“支付宝红包”的“讨要性”，显得更为“人性化”。从普通用户的体验来看，显然“微信红包”的用户体验设计要优于“支付宝红包”。

四、互联网产品整体设计的案例分析

（一）知乎：以知识分享、网络问答为主要社交形态的兴趣社交移动应用①

知乎网站于 2010 年 12 月上线，过去采用邀请制注册方式，2013 年 3 月起向公众开放注册。知乎的移动端产品主要沿袭了网站的社交形式，但重新加入了更符合移动端的交互功能，并推出媒体属性更强的独立产品知乎日报，为用户提供更多的知识服务，不断挖掘用户需求。

1. 用户定位

知乎的用户以各行各业的专业人士为主，也有想要通过知乎来学习的非专业人士，整体社交氛围相对专业与理性。

2. 功能定位

基础功能：提问、回答、写文章、发现、话题广场（推荐 & 热门）、圆桌（对话题的深度讨论）。高级功能：关注、收藏。新功能：值乎（付费问答）、知乎 Live（付费主题分享活动）、知乎书店（电子书推荐及付费下载）、知乎日报（不同主题下的文章推荐）。根据用户选择的兴趣板块，每天推荐几十条高质量的问题解答。

3. 用户体验和核心优势

拥有具有专业知识与愿意分享的精英用户群体，社区互动质量较高；具有更加多样的产品

---

① 引自艾瑞咨询《2016 年中国移动社交系列研究报告——产品篇》（http：//www.iresearch.com.cn/report/2652.html）。

形态，以知识社交为核心向知识服务延伸；产品迭代与布局日益清晰，不断从内容价值上挖掘用户需求，为不同人群带来优质用户体验；深入探索优质内容付费模式，拓展商业价值。

4. 产品运营的效果

用户方面：截至 2016 年 6 月，知乎拥有 1 300 万日活跃用户，人均访问时长 33 分钟，1 000 万个提问累计 3 400 万个回答。营收：2015 年 11 月 8 日，知乎获得 C 轮融资 5 500 万美元，新投资方为腾讯和搜狗，腾讯领投。此前的投资者赛富、启明创投和创新工场也在本轮进行了跟投。

(二) 唱吧：国内领先的音乐社交类移动应用①

唱吧是 2012 年推出的一款以娱乐 K 歌为主要功能的音乐社交移动应用。

1. 用户定位

用户以 20 岁至 25 岁更关注音乐与娱乐的人群为主。通过才艺的展示和互动，唱吧平台上已经出现了多位红人，甚至形成了其自身的粉丝群体。

2. 功能定位

(1) 基础功能：唱歌、精彩表演、热门榜单、歌单。

(2) 进阶功能：在线 KTV、合唱、直播、留声。

(3) 社交功能：附近的人、群组、热门比赛、聊天、虚拟礼物。

(4) 延伸功能：唱吧商城、游戏中心、唱吧直播间、麦颂 KTV。

3. 用户体验和核心优势

产品整体设计通过多种音效全面优化 K 歌体验，用户可以录制自己专属的 MV，用户可以和喜欢的明星、网友视频合唱，通过留声卡可以把歌声送给朋友作为祝福。唱吧支持录歌上传至微博、微信、QQ 等社交平台，使更多人在唱吧平台上以歌会友。同时围绕音乐产业，唱吧一方面与《中国新歌声》《超级女声》《我想和你唱》《蒙面歌王》等综艺节目合作，另一方面从上游的红人包装与音乐内容制作到下游的线下 KTV 进行全面的布局，形成独特的音乐社交生态，其拥有多年积累的用户基础与较好的用户社交黏性。唱吧在 K 歌与社交两个方向的产品功能创新能力强，新玩法为用户不断带来惊喜；在自身的 K 歌主功能方面，对音效、合成速度、音乐流畅度等的提升使用户在唱歌和分享作品方面的体验越来越好；拥有大量的音乐达人及其粉丝，不断开拓扶植音乐达人及粉丝经济新方向；深耕音乐产业与社交的结合，具有清晰的布局。

4. 产品运营的效果

用户方面，截至 2016 年第二季度，唱吧有 3 亿以上的注册用户，月活跃用户超过 3 000 万；唱吧的商业模式以虚拟物品及道具、直播、品牌合作、硬件等为主，2015 年底 D 轮融资之后估值为 43 亿元。

综上所述，产品上线之前的孕育期运营，是指用户新需求驱动的总体产品设计阶段。主要包括以用户新需求为导向的产品决策、功能设计和用户体验设计等新产品上线之前的三大系列准备工作和过程。

新产品上线之前的孕育期运营效果，最终取决于新产品的新功能设计这一关键环节取得的

---

① 引自艾瑞咨询《2016 年中国移动社交系列研究报告——产品篇》（http：//www.iresearch.com.cn/report/2652.html）。

市场效果。而新产品的新功能是否开发、如何开发及其开发的效果如何，不是由产品技术部门单方面决定的，而是由用户需求的市场导向决定的。因为它直接关系到新产品在互联网用户的同类应用市场中的传播力、影响力，继而关乎其新产品的整体产品市场生命周期。不能真正满足用户未来真实需求或用户需求满足程度不高的新产品功能，可能一投放市场就会“夭折”或很快被同类新产品的功能反超，其前期的产品设计的投入成本就难以回收。

因而，产品上线之前的产品设计需要运营部门和相关人员以用户需求为导向，介入这一至关重要的产品运营关键环节，由产品经理总体把关。

从这一认识高度来看，产品运营部门和运营人员在产品上线之前的孕育期内的产品设计的各个具体运营环节的主要工作和职责如下：在产品决策阶段，运营人员的主要任务和职责便是发现而非创造用户的真实需求及其对产品新功能的要求，这种产品新功能的需求的大小和需要满足的配套基础功能，进而决定新媒体组织是否需要开发一款满足用户新的真实需求的产品；在新产品功能设计阶段，根据用户的新需求驱动而确立新产品应具备的基本功能与核心功能，而新产品具体的基本功能与核心功能的设计工作主要由技术部门承担；在新产品的用户体验设计阶段，运营人员的工作职责是为技术人员指明用户体验设计的总方向和要求，不仅满足用户需求，还要让用户用得更爽，介入基于用户需求的产品设计，预留好运营接口以及做好对应的运营准备。

第三节　互联网新产品上线之后的网络运营

互联网新产品上线之前的产品孕育期运营，主要职责是设计出能满足用户潜在真实需求和体验良好的公测产品。孕育期运营是产品成功的起点，但是产品持续的成功，不是由互联网产品上线之前的良好的产品设计单方面决定的。

互联网新产品上线之后，要想在市场上存活下来，首先需要足够的用户总数量（如网站注册用户总数、APP产品的下载安装用户总数），这是决定产品能否转换为互联网收入的基本前提；其次，在现有新老用户总规模中，活跃用户的占有量（占比）表明用户使用产品的程度（如产品使用频次），是决定产品市场生命力（是长期持续增长，还是在市场中昙花一现?）的因素，是衡量产品是否具有持续市场竞争力和产品收入能否持续增长的关键因素。因而，基于用户规模和活跃度导向的网络运营，便成为互联网产品在互联网市场中存活和持续发展的重中之重的工作任务和职责。

从实践观察来看，互联网新产品上线之后的网络运营有两大类网络运营范畴。

一类是狭义层面的小类网络运营，仅指互联网新产品上线之后，直接以获取用户数量规模、提升用户活跃度为导向的一系列网络营销推广工作和过程，在新媒体业界简称为单纯的“网络推广”。

从网络运营的实践效果来看，狭义层面的小类网络运营，属于单纯的互联网产品的网络营销推广范畴，可集中力量在短期内将产品的用户规模和活跃度提升上去。然而，由于未充分考虑不断变化的用户需求和体验要求对上线后的产品网络营销效果的重大现实影响，没有将“适应用户需求和体验要求变化的产品持续动态迭代因素”纳入新产品上线之后的网络运营范畴之内，因此这种静态而片面的网络运营类型，不具有可持续的网络运营效果。

另一类是广义层面的大类网络运营，是一种动态而全面的网络运营类型。互联网新产品上线之后的大类网络运营，是在不断满足用户的使用需求和体验要求并持续完善新产品功能的基础之上，以持续获取用户和提升用户活跃度为目标的一系列工作和过程。

如前所述，新产品上线之后，用户对新产品的需求和体验要求是不断变化的，需要产品的相关网络运营部门或工作人员不断跟踪适应用户需求和体验变化的新要求，进行产品功能的持续迭代，才能持续满足用户对新产品新功能的体验要求。

综合而言，互联网产品上线后的网络运营的总体市场效果，是由两方面共同决定的：一是基于用户需求和体验要求变化的产品功能持续迭代；二是在新产品功能持续完善的基础之上，基于用户规模和活跃度导向的网络运营（属小类网络运营范畴）。因而，基于产品迭代的用户规模和活跃度的网络运营，才是完整意义上的网络运营，属于互联网产品上线后的大类网络运营范畴。

互联网产品上线之后的大类网络运营主要包括产品初创期、成长期、成熟期的网络运营阶段。不同阶段的网络运营周期，对应具体产品和网络运营的目标和策略。

一、互联网新产品上线之后的狭义网络运营策略

互联网新产品通过初步体验和测试正式上线之后，获取用户数量和提升用户活跃度，便成为新产品上线之后的网络运营的主要目标。最直接的网络运营是基于用户导向的网络推广策略，如产品上线之后的内容运营、用户运营、活动运营，属于狭义层面的产品网络运营策略。

（一）内容运营

这里所指的内容运营，不是传统意义上的单纯的内容（一条一条的新闻、一个一个的节目）运营，而是整个内容产品的运营。

正如一点资讯的吴晨光总编指出的，“以前，我们强调内容为王，但这是一个片面的概念，内容放在产品之上，这就是水和杯子的关系”①。

的确，从内容运营的市场效果来看，单纯的内容如“水”，内容自身是无以承载的，内容生产者只有将“水”（内容）装在“杯子”（内容产品）中，才能方便用户使用。也就是说用户只有先接触内容产品，才能“喝”到装在“杯子”里的“水”（真正的内容）。

传统媒体时代的内容产品主要是报纸、广播、电视等。而互联网时代的内容产品，主要是网站、微博账号、微信公众号、新闻 APP、头条号、直播号等。移动互联网时代，用户对内容产品的使用方式主要包括下载 APP，点击公众号，阅读具体感兴趣的内容，内容的分享、收藏和评论。

互联网时代常见的内容有网站（产品）中可供用户消费并且延长用户停留时间、促进用户转化的展示（讯息），内容可能是文字、图片，也可能是音频、视频（包括直播音视频）等等。

无论是门户网站、电商网站、企业网站、政府网站、搜索引擎、社区还是论坛，都有内容，所有的互联网产品都有内容。区别在于内容的类型（文字、图片、音频和视频等）的不同，内容展示方式的不同，带给用户的感知不同，用户参与和互动的方法也不同。理论上所有的互联网产品都有内容，都需要内容运营，只是不同的互联网产品，内容运营的侧重点不同。②

因此，内容运营，简言之，是以内容（文字、图片、音频和视频等信息）吸引互联网用户的产品运营方式。具体而言是指互联网产品的相关运营人员在遵循内容生产基本的社会“底线”规则（真实、客观、尊重版权和去色情、去暴力等社会公序良俗）的前提下，通过对互联

① 引自一点资讯总编辑吴晨光“对话”2 000 万自媒体人《揭秘内容分发的最新逻辑》（http：//news. youth. cn/sh/201708/t20170810_10486077_6. htm）。

② 张亮．从零开始做运营［M］．北京：中信出版社，2015：18－20.

网产品有效的内容策划、编辑、组织、呈现等方式，生产出具有用户黏度和活跃度的内容，以此提高互联网产品的内容价值，从而促进互联网产品的用户规模的扩大和活跃度的提升。

在互联网时代，广义的内容运营，既包括纯粹的媒体内容产品（如门户网站、搜索网站、网络论坛、网络社区、媒体微博账号、媒体微信公众号、新闻客户端），也包括电商网站、企业网站、政府网站通过互联网渠道推荐新产品或发布新公告的相关内容信息。

进入移动互联网时代，纯粹的媒体内容产品虽种类繁多，但主要有五大类。

一是微博、微信等初始社交平台的诞生，催生了万众皆媒的自媒体内容产品，主要以凭借拥有巨大用户数量的媒体平台提供的工具（微博、微信公众号、百度贴吧、直播平台等）而开设的大众性自媒体产品为主，包括专业媒体机构开发运营的机构自媒体号，也包括大量个人、企业、政府设立并对外开放的自媒体号，如个人、企业、传统媒体机构甚至政府机构开设的微博账号、微信公众号、百度贴吧、头条号、直播平台账号等等。大部分为非专业的自媒体号，大多采用 UGC 模式。从规模上看，投入自媒体内容生产的群体数量不断增长，如图 5－8 所示：

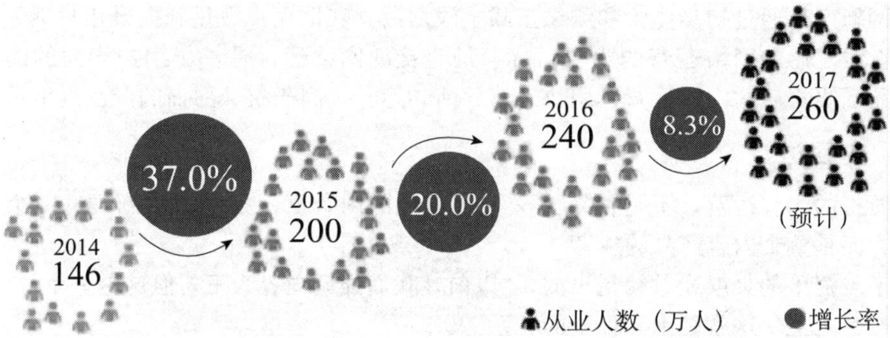

图 5－8　2014 年至 2017 年国内自媒体人数量增长趋势

资料来源：新华网数据新闻《2017 年中国自媒体从业人员生存状况报告》。

从年龄上看，大部分自媒体人在 31 岁以下；从学历来看，本科学历占半数以上；从工作属性来看，接近五成的自媒体为兼职运营（见图 5－9）。

自媒体行业中能够长期坚持内容更新与运营推广的自媒体人规模增速并不高。公开数据显示，截至 2016 年 11 月，微信公众号数量已达 2 300 万，其中仅有超过 200 万个为活跃账号。

二是专业媒体机构开发运营的内容 APP。传统媒体开发运营的新闻客户端，如人民网客户端、新华网客户端、澎湃新闻客户端；门户网站开发运营的新闻客户端，如新浪、网易、腾讯等门户网站开发运营的新闻客户端；网络综艺节目 APP、音频 APP 和视频 APP、直播 APP，其内容生产模式以 PGC（专业内容机构生产内容）模式为主。

三是以专业媒体机构和自媒体号的内容为“水源”的平台型移动 APP 内容产品，如今日头条、一点资讯等等新闻客户端，以及 QQ 音乐、YY、斗鱼直播平台等等，其内容生产模式是 UGC＋PGC 模式。

四是从用户规模巨大的平台型移动 APP 独立出来的新型自媒体号，如头条号、一点号、大鱼号等等。

五是其他垂直细分类社区型内容产品，如知乎、分答、得到等。

上述类型的内容产品从生产方式来看，主要包括 PGC、UGC 和 OGC（由物体生产内容的模式，如机器新闻、VR 新闻、传感器新闻等），以及组合式内容产品生产模式，如 UGC＋PGC 模式。

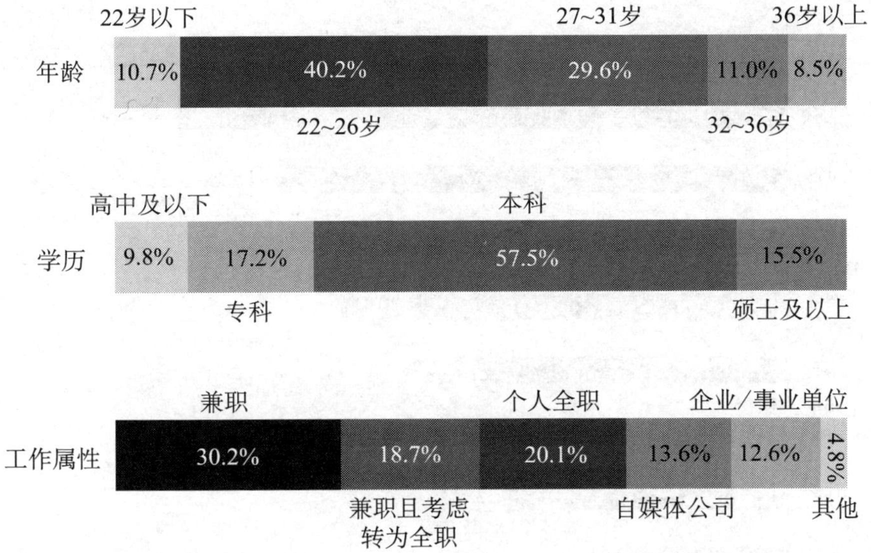

图 5-9　国内自媒体人特征

资料来源：新华网数据新闻《2016 年自媒体行业洞察报告》。

互联网内容产品的类型，从具体的产品构成形态来看，主要包括三个层次。

一是外在的形式内容产品，亦即内容产品的外在呈现形式（文字、图片、图文并茂、短视频、语音播报、直播互动、H5、VR/AR 等），是用户对内容产品需求和体验的首要因素，也是新媒体内容产品吸引用户的首要元素。

二是内在的核心内容产品。如自媒体号、内容产品的内在题材（娱乐、时政、财经、生活等）、体裁（消息、通讯、特写、专访、评论等）等。体裁及内容质量的原创性、专业性、垂直性是吸引用户的深层次元素。对于平台型内容产品而言，内容数量和内容质量两大因素，共同影响用户对其平台内容产品的选择。

三是衍生的内容服务产品。在新的媒体生态之下，用户对媒体的关注度和黏性，将不再仅仅依赖于媒体提供的讯息，而更多地取决于媒体对用户提供的衍生内容服务产品体系，主要包括两大类：一大类是为用户提供便捷传播的基本服务，如为用户提供社交化、社区化、社群化和个性化推送服务；另一大类是为用户提供贴心的个性化内容解读或预测服务，这是内容产品服务的高级形态。当下我国互联网内容产品争夺用户的服务竞争焦点，主要体现于第一类，IT 类互联网技术公司占据竞争优势；而第二类将是未来媒体竞争的主要方向，理论上，传统媒体在提供这类服务性内容产品时占有潜在竞争优势，是传统媒体互联网转型的新方向。

从我国当下移动新闻资讯类产品的内容运营来看，2016 年用户对移动资讯内容产品的主要关注领域，如图 5-10 所示。

艾媒咨询数据显示，2016 年，中国移动资讯用户关注度较高的领域为娱乐、社会、时政，占比分别为 55.6%、49.2%、41.2%。艾媒咨询分析师认为，用户关注度高的领域或将是移动资讯内容产品的重点发力方向。同时，高关注度的垂直细分领域在内容上做到更专业更有深度，就更能满足不同群体的阅读需求，这可能是中小资讯产品公司分得市场一杯羹的重要机会。[①]

① 引自艾媒咨询《2016—2017 中国移动资讯市场研究》，第 15 页。

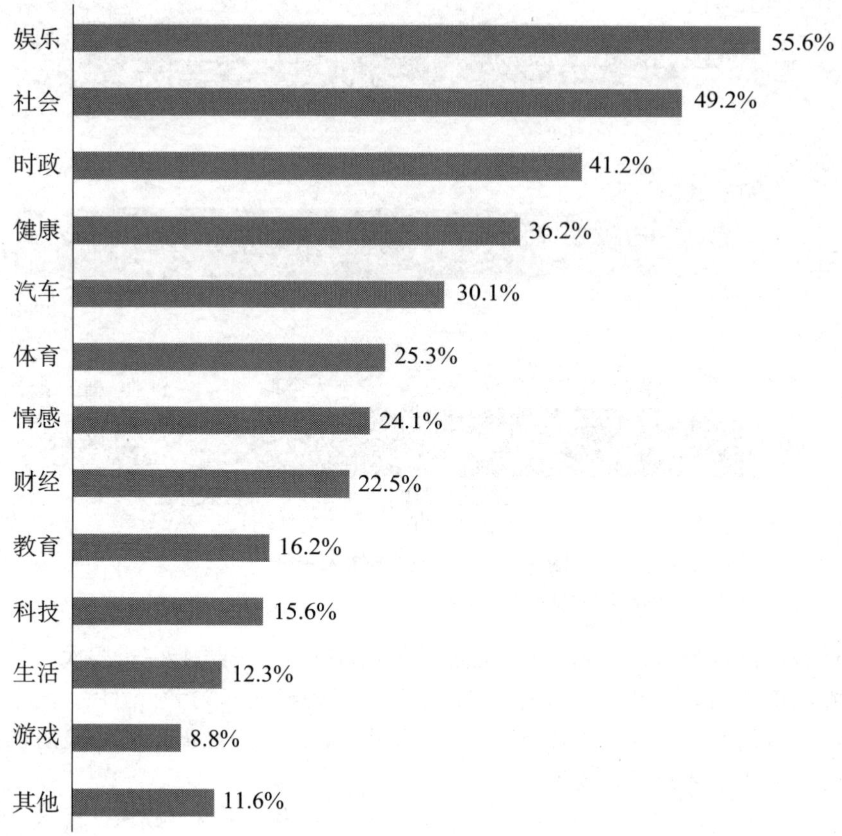

图 5-10　2016 年中国移动资讯用户主要资讯关注领域分布

资料来源：艾媒咨询。

与此同时，2016 年用户对移动资讯内容产品的主要阅览内容形式的偏好以及用户期望的阅览内容形式，如图 5-11、图 5-12 所示：

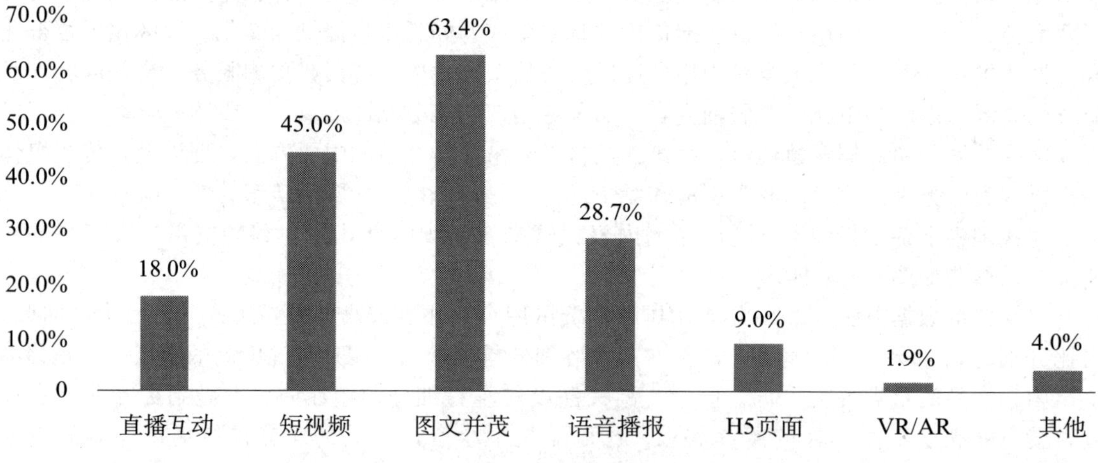

图 5-11　2016 年中国移动资讯用户主要偏好阅览内容形式分布

资料来源：艾媒咨询。

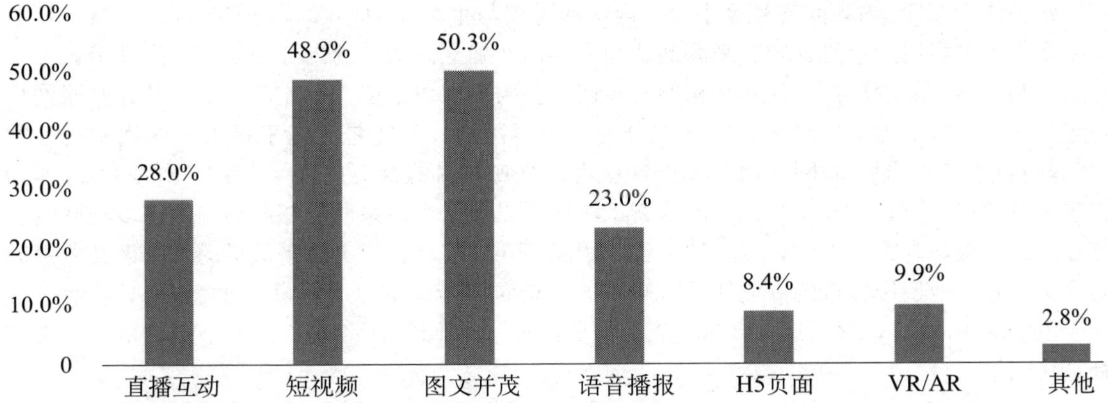

图 5-12　2016 年中国移动资讯用户主要期望阅览内容形式分布

资料来源：艾媒咨询。

艾媒咨询数据显示，2016 年中国移动资讯用户主流的阅览偏好方式仍是图文并茂，但随着短视频的兴起，短视频已成为用户的第二选择。随着短视频和直播互动在 2016 年迅速崛起，短视频和直播互动的用户阅览时长将持续上升，VR/AR 的内容阅览方式初见端倪，未来将快速上升，而图文并茂和语音播报则呈现下滑趋势。由此可见，获取新闻资讯的方便快捷程度是吸引用户阅览内容的基本外在要求。

就自媒体内容产品的运营而言，整体来看，娱乐、时事类的相关内容更受用户关注。同时，随着生活节奏的加快和移动网络的提速，短视频逐渐成为自媒体中的“新宠”。不论表现形式与技术如何更迭，内容始终是决定自媒体发展的基础。自媒体盈利主要依赖用户流量，只有优质的内容才能吸引用户点击。而“如何持续产出高质量的内容”恰恰是摆在众多自媒体人面前的一道难题。面对内容产出难、同质化严重的困境，有些自媒体人不在内容创作上下功夫，而是成为抄袭、拼凑事实、巧立标题甚至夸大造谣的“做号者”。针对涉嫌侵权的文章以及“标题党”问题，官方近年曾多次“发声”进行打击、整治。展望自媒体发展的下一程，自媒体人也亟须加强版权意识，并勇于利用法律手段维护自己的权益。①

综上所述，无论是专业新媒体内容产品（包括自媒体内容产品）还是企业通过互联网媒体渠道发布的互联网新产品的相关讯息，其内容运营的主要目标都是以用户青睐的外在内容呈现形式（图文并茂、短视频、语音播报、直播互动、H5、VR/AR 等）和内在核心优质内容（题材和体裁的吸引力、原创性、专业性、垂直性）的创作、编辑审核、专题制作，来吸引用户的关注度，让用户以最方便快捷的方式获取所需的优质内容产品信息以及阅览内容后的互动反馈等，从而促进用户规模的扩大和活跃度的提升。

下面分别以 UGC 内容社区型产品“知乎”和 PGC 型微信公众号自媒体产品“一条”作为典型案例，探析其内容运营的主要策略。

知乎是一个起源于 PC 端并向移动端转型的 UGC 多屏系列社会化问答内容平台，它的口号是“在这里，发现更大的世界”。由知乎的定位可以看出，知乎致力于打造一个连接行业精英，分享专业知识和见解的社区，为高质量用户提供一个平等对话的平台。内容运营无疑是知乎产品运营中的重中之重。高质量的内容是这个社会化问答平台赖以生存和发展的基础。内容运营涵盖了许多方面，但其中最主要的是内容的采集与生产、呈现和管理。

---

① 引自俞舒珺《平台、粉丝、内容……数据解读自媒体发展的四个真相》（http：//zjnews.china.com.cn/zjwx/dt/wx/2017-04-18/125061.html）。

知乎作为UGC内容问答社区平台，内容的采集与生产是内容运营的首要环节。其内容运营主要包括内容用户定位、内容来源确认和内容标准确立。知乎的内容采集与生产环节，主要经历了两个不同的阶段：一是知乎初始发展期，将内容用户定位为创业者、工程师和互联网从业者。从知乎整个内容平台来看，这部分种子内容用户，其实是为知乎提供专业优质内容的“特殊内容用户”，即互联网和创业投资界专业行业领域内的精英内容生产者（回答者）。作为知乎最早的投资方，李开复所代表的创新工场体系以及这个体系所能够影响到的许多互联网和创投圈的老板和高管级人物，以及知乎创始团队的几位成员，成为知乎最早的一批极高质量的内容生产者。他们用各自的专业知识将知乎的讨论氛围带动起来，不断地生产UGC内容，在知乎上线的第40天，就创造了8 000个问题和20 000个回答，形成了一个小众的精英聚集的社会化问答平台。

随着知乎在2013年进入开放期，它的用户构成发生了极大的转变。有的用户甚至对互联网内容根本没有兴趣，而对文学、心理学、体育、美妆等其他领域的内容有兴趣，早期通过知乎运营团队的引导和名人效应的作用渐渐削弱。知乎的“用户激励机制”开始凸显其作用。在知乎，即使用户只是一个普通人，没有所谓的名人效应，只要能写出好的答案，就能获得曝光。知乎管理层关注与筛选问与答，持续输出，把质量优良的种子内容用户筛选出来，给予特别关怀。2013年4月，知乎设立了“用户投票的权重机制”。例如，一位在互联网领域获得赞同数高的用户，他在进行与互联网问题相关的投票时，会比普通用户对答案的排序影响更大。由此，知乎通过内容运营团队输出人文关怀、获得赞同、获得靠前的排序、获得投票权重，满足了用户的社交需求、归属需求、自我实现需求，激励用户源源不断地输出高质量的内容。知乎还提供了新人引导规范——“知乎指南”，引导新用户迅速地了解和掌握平台内容的标准，再结合上述的投票机制，剔除垃圾信息，筛选出了大部分的高质量内容。

如何把这些内容呈现给用户则是内容运营的第二个关键环节。知乎对于内容的推荐机制有许多不同的形式。知乎通过设置“话题”“发现”“编辑推荐”“今日最热”“本月最热”“首场秀”“每周精选”等栏目，引导用户发现更多的优质信息。

在完善推荐机制的过程中，对于内容本身的管理也十分重要。目前，知乎上有大约1 500万个问题，如何对庞大的信息进行整合与处理关系着内容呈现的效果。其一，知乎设置了公共话题编辑机制，方便用户从一个入口到达某个领域相关、由浅入深的各类内容，可以帮助用户循序渐进地了解、参与知乎上的相关内容和相关讨论。另外，在用户浏览某一问题时，下方会出现“相关问题”和“镜像问题”，将内容相关或者相对应的问题联系在一起。其二，知乎还通过发布内容衍生品来对内容进行整合，形成基于优质精选内容的知乎系列内容产品。知乎推出了“知乎日报”这一资讯类网页和客户端、“知乎周刊”“知乎盐系列”免费电子书以及“值乎”这一长期付费问答产品、“知乎 Live”等系列子产品形态。

原创短视频微信公众号“一条”是典型的自媒体PGC生产模式的成功的内容运营案例，它是于2014年9月由上海《外滩画报》原主编徐沪生创办推出的微信公众号类自媒体短视频内容产品。2014年9月初，微信公众号“一条”开张之前，预告消息上线，吸引粉丝破一千；正式上线第一天，粉丝即破一万；此后像刘谦的魔术一样，每天都是见证奇迹的时刻，10万，20万，30万，直到破了100万。

每天，“一条”生活类视频的每一条阅读数几乎都破10万，半个月“涨粉”100万，1年不到，粉丝又增到600万，每天收入是100万元，每月约3 000万元的收入。2016年最近一轮融资过后，“一条”公司的估值过亿美元，成为一个移动互联网时代下诞生的微信公众号的自媒体运营奇迹。

多种因素成就了这一自媒体的运营奇迹。“一条”创始人徐沪生将这一原创短视频微信公众号视为一个自媒体内容产品。创始人徐沪生，也由单纯的传统媒体主编转型为综合性的自媒体内容产品经理，对用户的真实需求进行精准化的定位。

在相当长的一段时期，不少对生活品质有较高追求的网民，一度苦于精致优质内容的缺乏，他们渴求能够彰显自己品位的高端生活类内容。纸媒衰落，网媒太 Low，哪里有简洁、优质、清爽、可靠的内容供应？“一条”，其实是用优质的短视频内容，满足了中产阶级和精英阶层在移动时代的内容阅读需求，从而快速获得了一批粉丝用户。

极致的专业内容产品生产是“一条”核心的创业成功经验。“一条”创始人徐沪生严格掌控内容生产流程，作为一个编辑部主任，麾下 21 个人，由他直接指挥，确立内容主题、坐镇全局、拍摄剪辑、文字配音、美工技术。他事无巨细地介入每一个业务细节，一个标题可以改几十遍，一个图案细节可以改上百遍。据称，“一条”上成片为 3 分钟的“虾肉小馄饨”的拍摄素材长达 13 小时，片比高达 260：1，甚至高过《中国好声音》。制作团队共有 21 人，分为几个五六人的小团队，每个团队基本上要花两三天的时间打磨一条 3 分钟的视频。同时在标题创作上，徐沪生表示，每一条微信的标题不能超过 22 个字，所以这些字必须足够“抓人”，“一般人起 3 遍，勤奋点的起 10 遍，而我们常常起上百遍”。

“一条”的视频大多镜头缓慢，趋于静态，强调布景与摆设；选题多采用中产阶层的人物，以这些美学家的自述为旁白，多特写镜头，配以干净的人物背景，着以不平衡的构图，有人、有故事、有音乐，表现其特定的某一类生活方式；定位高端，不做网络上的段子手，而是勾勒出一种令人向往的生活方式。在视频制作上还是保持了传统媒体人“慢工出细活”的手艺。

21 个人，应对 9 个内容栏目。栏目选题来自达人，这些栏目并非杂乱无章，而是保持统一的风格，这个风格由徐沪生来统一掌控和微调。保持统一的风格和水准，是“一条”的核心内容优势。

此外，随着移动互联网的兴起和快速普及，企业通过媒体发布新产品的相关信息并进行产品推广的内容运营，也成为企业重要的新媒体营销方式。

小米科技成立之初，营销以门户网站＋科技网站的软文和深度报道为主。2011 年 6 月底小米公司内部和供应商开始爆料，从 6 月到 8 月之间，关于小米科技的专题达到 3 个，登载者分别是新浪科技、泡泡网、中关村科技。与小米相关的文章有 30 多篇，分布在新浪、搜狐、网易、中关村科技、泡泡网等主流门户网站和电子产品类专业网站，吸引了大量关注。网络营销组合分析显示，此阶段，小米科技处于起步阶段，正是通过名人效应（雷军）与微博互动、网站软文讲述相结合的方法让关注手机的网民开始知道小米手机并在小范围内进行传播。就这样，小米手机的神秘面纱被一点点掀开，引发了大量猜测。到 8 月 16 日，其关键信息正式公开，便迅速引爆为网络热门话题。①

2011 年 8 月 16 日，小米科技在北京 798 艺术区正式发布小米手机，小米手机的神秘面纱被全部揭开，超强的配置、极低的价格形成极高的性价比，小米手机凭借这些特点赚足了媒体的眼球，而雷军因以乔布斯的风格召开的“向乔布斯致敬”的发布会而被媒体关注，现场吸引了包括新浪、中关村科技、凤凰网、泡泡网等一大批主流网站记者。与此同时，小米发布会还通过微博、优酷视频、官网 BBS 进行直播，小米手机的高配置低定价让许多爱好手机的网民几乎在开发布会的同时就被吸引，关注度非常高。②

---

① 引自 http：//blog. sina. com. cn/s/blog _ 762132bc0102wn8x. html。

② 引自 http：//blog. sina. com. cn/s/blog _ 762132bc0102wn8x. html。

（二）用户运营

什么是用户？一定时期内所有使用 PC 端网络服务产品或移动端网络服务产品的自然人。让产品的目标用户使用产品，就是用户运营。用户运营指以网站（或移动互联网产品）用户的活跃、留存、付费为目标，根据用户需求制定运营方案和机制。① 实现用户运营的一个重要前提，是要了解和抓住用户的真实需求，针对性地开展对用户关系的运营，以促进和维护用户总规模和活跃用户规模的增长和稳定。用户运营的核心是开源（拉动新用户）、节流（防止用户流失和挽留流失用户）、维持（存留已有用户）、刺激（促进用户活跃甚至向付费用户转化）。②当然不同互联网网站或 APP 类产品的用户运营的目标各有差异，有的是为了开源，有的是为了节流，有的是为了维持用户，有的是为了刺激用户。

移动互联网时代，产品上线之后的生存状况，不仅取决于海量的活跃用户规模，更取决于用户的快速积累。否则，就会被“竞品”快速超越而陷于不利的生存环境中。

在移动互联网时代，社交（社群）渠道和个性化推荐是较为高效的获取和维护用户资源的用户运营方式，同时需要配合用户最便捷的时间、空间和情景等使用场景，才能有效地实现用户分享转发或精准推送，达到快速拉动新用户和留存老用户的运营目标。

社交渠道是移动互联网时代产品快速获取海量活跃用户的重要方式之一。以生活美学类的原创短视频微信公众号“一条”为例，它每天只发一条内容，每一条内容都是原创短视频，2014 年刚刚创办的时候只有 6 个人，从 0 到 100 万的粉丝只用了短短的半个月时间。“一条”的创始人徐沪生在访问时说他的粉丝成本可能只用了别人的六分之一，由用户自发转发，不仅用户粉丝获取成本低，而且用户自然增长。创办两年后的 2016 年，用户粉丝量达到 600 万，用户规模扩大 6 倍。

“一条”的用户粉丝量在短期内爆发式增长、用户获取成本低是如何成就的呢？优质内容和多种社交分发渠道的共同作用使然。

首先，优质的原创短视频内容成为“一条”用户快速转发的主要动因。作为内容产品，什么样的内容会成为风潮？其实这并不是靠好看、实用、有趣、温情、励志这样简单的区分，而应该是这条帖子，能不能以内容的高格调体现转发者的境界和品位，这才是内容转发者的主要动因。因为人们在社交媒体上总是把自己构建为自己希望成为的人，每一个帖子都使我们接近自己所期望的形象。“一条”用平面媒体的思维方式来处理视频，组织上删繁就简，内容上干净简洁，调性上把握文化品位。“一条”成为风潮，正因如此。2016 年我国微信公众号已达 2 300万个，在内容超级泛滥的微信社交媒体上，“一条”的 3 分钟温馨视频，在夜晚的朋友圈上出现，文字、配音、画面都让人在喧嚣的尘世中安静下来，看完了，便欣然在朋友圈中分享，成为用户使用和转发内容的典型场景。

其次，依靠关键意见领袖（KOL）在社交网络渠道快速分发传播。“一条”产品分为九个大类，每一个起了很妖娆的名字，“隐世小店”“城中潮客”“达人厨房”“郑在看”等等。九大类别就有九个领域，每一个领域都有自己的 KOL，创始人徐沪生通过各种关系打入这些领域的 KOL 群，黄晓明、闫丘露薇等 KOL 在社交群（微信群或朋友圈）的转发，使其得到了快速的社会化传播。“一条”的用户粉丝量迅速增长。

此外，通过在腾讯精准社交广告平台“广点通”以及视频网站精准投放广告，加强用户传

---

① 张亮．从零开始做运营［M］．北京：中信出版社，2015：22.

② 同①24.

播和用户导入，也是“一条”内容产品短期内快速积累海量用户的重要原因。创始人徐沪生半辈子做杂志及其广告运营，积累了大量人脉，其中，获取了千万级别的天使投资。除了招募Lifestyle里的各类达人做栏目优质内容之外，花钱做广告，抢占内容产品生存的时间速度“致高点”，也是其成功的基础之一。为了让广告投放费用收到用户传播的实效，徐沪生的“广点通”方案修改了100多遍，根据每天的用户反馈数据加以调整。

通过“广点通”以及主流视频网站等用户导入渠道，“一条”公众号的九个领域的原创视频内容，覆盖整个Lifestyle原创短视频内容领域。九个领域的用户流量累计叠加，快速积累起庞大的用户基数。

“一条”作为原创短视频微信公众号的“现象级”产品，其成功之道可归结为“优质内容＋持续生产＋渠道运营＋推广投入＋一个垂直市场＝一个神奇的故事”①。

需要指出的是，移动互联网产品在用户运营过程中，只有将移动社交化的用户分发渠道与用户最便捷的时间、空间和情景等应用场景有机结合起来，才能达到有的放矢的用户精准推送效果。一些媒体公众号发布的几分钟新闻早餐（语音版）一般在早上六七点钟推出，“一条”“二更”和“十点读书”等微信公众号一般在夜晚的朋友圈中推出。

2016年，移动网民经常使用的五类APP类产品中及其特定时间场景，如图5-13所示：

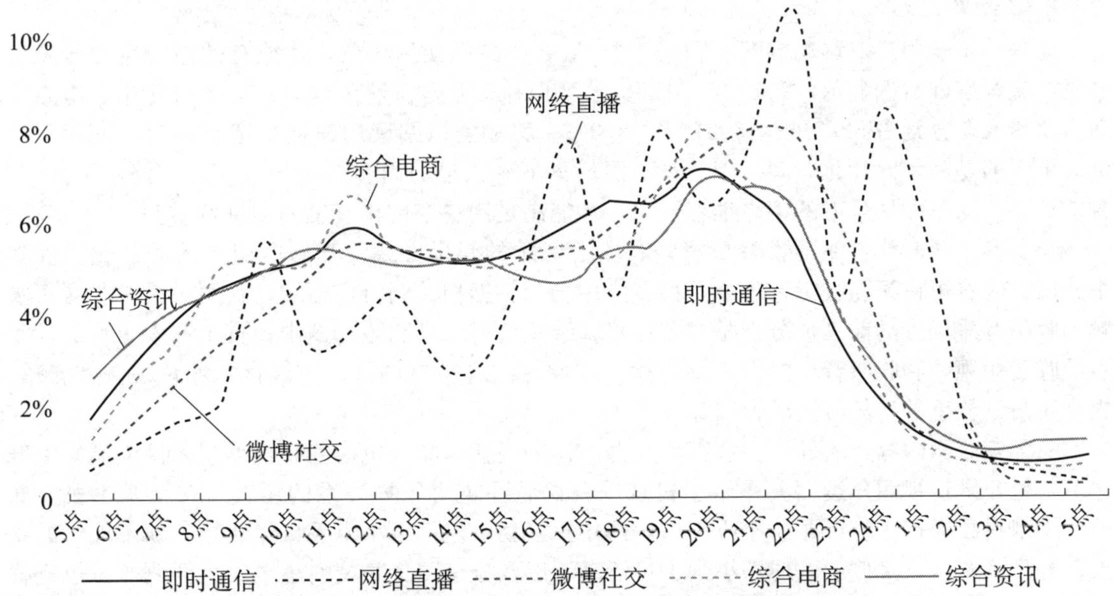

图5-13　五类APP用户使用时段分布

资料来源：http：//www.chyxx.com/industry/201703/499436.html。

由上图可见，即时通信类APP用户使用时间分布较为均衡，与网民作息时间关联度较高；网络直播类APP在17点、19点、22点和24点出现四次小高峰；微博社交类APP用户在10点之后使用时间分布较为均衡，在22点出现使用小峰值；综合电商类APP用户，偏好在12点及20点购物；综合资讯类APP用户，偏好在11点和20点至22点间阅读新闻资讯。这些分布较为规律，6点及10点使用时长呈上升趋势。因而，这五类移动APP的用户推广运营，需

① 引自徐沪生“一条”文章《微信公众号15天粉丝破百万的秘诀》（http：//www.cyone.com.cn/Article/Article_33054.html）。

要配合用户的主要使用时间场景。

在移动互联网时代，基于位置的地点空间场景，逐步成为用户运营的“重要法宝”。移动端阅读人群年轻化，30 岁及以下的读者占比 77%，公交、地铁成为年轻用户移动端阅读的首选场景。快节奏的生活使得以占用视觉为主要形式的娱乐内容开始向用户的碎片化时间集中。工作之余的居家阅读以较为深度的新闻资讯为主。

因此，在移动互联网时代，结合用户的特定时间和地点场景，“有的放矢”地进行用户的精准推广是其用户运营的重要策略。

除了社交化用户分发渠道之外，个性化推荐渠道也是当下移动互联网产品的重要用户运营方式。即通过精准的需求式的推广方式，通过数据分析获取用户行为，匹配用户属性，进行用户筛选，提供推广素材，提高用户转化率。

艾媒咨询数据显示，2016 年，中国移动资讯用户在平台优势认知上，41.0%的用户认为个性化推荐的精准性为核心优势，目前移动资讯用户的获取资讯习惯已从被动逐渐转向主动。各移动资讯平台在个性化推荐功能上逐步优化，为用户提供更优质的资讯阅读体验，进一步提升用户对平台的黏性。艾媒咨询分析师认为，在内容方面，随着资讯的过剩，稀缺的独家资讯是吸引用户的关键；个性化推荐、短视频资源的丰富度、资讯的独家版权是获取用户资源的主要吸引因素。①

此外，了解用户对移动端阅读和娱乐类 APP 产品的使用场景，才能有效地向用户分发和推送。艾媒咨询数据显示，2016 年中国移动资讯用户阅读场景在睡前、上下班途中、饭点时间占比最大，分别占 52.2%、45.3%及 43.2%。移动资讯阅读用户极少留有专门时间用于浏览，更多的是利用碎片化时间。用户在不同场景下感兴趣的内容有差异，通过“技术＋人工”智能识别并向不同场景下的用户推荐资讯，才能满足用户个性化资讯的浏览习惯。②

快节奏生活时代，使得收看短视频和收听音乐的娱乐方式，开始向用户的碎片化时间集中，用户收看短视频和收听音乐涉及很多应用场景。据相关调研机构统计，用户最常收看短视频和收听音乐场景的前三位分别是在家休息、乘坐交通工具和旅行途中，自主搜索等目的性很强的收看短视频和收听音乐的行为却很少。因此，结合用户场景，个性化推荐短视频和音乐，提高用户愉悦感的趋势可能越发明显。

除了互联网内容产品外，一些其他类型的互联网新产品（包括互联网终端硬件产品）上线之后，也非常重视用户运营。小米手机从一开始就注重对用户关系的运营。在小米手机发布前，小米科技通过手机话题的小应用和微博用户互动，挖掘出小米手机包装盒“踩不坏”的卖点；产品发布后，又掀起微博送小米手机活动，以及分享图文并茂的小米手机评测等。也许你不关注 IT 产品，可是你却知道了小米手机，因为你的手机控朋友们都在讨论小米手机。出于好奇心，你也开始在网上去了解小米手机，了解小米手机的种种优越性。于是，你也不由自主地当起了“病毒传播者”，通过人们之间的各种网络交流途径，小米手机实现了对用户的品牌输入与推广。③

在每次预订之前，小米科技都会通过一些手机科技网站发布消息，并在官方微博上进行消息发布。对于注册用户，没有抢购到的，它也会发送短信提醒。这种精确的由面到点的用户精准网络营销组合形式，让其每一次的销售都能获得巨大的成功。2012 年 5 月，小米手机在完成

---

① 引自艾媒咨询《2016—2017 中国移动资讯市场研究报告》，第 20 页。

② 引自艾媒咨询《2016—2017 中国移动资讯市场研究报告》，第 13 页。

③ 引自 http：//blog. sina. com. cn/s/blog _ 762132bc0102wn8x. html.

了200万台以上的销售之后，面对即将饱和的市场，推出了小米手机青春版。小米此次青春版发布从酝酿到结束可以说是一个完美的网络营销过程。5月初，手机科技网站透露相关消息；5月10号左右，小米上传《我们的150青春》视频，点击量很快破百万，引起巨大轰动；5月12号左右，小米官方微博正式开展“小米新产品发布之不要错过青春”微博转发活动；5月18日，正式揭开小米青春版面纱，微博开展“每小时送一台青春版”的转发活动，到销售结束，转发次数达到上千万，取得了惊人的效果。①

（三）活动运营

活动运营是通过开展独立活动或联合活动，拉动一个或多个短期用户指标提升的运营工作。活动运营是用户感知最为明显的一项运营工作，所有的互联网产品，活动运营人员几乎是一项标准配置。② 活动运营的主要目标在于吸引用户关注、强化用户对产品或平台的品牌认知以及直接拉动用户短期指标的提升。活动运营的日常工作主要包括围绕活动目标而展开的事前活动方案的策划、事中活动方案的执行、事后活动结果的总结和改进。其中，事前活动方案的策划，主要包括活动目标及其具体活动主题的确立、活动文案的撰写、活动流程的设计、活动规则的制定、活动成本的预估、活动收益的预期；事中活动方案的执行主要包括活动参与人员的组织和协调、活动进度和效果的把控、活动成本的控制等；事后活动结果的总结和改进，主要包括活动效果的统计、活动措施的改进和完善等主要工作。一个好的活动不仅能在短期内为平台带来巨大用户流量，也能将短期流量转化为持续的效益，提高平台本身的知名度，起到吸引新用户和活跃老用户的作用。活动运营的要义是花小钱办大事。

如前所述，知乎在长久的探索和试错中，也举办了许多线上、线下的活动。根据活动运营目的，它可以分成三类：基于品牌的活动运营、基于盈利的活动运营、基于用户的活动运营。三者之间并不总是完全独立的，有的时候一个活动的举办可以产生多种效应。

一是基于品牌的活动运营。2013年知乎向大众开放后，急需在大众中建立自己的品牌形象，拓展知名度。由此，知乎向全体知乎用户举办了第一个线上活动——“知乎吉祥物创作大赛”，以征集原创设计稿，从获奖作品中选出了代表知乎的吉祥物——刘看山，它的创作原型为一只北极狐。知乎综合用户意见加上官方品牌定位选择了这一吉祥物。此后，基于刘看山这一形象，知乎生产包括玩偶、纪念币、袜子等在内的周边产品。知乎甚至为刘看山创建了一个知乎账号，刘看山作为一个普通的知乎用户参与知乎的问答当中，与用户们进行互动，赢得了用户的喜爱。

二是基于盈利的活动运营。2014年11月，知乎制作了一款小游戏“财务包子铺”。它被知乎日报直接定义为“软游戏”，目的是推广知乎出版的新书《金钱有术》。这个游戏在三天的时间内就刷爆了微信朋友圈，收获了300万次访问，平均每个访问玩了3次，每次玩了6分钟。《金钱有术》一度登上亚马逊图书销售总榜冠军，同时还是预售冠军、新书冠军、经济类冠军。利用游戏来对图书进行营销，这在出版业历史上是从未有过的创新，是一次相当成功的活动运营。

三是基于用户的活动运营。知乎有两个典型的周期性活动，其中一个是“我的知乎”系列。从2012年开始，知乎在每年末推出“我的知乎”年度总结，该页面支持分享到微信朋友圈。这一活动使得用户可以进行自我宣传，从而吸引潜在用户的关注，以此刺激知乎新用户数

① 引自《网络营销的媒体组合形式研究——以小米手机为例》（http：//btdcw.com/btd_69fdp9xnht2mdyx42w40_2.html）。

② 张亮．从零开始做运营［M］．北京：中信出版社，2015：24.

量的增长。另一个则是“知乎圆桌”。“知乎圆桌”于2014年推出，以知乎为平台，集结某一专业领域的优质嘉宾，在集中的一段时期，对某一方面内容进行行业性、专业性、结构化的讨论。知乎希望以“知乎圆桌”这一形式，让传统的嘉宾讨论在互联网上更好地展开。目前，“知乎圆桌”已经举办了多场活动，涉及经济、文化、互联网、生活等多个方面。

同时，天猫商城于2009年开启的“双十一”促销活动和微信支付于2014年春节开启的“抢红包”活动，是两个当之无愧的全民活动运营经典案例。

2009年，天猫在11月11日举办促销活动。11月11日原本只是“光棍节”，充满着“单身狗”的悲号。天猫只想尝试一下，网上促销能否成为吸引消费者的窗口，殊不知，活动一经推出就异常火爆，“双十一”成为消费者心目中的一个品牌代名词。2009年，淘宝商城“双十一”销售额为0.5亿元，2010年提高到9.36亿元，2011年跃升到33.6亿元，逐年增长，直至2015年，全天成交金额为912.17亿元。2016年，“双十一”成交额更是超过了1 200亿元。淘宝商城“双十一”促销活动不仅活跃了老用户，而且吸引了大量新用户，大大促进了各类电商平台的成交量，马云让这天变成了一年一度的网络购物狂欢节，所有的电商平台都铆足了劲开展大规模的促销活动。由于消费者在线上消费时追求物美价廉，因此“双十一”还与便宜搭上关系，成了电商打折的代名词。2016年，京东打出“不光低价，快才痛快”广告语，首先发布了购物攻略，与平台中同类别的王牌商品进行较量，例如苹果满千减百VS联想0元抢购、小米手机10款低价新品VS荣耀手机直降200元等，再加上强大的物流优势，在“双十一”战场中脱颖而出。当年，京东以549.16的媒体热度和980.58的影响力夺得榜首（见表5-3）。除天猫、京东、淘宝这些传统电商，途牛、去哪儿网等在线旅游平台也纷纷加入“双十一”战局，相继推出了打折机票、低价酒店、旅游优惠等活动。其中，去哪儿网10月初便推出了1元酒店秒杀活动，紧接着推出“双十一”度假产品，以超高的性价比引起了网民的广泛关注。去哪儿网以673.32的影响力超越其余在线旅游平台，在网络影响力总排行榜中排名第11。乐视商城趁着“双十一”的促销狂潮，针对自家手机、电视等产品进行了组合销售，如购买一台乐视TV送7年的乐视影视会员、手机+电视立减300元等。不仅有超值的搭配促销，乐视手机还可以以旧换新，这样提高了用户体验，也增强了用户黏性。①

表5-3　　2016年“双十一”电商网络影响力排行榜（TOP11）

序号	名称	媒体热度	社交热度	影响力
1	京东	549.16	431.43	980.58
2	天猫	503.71	452.53	956.24
3	苏宁易购	441.05	369.29	810.34
4	淘宝网	411.19	375.49	786.68
5	亚马逊	396.13	387.28	783.41
6	国美在线	407.26	342.09	749.35
7	1号店	382.05	343.15	725.21
8	乐视商城	397.69	311.93	709.62
9	当当网	355.03	327.59	682.62
10	唯品会	326.00	349.16	675.16
11	去哪儿网	392.29	281.04	673.32

① 引自http：//www.1cnmedia.com/xmt/xmtzs/24012_2.html。

"双十一"促销活动引发的火爆销售效果，进一步推动了各类电商平台的"双十二"活动。

2014年春节，微信支付开启的"抢红包"活动，也是经典的互联网产品活动运营案例，微信支付产品运营团队设计了用户操作简单而且能增加春节喜庆气氛的游戏化微信"抢红包"活动。一是用户操作简单，从用户的操作过程来看，发送方通过"新年红包"公众号，选择发送红包的数量和金额以及祝福的话语，通过微信支付进行支付，就可以发送给好友；接收方则在打开后获得相应收益，只需要将储蓄卡与微信关联，就可以在一个工作日后提现。为了达到这种简单的操作，产品本身是经历过调整的。2014年1月27日前，用户在"抢红包"之前，要先写上祝福，然后才可以抢，在这之后，就改为先"抢红包"再发送祝福。二是微信红包"抢"的动作，使得其更具有游戏性，这比支付宝的讨要性显得更为人性化。用户在抢到红包后，再参与发红包的人并不在少数。抢红包既满足了用户的好胜心，也让发红包的"土豪"，心里得到了满足。①

2014年春节微信支付开启的"抢红包"活动一经推出，就异常火爆，共800万微信用户参与争抢4 000万个红包，用户领取的红包总数超过2 000万个，各个微信群被"抢红包"刺激得活跃度大涨。"抢红包"的高峰是除夕夜，高峰期间，1分钟有2.5万个红包被领取。微信"抢红包"活动，一边让微信老用户自嗨，一边向微信贡献了活跃度，更是让新推出的微信支付功能的开通率直线上升。②

一年之后，微信红包的各项数据实现了几何级数的增长。羊年春节的微信红包收发总量迅速飙升至32.7亿次。除夕当日微信红包收发总量达10.1亿次，除夕夜微信"摇一摇"互动总量达110亿次，"摇一摇抢红包"的峰值达到每分钟8.1亿次。在大年初一凌晨，最疯狂时每分钟有55万个红包被发出、165万个红包被拆开，增长近百倍。③

短短两年时间，从最初微信团队内部的一个头脑风暴的小活动应用，到2015年除夕逾10亿次收发的全民大狂欢，微信红包的数据实现了近百倍的增长，成为"现象级"产品。小小的微信红包活动，将移动科技与传统民俗温暖连接，正逐渐成为中国人必不可少的指尖新年俗。④

微信红包活动最大的直接受益者是腾讯的微信支付，其使微信支付快速发展为能与支付宝相提并论的网络便捷支付工具，迅速打开了微信市场化应用的支付渠道和平台。在2015年的羊年春节期间微信进一步推出了"商家发红包"的模式，京东、泰康人寿、微店、雪佛兰、华为、招商银行、平安等多家品牌借助微信红包走入公众视野，收获数十亿量级的曝光量。2016年猴年春节期间仍将出现赠卡券等互动福利，在确保用户体验的大前提下，与品牌伙伴共同探索全新的营销模式。此外，微信拿出除夕前后这五天的所有朋友圈广告收入，统统用来发红包，激发中小企业利用微信支付开微店。⑤

微信"抢红包"活动的成功，激发了更多商家运用"红包"营销。近几年，"红包"营销的玩法五花八门，各有各的诀窍，但相对主流的是微信红包、支付宝红包（"新年讨喜"功

---

① 引自《2014年春节微信支付经典案例，微信"抢红包"案例分享》（http：//www.useit.com.cn/thread-4356-1-1.html）。

② 引自《微信红包是怎样诞生的？为什么能这样红?》（http：//tech.gmw.cn/2014-01/28/content_10254772.htm）。

③ 引自http：//yjbys.com/jiuyezhidao/news/941531.html。

④ 引自http：//yjbys.com/jiuyezhidao/news/941531.html。

⑤ 引自微信公布春节现金红包方案《春节5天朋友圈广告收入全部拿来发红包》（http：//finance.huanqiu.com/roll/2015-12/8156354.html）。

能)、微博红包（“让红包飞”的活动)。“红包”营销活动，将社交与营销相结合，促销活动的成本-效益性价比高。一方面，不仅能有效吸引新用户、增强老用户活跃度甚至直接促成商业成交；另一方面，其促销成本远远低于线下活动推广、直接的硬广投放形式。

二、互联网新产品上线之后的广义网络运营策略

互联网新产品上线之后的大类网络运营主要是指建立在产品持续迭代基础之上，以用户规模和活跃度为导向的网络运营。新产品网络运营也是有生命周期的，一般来说，互联网产品上线后的网络运营主要包括三个周期性阶段，即种子期、爆发期、平台期，如图 5－14 所示：

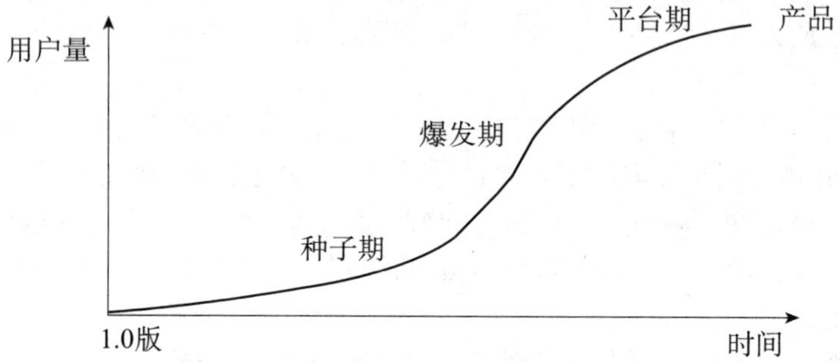

种子期：新产品上线，第一批用户形成阶段。
爆发期：产品的用户快速增长阶段。
平台期：快速增长后用户发展放缓阶段。

图 5－14　互联网产品上线后网络运营的三个周期性阶段

资料来源：郝志中．用户力：需求驱动的产品、运营和商业模式［M］．北京：机械工业出版社，2016：141.

互联网新产品上线后的网络运营的主要策略是以初始上线产品的“微迭代”，促进用户数量（新用户）的持续增长和用户活跃度（老用户）的维护。

（一）广义网络运营的用户目标

不管是哪一阶段的网络运营，用户都是其主要的运营目标。用户使用产品的流程，分为访问的用户、转化的用户、活跃的用户和留存的用户四个环节。而每个环节量化的网络运营指标分别为基于用户的来源量、转化率、活跃度、留存率。

1. 用户“来源量”：互联网产品持续发展的动力

用户“来源量”属于网络运营模式的第一个运营指标，它代表每日访问的用户数。从运营角度出发，可将用户来源区分为老用户和新用户。积极主动使用产品的为老用户，其可以通过浏览器地址栏直接输入网址进行访问，也可以通过一些即时通信工具以及其他客户端软件进行访问，其数量受产品的功能、体验以及品牌等多种因素的共同影响。新用户则由用户运营来主导，比如通过公司合作、友情链接、购买推广、网站联盟等方式来吸引用户眼球。运营手段科学合理且具有创新性，就能吸引更多的新用户。来源量不单单是新用户或者老用户某一方，而是二者的总和。所以，运营要想不断获得用户来源量的提升，不能单单抓某一方，而要二者兼顾，同时学会如何通过新用户的运营来实现老用户绝对值的增长。

以酷 6 视频网站为例，其在成立初期因不占天时地利人和而面临着巨大的挑战。为了绝处逢生，其采取一系列自救举措，其中一大成功举措便是基于用户需求吸引大量用户，如生产基于用户自身需求的 UGC 网络视频。此外，加大网站的推广力度，与百度形成战略合作关系，开拓视频机构资源，挖掘网络红人视频，建立网络视频原创联盟，创作网络原创视频，提升酷

6 品牌影响力以及持续通过有计划的强运营，承担大项目运营，如 2008 年推出的奥运独家报道快速提升了流量和影响力。这样，酷 6 在激烈的竞争中脱颖而出，成为当时领先的视频网站之一。

2. 用户“转化率”：网络运营的核心指标决定产品的网络运营效率

上面讲到的是作为访问数的来源量，而转化率则不光是用户点击访问，而且还需要有实际的使用和消费，即它代表的是真正产生消费的用户比例，也就是从每日的访问量中实际转化而来的有效用户。举个例子，你分享一个 APP 链接给你的朋友 A 和朋友 B，A、B 都点进去对这款应用的具体概况进行了浏览，A 浏览后觉得不喜欢这款 APP 并立马返回关闭该浏览页面，而 B 觉得很喜欢且下载安装并注册登录了，则 A 只属于该款应用的访问用户，而 B 不仅是访问用户，而且是有效用户。网络运营工作的目标就是将网络中的“游客”变为产品的“用户”，而转换率在运营中是一项核心指标，它决定着产品的网络运营效率。

以新浪、优酷等资讯类、视频类网站为例，其产生二次点击、进行内容和视频观看的用户才是转化后的有效用户；天涯论坛、新浪微博等社交类网站，登录或发言的才算有效用户；淘宝、京东以及传奇、棋牌等电商类网站和游戏类网站，其产生购买行为的用户才算有效用户。

3. 用户“活跃度”：用户对产品的真正评价

活跃度指标代表用户对产品的使用程度。活跃度越高，说明用户对产品越喜欢，使用越频繁。举个例子，假设 100 个用户打开新浪网页，其中 10 个用户点击进入了娱乐频道，其他用户都离开了页面，而这 10 个用户又在娱乐频道看了 100 个视频，从这个用户访问新浪的过程，我们尝试计算几个运营指标：

来源量＝100（100 个用户）

转化率＝10%（10 个用户产生二次点击，持续访问新浪的娱乐频道）

活跃度＝210（用户行为次数）/100（用户数）＝2.1①

通过以上案例，我们可以了解活跃度的计算方法。活跃度的数值大小决定着用户对产品真正的评价。所以，活跃度是网络运营的结果指标，其提升的关键在于产品本身特点、功能以及品牌等方面的完善和创新。

4. 用户“留存率”：网络运营的结果指标决定着产品发展的成败

留存率是在一段运营时段内，新用户留下来转换成为老用户的比例，计算方法如下：

留存率＝沉淀用户数/新用户总数×100%②

留存率指标决定着产品发展的成败，产品网络运营的目标就是努力让新用户沉淀发展成为老用户，通过新用户的沉淀让产品用户量持续增长。如果产品的留存率不好，一定不是运营问题，而是产品问题。

网络运营模式是运营的方法论，运营与产品直接相关，与用户需求直接相关，所以网络运营是在不断满足用户需求以及完善产品功能的基础上，以获取用户为目标的一系列工作。一个健康的网络运营模式是，集中提高新用户的运营指标，同时提高新用户留存率，将其转化为老用户，形成新用户不断沉淀为老用户的运营体系。产品、技术、运营、市场等部门，一起持续提升老用户数量，提升用户活跃度，这是网络运营的关键目标。

要有更高的留存率，归根到底还在于满足用户的体验需求。以微信 iOS 版为例，其围绕自

---

① 郝志中．用户力：需求驱动的产品、运营和商业模式［M］．北京：机械工业出版社，2016：137.

② 同①138.

身核心功能主线快速迭代，用户量从百万达到上亿。如在2011年微信推出了多个版本：2011年1月，文本＋图片发布；3月，群聊；4月，找朋友功能；5月，语音对讲；6月，手机通信录＋QQ链接；8月，视频＋查看附近的人＋稳定；9月，修复Bug＋稳定性；10月，摇一摇＋漂流瓶等等。2012年4月，朋友圈上线，下半年实现系统稳定性的处理与维护。无论哪种互联网产品，每一次新功能的推出，都能大大提高用户的停留和使用时长。

（二）广义网络运营的主要周期阶段与策略

1. 种子期产品的网络运营：以种子期产品获取种子用户

种子期产品的网络运营，是新产品设计出来正式上线，开始向种子用户推广的网络运营阶段，是第一批用户形成的阶段。

种子期的产品应该定义为最小化可行产品（Minimum Viable Product，MVP），即能够代表产品思路、最小化功能的可用性产品。种子期获取用户的关键，是依靠产品的核心功能获得种子用户的认可，进而建立产品口碑去获取更多的用户，而不是依靠产品丰富的功能，一上线就广撒网。功能简化，1.0版上线运营如能获得种子用户，就证明产品可行，其简单的功能旨在突出产品功能定位并验证核心功能是否能满足用户的需求，捕获种子用户。

比如，微信的早期版本都是围绕其移动通信功能设计的。2011年1月21日，微信发布针对iPhone用户的1.0测试版。以腾讯微信1.0测试版为例，其在2010年10月筹划启动，2011年1月发布简单功能：QQ导入好友，文字、图片发布，更换头像等。在随后1.1、1.2和1.3三个测试版中，微信逐渐增加了新功能：对手机通信录的读取、与腾讯微博私信的互通以及多人会话功能的支持。截至2011年4月底，腾讯微信获得了四五百万注册用户，奠定了腾讯微信早期的种子用户基础。

种子期产品的网络运营目标是增加种子用户，提升用户留存率，建立用户口碑。种子期网络运营的目标是通过将产品投入市场运营快速验证用户需求，检验产品核心功能能否抓住用户，积累种子用户，并让用户留下来。种子用户可以称作第一批用户，他们对产品有很强的需求，对核心功能最为敏感，同时愿意尝试使用并传播。对于种子用户的定义越明确、范围越小，越方便制定有针对性的运营策略。种子用户，往往是产品的粉丝用户。视频网站的首批用户是网络带宽好的年轻人；新浪微博的首批用户是编辑的业界朋友；开心网的首批用户是新浪及其他互联网新媒体公司的同事；蘑菇街的首批用户是杭州热衷于网购的年轻女性；小米的首批用户是手机论坛的发烧友；秘密的首批用户是互联网新媒体公司的同事；暴风的首批用户是电影网站老用户。

在种子期网络运营这个阶段，在四大运营指标中应该关注的是用户的自然留存率，尤其是由纯粹的用户需求驱动下（而非“奖励”或“补贴”等运营手段作用下）的留存率。产品种子期，不要在意来100人，还是来10 000人，关键看来的用户是否留下来。不要给用户奖励，不要促销，更不要补贴，要看用户是否自愿留下来。留存率好，说明产品的核心功能得到用户认可并愿意继续使用，下一步就是继续完善产品。留存率不好，存在两种可能：一种可能是种子用户群认知偏差，没有找对种子用户，要对用户群体重新定位；另一种可能是核心功能不明确，不能满足用户需求，要对产品本身进行改善和调整。

种子期产品的网络运营方法主要包括事件法、地推法、马甲法、传染法这四种方法。①

其一是事件法。即通过热门事件、热门内容吸引种子用户，多适用于内容类产品。例如，

① 郝志中. 用户力：需求驱动的产品、运营和商业模式［M］. 北京：机械工业出版社，2016：146-149.

小咖秀的爆红背后有着明显的人工痕迹。在产品上线之初，团队就定向邀请了一些明星来玩小咖秀，把他们发展成种子用户。这些明星利用自己的人脉和微博给小咖秀进行传播。其中，艺人王珞丹就因为在小咖秀上模仿金星的视频广受好评而被称为“小咖秀女王”。

其二是地推法。即通过一对一的方式，在线下发展用户，多适用于电商类产品。例如，滴滴出行刚出来的时候，用地推方式吸引第一批出租车司机是非常艰苦的。最开始在北京西客站，它花了 3 000 元租了一小块地方做站点。出租车流水一般慢慢驶过，司机不能长时间停留。地推人员带着笔记本电脑冲上去，敲着玻璃窗问：“师傅，你有智能手机吗?”司机说：“没有，没有。”地推人员就塞一张传单进去，告诉司机有智能手机就打这个电话给我，我帮你装叫车软件。有智能手机的，就直接从笔记本电脑里拷贝安装包，用户名就是司机的手机号，密码是原始密码，让司机照着传单上的步骤回家学。

其三是马甲法。即运营人员注册并使用多个账号，通过发布高质量内容、模拟不同用户评论等方式，营造活跃、火热的产品使用氛围，吸引新用户使用并留下，多适用于社交类产品。例如，蘑菇街早期是女性购物社区，其 CEO 陈琪一个人就曾注册了 200 多个女性用户账号，每天不断地更换马甲，用“亲”“姐姐”等女性亲昵话语和其他女性用户在社区中就蘑菇街中的产品或其他女性话题聊天，营造活跃的社区景象，维护初期用户。

其四是传染法。即基于用户间的关系链进行传播。例如，微信支付借微信红包于 2014 年春节前后推出，通过微信关系链，用户相互送红包，传播速度极快，短短一年多时间就成就了腾讯移动支付的伟业。

总之，在网络运营周期中，种子期运营最难。种子期运营旨在验证产品，快速完善产品，应主要关注用户的自然留存率，不以激励机制积累种子用户。运营目标是要形成种子用户和用户口碑。

种子期运营是强运营阶段，需要强力的运营手段，绝大部分新产品的种子期运营是冷启动，没有腾讯那么强大的用户资源。[①] 因而，种子期的产品必须是核心功能简化明确的最小化可行产品（MVP）；种子用户必须是对产品需求最大，对核心功能最敏感，最愿意尝试使用并传播的用户群体。种子用户的定义很重要，越简洁越好，要明确运营方向和方法。

2. 爆发期产品的网络运营：以产品快速迭代带动用户爆发式增长

爆发期是指产品用户快速增长的阶段。在这一阶段，一方面是对种子期产品的快速更迭，另一方面是用户数量呈自发性爆炸式增长，种子用户向目标用户加速扩展，用户口碑业已形成并广泛传播。

爆发期产品的核心功能主线应快速更迭。一款产品通过种子期运营已经验证了种子期产品的核心功能，在积累并保障种子用户的留存后，产品运营的主要任务是促进种子期产品尽快转向爆发期运营。首先需要解决的是巩固加强已被种子用户验证良好的产品核心功能，进一步完善核心功能的用户体验。为此，要围绕这一主线核心功能，加强产品的快速迭代，以满足用户不断变化的新需求，用优质的用户体验、丰富的核心功能扩大并留住用户。总之，在爆发期不要急着增加产品的新功能，而是在核心功能主线上快速迭代，不要将人力、物力、财力耗费在与核心功能无关的新功能上。例如，微信在 2011 年 5 月 10 日推出 2.0 版本，该版本新增了 Talkbox 那样的语音对讲功能，微信围绕核心的移动通信功能主线加速迭代，相继推出视频聊天、摇一摇、漂流瓶等功能，基本每两周做一个新版本的升级；2012 年 4 月，腾讯开始做出将

---

① 郝志中．用户力：需求驱动的产品、运营和商业模式［M］．北京：机械工业出版社，2016：150.

微信推向国际市场的尝试，为了微信的欧美化，其将 4.0 英文版本更名为“Wechat”，之后推出多种语言支持；2012 年 7 月 19 日，微信 4.2 版本增加了视频聊天插件，并发布网页版微信界面；2012 年 9 月 5 日，微信 4.3 版本增加了摇一摇传图功能，该功能可以方便地把图片从电脑传送到手机上，这一版本还新增了语音搜索功能，支持解绑手机号码和 QQ 号，这进一步增强了用户对个人信息的把控；2013 年 2 月 5 日，微信发布 4.5 版本，这一版本支持实时对讲和多人实时语音聊天，并进一步丰富了摇一摇和二维码的功能，支持对聊天记录进行搜索、保存和迁移，同时，微信 4.5 版本还加入了语音提醒和根据对方发来的位置进行导航的功能。总之，微信产品从 2011 年 5 月的微信 2.0 版本到 2013 年 2 月 5 日的微信 4.5 版本，都围绕核心的移动通信功能主线加速迭代。微信由此形成了三大基本移动通信功能：一是聊天功能，支持多种形式的聊天，如发送语音短信、视频、图片（包括表情）和文字，可同时支持几百人同时群聊；二是添加好友功能，微信支持查找微信号；三是实时对讲机功能，用户可以通过语音聊天室和一群人语音对讲，但与在群里发语音不同的是，这个聊天室的消息几乎是实时的。正是由于微信产品基础的移动通信功能的快速更迭，微信用户才呈现出爆发式增长态势。两三年内，注册用户就达到了六亿的规模。

爆发期产品网络运营目标是增加目标用户，提升来源量，形成用户口碑传播力。

爆发期运营的目标是从小范围的种子用户（移动互联网时代最初的“粉丝用户”）转向大范围的目标用户，然后，以快速更迭的爆发期产品拉来更多的目标新用户，在四大运营指标中更关注用户来源量。提升来源量有两种方式：一是做深，使得产品在某个行业或领域内呈爆发式增长；二是做广，面向大众展开运营。

如微信产品核心的移动通信功能的每一次迭代，都带来大量新用户。2011 年 5 月 10 日，微信发布了 2.0 版本，该版本新增了 Talkbox 语音对讲功能，使得微信的用户群第一次有了显著增长；2011 年 8 月，微信注册用户达到 1 500 万，用户规模呈几何级数增长；至 2011 年底，微信用户已超过 5 000 万；2012 年 3 月 29 日，微信注册用户破 1 亿，耗时 433 天；2012 年 9 月 17 日，微信注册用户破 2 亿，耗时缩短至不到 6 个月；2013 年 1 月 15 日，微信注册用户达 3 亿，耗时缩短至不到 4 个月；2013 年 7 月 25 日，微信的国内用户超过 4 亿；2013 年 8 月 15 日，微信的海外用户超过了 1 亿；2013 年 10 月 24 日，腾讯微信的用户数量已经超过了 6 亿，每日活跃用户 1 亿。

爆发期产品的网络运营方法主要包括买流量、求合作、找关系、肯烧钱这四种。①

其一是买流量。互联网竞争的本质是对流量的争夺，流量是互联网企业的命脉。企业通过搜索引擎、导航网站、社会化网络推广、客户端、APP 应用商店等渠道购买流量，扩大并掌握用户入口，增强用户导入。例如，小咖秀一开始就非常重视应用市场优化（ASO），第一版上线的时候，关键词已经达到 400 个，1.1 上线之后关键词达到了 605 个。因此，当《康熙来了》播出了一期配音对嘴节目并引起网民争相模仿时，由于做到了关键词的覆盖，小咖秀的用户量出现了爆发式增长。

其二是求合作。即与大的渠道和平台合作，用利益交换的形式引入该渠道或平台所拥有的庞大的用户资源。例如，酷 6 在 2007 年与百度建立战略合作，出让股份，并为百度提供贴吧视频技术，从而获得百度支持，这促使酷 6 的用户量从 100 万发展到 500 万。

其三是找关系。即通过家人、朋友、同学、同事之间的关系链，进行网络化传播。例如，在微信群中常看到的滴滴优惠券、美团优惠券等，都是依靠关系链运营的。用户使用该产品

① 郝志中．用户力：需求驱动的产品、运营和商业模式［M］．北京：机械工业出版社，2016：156－158.

后，会获得相应的优惠券，但用户需要在微信群或者朋友圈中分享才能使用。

其四是肯烧钱。前文提到的满足用户需求在很大程度上是要帮助其节约时间、精力和金钱。在技术层面上，互联网产品解决了帮助用户省时省力的问题；而省钱则多数是通过给用户补贴实现的。但爆发期的补贴不是没有条件的，它往往带有激励性质，即以用户注册登录该APP或分享产品信息为条件换取优惠或补贴。例如，打车产品补贴用户和司机，团购产品补贴用户和商家等。

总之，爆发期运营是用户非运营自生性增长再加速的阶段。爆发期是自然形成的，当发现种子用户自生性增长并加速，就说明产品进入了爆发期。爆发期形成后，再通过多种运营手段进一步扩大用户入口，促进用户增长。爆发期的运营是种子用户向目标用户加速扩展的过程。爆发期产品在种子用户验证核心功能可行的基础上快速迭代，一方面增加种子用户群身边的用户（做深和做广），另一方面用产品口碑效应带动用户群。

3. 平台期产品的网络运营

平台期是指产品快速发展进入成熟期后，用户规模在高位平台增长中放缓或持续增长中控制节奏的用户发展阶段。平台期可以是在产品发展中自然出现的，也可以是在运营方面控制节奏而有意进入的。平台期与爆发期交替出现，因此，平台期要从产品和运营两方面为下一个爆发期做好准备。平台期运营的重点是以稳定优化的产品功能满足现有用户的需求，提升用户口碑传播力以增强用户的活跃度。

平台期要提高产品稳定性，提升用户体验，延伸产品功能。一款产品经过爆发期的快速增长而进入平台期后，产品部的核心工作是保障该产品系统的稳定性，提升产品的用户体验。所以，平台期产品主要根据爆发期大量用户的使用与反馈，改善用户体验；推出延伸产品或功能辅助核心功能，提升用户活跃度；改良系统架构，加强产品稳定性。总之，平台期运营阶段，要提高产品的稳定性，提升用户体验并延伸产品功能。例如，微信用户的爆发式快速增长，对微信系统架构的稳定性提出了挑战。2013 年 7 月 22 日从早上 7：30 至下午 2：00 期间，有大量用户反映微信发生全面故障，故障包括微信信息无法发出、无法刷新朋友圈、无法登录公众平台、无法连接微信网页版。微信产品运营进入平台期，首先要加强产品系统的稳定性和安全性。微信 5.0.2 新增特性：修复一个系统安全漏洞导致的问题、修复部分机型无法听语音的问题、修复其他 Bug。

在提高微信稳定性和安全性的基础之上，从 2013 年 8 月起，微信在稳定核心的移动互联网通信功能的同时，相继推出延伸产品或功能辅助核心功能，皆在提升微信老用户的用户体验和活跃度。腾讯公司推出的这两大即时通信工具积聚了大量的用户，这种用户群的基础也为腾讯全方位的商业渗入打下了坚实的基础。2013 年 8 月 5 日，微信 5.0 for iOS 上线了，该版本添加了表情商店和游戏中心，扫一扫（简称 313）功能全新升级；2013 年 8 月 9 日，微信发布 5.0 版本，公众号首次被分为订阅号和服务号，订阅号每天都可发布消息，服务号可以开通自定义菜单功能，订阅号不可以；2013 年 12 月 31 日，微信 5.0 for Windows Phone 上线了，该版本添加了表情商店、绑定银行卡、收藏、绑定邮箱、分享信息到朋友圈等功能；2014 年 1 月 4 日，微信在产品内添加由“滴滴打车”提供的打车功能；2014 年 3 月，微信开放微信支付功能；2014 年 8 月 28 日，微信支付正式公布“微信智慧生活”全行业解决方案，该方案具体体现在以微信公众号＋微信支付为基础，帮助传统行业将原有商业模式“移植”到微信平台上；2014 年 12 月 24 日，微信团队正式宣布面向商户开放微信现金红包申请，只要商户（公众号、APP 或者线下商店皆可）开通了微信支付，就可以申请接入现金红包；2015 年 3 月 9 日，微信开放 WiFi 入口，用户无须账号密码即可上网。

进入平台期后，提升微信产品的稳定性和开发多种衍生功能，有利于吸引一部分新用户和维护老用户、提升新老用户的活跃度。

平台期产品运营目标是提升现有用户体验、口碑传播力和活跃度。平台期的产品运营目标，继续集中在目标用户上，重点不是增加新的用户（可适当扩大新用户），而是维护现有的用户，在四大运营指标中更关注用户的活跃度。在这一阶段，要将运营工作集中在产品内部，增加产品衍生功能，完善运营流程，重点放在提升老用户的活跃度目标上。如前所述，2013年10月24日，微信注册用户已经超过了6亿，每日活跃用户1亿。因而，从2013年底以来，微信产品运营团队的工作重心是提升微信产品的稳定性，在基础的移动实时通信功能之上衍生了微信的多种功能：表情商店和游戏中心、微信公众平台、微信朋友圈、微信支付平台等。微信不仅继续吸引一部分新用户，更重要的是使老用户产生了强大的黏性，大大提升了老用户的活跃度。截至2016年6月底，微信月活跃用户达到8亿规模。

平台期产品的主要运营方法包括举办活动、用户分级、新功能拉动这三种。①

其一是举办活动。举办活动的方式有很多，常见的有线上抽奖、游戏、征文等，线下聚会、旅游、运动等，活动的形式多样，繁复程度各异，目的都是提升用户活跃度，增强用户黏性。例如，2016年6月16日，新浪微博官方举办了“超级红人节”，邀请了微博上众多草根段子手、网红以及各路业内人士相聚上海。话题总曝光量达24.3亿，活动结束后，网友讨论热度依旧高涨。

其二是用户分级。用户分级即推出用户体系，通过用户等级刺激用户活跃度。例如，在首尔的乐天免税店，如果是支付宝铂金或钻石会员，就能免费兑换乐天VIP金卡，享受8.5折优惠。而在此之前，顾客必须在免税店购物超过1万美元才能获得该金卡。目前支付宝会员包含四个等级，从低到高分别为大众会员、黄金会员、铂金会员、钻石会员，每个会员等级对应不同的会员徽章和特权。用户可以通过使用产品、做任务换取积分，兑换等级。

其三是新功能拉动。新功能拉动即在核心功能之外，开发延伸功能拉动用户活跃度。例如，微信的朋友圈相对于核心的移动通信功能，实际上属于延伸的社交功能。这一功能与移动通信同属于社交范畴，以分享生活日常、关注生活日常的方式延长了用户在微信上的停留时间。

总之，平台期的产品网络运营是用户增长放缓或持续增长中控制节奏的产品运营阶段。在这一阶段，产品持续迭代，修复Bug，提高稳定性，增加衍生的新功能。运营重点不是发展新用户，而是持续服务好老用户；运营关键是提升现有用户的使用体验；运营目标是通过产品和服务提升用户体验、口碑传播力、活跃度。

综上所述，站在互联网产品上线后的网络运营过程来看，种子期是产品最难的阶段，种子期成功，产品成功一半；爆发期是产品成功的标志，能成功的产品一定有爆发期；平台期或是产品发展中自然出现的，或是用户爆发式增长后有意控制产品节奏而进入的；爆发期和平台期交替出现，产品不断完善，健康发展。②

三、产品面临下线的衰退消亡期运营

在互联网时代，几乎每天都会有新的互联网企业（产品）诞生。与此同时，也几乎每天都

① 郝志中．用户力：需求驱动的产品、运营和商业模式［M］．北京：机械工业出版社，2016：160－161.

② 同①162.

有互联网产品甚至企业倒下。2017 年第一季度公布的中国互联网“死亡名单”包括斯凯无人机、绿盒子、订房宝、光圈直播、小马过河、完美幻境、借卖网、网易一元夺宝、友友用车、微视、搜狐社区等等。其中一部分是经营不善、资金链断裂引起的产品“自然死亡”，另一部分是大互联网公司出于战略考虑主动关闭的经营不良的“战略放弃”产品。

在互联网产品快速更迭换代的时代，不能面对市场新机遇而及时进行重大创新或换代的成熟老产品，就难免会面临着下线和被用户抛弃的命运。这时，有两种产品衰退消亡期运营策略：一是战略放弃并及时转型；二是主动变革和创新。

(一) 战略放弃并及时转型的策略

当产品进入衰退期和消亡期，新媒体公司就不必再做无谓的挣扎。这时，运营人员应摆正心态，做好后续工作，更多地去给予用户关怀，并尽力将老产品的已有用户资源导入新的产品之中。

从积极的心态来看，这一阶段也是导入新产品和成熟产品创新转型的阶段。典型的如腾讯微博和腾讯微视，除了独立微博，早期值得关注的一款微博产品是腾讯滔滔。2007 年 8 月，腾讯推出滔滔，定位为迷你、即时博客，但运营三年多并无建树。2010 年 1 月 26 日腾讯决定将滔滔业务与 QQ 空间整合，滔滔产品黯然退场。对于滔滔的失败，腾讯滔滔负责人邢宏宇称：“关闭滔滔是公司内部的一个决策，这和天时、地利、人和都有关系，是一个多方面的综合原因。”腾讯微博负责人李方认为，“滔滔失败完全在于产品运营存在问题”。外界分析者则普遍认为，滔滔的定位不够明朗，介于微博与博客之间，而且与 QQ 空间存在重合，这导致其在腾讯内部地位非常尴尬。与此同时，滔滔用户体验并不顺畅，腾讯公司对其推广也不积极，导致当新浪微博发展爆发后滔滔无法承担竞争大任，最后只好被放弃。

腾讯微博曾经在腾讯内部被寄予厚望，被定位为“重要的社交媒体平台”，但之后被视为“是个重要业务，但要让位于微信”。腾讯微博创立三年从未追上竞争对手，这款卡位产品的使命终于趋近结束。[①] 2014 年 7 月 22 日晚间消息：腾讯微博启动大调整，其产品运营团队将被整合入腾讯新闻团队，其余部分员工则被分流至腾讯微视团队，只留下部分人员维持日常的基本运营。此消息意味着，腾讯微博这款“为防守而生”的微博产品，终于在内外部的激烈竞争中，缴枪投降。[②]

上线于 2013 年 9 月的微视，是第一批出现的短视频社交平台。截至 2014 年 5 月底，微视下载量达 2 432.9 万次。然而，2015 年，微视更新频率增加，功能复杂化而没有规律，出现很多抄袭其他产品的功能，流量减退，微视生命指数急剧下降。2015 年 3 月，就曾有消息称腾讯已战略放弃微视业务。微视产品部总经理邢宏宇离职，运营总监何钐转岗，产品部多个工作组解散。2017 年 3 月中旬，腾讯短视频分享社区微视发布公告称，将于 4 月 10 日关停服务。微视成为被腾讯“战略放弃”的产品。腾讯将短视频社交领域的希望悄然寄托在新上架的另一款短视频社交应用“闪咖”上面。

(二) 主动变革和创新的策略

主动变革和创新是一个重要的制胜手段。最具说服力的是腾讯在移动互联网时代，创新性地开发了手机 QQ，手机 QQ 使 QQ 产品的成长期和成熟期得以进一步延长，这有效地降低了

---

① 引自《腾讯微博，再见!》(http：//www.tmtpost.com/40779.html)。

② 引自澎湃新闻网《腾讯微博成“弃子” 微视被扶上位》(https：//www.thepaper.cn/newsDetail_forward_1257496)。

QQ进入衰退期甚至消亡期的市场风险。

以新浪Web1.0时代的代表性网络媒体产品为例，新浪从1998年正式上线至2006年发展成为Web1.0时代重量级门户网站，而后在2006年随着互联网传播Web2.0时代的兴起，借助Web1.0时代抢占市场的新浪迅速及时地推出独具特色的新时代迭代性创新产品——新浪博客。新浪博客将新浪新闻和博客内容整合在一起，使新浪网络新闻产品重新进入新互联网时代的一个新的成长期和成熟期。进入Web3.0时代，新浪又将新闻博客由PC端不受字数限制的长博客形态向微博形态转型——新浪微博成为当时我国最火红的新闻传播媒体形态产品。微信崛起之后，形式较为单一的新浪微博一时再度进入衰退状态。2013年是中国微博发展的转折之年，用户规模和使用频率大幅下降。由于微信的社交关系更有针对性，传递信息更为精准，因此吸引了不少自媒体登录其公众平台。但微博随后做出差异化调整，添加话题、热搜榜之类的功能，使消息尽可能地在短时间内辐射到更多的人。新浪微博增强其传播广度和传播速度，为了协助深度信息的传播，开放了长微博，打破了140个字的限制。2016年，新浪微博上线的“超级话题”就是仿贴吧的模式建立起来的，让持相同爱好的人在某一话题下交流、发表观点。此外，短视频、直播的介入，大大提升了用户的活跃度。新浪微博及时抓住机遇，与秒拍实现战略合作。2013年8月，新浪微博手机客户端内置短视频——秒拍；2014年7月28日，秒拍4.0全新上线，一秒变身文艺摄像师，品牌全新升级，炫酷主题、智能变声真正实现10秒拍大片，微博等社交媒体向秒拍开放扩散，双方实现双赢——粉丝骤增，对于新浪微博而言，一度流向微信公众号的明星大V通过秒拍回归，流量骤增；2016年5月，新浪微博又与短直播产品——“一直播”合作。新浪微博的明星、大V、媒体和“一直播”相互导入用户流量，不仅使“一直播”迅速崛起，也促进新浪微博在直播时代“重整旗鼓”。由此可见，新浪微博及时与热门社交型的短视频、直播合作，重新提升用户的活跃度，延缓了其产品进入衰退期的市场风险。

总体而言，在互联网技术和用户需求不断变化的互联网时代，新媒体组织开发设计的互联网产品只有不断创新和迭代，甚至是在互联网技术发生突变的时代，对不适应新时代用户新需求的已有“老产品”进行“脱胎换骨”的“变革”，才能在不断创新中延长产品自身的市场生命周期，最终延长新媒体组织的市场生命周期。

【知识回顾】

新媒体组织的市场化商业运营是从互联网产品运营开始的。尤其是新媒体组织初创时，第一款互联网产品能否运营成功，直接关系到新媒体组织能否安全度过初创期。

本章讲的是互联网产品基础而核心的运营阶段，探讨了互联网新媒体组织有效开展产品运营的两个缺一不可的重要环节：基于互联网产品生命周期的“时间维度”环节和基于互联网产品运行的组织架构的“空间维度”环节。“时间维度”的互联网产品运营环节设置是主导性的，“空间维度”的互联网产品运营环节设置应服务于“时间维度”的内部职能部门的运营环节。各个内部职能部门的设置应以提高产品运营的“时间维度”环节的效果和效率为准绳。

一款互联网产品的总体运营环节，从时间维度来看，贯穿于互联网产品上线前后的整个市场生命周期阶段。互联网产品运营的主要过程包括互联网产品上线之前的产品设计和上线之后的网络运营。其中，产品设计在互联网产品运营中起着龙头作用，互联网产品设计者在设计环节务必要体现对用户友好的互联网思维，设计出让用户操作简单的具备核心功能的产品，让用户拥有便捷和愉悦的产品使用体验。互联网产品上线之后的网络运营包括狭义的产品网络运营和广义的产品网络运营。其中，狭义的产品网络运营，即人们一般所指的不涉及产品周期性迭代的纯粹性网络运营，人们通常称之为“新媒体（产品）运营”[亦即新媒体（产品）营销]。它属于新媒体产品的小类网络运营范畴，主要包括内容运营、活动运营和用户运营三种方式。广义的产品网络运营是指在互联网产品上线之后的初创期、成长期、成熟期、衰退期、消亡期，基于产品和用户共同成长和管理的网络运营，是产品上线后不同周期阶段的产品功能迭代和以基于用户的来源量、转化率、活跃度、留存率等用户运营指标为目标的综合性网络运营，每一时期有相应的运营方法。其中，产品上线后的种子期是产品运营最难的阶段，种子期成功，产品成功一半；爆发期是产品成功的标志，能成功的产品一定有爆发期；平台期或是产品发展中自然出现的，或是用户爆发式增长后有意控制产品节奏而进入的；爆发期和平台期交替出现，产品不断完善，健康发展。在互联网技术发生突变的时代，只有对不适应新时代用户新需求的已有“老产品”进行“脱胎换骨”的“变革”，才能在不断创新中延长互联网产品自身的市场生命周期，进而延长新媒体组织自身的市场生命周期。

【思考题】

1. 结合一款你熟悉喜爱的互联网新媒体产品，你认为其网络运营和市场运营效果主要是由其产品的新功能开发及其持续迭代决定，还是由互联网新产品上线后基于用户规模或用户活跃度目标的网络运营决定，或者由两者共同决定？请说明理由。

2. 试分析微信小程序的产品核心功能定位和用户定位，你认为这一款产品会对哪些 APP 产生颠覆式的影响?

3. 今日头条以其个性化推荐功能在我国移动互联网新媒体时代崛起，请你谈谈其优劣势并分析其未来的发展趋势和对策。

4. 你认为面对今日头条的挑战，腾讯新闻客户端、新浪微博、知乎应如何建构壁垒才能在竞争中保持其竞争优势并延长其市场生命周期?

5. 如何理解“所有的互联网产品都具有内容产品的特性，都可进行内容运营”这一观点?结合一款你熟悉喜爱的互联网产品，谈谈其内容产品的特性和内容运营方法。

6. 请你选择一款你喜爱的互联网产品设计一个行之有效的网络运营活动方案。

7. 假设你是一个互联网新媒体创业公司的产品经理，请根据需要组织一个模拟的产品运营团队，运用 SWOT 的态势分析方法，基于用户需求和体验要求，筹划一款新媒体产品从上线之前的决策、设计到上线后的综合性网络运营的全套方案。

第六章 互联网产品的一般商业模式与具体收入模式

【知识目标】

互联网产品的一般商业模式。

互联网产品的具体收入模式。

【能力目标】

理解互联网产品的一般商业模式的主要特征。

熟悉各类互联网产品的具体收入模式。

【知识导入】

极致产品的基础网络服务及其产品免费使用策略和用户关系连接策略，可换取巨量的用户规模，而巨量的用户规模是产品实现商业变现，获取较高收入的无价之宝，如2016年微信、新浪微博、支付宝、手机百度、今日头条、滴滴出行的月活跃用户和日活跃用户都至少达到了几千万级基至上亿级别。上述新媒体组织的极致产品所积累的巨量用户规模，是其获取以亿计算的巨大收入的主要源泉。

新媒体组织开发的互联网产品的商业模式与传统媒体、传统行业产品的商业模式有着本质的区别。它以开发满足一定时期用户真实需求和体验要求为起点，以创造海量用户为支点，开发和获取特定的收入模式，从而成就一批收入和盈利模式超强的新媒体公司。互联网产品的商业模式与具体收入模式是新媒体组织产品运营的最终结果。

第一节 互联网产品的一般商业模式

互联网经济符合梅特卡夫法则，即网络价值以用户数量的平方的速度增长。不论是比较成熟的新媒体公司如BAT，还是一些新兴的移动新媒体组织如今日头条、滴滴出行，其产品的商业模式几乎都是建立在优势产品的大规模用户基础上的。可以说优势产品所积累的用户规模而产生的用户价值，是互联网企业实现盈利的现实基础。互联网产品的商业模式是体现用户需求和体验要求的优质产品所积累的用户规模尤其是活跃用户规模基础之上的用户价值的商业变现过程。

互联网产品的商业模式≠收入模式，商业模式是将产品的用户价值转化为商业收入的模式，是产品用户价值的商业变现模式。商业模式以产品为基础，通过运营获取用户，通过用户获得收入，从而体现商业价值，是产品用户规模的商业价值的变现过程。商业模式最终体现为具体的收入模式。互联网产品的收入是互联网产品商业模式的结果，而不是商业模式的全部。

互联网产品的商业模式至少包含三个方面的内容：产品模式、用户模式（含用户推广模式），最后才是收入模式。在互联网产品满足用户需求的基础上，通过运营获得用户沉淀，再通过收入方式将用户价值变现，这才是新媒体组织较为理想的产品运营的商业模式。

互联网产品的商业模式，通俗地说就是提供一个什么样的产品，给什么样的用户创造什么样的价值，在创造价值的过程中用什么样的方法获得商业价值。具体而言，就是通过足够好的产品满足用户需求，经过一段时间的积累形成用户规模，再以最适宜的收入方式，将优质产品的用户规模价值加以商业变现。在此，我们将互联网产品运营阶段的商业模式归纳为三个阶段性步骤模式即产品步骤模式、用户步骤模式、收入步骤模式，亦可称之为互联网产品商业模式的“三部曲”。

一、产品步骤模式

互联网产品的商业模式最基本的前提是优秀的产品，本质是通过产品为用户创造价值。综观各互联网新媒体公司的发展初期，我们可以发现如今在行业处于领先地位的互联网新媒体公司的产品大多是优秀的并且在初期是免费的，如新浪 PC 互联网时代的新浪新闻门户网站、移动互联网时代的新浪微博，腾讯 PC 互联网时代的 QQ、移动互联网时代的微信等。免费模式是互联网新媒体公司在发展初期聚集大量用户、获得用户沉淀的主要方式。360 的杀毒软件是免费的，用户的安装率高达 90%，所以 360 可以将海量的用户价值变现，通过卖广告提供导流服务获取收入。由此可见，互联网产品的商业模式的第一步是好的产品，产品足够好才能更好地有效满足用户在一定时期内的需求和体验要求，从而快速积累起足够实现商业变现的用户规模基础。

纵观我国互联网发展历程，在一定时期内让用户尖叫的极致产品（用户体验愉悦的优质产品）主要有以下几个。

新浪以其媒体类互联网产品而为我国网民所青睐。在早期 PC 互联网时代创办的门户型新闻网站以其分类聚合的海量、有品质的信息和快速及时更新让一部分年轻网民尖叫，形成了这一时期的新闻产品阅读“依赖症”。在移动互联网时代，新浪推出了社会化媒体产品——新浪微博，其开放的 API 允许用户分享、转发图片、文字、视频等内容，邀请明星、名人发微博，拉近了普通用户与知名人士的距离，同时也成为企业、媒体营销宣传自己的主要途径。2014 年 7 月 22 日，腾讯退出微博市场，新浪微博在与腾讯微博产品竞争中完胜，由于公开性、快速实时、低门槛等特征，新浪微博也成为主要的舆论聚集地。

百度的搜索类互联网产品是中国网民的首选。其搜索类产品，成为用户定向索取个性化信息和解决未知问题的法宝，以至于一时间网民中流传“知之为知之，不知百度知”，足见网民对百度搜索产品的高认同度。百度搜索是优质信息获取类产品的主要代表性产品，进入 PC 互联网的交互时代，百度推出了社交类搜索产品百度贴吧和百度知道等衍生产品，在移动互联网时代推出了手机百度，百度成为网民定向索取个性化信息类产品的主要代表性新媒体。

腾讯的社交类媒体产品 QQ 和微信具有绝对领先优势。其中，QQ 通过支持在线聊天、视频通话、点对点续传文件、共享文件、网络硬盘、自定义面板、QQ 邮箱、QQ 空间等多种功能为用户创造了丰富的使用体验。QQ 已经成为人与人之间、群体之间主要的交流沟通渠道，其功能的丰富性和便捷性将持续提升。微信，具有公众平台、朋友圈、微信支付等功能，用户可以通过摇一摇、号码搜索、扫描二维码的方式添加好友、关注公众号。此外，微信红包成为好友们节假日相互问候的重要方式，增进了用户之间的情感。微信已然成为用户数量增长最快的社交应用。

阿里的支付宝，作为国内领先的第三方支付平台，主要提供支付及理财服务。支付宝涉及网购担保交易、网络支付、转账、信用卡还款、手机充值、水电煤缴费、个人理财等多个领域。在进入移动支付领域后，其为零售百货、电影院线、连锁商超和出租车等多个行业提供服务。

今日头条是一款基于机器学习的数据挖掘与引擎推荐产品，能为用户提供个性化的新闻和资讯，实现内容与用户的精准连接，塑造千人千面的阅读场景，在我国移动互联网时代的用户个性化新闻和资讯市场中具有领先地位。

上述产品在一定时期内创建和打造的极致产品都取得了所在互联网时代甚至全互联网时代的市场领先优势，这是其产品实现商业变现获取规模化收入的奠基石。

二、用户步骤模式

（一）以产品免费使用策略，聚集基础规模用户

互联网新媒体公司产生收入的第二步是拥有大量的用户，商业模式的核心特点是规模性，即用户数量的规模性。先用新媒体公司获得用户，然后在巨大用户规模的基础上实现流量变现，这是各种互联网产品商业模式的基本逻辑。换句话说，新媒体企业要做流量的中间点，而不是流量的终点，利用中间点的优势地位，通过提供增值服务、招揽广告、设置“收费站”的方式获得收入，但是聚集规模用户需要一定时间的沉淀。互联网新媒体公司特别是如今已经盈利的公司在发展初期，其主要着眼点都放在了如何聚集大规模用户尤其是活跃的、黏性较高的用户上，而不是一开始就考虑盈利方式。例如滴滴出行，其上线较长时间内的运营方式依然是两边补贴的方式（同时补贴给司机和乘客），目的同样是沉淀足够多的用户，同时培养人们的使用习惯即黏性。这就是互联网新媒体公司商业模式的第二步，好的产品经过 3 年至 5 年的时间沉淀大量的用户，只有覆盖用户量级达到几百万、上千万，甚至上亿的互联网产品，才能形成大规模收入和利润。

（二）以有温度的用户关系连接策略，构建黏性化的活跃用户规模

在建立基础用户规模之后，如何让沉睡的存量用户资源转化为实质性的可变现的精准活跃用户，是移动互联网时代需要进一步探寻的问题。

有温度的用户关系连接策略，是激活沉睡的存量用户资源，打造黏性化的活跃用户规模的重要用户策略。

1. “社交化”用户关系连接策略

在移动互联网的用户“碎片化”时代，无论何种优势网络服务产品，若没有相应的“社交化”产品作为辅助支持，都将与用户存在着最后一公里的距离。而“社交化”是用户关系连接的首要步骤，它将分散的“碎片化”用户“聚沙成塔”，使之形成兴趣爱好相似的社群。因而，进一步开发相应的社交产品是打造有温度的用户关系连接的标配策略。如百度搜索产品，开发与用户互动的百度贴吧；阿里电子商务产品，开发“来往”；小米的“发烧友”“米粉”；而腾讯的 QQ 和微信是天然的强社交关系产品，用户对 QQ 和微信产品的黏度很高，因而其活跃用户规模十分强大，达到数亿。传统媒体的内容为王的产品策略，在移动互联网的用户“碎片化”时代，由于缺乏有效的社交产品的支持，因而与用户连接失效，这也是优质内容产品商业

变现能力弱的原因之一。认识到移动互联网时代社交网络连接用户关系后，诞生于2006年的美国Buzzfeed新闻聚合类网站，从2014年初起改变新闻生产和传播策略，针对30个不同的社交网络的用户定位，专门整合与之相适应的新闻内容并专门发送到其对应的社交网络。通过这一“社交化”用户关系连接策略，Buzzfeed的用户和收入都取得了惊人的成绩：每月来自美国的独立访客达到8 000万，2014年收入高达1亿美元，2016年其新闻网站的市场估值高达15亿美元。①

2. “个性化”用户关系连接策略

“社交化”是建立用户关系连接的首要步骤，但社交化所建构的社群，需要社交成员的个性化表达，才能保障社群的活跃度，因而个性化的资讯、视频和其他用户使用体验更好的个性化产品，才能进一步打造有温度的用户关系连接策略。“个性化”用户关系策略主要有两大类。

其一，基于更好玩的“个性化”用户关系连接策略。在一些社交网络中，一些当下普通网民迫切需要了解而原本晦涩、专业的相关政府和行业类甚至生活类的新闻报道、统计报告（如经济类、法律类、环保类、医疗健康类、体育类资讯），可用动漫形式、游戏化形式、短视频、视频直播等更好玩的“娱乐化”用户体验产品（而非内容庸俗化、低俗化甚至媚俗化）“翻译”为普通用户所易于接受的生动清晰的可视化和“沉浸式”形态，从而降低用户的学习和接受门槛。加强这类核心互联网产品对普通用户的“个性化”用户关系连接，能够快速扩大用户规模。

其二，基于大数据技术的“个性化”精准推荐策略。新媒体组织的产品要在积累大量用户流量的基础上，通过大数据、云计算等技术准确分析注册用户的年龄、职业、教育水平等人口统计学属性，特别是以用户使用产品的场景数据、社交关系数据准确分析用户的行为、需求偏好，给产品的用户进行准确的个性化“画像”。只有这样新媒体组织才能真正了解自己产品的用户属性和特征，从而准确开发出合适的盈利模式。例如广告商偏向于更精准、更有市场连接性的营销模式，这样产品的用户数据就尤为重要，新媒体组织可以协助广告商进行有针对性的广告投放。所以，什么样的产品就会带来什么样的用户并直接影响产品的收入获取方式。

在这方面，以互联网技术起家和占优势的新媒体公司具有天然的优势。

今日头条就是基于大数据支持，首先以大数据挖掘建立用户个性化画像，然后通过个性化推荐资讯而起家的。再如笔者曾经在办公电脑上打开自动推送的杀毒软件进行杀毒，又通过百度搜索，搜索过“2016年网络自制剧”关键词，电脑就自动匹配生成一条关于最新的“网络安全自制剧”的信息而推送到面前，大数据技术已神奇般做到个性化精准营销的极致程度。

淘宝将用户的注册信息、浏览商品路径、收藏夹的商品和已购买的商品等数据汇聚成巨大的数据库资源，这也成为淘宝一笔巨大的隐形财富。通过精准地分析这些数据，了解用户的喜好需求并进行精确匹配，将商品推送给用户。当用户打开淘宝PC版或者手机淘宝，首页所展示的产品基本都是根据用户的浏览、搜索、购买记录所推送的，这些产品更能够满足用户需求，交易成功率更高。

3. “服务化”用户关系连接策略

“服务化”既是建构、维系良好用户关系的产品策略，打造黏性化的活跃用户规模的重要法则，同时也是进一步探索产品增值服务收费的重要策略。前者表现为产品的基础服务策略，后者表现为增值服务策略。

---

① 爱范儿网．新闻网站Buzzfeed的成功秘诀［J］．中国报业，2016（5）．

其一，基础服务策略：优质客服策略。典型的如电商产品的售后服务，在这方面京东以更快更好的物流服务和售后服务，稳稳地黏住一批活跃用户。京东一直致力于发展自己的物流系统，目前京东的配送包括“211 限时达”“次日达”“极速达”“夜间配”等服务，满足了用户对于售后配送各个方面的要求，极大地丰富了用户体验，使一大批用户成为它的忠实用户。

其二，增值服务策略：会员制、积分制、粉丝制。会员制，已经成为互联网产品维系、黏住用户非常重要的方式，无论是电商、社会化媒体还是视频网站都纷纷采用了会员制来增强与用户的关系并创造收入。以视频网站为例，爱奇艺、优酷、土豆等网站都采取了会员制。通过购买会员，用户在收看视频时可免去广告，也可以观看专门的 VIP 频道，当然这些内容对非会员不开放。以爱奇艺为例，爱奇艺推出了一系列独播网剧如《盗墓笔记》《太阳的后裔》，吸引了大批粉丝购买会员。

积分制，始于传统行业，传统零售品牌或者商场通过积分来促进消费者的再次购买，同时通过积分换礼品、打折等方式回馈消费者。互联网产品的积分制类似于传统行业，例如天猫积分，用户的历史消费金额转化成积分，在付款时积分可以直接兑换成一定数量的现金作为给予消费者的优惠。

粉丝制，小米选择“高质低价”的产品定位，正是通过开发满足用户需要的产品来占据最大多数用户。通过不断听取用户意见，让用户参与产品的设计研发中并发展其为企业粉丝，小米使这些粉丝成为其商业模式的基础。

广义的增值服务策略，主要是指市场优势产品基础功能的多元化拓展，这也是新媒体组织进行多元化产业拓展的重要基础，这部分内容将在后面的相关章节详述。

4. “活动化”用户关系连接策略

如前所述，在特殊节假日，开展产品的用户优惠推广活动，是我国互联网产品短期内直接培育规模用户的最见效策略，典型的如电商媒体创新策划的“双十一”或“618”促销活动。

“双十一”源于淘宝商城（天猫）2009 年 11 月 11 日举办的促销活动，近年来“双十一”已成为中国电子商务行业的年度盛事，逐渐影响到国际电子商务行业。“双十一”期间，各大电商纷纷采取各种优惠政策，这也是消费者在“双十一”期间消费数量剧增的原因。以天猫为例，2015 年 11 月 11 日，天猫“双十一”全天交易额 912.17 亿元，比 2014 年上涨了 59.7%。①

“618”促销活动，即每年 6 月是京东的店庆月，每年 6 月 18 日是京东的店庆日。在店庆月京东都会推出一系列的大型促销活动，以“火红六月”为宣传点，其中 6 月 18 日是京东促销力度最大的一天。京东一度将“618”促成与“双十一”遥相呼应的又一大全民网购狂欢节。

腾讯的微信支付、阿里的支付宝在春节期间打造“微信红包”“支付宝红包”活动。2016 年支付宝成为央视春晚的独家互动平台，共推出“咻一咻”和“集五福”两种玩法，红包总额达到 8 亿元。在除夕夜零点之前用户可以通过“咻一咻”抢“五福”，或者通过添加支付宝好友获得，好友之间可相互赠送“五福”。2016 年 2 月 7 日除夕夜，支付宝的四轮“咻一咻”的总参与次数达到了 3 245 亿次，是 2015 年春晚互动次数的 29.5 倍；在 21 点 09 分，用户的参与热情达到了顶峰，“咻一咻”峰值达到 210 亿次/分钟。不过，支付宝虽然通过集“五福”的

① 引自《2015 天猫双十一销售额 912 亿　7 年大增 1 800 倍》（http://www.askci.com/news/chanye/2015/11/12/02421u5a0.shtml）。

活动让用户产生关系，但用户并没有充分运用这样的社交平台。①

此外，滴滴出行在春节期间进行了打折送优惠券活动。春节期间是出行的高峰期，滴滴出行选择在春节期间送出优惠券能够快速增加其用户数量。当然，上述特殊节假日推出的大型促销活动，需要强大的资本实力作为支撑，有阿里和腾讯的实力资本的支持，滴滴出行的用户规模和活跃度得以迅速积累起来。

总体来看，进入移动互联网时代，各类用户体验好的优质APP产品成为吸引活跃用户的首要法宝。如前所述，艾媒咨询发布的《2016年11月中国APP活跃用户排行榜（TOP450）》，显示了优质APP产品的用户活跃占比情况：微信（89.49%）、QQ（71.21%）、优酷（37.11%）、支付宝钱包（34.09%）、爱奇艺视频（33.96%）、腾讯视频（33.62%）、UC浏览器（33.59%）、滴滴出行（25.67%）、腾讯新闻（24.48%）、美团团购（23.67%）、今日头条（22.42%）、大众点评（22.39%）、酷狗音乐（21.17%）、秒拍（18.33%）、360手机卫士（16.25%）。②

三、收入步骤模式

收入步骤模式即建构产品用户价值的商业变现模式。将优质产品的规模用户的价值转化为收入的形式，是互联网产品商业模式的最终落实阶段，也是互联网产品运营的主要目标。

如前所述，极致产品的基础网络服务及其产品免费使用策略和用户关系连接策略，可换取巨量的用户规模，而巨量的用户规模的价值使产品实现商业变现。如2016年腾讯的微信、阿里的支付宝、新浪微博、手机百度、今日头条、滴滴出行的月活跃用户和日活跃用户都至少达到了几千万级甚至上亿级别（见表6-1）。上述新媒体组织的极致产品所积累的巨量用户规模，是其获取以亿计算的巨大收入的主要源泉。

表6-1　2016年3月各类优势产品活跃用户规模　单位：亿

产品名称	微信	新浪微博	支付宝	手机百度	今日头条	滴滴出行
月活跃用户	7.06	2.71	2.72	2.8	0.87	0.58
日活跃用户	5.49	0.784	0.572	0.828	0.332	—

资料来源：根据艾媒咨询相关数据整理而成。

（一）通过广告方式，变现产品的基础用户价值

在我国，很多基础网络服务产品，如网络信息获取类产品、网络社交沟通类产品、电商类产品、网络泛娱乐类产品，是以免费方式获取基础用户的。因而，针对不愿付费的产品基础用户而言，在网络服务产品内设置各类企业广告推广，便是商业变现的主要方式。广告是变现产品基本服务免费所积累的基础用户价值的主要方式。

PC互联网时代的门户型新闻资讯广告如新浪的企业品牌网络推广广告，定向搜索广告如百度、谷歌的定向搜索广告，是目前网络广告的主要形式。

腾讯的微信朋友圈广告是较典型的社交广告，阿里则是典型的电商广告代表，如向C2C淘宝个人卖家收取的在线营销费用、向B2C天猫企业卖家收取的交易额佣金费用、向聚划算

① 沈忱，陈威，黄聃聃．2016猴年网络红包大战对比分析［J］．新闻研究导刊，2016（7）．

② 引自https：//baijia.baidu.com/s?old_id=722094。

卖家收取的展示广告位置费用，以及特定的旺铺月使用费用。总体上，阿里在中国零售方面的营收，主要来源于对卖家的广告推广。随着移动互联网时代的到来，智能手机的大屏化和大内存以及手机流量资费成本的降低，使网络视频行业迎来爆发式发展，长视频、短视频、全民直播都迎来发展高潮，各类视频广告也成为主流广告形式。品牌图形广告是网络硬广告最常见的表现形式，也是占市场份额最大的网络硬广告形式。它主要投放在综合门户网站、垂直类专业网站上，其作用是增强品牌广告的曝光率，与传统媒体时代的“广告标王”延续着同样的思路。品牌图形广告主要包括按钮广告、鼠标感应弹出框广告、浮动标识/流媒体广告、画中画广告、摩天柱广告、通栏广告、全屏广告、对联广告、视窗广告、导航条广告、焦点图广告、弹出窗口和背投广告等形式。

根据CNNIC第39次《中国互联网络发展状况统计报告》，2015年中国网络广告市场份额占比前三的广告形式为搜索引擎广告、电商广告和品牌图形广告，占比分别为33.8%、28.2%和15.3%，收入分别是708.68亿元、591.27亿元和320.80亿元。

（二）通过收费方式，变现产品的用户增值价值

在互联网产品的基础用户中，有一部分年轻、高频使用的重度用户，针对他们，企业可以开发多功能的衍生周边产品，为其提供增值服务，并通过收费方式变现这部分用户的增值价值。以腾讯为例，其核心产品QQ、微信是最受欢迎的社交服务应用，用户的活跃度和黏性非常高。腾讯在QQ的基础上延伸了网络游戏、新闻、视频、电商等增值服务，用户每天都会收到QQ和微信所推送的腾讯新闻，而用户想要进一步浏览所推送的新闻，需要下载腾讯新闻客户端和腾讯视频客户端，如此一来又通过社交产品提高了延伸服务的用户数量，网络游戏更是成为腾讯最大的收入来源。

我国新媒体组织的具体收费方式，主要有会员直接收费、会员电商、电商佣金提成、游戏收费等。

其一，会员直接收费方式。主要是用产品招揽会员，通过会员缴费的方式实现收入的变现。以罗辑思维为例，其定位为一档读书思考类节目，它在知识中寻找独立的见解，让受众在知识中寻找思维的乐趣，口号是“死磕自己，愉悦大家”。随着体验经济时代的到来，只要让消费者完全投入，一切都有可能。罗辑思维的会员收费方式，是罗辑思维社群经济的具体体现，实质是罗辑思维高频使用的粉丝用户（只占罗辑思维用户群体的1%）为了融入罗辑思维知识社群或者平台而付出的心理上可以承受的合理代价。2013年8月，罗辑思维进行了第一次会员招募，会员权益几乎没有什么实质性内容，4个小时后售罄5 500个会员，入账160万元，被称为“史上最无理的付费会员制”，但当天却被认为是自媒体最有意义的一天。2013年12月，罗辑思维第二次招募会员，会员权益没有实质变化，仅在24小时内就卖出2万个，收入800万元。目前，罗辑思维总共有66 000名付费会员，其中铁杆会员16 000人，收费1 500元/人，亲情会员50 000人，收费300元/人，总计3 900万元。

其二，会员电商方式。互联网产品在积累一定会员规模的基础上开始通过在自身平台上出售商品来增加收入。罗辑思维的会员电商主要有以下几种：第一，定制书籍和文具。罗辑思维每期都会推荐很多好书，有的书已经绝版，所以，罗辑思维和书的作者合作推出罗辑思维定制版，价格比亚马逊、当当、京东这些网站要贵很多，但销售一样火爆，像《战天京》在公众号里45元包邮，20 000套很快售罄。另外，为了选题，罗振宇每天做日课，在笔记上记录简要的思维过程。他发现这是一个很好的管理自己的方式，相当于写日记，但比日记精简、实用、一目了然，所以经过策划包装，推出精美实用的《日课》春夏秋冬四本，其实就是民国老课本

和日历、笔记本的集合，高价售卖，并在微信上每天示范使用，《日课》也成为很多罗辑思维会员的抢手货。第二，罗辑思维本身推出书籍和文章。罗辑思维虽然是一档网络脱口秀，但知识含量大，主持人语言幽默、犀利，逻辑严密，所以，每一期节目都是一篇好文章，出版方借助微信平台，促销商品。第三，其他产品的售卖。最典型的例子就是 2014 年 7 月，罗辑思维进行了月饼销售活动。“罗辑思维月饼，真爱特供，想要你就大声叫”，用户既可以自己掏钱买，也可以找别人帮他买，“可以测试真爱”，一盒 199 元，最后完成订单数 20 271 笔，总销量 23 214 盒。

其三，电商佣金提成方式。佣金与分成模式的逻辑是，帮助客户达成交易，并从交易金额中扣除一定的费用。以天猫为例，如果商家想在天猫上开店，需要向天猫缴纳三项费用：保证金、技术服务年费、技术服务费率。其中技术服务费率是天猫的主要盈利模式。每件商品成交后，天猫都会从成交额中收取一定比例的服务费，不同类别的商品费率不同。例如按照 2013 年的标准，如果在天猫上成功卖出一本图书，天猫会按照 2%的比例抽取服务费；而如果成功卖出一套卫浴用品，则需要缴纳 5%的服务费。天猫每天的成交量巨大，所以靠着收取服务费，每天都会产生大量的盈利。

其四，游戏收费方式。游戏的创收做得最成功的当属腾讯。腾讯依靠 QQ 积累的亿万级用户规模发展网络游戏，获得了巨大的收入。目前网络游戏盈利模式主要有四种：第一，收费游戏，一般以出售游戏盈利，如销售游戏点卡或按时收费等；第二，增值业务收费，一般采用游戏免费、增值服务收费形式，如道具、装备收费等，目前这种模式在市场中占比较高；第三，广告收费，将产品或品牌信息嵌入游戏，用户在玩游戏的过程中，接触到广告产品，向第三方广告商收取费用；第四，周边产品，指通过自行或授权生产，开发与游戏相关的实体产品获取利润。

总体而言，我国互联网产品的商业变现模式，主要体现为通过“免费换广告”和“增值服务换收费”这两大收入模式以及广告、电商、游戏、会员这四种具体收入方式。

(三) 提升产品的用户价值变现能力

其一，持续的变现能力最终取决于用户对产品的依赖程度。变现能力和用户对产品的依赖程度密切相关，用户对产品的依赖程度高、有较大的黏性、产品可替代性较低，变现能力就强。

变现能力最高的是腾讯，用户对微信、QQ 的使用率和依赖程度非常高（当然也是因为腾讯的社交工具是足够好的产品），因此在社交的基础上腾讯延伸了游戏、视频、电商、线上支付等变现方式。

阿里的支付宝产品的变现能力随着移动互联网和“互联网+”时代的到来，其变现场景也日趋多元化，网上购物、商场购物、理财、支付电影票，城市生活服务缴费（话费、电费、天然气费、出租车费、看病交挂号费、治疗费、药费、出门订火车、飞机票、订酒店），支付宝几乎成为互联网用户线上线下生活的总“财务”管家。

其二，以“活动推广”带动产品变现能力的提升。活动推广既是快速积累用户规模的有效方法，同时也是直接带动某些产品变现能力提升的重要方法。如前述的电商媒体的“双十一”“618”促销活动，几乎占电商媒体全年收入的大部分比例。图 6－1 为天猫“双十一”活动历年销售额变化图，可见天猫的“双十一”活动历年的收入快速增长的状况。

综上所述，新媒体公司一款互联网产品的商业模式，最初主要是创建和打造让用户满意的极致产品，以此获取规模用户的价值，再以广告模式和收费模式对规模用户价值进行商业变

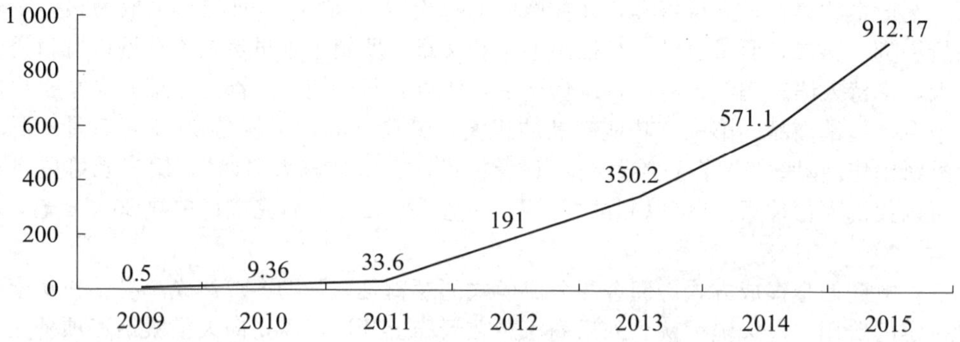

图 6-1 天猫“双十一”销售额（单位：亿元）

资料来源：根据天猫“双十一”活动历年销售额整理而成。

现，将其转化为广告、电商、游戏、会员等收入形式。当然，不同类型的互联网产品的具体收入方式因其特性而不同。

第二节 互联网产品的具体收入模式

如前所述，互联网产品的总体商业模式是将互联网产品的用户价值转化成商业价值（收入）的模式，即以优质产品为基础，通过产品的运营获取用户价值（基础用户规模和黏性大的活跃用户规模），然后，将用户价值转化为收入的过程和方式。收入模式是互联网产品的商业运营最终结果。我国新媒体组织产品型商业运营的收入模式，主要有两大类：一是通过广告售卖方式变现产品对用户的基础服务价值；二是直接通过收费方式变现产品对用户的增值服务价值。

互联网产品大致上可以分为网络信息获取类、网络沟通交流类、网络娱乐休闲类、网络实用服务类四类。上述四大类互联网产品的具体收入模式，即具体的收入变现方式和形态因互联网产品特点而不同，呈现出多样化的收入变现方式和收入形态。

一、网络信息获取类产品的具体收入模式

网络信息获取类产品主要包括网络新闻、搜索引擎、问答社区、社交媒体等。优秀的信息获取类产品，主要有网络新闻类的新浪（含新浪微博）、搜狐、今日头条、澎湃，搜索引擎类的百度、搜狗、谷歌，问答社区类的百度知道、知乎，以及一些微信公众号类的自媒体，较为典型的如知识教育类的罗辑思维、视知，生活美学类的一条、二更。总体上，这类网络信息获取类产品的主要收入模式是各类网络广告，以在线营销产生的网络信息推广收入为主。

新浪和今日头条是以为网络用户提供网络新闻为主营业务的专业新媒体公司，其主要收入来源是网络新闻产品的广告收入，其中，新浪的广告收入来自 PC 端的新浪网和移动端的新浪新闻客户端以及作为移动社会化媒体的新浪微博。新浪微博兼具网络新闻和社会化自媒体的特点。在 Web2.0 和移动互联网的大背景下，显示性广告、移动互联网广告、搜索广告成为信息获取类产品互联网广告的三大主线。其中新浪网以显示性广告为主线，今日头条以精准化的移动互联网广告为主线，百度、搜狗、谷歌以搜索广告为主线并逐步由 PC 端搜索广告向智能手机终端的移动搜索广告发展。三大主线中，移动化、智能化、精准化搜索广告是主要方向。

百度、搜狗、谷歌是向用户提供搜索引擎类产品服务的主要代表。此类搜索引擎的主要收

入来源是广告，其具体的广告收入方式是多元化的。百度作为一个我们耳熟能详的搜索引擎产品，于2000年成立，它开始是给门户网站“打工”的，为搜狐、新浪提供搜索引擎服务，两年后独立做搜索网站，成为中国的谷歌。现在的百度是中国最大的搜索引擎，占据了80%左右的市场份额，是中国PC端和移动端的重要流量分发公司。百度的商业模式是建立流量入口，通过分发用户获得广告收益。其具体的广告收入形式主要有三种。其一，搜索竞价排名广告。百度首创按实际点击效果付费的网络广告推广方式，竞价排名广告是百度的主要盈利模式，百度广告的收入是由中国网民的数量和中小企业竞价决定的。网民数量一直在增长，企业竞价一直在增高，所以百度广告收入自然就在提高。根据百度的收入来推测，其现在的平均点击成本在5元左右。我们每天打开百度搜索点击一个关键词，广告主就要向百度缴纳5元，有些热门行业的平均点击成本还会更高。百度通过搜索流量入口价值，建立搜索竞价排名广告收入模式，搜索竞价排名在给百度带来超额利润的同时，也让百度遭到很多质疑甚至诟病，搜索竞价排名滋生了许多违背商业伦理、商业道德的行为，尤其是民营医疗机构的虚假医疗信息泛滥。搜索竞价排名广告形式在社会法律机制方面存在着重大缺陷，这是百度亟待解决的。其二，搜索推广广告。百度借助其80%以上的中国搜索引擎市场份额和60万家的联盟网站优势，推出了按照网络推广效果付费的广告收入方式。企业可以先预存一定的服务费，然后获得在百度搜索海量免费展示的机会。如果用户点击了一次该企业链接，那么百度就收取一次的费用。这种方式和传统的竞价排名等方式不同，能够吸引更多企业来使用百度搜索推广。其三，百度联盟推广广告。百度联盟成员包括了大量的第三方网站内容及软件的供应商，百度用搜索技术为这些网站服务，使这些网站的客户能够更好地搜索信息，因此提高了网站访问率。

然而，搜索营销市场的发展逐渐逼近天花板，业务发展与收入结构转型成为必然趋势。互联网广告市场的规范化发展，有效保障了网民、广告发布者和经营者的权益，但从短期来看，互联网广告市场收入，尤其是搜索关键词广告收入可能会受到一定影响。搜索引擎企业正在通过多终端、多领域业务布局谋求转型。以百度为例，其在线营销收入占总营销收入的比例很高且保持增长，但网络营销客户数量增速却远不及收入增速，这意味着这一业务面临增长乏力的困境，医疗广告事件爆发、监管政策相继出台，将会对广告收入产生一定影响。面临诸多困境，百度正在大力拓展互联网消费业务，服务总成交额从2015年第三季度以来一直保持增长，到2016年第一季度达人民币160亿元。尽管互联网消费业务尚未成为其收入的支柱性来源，但从市值、市场份额表现来看，百度的业务转型受到了股东、网民和监管部门的部分认可。

进入移动互联网时代，具有更好广告投放效果的社交广告和智能推荐广告的广告变现方式受到移动广告商家的青睐，增长很快。如腾讯2015年第四季度网络广告业务收入同比增长118%，达到人民币57.33亿元，其中，效果广告收入同比增长157%，达人民币29.16亿元，主要源于QQ空间手机版、微信公众号广告以及新推出的微信朋友圈广告服务的增加。2016年10月20日，今日头条已经超额完成60亿元的年度广告收入目标。虽然在短期内，搜索广告暂时不会受到很大影响，但从长远来看，作为基础应用，搜索引擎将继续向连接更多信息、更多商品、更多服务、更多个人、更多产业的基础支撑技术和流量分发渠道方向发展，搜索流量价值的广告变现方式将成明日黄花。①

从网络广告发展的历史来看，网络广告总体上经历了四个阶段：第一阶段是门户广告，内容控制权在门户，推送给用户的内容千人一面；第二阶段是搜索广告，依关键词排序，屏幕控制权逐渐交还用户；第三阶段则是社交广告，用户自定义内容，在用户交互过程中，内容的门

① 引自《搜索监管更严格　价值转化需创新》（http：//tech.ifeng.com/a/20160803/44431564_0.shtml）。

槛越来越低；第四阶段则是个性化智能推荐广告，以个性化的用户内容智能推荐满足广告商的需求。

二、网络沟通交流类产品的具体收入模式

新媒体中的沟通交流类产品主要包括即时通信产品和网络社区、空间微博等。

腾讯的QQ和微信是非常具有代表性的网络即时聊天工具。腾讯在最初的发展阶段只是一个小企鹅的形象，到现在发展成为这样的大帝国，或许连创始人都没有想到。我们大多数人的日常通信、社交、信息、关系链、交易、娱乐等行为基本都发生在腾讯这个平台上。作为中国互联网收入最高的公司，腾讯的主要收入便来自互联网的增值服务，而游戏是增值收入的主体，另外还包括腾讯会员的增值收入和以腾讯网为主的门户和视频广告收入，此外，还有一部分的电商收入。腾讯的商业模式是围绕着QQ和微信这两个用户群来建立的，它以用户群为核心，抓住用户，吸引他们玩游戏、买虚拟会员服务并引导他们看广告，买东西。腾讯产品繁殖能力很强，因为它紧贴用户群，以多种方式来获得收入。“增值＋游戏＋广告”成为网络沟通交流类产品的主要收入模式。目前腾讯的营业收入中，面向C端的增值业务是其主要来源，无线增值业务包括手机QQ、腾讯新闻客户端、手机游戏等与移动、联通、电信通信运营商的合作，在手机卡中内置QQ软件，与运营商进行利润分成。游戏是腾讯的核心收入来源，主要通过发售游戏点卡、出售游戏道具获取利润。腾讯广告收入主要包括效果广告收入和品牌展示广告收入。效果广告收入主要来自QQ空间手机版、微信公众号广告以及微信朋友圈广告服务；品牌展示广告收入主要来自腾讯视频和腾讯新闻等平台移动端的贡献。2015年全年，腾讯以QQ和微信的巨大用户群体为基础获取的“增值＋游戏＋广告”总收入为人民币1 028.63亿元（约158.41亿美元），比去年同期增长30%。①

作为重信息传播的社会化媒体，微博通过引入微信平台所不具有的明星、意见领袖、各领域达人等名人微博策略，添加了话题、热搜榜之类的功能，使消息尽可能在短时间内辐射更多的人。为了协助深度信息的传播，其开放了长微博，打破了140个字的限制。2016年上线的“超级话题”就是仿贴吧的模式建立起来的，它让持相同爱好的人在某一话题下交流、发表观点。此外，短视频、直播的介入，大大提升了用户的活跃度。2016年第三季度财报显示，本季度微博月活跃用户达到2.97亿，在移动端，微博月活跃用户占比达89%，同时，微博日活跃用户增长到1.32亿，同比增幅达32%。随着用户在微博观看短视频习惯的进一步培育，随着用户的高速增长与内容生态建设的完善，广告主对于微博的认可程度越来越高。第三季度，微博单季广告收入首次超过10亿元，达到10.45亿元，同比增长56%。微博广告收入结构进一步优化。微博视频广告的规模和普及度继续提升，第三季度微博视频广告收入占比超过10%。第三季度在微博投放视频广告的品牌客户环比增长90%，其中上海大众汽车投放的视频广告覆盖用户1 803万，视频总播放量789万。此外，以电商和内容为主的中小客户，也更愿意通过视频广告进行社交营销。第三季度共有近4 000家中小客户在微博上投放视频广告。②2016年第三季度非阿里广告收入同比增长112%，连续三个季度保持100%以上增幅。品牌客户和中小客户广告收入同比增长均超过100%。在此基础上，微博实现了连续8个季度的盈利增长，其中广告收入占总营收的88.56%。对于未来，微博首席财务官余正钧表示，微博开始

① 引自http：//tech.qq.com/a/20160317/046952.htm。

② 引自http：//www.jlonline.com/caijing/2016-11-25/100735.shtml。

对一些内容实行了付费订阅模式，这将会对公司贡献一部分额外的收入。微博在移动端的市场化能力也继续提升，本季度来自移动端的广告收入占比提升至66%。①

陌陌在社交定位上更趋于本地和兴趣，虽与腾讯略有不同，但本质上都是一样的。陌陌的收入结构与腾讯颇为相似，“增值＋游戏＋广告”已成陌陌营收的“三板斧”。2015年第一季度陌陌收入主要来自以下几方面：一是会员订阅服务营收，共1 300万美元。二是移动游戏营收，共610万美元，同比增长212%。陌陌平台第一季度发布了8款游戏，线上共有17款游戏，并且与陌陌吧等频道打通。三是移动营销服务营收，共600万美元，58同城和阿里是陌陌的大客户，同时陌陌还接受蜜淘等广告主的广告投放。四是付费表情和礼物商城等其他服务营收（增值业务和自营电商），达到110万美元。② 自2016年4月起，陌陌发布重大产品升级，将直播业务提升到了重要的位置上，同时发布了独立直播应用“哈你直播”。一系列动作后，直播服务与陌陌核心社交业务产生了显著的协同效应。通过直播，用户在陌陌平台上获得了全新的社交和寻找乐趣的方式，直播服务在陌陌用户中持续渗透。截至2016年9月30日，直播服务的付费用户达到260万，同比增长100%，三季度贡献营收1.086亿美元（约7.4亿元人民币），环比增长88%，占陌陌总收入的70.7%。③ 总之，陌陌基于自身的特色和优势，在商业模式方面具有较为完善的布局和整体思考。目前陌陌已经在直播、移动营销、会员订阅、游戏等服务上形成了较为成熟的发展模式，其中直播与移动营销为陌陌的营收贡献最大。

自2012年腾讯推出微信公众号以来，产生了大量微信公众号类的自媒体，较为典型的如知识教育类的罗辑思维、视知，生活美学类的一条、二更。这类自媒体的运营大多走“优质内容＋微信社群营销”相结合的发展道路，其呈现出与传统内容产品所不同的多元化收入方式，广告、电商、付费阅读是其内容项目变现的主要方式。其中，广告是其基本收入方式，“接广告”是移动内容APP最常见的收入盈利模式。进入移动互联网时代，各类优质内容APP逐步发展成为重要的移动广告投放渠道。艾媒咨询数据显示，2015年中国移动广告市场规模将破560亿元，APP已经成为移动广告投放最主要的渠道，占比达94.04%；其次是短彩信广告，占比2.61%；应用商店广告占比2.92%；占比最低的渠道为手机网页。④ 粉丝量有一定积累后，首先找上门的是广告。一开始是微信自动匹配的页面下方小广告，做大之后，会有广告主一对一找过来。最为典型的是生活美学类的原创短视频自媒体——“一条”。自2014年创办以来，作为生活美学类的原创短视频自媒体的“一条”，每天只发一条内容，每一条内容都是原创短视频，从0到100万的粉丝只用了短短的半个月时间，创办两年后用户粉丝量达到600万，用户规模扩大6倍。每一条广告收入100万元，每月约3 000万元的收入。“一条”之所以100万元一个广告，单个广告价格高但广告主却纷纷找上门，不仅仅是因为其内容口碑，更多的是因为移动端的广告资源少，而大部分的广告主是一些实体的商家，比如一些做茶庄，做工艺，做品牌的商家。“一条”已经完成了几轮融资，融资的金额达千万美金。而融资后的“一条”估值也达到了1亿美金，也就是说一个600万粉丝的微信公众号估值达到一亿美金。

进入移动互联网时代，随着消费升级和终身学习的趋势，面临着国家宏观层面严厉打击盗版的版权生态环境的优化，知识付费及其衍生收入模式逐步发展成为移动社交型知识性内容产品的另一种新兴的收入模式。

---

① 引自http：//news.pedaily.cn/201611/20161122405718.shtml。

② 引自http：//luochao.baijia.baidu.com/article/63508。

③ 引自http：//www.techweb.com.cn/news/2016-11-09/2429770.shtml。

④ 引自http：//www.iimedia.cn/39557.html。

罗辑思维是较早尝试知识付费收入模式的。罗振宇创立的罗辑思维，号称是影响力最大的移动互联网知识社群，其收入方式是多元化的。首先是会员费，“发起会员”只收 5 000 名，“铁杆会员”只收 500 人，发起会员 200 元/人，铁杆会员 1 200 元/人，招满为止。5 500 个会员名额短短几小时抢空，160 万元轻松到账。其次是电商收入，其在公众号上销售的图书、月饼等产品总是供不应求。除此之外还有随之而起的广告费用、粉丝打赏费用、授课费用、互联网讲座出场费用等。

真正的知识付费收入模式，起源于 2015 年，兴盛于 2016 年。喻国明教授等在《线上知识付费：主要类型、形态架构与发展模式》中较为系统地梳理了我国知识付费的兴起和发展过程。①

2015 年 3 月果壳网推出产品“在行”，用户可以通过付费的模式一对一约见不同领域的专家。2015 年末，罗辑思维推出了知识付费订阅的应用程序“得到”，该应用上线不到 3 个月便积累了 42 万用户，付费率高达 20%。2017 年 3 月，罗振宇停止更新周播视频并退出其他音频平台，其音频产品只在“得到”APP 独家发行，以罗振宇、李翔、李笑来为代表的意见领袖吸引了海量粉丝并逐渐搭建起自主的内容付费体系。知乎于 2016 年 3 月和 4 月连续推出了两款知识付费产品，分别是实时问答互动产品“知乎 Live”和一对一付费咨询产品“值乎”。2016 年 5 月，早已布局知识付费市场的果壳网上线了新型付费语音问答新产品“分答”，并邀请王思聪、佟大为和冯仑等各行各业的大 V、网红入驻平台，以偷听回答的形式激发偷听者的窥私欲和好奇心，以此来吸引更多用户。“分答”上线仅 42 天，授权用户超过 1 000 万，付费用户多达 100 万，33 万人开通了答主页面，产生了 50 万条语音问答，交易总金额超过 1 800 万元，复购率达到 43%。

果壳、知乎等知识共享平台在知识付费领域的成功尝试推动了在线音频分享平台的试水。以喜马拉雅 FM、荔枝 FM 为代表的音频分享平台借助音频产品易于传播分发的优势开启了音频类知识付费产品的尝试。2016 年 6 月 6 日，喜马拉雅 FM 开始尝试付费订阅，由前央视主持人马东携手《奇葩说》优秀辩手创办的《好好说话》一天内共计售出 25 731 套，销售额突破 500 万元。音频类知识付费产品得天独厚的特性，让知识学习和信息接收更为便捷，相比文字和视频更容易满足碎片化移动互联场景下用户的需求。

此后，钛媒体和 36 氪等垂直媒体也纷纷开设付费专栏。2017 年初，钛媒体面对投资人和企业高管等高端商业群体推出了付费 APP“钛媒体 PRO 专业版”；随后同为创业服务媒体的 36 氪则上线了“开氪”栏目，旗下付费产品“300 天品牌思维修炼”“5 分钟创业课”“投资人的秘密”主要聚焦在创业、投资等领域，深受创投界人士的喜爱。

2016 年，被称为知识付费元年。在这一年，知乎、果壳（在行、分答）、喜马拉雅 FM、得到及其他知识付费平台相继出现，知识付费的用户迅速增长，知识付费产品面临井喷。喜马拉雅 FM、得到等知识付费平台主打订阅专栏，分答以面向大众碎片化时间的简短语音问答为主，而知乎则以付费讲座的形式而著称。从内容形式来看，知识付费平台逐渐形成以订阅专栏、付费问答、付费讲座为主，免费资讯和电子书为辅的格局。知识付费的模式脱胎于内容付费，其出现要略晚于音乐、视频等领域的内容付费。

当前市场上流行的知识付费产品以音频类为主，文字、视频类为辅，尽管其载体和原有付费音乐和付费视频等形式类似，但其内核“知识”却与音乐、视频大相径庭。前者缓解移动互联网用户的知识焦虑，以有针对性和可操作性的高场景度的价值信息为主；而后者则是用户日

---

① 喻国明，郭超凯．线上知识付费：主要类型、形态架构与发展模式［J］．编辑学刊，2017（9）．

常生活休闲娱乐的“调味品”。线上知识付费平台的兴起源于用户在知识盈余的压力下的渴望与焦虑，是一种内容消费的升级形式。尽管总体上未来信息生产和分享领域将长期维持免费为主、付费为辅的格局，但知识付费将会受到越来越多用户的青睐，这也将成为一种必然。一方面，知识付费平台以优质内容吸引高黏度的用户群体购买心仪的知识内容产品，通过内容付费形式实现直接变现；另一方面，知识付费平台也以巨大的流量和不菲的收入分成机制鼓励内容生产者持续产出高质量、满足用户需求的内容产品，从而形成知识变现的闭环盈利模式。①

2016 年，知乎作为定位较为高端的网络问答知识型社区平台，在原生广告和品牌展示广告的基础之上，大力推出了多元化的付费收入项目如付费授权、专栏赞赏、知乎 Live、值乎，知识电商如知乎书店（可直接在知乎购买、下载知乎电子书和阅读），线下活动如知乎盐 club。

作为社交和音乐相结合的垂直社交产品，唱吧结合自身的优势和布局，从虚拟礼物/道具、广告、会员、电商、演艺经纪等方向进行商业化的探索，整体布局围绕着音乐与社交两个方面。由于唱吧红人的高人气与强粉丝互动，目前唱吧的虚拟礼物/道具收入占整体收入的比例为 70%至 80%。

总结移动社交产品在商业化拓展方面的经验，当前我国移动社交行业的主要收入模式包括广告、游戏、电商、O2O、内容、付费、会员、其他增值服务（如实体/虚拟道具）及其他小工具等，其中，广告、游戏、电商等模式的发展趋于成熟，社交内容方面的价值不断提升。

三、网络娱乐休闲类产品的具体收入模式

互联网应用中的网络音乐类、网络影视（或视频）类、视频直播类、游戏类、网络文学类等产品属于互联网娱乐休闲类产品。在我国，娱乐休闲类互联网产品的收入模式，除了游戏类以玩家的增值收费为主外，大多以大量基础服务免费换广告，少量增值服务收费模式为主。

然而，国家加大了对原创网络音乐类、网络视频类版权的保护力度，2015 年 7 月 31 日之前，国内各网络音乐平台上未经授权的作品必须全部下线。网络音乐平台不得不花重金购买版权，向用户收费似乎成为唯一的生存模式。一些网络音乐类平台采用“试听免费，下载收费”，让用户循序渐进地适应收费过程。对于多数网络音乐类平台来说，豪掷千金购得天价版权并非上策，它们另寻出路做名牌的“周边生意”。比如网易 bobo 就与《中国好声音》合作上线官方 APP，整合其学员招募、秀场主唱、好声音官方 APP 秀场主播巅峰赛等互动活动，在天价购买音乐版权之外走一条独辟蹊径之路。②

互联网娱乐休闲类产品的收费业务基本遵循着这样一条逻辑，其基础业务是免费的，然后通过这种免费的服务吸引大量的用户并对其加以引导，如果用户想要在此基础上获得优质服务，那么就需要付费，但这种付费是用户主动的。

例如，在视频网站中，电视剧、电影的观看基本都是免费的，但是，在这之中加载的广告越来越长，用户若想跳过广告，那就需要付费享受这种增值服务。还有一些视频网站享有影视剧的独家播映版权，那么用户想要提前观看这类影视剧，同样也需要付费成为 VIP 会员。在网络游戏中，用户玩游戏一般都是免费的，但是如果用户想要玩得更好，想要玩出一定的成绩，那也是需要付费的，也就是在游戏中买装备和道具，以更好地辅助用户在游戏里的竞争。这种模式的出现使得网络游戏中的用户数量猛增，而收入的总规模也成倍增加，虽然付费买道具的

① 喻国明，郭超凯．线上知识付费：主要类型、形态架构与发展模式［J］．编辑学刊，2017（9）．
② 王彦．网络音乐市场，除了收费就无路可走?［J］．新闻与传播学术前沿，2015（7）．

用户是少数，但是也有被动付费变为主动付费的用户，用户的付费意愿更加强烈，这种收费的模式反而让这种产品赚得更多。

当下我国电影的年产量是700部，能有幸进入院线放映的大约100部，能至少打平成本的大约30部。想象一下，大部分票房收入被前十名拿走，长尾亏得很惨，我们称之为“头部效应”，而销量顶尖的称为“头部内容”。具有头部效应的仅限于长视频，例如网上电影、剧集、综艺、动漫等。这些节目一般称为OGC，大制作有版权受欢迎，部分观众愿意付费。知名例子如美国Netflix、中国爱奇艺等。视频服务的长尾效应也发生在短视频以及全民直播领域，这种类型的例子有美国YouTube，中国早期的优酷和土豆、快手、美拍、映客、花椒等。长视频关注的是作品，因此可以围绕著作/明星/话题形成社区。短视频和全民直播更容易关注到的是内容背后的人，虽然前十大网红的作品可能占据了相当的播放量，但是任何单个网红跳槽都不会动摇原本的平台。也就是说，短视频和全民直播更接近于长尾效应。短视频服务适合往社交和工具发展。如以工具属性为诉求略带社交元素的快手短视频分享APP，已悄无声息地在中国二三四线城市拥有超过3亿注册会员。这个APP从不追捧明星视频，也从不搞大制作，只展示最普通的百姓自拍，主要诉求为“记录生活”，次要诉求为“展示自己”。社交网络的底层是用户数据，而平台经营者则要做好内容生产工具。①

视频直播正在成为近年来新媒体的新“风口”，有着海量的UGC内容，它的背后是粉丝经济，粉丝愿意为自己喜爱的内容付费，无论是打赏还是参加主播们发起的活动，这使得直播的盈利能力十分强。作为国内网络视频直播行业的奠基者，YY直播是一个包含音乐、科技、户外、体育、游戏等内容在内的国内最大全民娱乐直播平台，注册用户达到10亿人，月活跃用户达到1.22亿，致力于为广大具有表演才艺（包括演唱、脱口秀等）的社会个人和组织提供即时表演创作和分享的平台。在YY直播平台上，用户送礼物已非一时心血来潮的打赏，更多变成一种习以为常的消费习惯。从YY这几年的财报看，视频直播业务收入增长和用户增长都非常明显，自2010年YY直播将平台上的直播表演市场化，当年营业收入达到了3 600万元左右。2015年YY直播平台的营业收入为33亿元人民币②，YY成为我国当下营业收入最多的直播平台。

网络娱乐休闲类产品的收入模式总体上是以用户为核心，牢牢抓住用户，从用户身上开发出多种多样的收入模式，充分将用户价值转化为收入。这种模式一般包括广告、会员费、游戏收费等。很明显，这种以用户为核心的商业模式比起传统的以产品销售为核心的商业模式，会产生更大的商业价值。

腾讯利用庞大而具有黏性的社交用户群资源，推出了一站式在线信息及娱乐生活服务（包括网络新闻资讯、网络游戏、网络文学、网络视频、动漫）业务，以提升单个用户多元化价值，实现在线网络信息和泛娱乐休闲类产品的“赢者通吃”。

四、网络实用服务类产品的具体收入模式

网络实用服务类产品主要包括在线支付类产品、在线购物类产品、一站式生活服务平台类产品、网约车类产品、在线教育类服务产品、实用办公类服务产品，这些网络实用服务类产品主要以电商在线营销收入（以电商广告收入为主）、电商佣金收入和实用服务广告收入为主要

① 引自黄绍麟《PGC/UGC/OGC，视频行业G点何在?》(https://baijia.baidu.com/s?old_id=645361)。

② 引自《2016直播平台排行榜YY斗鱼月活跃3亿用户》(http://www.phb123.com/keji/hulianwang/8860.html)。

来源。其中最成熟的是电商收入模式，最具前景的是一站式生活服务平台类收费模式。电子商务类产品在我们的生活中起到服务性作用，阿里所建立的商业帝国绝对可以称得上是中国的电商霸主，它包括淘宝、一淘、天猫、聚划算、阿里国际业务、阿里小企业业务、阿里云事业群等，横跨国内国际区域，覆盖 B2B、B2C 和 C2C 业务且全部处于垄断和领先的地位。阿里已经围绕着电商平台形成了一个大生态，而且它依然拥有着很大的潜力，拥有核心资产支付宝的蚂蚁金服和建立在大数据基础上的新物流公司菜鸟网络，它们都有很大的发展前景，阿里已经构建起了覆盖电商、金融和物流的生态圈。阿里作为盈利能力最强的互联网新媒体公司，其主要收入来自淘宝、天猫和聚划算电商零售业务。商家在淘宝、天猫平台上支付的在线营销费用就是其收入的一种。另一种是从天猫等交易平台上产生的交易佣金及来自阿里国内诚信通会员和国际业务会员费收入。淘宝虽然是电商中的霸主，但是它的主要收入不是电商收入，而是淘宝的各种推广广告收入。淘宝不向卖家收租金，而是向卖家收广告费，这是一种收入模式的创新。

进入移动互联网和“互联网＋”时代，一方面，电商和社交平台的发展积累了巨量的活跃用户，另一方面两大移动支付类工具产品（支付宝和微信支付）成熟而便捷。阿里的支付宝平台级产品和腾讯的微信支付平台级产品开启了一站式生活服务平台类收费模式，提供水费、电费、电话费、燃气费、宽带费、物业费等各类在线生活缴费服务和其他在线城市公共服务（提供缴纳社保金服务、在线医院预约挂号和看病服务），通过跨界或延伸产业链，提升单个用户的价值，创造了“赢者通吃”的多元生态级产品的电商佣金收入模式。综观不同的媒介产品，尽管它们的盈利模式不尽相同，采取多元化的策略，但是它们都有相似之处，即必须有一定的用户规模，积累大量的人气，在这个基础上，才有可能发展出一系列的盈利模式。如在 PC 门户时代和 PC 搜索时代，以快速及时的新闻聚合类产品满足用户的海量免费看新闻的需求，积聚海量用户规模，成就了新闻门户的网络广告收入模式；而在移动互联网时代，社交和个性化需求和体验成为网民的基本需求和体验要求，因而，只有具有社交属性和个性化兴趣智能推荐功能的新闻资讯产品和其他娱乐服务、实用服务产品，才能快速积累起足够大的注册用户规模尤其是活跃用户规模，为探寻持续的收入模式打下坚实的基础。

【知识回顾】

互联网产品的商业模式和具体收入模式体现用户需求和体验要求，是在优质产品所积累的用户规模尤其是活跃用户规模基础之上的用户价值的商业变现过程。从这个意义讲，对于新媒体组织，无论是初创期的新产品开发和成长，还是成熟时期的老产品的持续迭代，在互联网技术和互联网市场突变时代，都应该把 90% 的时间和精力放在用户真实需求、用户体验所要求的产品形态研究上。互联网产品的具体收入模式，主要包括在线广告收入、电商佣金以及会员付费、用户付费等多元化变现模式。

【思考题】

1. 与非互联网产品的传统商业模式相比，如何理解互联网产品的一般商业模式（产品—用户—商业变现）的独特商业模式?
2. 你认为现有的直播产品应如何拓展盈利渠道，将粉丝经济变现。

3. 举出一个你喜欢的原创视频公众号，试分析其商业模式成功的主要原因。

4. 为什么付费阅读、付费收听、付费观看模式在我国近年来悄然兴起？试分析其主要原因。

5. 以一个付费阅读或付费收听或付费观看的产品为例，谈谈其具体的付费模式和付费推广策略。

6. 付费阅读、付费收听、付费观看模式能否在我国互联网免费服务仍为主流商业模式的情况下实现盈利？为什么？如何实现？

第三篇　新媒体组织的平台型运营

引言　新媒体组织进化的中级阶段：平台型产业运营

如前所述，互联网产品型、平台型、商业生态型这三种类型的公司代表着目前互联网新媒体公司的进化层级。从数量上看，三种类型的公司呈金字塔结构，产品型公司数量最多，98%的互联网新媒体公司属于产品型，如陌陌、赶集网等，其市值大多集中在10亿美元级别；平台型公司数量比较少，如京东、360等，其市值集中在100亿美元级别；商业生态型公司则少之又少，如苹果，市值已超7 000亿美元。互联网产品型、平台型公司分别是以产品思维、平台思维为基础的，对应于互联网新媒体公司生存和发展的低维、中维的运营思路。

中维的新媒体平台思维代表着比互联网产品思维更先进的互联网产业生产力，是一种高效的互联网平台型产业运营模式。一是新媒体平台型运营模式可创造高效的资源集成配置效率。新媒体组织通过建构互联网服务平台可以同时连接和服务产品需求者和产品供应者乃至第三方服务商（如第三方广告商、第三方其他应用软件开发商或服务商）。开放式互联网服务平台，在短期内可高效地将某一互联网细分产业或多产业的市场主体群体及其信息交流整合起来，整个互联网细分产业或多元化产业的价值创造和价值传递过程最终集成到其新媒体平台上。二是新媒体平台可以规模化连接某一互联网产业的双方或多方市场群体以满足其互补性需求，双边或多边市场群体从中可找到市场群体性获利点，从而产生规模化的产业运营收入（如平台化的广告收入、电商佣金收入或游戏收入）。相比互联网产品型运营模式，其获利规模大、获利成长速度快。

新媒体平台型运营模式的高效资源整合和价值获利能力不仅优于互联网产品型运营模式，同样也优于传统行业运营模式（包括传统媒体组织的平台化产业运营模式）。传统行业运营模式大多呈现链状结构，从上游到下游，产品或服务不断增值，最终为用户所接受，是一种封闭的传统产品/服务模式。即使是传统行业如传统报业的平台化产业运营模式，也大多是单向度的直线递进产业价值的整合者（内容生产—内容营销—广告营销），因缺乏开放式互联网产业服务平台的支撑，而不能在同一时间对于某一产业价值链中各方市场群体进行实时的开放式连接和服务。因而，传统行业的产品/服务模式抑或平台化产业运营模式的资源整合、产业价值整合的能力和效率是封闭的、低效度的。

而互联网平台型产业运营模式则属于开放式的、高效度的商业运营模式，以其实时高效的互联网产业的资源集成能力、产业价值链整合效率和产业价值获利能力，而优于互联网产品型运营模式以及传统行业（包括传统媒体产业）的单向度直线式平台化产业运营模式。开放式、高效度的新媒体平台型产业运营模式的效率远高于封闭式、低效度的传统行业的产品/服务模式或其平台化产业运营模式。

新媒体平台型产业运营模式是大部分新媒体组织在初始的互联网产品运营获得成功之后谋求初步产业扩张的战略成长思维和路径，也是一部分商业生态型新媒体组织成长的中级阶段，为过渡到高级形态的商业生态型新媒体公司打下良好的基础。

新媒体平台型运营模式成为大多数互联网新媒体公司的升级版商业模式，60%的互联网新媒体公司在互联网产品运营取得初步市场成功之后，会谋求由产品型运营思维向平台型运营思维和路径转型。其所具有的结构性优势是众多互联网企业得以迅速崛起，挑战甚至战胜传统行业的原因。

与此同时，新媒体平台型产业运营模式也是一把“双刃剑”。一方面，在新媒体平台型企业的行业掌控能力支配下，它可以使企业在某一互联网细分产业或多个相关或不相关的行业或领域获得“赢者通吃”的多元化收入来源；另一方面，开放式垄断化的新媒体平台收入模式，可能会招致来自四面八方竞争者的“觊觎”。因而，新媒体平台型产业运营商，要时刻关注各方竞争的动向并顺势创新。其一，随时防范来自同类行业或异类行业新产品或产品新功能的覆盖和利润池的捣毁；其二，随时防范来自新兴互联网创新公司和互联网商业生态型企业的颠覆性冲击。

第七章　新媒体组织的平台型产业运营概述

【知识目标】

新媒体平台型产业运营的契机与基本运营模式。

新媒体平台型产业的竞争环境与防御机制。

【能力目标】

理解新媒体平台型产业的两类网络效应。

熟悉几类主要的新媒体平台的发展现状及其基本产业运营模式和防御机制。

【知识导入】

2010 年，当当和京东的那一场口水战和价格战至今让人记忆犹新。当时，当当拿出4 000 万元优惠，而京东则砸出 8 000 万元进行图书促销。李国庆放话说："看谁送书比我快。"刘强东则回应："这场价格战你打不起。"李国庆吐槽京东烧钱亏损论，认为其将会因为资金链断裂而死亡。事实上，当当现在的市值比上市之初已蒸发大半，不再位列 10 亿美元级别；而京东每年的增长率仍保持在 1 倍以上，市值一度突破 500 亿美元。当当的没落是因为它只是一个产品型的图书垂直电商，而京东则进化成了平台型公司，所以京东迅速超过 100 亿美元市值，开始冲击 1 000 亿美元。一开始当当以为京东和自己的区别只是销售额的高低，却不知道两个公司根本不在一个维度上。当当是垂直电商的产品型公司，而京东则是平台型公司。①

360 本是电脑防护软件服务市场的"后来者"，但通过平台型产业运营的战略模式，不仅后来居上，而且在电脑防护软件市场中占有绝对领先的市场份额，是典型的平台制胜者。2006 年，中国的杀毒软件市场份额还是由众多付费杀毒软件公司分割，其中瑞兴科技（29.3%）、赛门铁克（27.5%）、卡巴斯基（16.5%）领先。但 2009 年 360 的加入改变了杀毒软件市场的竞争格局，也引起了革命性的变动。它抛弃了过去防毒软件需要键入激活码的系统，是第一款真正永久免费的杀毒软件。那些以销售杀毒软件系统为核心业务的企业纷纷大受打击，360 杀毒软件刚发布的第一个季度，其便以 33.6%的市场份额跃居首位。2010 年初，360 杀毒软件的下载量已经突破 1 亿，半年之后这个数字增加到了 2 亿。2010 年 9 月，360 杀毒软件以 62.36%的市场份额成为中国防毒软件之首。2012 年 7 月，360 手机卫士在移动安全市场的用户月度覆盖率已经达到 70.3%，成为智能手机用户的标配应用软件。360 旗下的安全卫士成为中国网民（包括手机网民）的首选防护软件服务平台。360 通过向第三方商家导入平台的用户流量而收取网络广告推广费，"网络广告"成为 360 平台新的盈利模式。2011 年，360 软件第二季度的净利润已经达到 1 110 万美元，其中广告利润占比 76%，总额已经超过四大门户网站

---

① 喻晓马，程宇宁，喻卫东．互联网商业生态——重构商业规则［M］．北京：中国人民大学出版社，2016：64.

中的网易，迅速发展成为防毒软件市场获利最高的平台型企业，捣毁了瑞兴科技、赛门铁克、卡巴斯基等传统防毒软件公司，使这些公司的用户大量流失，直至使其退出防毒软件市场，360 在我国防毒软件市场上成为领先者。360 也成功地从向用户直接收费的技术服务运营商转型和升级为提供技术软件服务的平台型产业运营商，引领我国互联网专业技术软件服务商的平台化转型升级的潮流。

新媒体平台发展时期的扩张路径，主要就是以业已建立的互联网优势竞争产品（以用户价值认同的用户规模和用户活跃度）为基石，探索新媒体平台化的优势产业运营规律，从而进一步确立在某一细分互联网产业领域的市场领先优势，巩固其市场竞争优势地位，并获取更多平台型产业运营收入。

第一节　新媒体组织平台型产业运营的契机

当新媒体组织的某一款互联网产品通过初创期、迭代优化期和成熟稳定期时，这一款互联网产品基本上就可获得较大规模的用户的价值认同，并享有较高的用户活跃度，从而在某一垂直细分产品领域，获取独具特色的市场领先优势，甚至在较长时间内都具有不可超越和不可替代的互联网市场竞争优势。接下来，新媒体组织就可进入初步扩张的成长发展期。对于大部分新媒体组织而言，新媒体平台型产业运营思维和模式是其初步扩张成长的主要方向。

一、互联网新媒体平台型产业的两种网络效应概述

互联网平台型产业运营的基础是其网络效应，某一互联网的开放式中介平台，不仅可有效连接和服务于平台两边的市场群体，而且可以激发平台同边市场群体之间的互动，进一步激发平台跨边市场群体之间的互动，从而产生由新媒体平台激发的网络关系增值效应，即经济学所指的网络外部性效应，如图 7－1 所示。图中平台中的网络效应包括两大类：同边网络效应与跨边网络效应。同边网络效应指某一边市场群体用户规模的扩大将影响同一边市场群体内其他使用者所得到的效用；跨边网络效应指一边市场群体用户规模的扩大将影响另外一边市场群体使用该平台所得的效用。效用增加则成为“正向网络效应”，效用减少则成为“负向网络效应”。通常平台所设的机制，都是为了激发网络效应的“正向循环”。

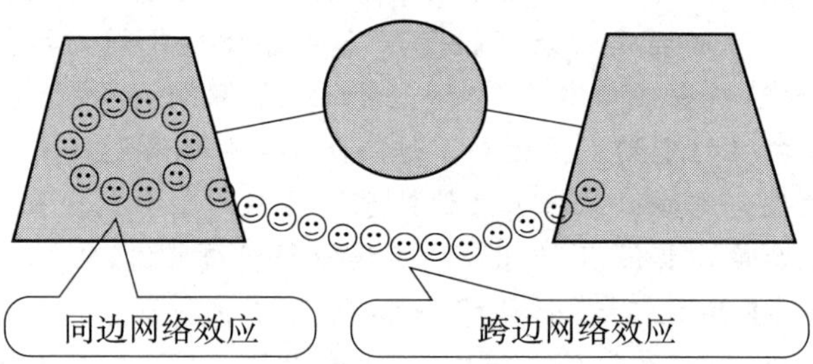

图 7－1　同边网络效应与跨边网络效应

资料来源：陈威如，余卓轩．平台战略——正在席卷全球的商业模式革命［M］．北京：中信出版社，2013：24.

某一新媒体公司开发的互联网产品的用户规模初现爆发式增长态势，不仅可引发互联网产品的同一边市场群体用户的同边网络效应，而且可增强互联网产品对另一边市场群体用户的跨边网络效应。此时，新媒体公司就可将这一优质互联网产品的商业运营模式提升为新媒体平台型产业运营模式。

二、互联网平台型产业运营契机之一：同边网络效应

某一新媒体公司开发的互联网产品的用户规模初现爆发式增长态势，就可引发互联网产品的同一边市场群体用户的同边网络效应。

如前所述，在我国互联网发展的各个时代或阶段，无论是新兴的初创期新媒体组织还是互联网时代技术和市场发生重大变化的成熟期新媒体组织，都应创立这一互联网时代的创新型优质互联网服务产品，通过一系列激励用户使用的物质和精神策略，迅速获得产品的某一边市场用户的认同和青睐。用户规模的爆发式增长并获取巨大的用户规模，已成为新媒体组织获取较高收入的重要前提条件。优质互联网服务产品的市场化运营是各个互联网发展时代赖以生存和发展的基石。

当新媒体组织在某一时代或某一阶段的互联网服务产品的用户规模开始呈现爆发式增长之势，这一产品就对同一边市场的用户产生了巨大的同边网络效应。即当产品使用者越来越多时，每一位用户所得到的消费价值都会呈跳跃式增加。[①] 这就意味着，互联网产品的同一边市场用户从这一巨大的用户规模所形成的网络关系中获得的边际消费价值远大于用户规模小的边际消费价值，这就是网络外部“溢出”价值（可通俗地理解为某一产品积累的巨大网络用户规模产生的高网络人气指数和高网络口碑所产生的网络积聚价值）。简而言之，巨大的用户规模所形成的网络关系对同一边市场用户产生了巨大的网络吸引力，刺激新用户潮水般涌入，甚至发展成为用户生活不可或缺的重要网络工具或网络 ID 卡。以微信为例，2016 年 8 月，腾讯公布上半年微信月活跃用户数达到 8.06 亿，而国家统计局网站在 2014 年公布的全国人口数为 13.68 亿人，微信已经是我国网民在移动互联网世界里不可缺少的 ID 卡。早上起来的第一件是就是打开微信，睡觉之前玩的最后一个 APP 也是微信，微信已然融入我国网民的生活。没有微信，就相当于在巨大的网络空间里没有“身份证”。微信已成为我国网民用户的一种生活方式，更是进入网络空间的 ID 卡。为了方便读者理解，本书将某一优质产品所产生的巨大用户规模对同一边市场用户所形成的网络外部“溢出”价值，简称为“同边网络效应”。

三、互联网平台型产业运营契机之二：跨边网络效应

某一新媒体公司开发的互联网产品的用户规模初现爆发式增长态势，不仅会引发对同一边市场群体用户的同边网络效应，也会强化对产品所涉及的另一边或多边市场群体用户的跨边网络效应。

以微信为例，微信原本是腾讯公司于 2011 年 1 月 21 日推出的一个为智能终端提供即时通信服务的免费应用程序。微信支持跨通信运营商、跨操作系统平台快速发送免费（需消耗少量网络流量）语音短信、视频、图片和文字，良好而近乎免费的手机即时通信的用户体验，迅速促进了微信注册用户的自然爆发式增长。2012 年 3 月 29 日，微信注册用户破 1 亿，耗时 433 天；2012 年 9 月 17 日，微信注册用户破 2 亿，耗时不到 6 个月。微信用户的自然爆发式增长，促使腾讯对微信开发了基于社交和增值服务的其他服务插件功能，如通过共享流媒体内容的资料和基于位置的社交插件摇一摇、漂流瓶、朋友圈、公众平台、语音记事本、二维码、微信支付、微信红包等，进一步增强了微信产品的附加功能价值，也促进了微信用户规模的进一步爆

① 陈威如，余卓轩．平台战略——正在席卷全球的商业模式革命［M］．北京：中信出版社，2013：7.

发式增长。2016年上半年微信月活跃用户数已超过8亿，微信产品附加的优质社交功能和巨大的用户规模，自然引起了无数商家的追捧。如2012年8月，微信公众号的开放，对移动资讯服务运营商产生了强大的吸引力，众多移动资讯服务运营商注册微信公众号，为不同微信用户或微信用户群提供不同类别的社交类资讯服务。每一个微信公众号都是一个自媒体，主要包括政务类、媒体类、企业类、个人类微信公众号。至2016年8月，微信公众号已达到2 000万个，微信公众号对除微信用户以外的跨边市场群体——移动资讯服务运营商产生了强大的跨边网络效应。此外，微信的其他众多移动服务功能，也强化了对其他移动社交服务运营商（移动社交网络广告运营商、微店店主、娱乐服务运营商）的跨边网络效应，在此不一一赘述，将在后面章节展开讨论。

四、互联网平台型产业运营的时机：双重网络效应

某一款优质网络服务产品（比如QQ、微信、百度搜索、淘宝、天猫、支付宝、京东、爱奇艺、新浪微博、今日头条、美团、滴滴出行、斗鱼直播等）产生巨大的用户规模和活跃度，往往会对这一优质网络服务产品所涉及的某一网络服务产业（如网络即时通信与社交服务业、网络新闻资讯业、网络视频与直播业、网络实用服务业等等）产生双重的网络效应：一方面，可形成对这一新媒体网络服务产业的同一边市场群体（一般表现为产品的直接使用者——网络用户）的同边网络效应，即某一优质网络服务产品的网购“买家”用户越多，就会越增加对同时使用这一产品的其他使用者的消费效用（实时了解某一商品的销量和商品评价）；另一方面，也可形成对某一网络服务产业（如电商服务业）的另一边市场群体（如为网购商城提供网购商品的第三方“卖家”）的跨边网络效应，即进入天猫、京东等网购商城的“买家”用户越多且越活跃（尤其是“双十一”大促销），就会吸引越来越多的商家进驻天猫、京东等网购商城，为不同的网购“买家”提供可供选择的海量而优质的商品和售前售后服务。

巨大的用户规模产生的双重网络效应，可促进某一优质网络服务产品在某一网络服务产业中处于重要的网络中介平衡地位，继而掌控这一产业的双边或多边的市场群体（如用户，第三方的商品、信息或其他软件服务提供者以及商家广告投放需求者）的市场话语权。此时，正是提供这一优质网络服务产品的互联网新媒体公司的产品运营方式转型升级的最好时机，从定位服务于某一新媒体产业的单边网络产品的运营商，转向定位服务于某一新媒体产业双边或多边网络使用者的开放式网络平台型产业运营商，促进新媒体组织为各方市场群体创造各方合作共赢的平台型产业运营机制，在同类网络服务产业中逐步形成独特的核心竞争力，典型的如京东在众多电商服务者中脱颖而出、后来居上。

总体来讲，新媒体组织由单一的互联网产品型运营商到为某一互联网服务产业的平台型运营商的具体转型时机，一般是某一互联网服务产品开始进入市场快速成长的阶段，产品的用户规模开始呈现出自然爆发式增长，既有市场用户自发产生的同边网络效应就足以吸引更多的用户进入，成为用户规模的“引爆点”，也对另一边市场群体产生吸引力，形成跨边网络效应，此时，新媒体组织应适时地将这一优质网络服务产品转化为具有平台聚合功能的某一网络服务产业，向网络平台的另一边或多边市场群体开放，以获取更大的用户规模，促进互联网平台型产业的市场规模持续成倍增长，进一步增强其产业持续发展的成长能力和获利能力，同时形成平台的核心竞争力。

接下来，互联网产业运营的方向将从成功运营单一新媒体产业的平台型运营商拓展到多元化跨产业的多边或环状式商业生态型运营商。

第二节　互联网平台型产业的基本运营模式

互联网平台型产业运营模式不提供直接的产品或服务，而是把产品或服务的提供方与产品或服务的使用方或购买方同时看作平台的市场“用户”，建构产品或服务提供方与其使用方或购买方之间信息沟通的汇合平台，向各边市场群体开放所有的平台信息，通过一系列促进平台成长的机制，促进用户市场规模和交易规模成倍增长，最终让处于平台中介地位的平台型企业获取更大的平台收益。其基本运营模式主要包括构建某一互联网产业的开放式网络服务平台，探索互联网平台型产业运营的有效成长机制，探索互联网平台型产业的独特盈利模式。

一、构建互联网新媒体产业的开放式网络服务平台

单纯的互联网产品型运营模式主要服务于单边市场群体，而互联网平台型产业及其运营商则具有双重或多重市场的连接和服务属性，同时服务双边甚至多边市场群体。互联网平台型产业运营的基础在于，首先构建同时连接和服务双边或多边市场的某一新媒体产业网络平台。

（一）确立互联网新媒体平台所同时服务的市场群体类型

从互联网实践发展来看，新媒体平台主要服务于双边市场群体，例如淘宝的平台型运营模式，并不是由淘宝直接向买家售卖自有商品的电商产品运营模式，而是定位于同时服务众多中小商家的商品“卖家”和“买家”双边市场群体的总的C2C电商产业平台型运营商。类似的如起点中文网，也是定位于同时连接和服务于“作者”与“读者”的网络文学服务平台型产业运营商。作为移动出行平台型服务商的滴滴出行定位于同时连接和服务于出租车的“司机”和“乘客”的双边市场群体。我们将这种同时连接和服务于双边市场群体的新媒体产业平台的构建模式，称为“双边模式”，这是平台型服务产业的基本运营架构模式（如图7－2所示）。

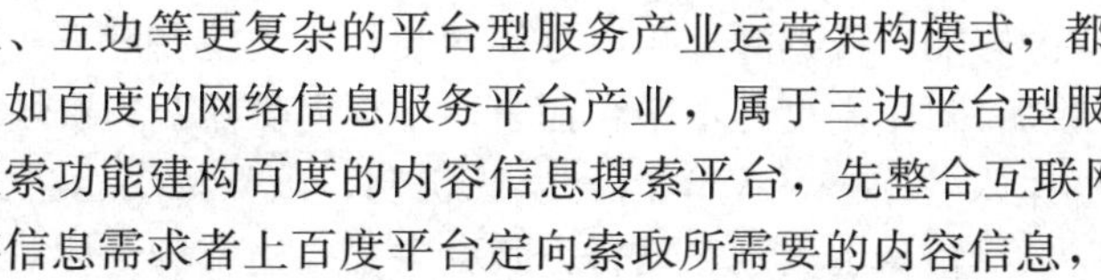

图7－2　平台双边模式基本架构

资料来源：陈威如，余卓轩．平台战略——正在席卷全球的商业模式革命［M］．北京：中信出版社，2013：18.

而三边甚至四边、五边等更复杂的平台型服务产业运营架构模式，都是在“双边模式”基础之上延展而来的。如百度的网络信息服务平台产业，属于三边平台型服务产业运营模式。即以百度的内容信息搜索功能建构百度的内容信息搜索平台，先整合互联网碎片化的内容信息，吸引越来越多的内容信息需求者上百度平台定向索取所需要的内容信息，刺激无数商家在百度上定向投放推广自身企业或产品的信息，从而成为定位于服务网络信息的来源方——内容信息网站、内容需求者和广告信息推广需求者三边市场群体的三边模式。某一平台型服务产业的四边模式，如谷歌手机安卓系统平台定位于同时服务手机终端制造商、第三方软件开发商、广告商、消费者，亚马逊最初的电子图书商务平台定位于同时服务出版商、作者、应用开发商、读者。

在构建某一新媒体产业平台的过程中，明确并定位某一互联网平台型产业所同时连接和服务的市场数量（双边或多边市场）的关键在于，明晰某一新媒体平台型产业的独立市场“边”的必备成立条件：独立性和必要性。

第一，独立性条件。作为新媒体产业平台的独立市场“边”，其市场群体数量应是可“无限增长”的。例如，在谷歌手机安卓系统平台产业生态圈中，安卓系统向手机终端制造商开放，吸引全球无数手机终端制造商进驻，开发以安卓系统为标准的多品类、多品种的安卓系列手机，因而，手机终端制造商就可成为谷歌手机安卓系统平台的一个独立的市场“边”。相反，由于苹果的 iOS 系统仅限于苹果手机制造商独家垄断使用，因而，在苹果 iOS 平台产业生态圈中，手机终端制造商不可以成为其独立的市场“边”。类似的内容平台型产业有早期的新浪，其内容资讯服务由平台自身提供，所以内容提供方属于平台私有，不算是独立的“边”。

第二，必要性条件。平台的独立市场“边”应有不可或缺性和循环互动性的特点。首先，每一个独立的平台市场“边”的市场功能应具有不可或缺性，即具有核心市场引力的单向性、不可取代性。同时，作为各个独立市场“边”的市场群体之间具有环环相扣的循环互动关系。如前所述，平台产业的双边模式是基本模式，对于多边模式，无论是“增设”还是“简化”，都以不可或缺且可循环互动的必要条件为考量因素。初始定位于双边市场的平台型产业企业，根据新媒体市场的覆盖竞争格局，战略性地开启第三方群体，那么从严格意义上讲不能算是三边模式。比如淘宝原本只连接“卖家”和“买家”，虽然在发展壮大过程中增设了软件开发商，但是软件开发商在淘宝 C2C 平台不具有不可或缺性，尤其是与淘宝卖家和买家两边市场群体并未形成环环相扣的循环互动关系。因而，我们仍将淘宝平台定位为双边模式。

依照独立性和必要性条件，在明确定位某一互联网平台型产业所涉及的网络平台必需的独立市场“边”的数量（双边或多边市场）之后，接下来就可按平台所服务的各方市场群体在平台产业价值链扩张中的要求及其相互关系，设计同时服务于双边或多边市场的某一新媒体网络产业平台，具体的网络平台建设过程主要属于新媒体技术研发范畴，本书在此不赘述。

（二）向平台各边市场群体实施恰当有效的开放机制

互联网平台型产业及其运营商不仅应具有双重或多重市场服务属性，而且应具有开放属性。平台的开放策略不仅关注各方市场群体的定位与连接，更关注市场群体的机制性选择。主要的开放机制，一个是激励机制，一个是质量保障机制。典型的激励机制主要是向某一方平台群体补贴（免费、优惠、折扣等），激发该边市场群体的网络正向效应。质量保障机制主要是为了防范网络负向效应的影响，依据开放程度分为两类：一类是高度开放平台保障机制，一类是低度开放平台保障机制。对于高度开放平台而言，平台向供需双边市场群体的开放程度均较高，仅设置各方市场群体入驻平台的基本信息过滤机制，以保障平台各边市场群体的基本质量，典型的如实名注册、身份认证奖励、支付方式关联、一边市场群体对另一边市场群体的评分机制；对于低度开放平台而言，平台向某一边市场供给群体开放程度较低，主要策略是平台针对提供产品和服务的第三方市场供给群体设置较为严格的入驻标准或规范以及入驻后的质量监管机制，主要是为了过滤出平台的高质量用户，以确保平台的可持续发展。而针对产品和服务的直接使用群体则仍然采用高度开放策略。较为典型的是苹果公司针对第三方软件开发商采用低度开放策略，而针对苹果手机用户采用高度开放策略。如表 7－1 所示：

表 7-1 互联网新媒体平台的开放程度与质量保障机制

开放程度	市场开放对象	平台质量保障机制	目的
高度开放（用户准入门槛较低）	各边市场群体	1. 用户身份的鉴定 a. 实名注册 b. 身份认证的奖励 c. 支付方式的关联 2. 用户间的彼此监督	保障用户的基本质量
低度开放（用户准入门槛较高）	提供产品/服务的第三方市场群体	在低度开放的过滤机制下，平台设置较为严格的入驻标准以及入驻后的用户质量监管机制	筛选出高质量用户

不同的开放程度，具有不同的平台产出效果。低门槛高开放的策略会带来大规模的用户、多元化的选择，但是会面临产品质量良莠不齐、用户评价难以统一的窘境。如谷歌手机安卓系统平台向手机终端制造企业的高度开放策略所承担的风险是质量难统一化与用户体验的不一致。而高门槛低开放的策略则往往具有优质的产品和高端的口碑，但是需警惕管制过头带来的平台优势消失的风险。

二、互联网平台型产业运营的成长机制

互联网平台型产业运营商，在构建同时服务于某一新媒体产业领域内的各边市场群体的开放式网络平台之后，接下来的平台型产业运营主要目标是进一步促进该互联网平台型产业的成长，即在用户规模初现爆发式增长之时，通过一系列的成长机制设计，突破吸引新用户入驻平台的最低用户规模门槛（即突破“引爆点”），使用户规模增长主要依靠既有用户自发产生的网络效应并加强既有用户的留存率和活跃度，形成新老用户的共同互动，进一步激发平台各“边”市场群体的同边与跨边网络效应，促进新媒体平台型企业的市场和产业规模与盈利进入可持续的正向循环。单一互联网平台型产业的成长机制和策略主要包括如下两个方面：一方面，建构平台“造血式”补贴机制，形成用户规模自我循环增长的财力保障机制；另一方面，提高用户黏性和话语权，打造用户规模自我成倍增长的网络效应机制。具体机制和策略如下。

（一）建立网络平台型产业的补贴机制

平台型产业搭建起来后，促进平台成长，首先需要形成用户规模自我循环增长的财力保障机制。对平台某一边或几边市场群体实施免费、优惠、折扣等平台补贴策略，既是新媒体平台型企业吸引某一边或几边市场群体初始使用其网络服务平台的主要方法，也是激发平台用户规模自我循环持续增长的重要成长机制。

然而，免费、优惠、折扣等非网络效应的补贴策略实施，需要新媒体平台型企业向某一边或某几边市场群体支出一定的补贴费用，而这种补贴费用，需要大量资本支持。平台的补贴机制主要分为两种：一是“输血式”的补贴机制，补贴资金主要来源于外部资本的支持；二是“造血式”的补贴机制，补贴资金主要来源于平台自身所服务的某一方市场群体的“付费方”。

1. 寻求平台型产业外源支持的“输血式”补贴机制

一般来讲，在平台初步构建时期，平台所服务的双边市场群体的规模都相对较小，此

时，不宜对平台所服务的任何一方市场群体收取费用，寻求外源资本以支持对平台某一方或双方市场主体的初始补贴（免费、折扣、现金补贴、实物红包等）是新媒体平台型公司的常用运营策略，属于平台的外源“输血式”补贴机制。典型的如QQ、百度、淘宝、今日头条、美团、滴滴出行、斗鱼直播等，这些开创某一互联网新时代的“独角兽”平台在其初始创业和成长阶段，无不是经过A轮、B轮或C轮甚至N轮融资，以加强对平台某一方市场群体（一般是直接的平台型产品使用者——用户）甚至双边市场群体的免费、优惠、折扣等平台补贴策略。如今日头条在2012年创立时以100万元起步，同年7月A轮融资500万美金，2013年9月B轮融资1 500万美金，2014年C轮融资1亿美金。正是在这些巨额外部资本的坚实财力支持之下，创办两年多的时间，今日头条推出了移动互联网时代独特的个性化新闻与资讯平台，不仅免费吸引了直接的移动端阅读用户，而且以优惠方式吸引追求高性比广告效果的移动端广告主。在C轮融资之后，用户规模取得了长足的发展。截至2015年1月，今日头条累计下载2.2亿次，日活跃用户2 000万人次，用户平均阅读30分钟/天，用户黏度非常高。与此同时，其平台广告收入也取得了突破性增长，2014年实现广告收入1 000万元。

2. 探索平台型产业内源支持的“造血式”补贴机制

当互联网平台型产业进入快速成长发展阶段时，激发平台用户规模的自我循环持续增长，需要探索内在的自我循环补贴机制，在平台型企业所连接的各边市场群体中，科学有效地确立“被补贴方”与“付费方”的原则，正确地设定哪边是“付费方”，哪边是“被补贴方”。在庞大“付费方”市场群体的财力支持下，可以持续保障互联网平台型企业补贴不断自我循环增长，收回新媒体平台的日常运营成本，最终促进新媒体平台型企业的盈利。相比单纯来源于外部资本的“输血式”补贴机制，这种源于新媒体平台型企业内在的自我循环补贴机制，更具有可持续性，属于“造血式”的补贴机制，可使新媒体产业型平台的补贴机制步入正向的自我循环轨道之中。

实施“造血式”补贴机制，应科学合理地设置互联网平台产业的“付费方”与“被补贴方”。一般应依据网络生活类平台所服务的两边市场群体之间的引力关系设置。总体而言，激发平台最终用户（一般为平台服务软件的直接使用者甚至直接消费者）更多地使用平台开发的服务性软件（下载、注册、使用甚至最终下单消费）是平台型企业和平台所服务的第三方服务商的共同愿景。为此，一般将通过平台补贴可以产生较强正向同边网络效应的某一边市场群体，设为平台的“被补贴方”，以此吸引另一边市场群体（如第三方服务商）进驻平台，从而转化为平台的跨边网络效应。第三方服务商这一边市场群体一般设为平台的“付费方”，通过付费可享受平台导流的跨边网络效应（吸引更多的大众用户进入付费方所在的网站或消费场所）。

与此同时，由于最终的使用者和消费者对消费服务的优惠价格弹性反应敏感，用户在多个同类生活服务类平台栖息的可能性大，但平台向分散的用户现金流汇集不方便，因而，最终对于用户这一边市场群体，适宜设置为享受平台免费、优惠、折扣服务或特色服务等各类补贴活动的“被补贴方”。

平台通过补贴（免费、优惠、打折等）某一边市场群体，促进其规模的自然增长，从而产生平台的正向同边网络效应，进而吸引另一边市场群体支付更多的费用，进而支持自我循环增长的更大规模的市场群体的补贴，继而形成补贴模式与用户规模持续增长的良性自我循环，形成平台用户规模的自我循环增长的重要造血机制，具体原则可归纳为表7-2。

表 7-2　新媒体平台确立市场群体“被补贴方”和“付费方”的6项原则

原则	被补贴方	付费方
价格弹性反应敏感度	高	低
成长时的边际成本	低	高
同边网络效应的性质	正向	负向
多地栖息的可能性	高	低
现金流汇集的方便程度	困难	容易
引力关系	吸引	被吸引

资料来源：陈威如，余卓轩．平台战略——正在席卷全球的商业模式革命［M］．北京：中信出版社，2013：34.

(二) 提升平台用户黏性和话语权

在新媒体平台内在自我循环的补贴机制的正向激励作用下，平台的用户规模将会进一步爆发式增长，新媒体平台型企业需要进一步考虑的是如何设计有效的网络效应机制，继而提高新媒体平台各边市场既有用户的留存率和活跃度，进一步激发平台的正向网络效应（主要是指用户数量的增加来自用户与用户之间的吸引力和带动作用而产生的正向效应），继而提升平台成长的活力和价值，促进用户规模的自我成倍增长，使平台步入网络效应的“爆炸地带”。其具体的网络效应机制如下：从新媒体平台型企业与各边市场群体的关系来看，平台型企业需要制定以绑定或高度周转为核心的用户黏性策略；从各边市场群体的相互关系来看，平台型企业需要累积双边话语权，通过对双边市场群体的赋权与制衡，提高平台自身价值。提升平台用户黏性和话语权，才能打造用户规模自我成倍增长的网络效应机制。

1. 提升平台的用户黏性

用户黏性，是衡量用户忠诚度的重要指标。平台的用户黏性，主要是指用户愿意拥护平台企业所提供的产品或服务的程度。提高平台的用户黏性，可保障和提高平台各边市场既有用户的留存率，从而增强平台的正向网络效应，促进用户规模的自我成倍增长，使平台步入网络效应的“爆炸地带”。

平台的用户黏性大致可分为两种：其一是基于高转换成本而产生的用户黏性，意指当用户离开平台时（往往是转入竞争者的平台）用户所需要承担的损失较高，从而促使用户放弃转换平台，而持续使用本平台；其二是基于对平台企业本身的信任而产生的用户黏性。因而提高用户黏性的策略也分为两种：一种是以提升转换成本为核心的绑定策略，另一种是以旨在增强用户对平台功能和品牌的信心的高速周转策略（见表 7-3）。其中，用户绑定策略主要包括增强硬件设备的投资，加大用户对平台的时间、金钱、感情与精力的投入，培养用户长期使用的习惯，累积人际关系等，以此强化用户转换成本的壁垒机制。对于本质上不需要依赖绑定策略的平台而言（如以百度、谷歌为首的搜索引擎，不需要协助用户建立起硬性的归属感来建立平台用户转换的高壁垒），高速周转策略主要包括提高平台的品牌口碑、使用速度、使用便捷性和使用效果。如百度的用户规模在 2005 年以后成功达到临界数量并且长时间占有市场口碑。直到 2010 年底，它的市场份额还创下了新高，达到 83.6%。截至 2015 年底，在众多搜索平台风起云涌的时候，百度仍然占据了 80%左右的市场份额。

2. 累积平台的用户话语权

提高用户黏性，是提高平台既有用户的留存率从而增强平台正向网络效应的重要保障机制。需要进一步解决的网络效应问题是，平台如何让新增和既有留存的各边市场群体用户保持足够的活跃度，从而最终保障平台足够的活跃度，强化平台的正向网络效应。

表 7-3 提高用户黏性的策略

提升平台的用户黏性	转换成本	绑定策略（增强用户的归属感）	硬件设备的投资（时间、金钱、感情、精力的投注，社交人脉的积累）
	非转换成本	高速周转策略	品牌口碑 使用速度 使用方便性 使用效果

资料来源：陈威如，余卓轩．平台战略——正在席卷全球的商业模式革命［M］．北京：中信出版社，2013：125.

累积话语权是提高平台活跃度的有效解决机制。话语权，又称交涉权、谈判权。平台的话语权主要源于两种交涉关系，一是各边市场群体彼此之间的交涉关系，二是平台型企业与各边群体的交涉关系。因而，提高平台的话语权及其活跃度，首先需要累积各边市场群体的话语权，其主要策略包括：平台加强对双边市场群体的赋权与制衡，建立完善和中立的环环相扣的沟通机制、交易机制，让各边市场群体都享有自身独特的话语权和支配权，从而激发各边市场群体对彼此的吸引力，促进各边市场群体的自由互动，引发高度跨边网络效应，继而提高平台自身基于中立性优势的话语权和价值；平台企业提升平台自身的话语权和活跃度，另外还需要评估所链接的多边市场群体的相对权限，对于拥有更多话语权的一方，平台型企业往往会对其投入更多的时间、精力与金钱成本，吸引该方市场群体规模的大幅增长，从而加强对另一边市场群体的话语权，使一边市场群体吸引另一边市场群体，促进另一边市场群体规模的增长，不断推动各边市场群体话语权的累积，最终提升平台自身的话语权和价值。与此同时，平台型企业需要与各边群体进行相关权利关系的协商，如利润分成准则、促销责任归属等。[①]

三、互联网平台型产业的独特盈利模式

互联网平台型产业与传统产业的盈利模式有着显著的区别，传统产业的价值链是单向垂直流向的，上游产业为下游产业提供服务并创造价值，仅获取属于这一产业节点的微薄的收益，而当某一企业从仅定位于服务上下游产业的某一产业节点的某一边市场群体，转型为同时服务上下游产业双边或多边市场群体时，原有上下游产业的双边甚至多边用户的市场规模和用户之间的交易规模就会成倍增长，最终让处于平台中间地位的平台型企业获取更大的平台盈利。一个典型的转型案例便是百度和谷歌从产品（搜索引擎软件）服务运营商转型为平台（搜索引擎）服务产业运营商。早期，当搜索引擎软件刚被开发时，百度和谷歌等公司将各自的搜索技术卖给新浪、雅虎等一些大的门户网站，这种传统的上游产业给下游产业提供技术服务的方式让它们在企业规模相对较小、谈判地位不稳固时只赚取微薄的“权利金”；然而，当关键词搜索的盈利模式被创造出来后，百度和谷歌便从传统的技术供应商摇身一变，转型为平台服务提供商（具体为网络信息平台服务产业运营商），突然间互联网上的所有人，无论是企业还是个人，都成了它们的使用者与顾客，二者将传统垂直型产业价值链的视野转向了平台型产业价值链视野。[②] 两家公司通过挖掘“关键词搜索”的平台服务功能，开启了同时连接和服务于网络信息的供应商（含网络广告主）和需求方的网络信息平台型产业生态圈，以此促进双边市场群体的规模持续增长，建构了持续稳定而大规模的网络广告高度盈利模式，从而摆脱了原有单纯新媒体技术服务商的传统小额而不稳定的传统技术服务产品的盈利模式的束缚，如今两家公司

① 陈威如，余卓轩．平台战略——正在席卷全球的商业模式革命［M］．北京：中信出版社，2013：91-93.

② 同①12.

的网络广告收入已超过纸媒产业收入的总和。互联网新媒体平台型企业是互联网平台的双边或多边市场群体的“网络连接者”，是平台的双边或多边产业价值的“网络整合者”，能创造出比传统非网络产业更大的产业服务价值。

（一）互联网平台型产业的盈利来源：“付费方”

如前所述，补贴模式是平台型企业实施平台型产业服务的战略核心，以此激发平台型产业所服务的各边市场群体的网络效应，促进平台型产业用户市场规模的成倍增长，更是奠定了向平台型产业中的“付费方”收费的市场基础，“付费方”群体通常成为平台型产业运营商的主要盈利来源。如百度和谷歌的搜索服务平台中的广告商所支出的网络广告投放费，淘宝电商平台中卖家所支出的在线广告或营销费用、电商佣金分成，全民直播平台的粉丝用户的打赏费以及为“付费方”提供的增值服务收入。

（二）互联网平台来自“付费方”的收入构成

“付费方”是平台型企业的盈利来源。其支付的费用包括两类。其一是参与费用，即平台入驻费用，如广告主入驻搜索服务平台的费用、电商卖家入驻搜索服务平台的费用等等。其二是增值费用，即获取某种“特有权利”所需的在平台上投放网络广告的广告费用，在平台上直接售卖商品的电商佣金费用，在平台上获取优质内容（或电游装备）费用等。对于具备开放属性的平台型企业来说，后者往往是最为重要的盈利来源。因此，平台型企业需要提供等级化、多渠道、多元化的增值服务。

（三）互联网平台付费定价的主要机制

互联网新媒体平台型企业是平台型产业各边市场群体的连接者和服务者，其盈利契机的关键环节，也就是平台所服务的各边市场群体之间基于互补性核心需求而产生的供需链条之间的连接点，也是平台型企业设立付费点的“关键卡位”。比如世纪佳缘平台的盈利契机就是通过控制各边市场群体之间的沟通渠道设立获利关卡，这可起到一举多得的功效：一是可满足市场群体之间的互补性核心需求，因而不会引起付费用户的反感；二是以恰当时机和核心功能的“高需求”，适时确立高付费定价；三是以高付费成功促进供需双方的有效交易，推进各边市场群体的高度跨边网络效应，从而形成可持续的付费定价机制。

与此同时，平台型企业也是多边价值的整合者、连接者，因此可以在尊重和保护各边市场用户的相关法律权利（如网络内容平台的内容原创者的内容版权、网络电商平台的用户信息隐私权等等）基础之上，合理地挖掘各边用户的有效商业数据价值，以谋取更大的盈利机会。如有效挖掘各边市场群体行为数据，提升平台对各边市场群体的隐性的核心增值价值。典型的如美国团购平台 Groupon 成立一年便实现盈利，其秘诀在于为商家提供隐性的核心增值价值服务——基于各边市场用户数据挖掘的“精准定位营销方案”。此外，世纪佳缘和携程也是通过“关键环节”＋“数据挖掘”而盈利的。①

（四）互联网平台型产业的盈利模式特色

与传统产业相比，互联网平台型产业的盈利模式具有两大特色：“多边共赢”与“赢者通吃”现象共存。

一方面，与传统产业自始至终单纯追求自身盈利模式所不同的是，互联网平台型企业的盈

---

① 陈威如，余卓轩．平台战略——正在席卷全球的商业模式革命［M］．北京：中信出版社，2013：65-70.

利模式是基于平台型产业各边市场群体共同获利基础之上的“多边共赢”模式。例如，淘宝、亚马逊等电子商务平台，通过扶植商家，从而为网民提供多样、便捷、优惠的商品选择而实现“多边共赢”。“多边共赢”还具体表现为平台各边利益群体的共享与均衡。平台型企业从“付费方”获取的费用，一部分用于支持平台型企业的运营、一部分用于补贴“被补贴方”，剩下的才是平台型企业的利润所得。这样才能保障平台型企业所服务的各边市场群体在平台中共同成长和获利，有效维持平台型产业中各边市场群体的利益均衡，共同在平衡中携手前进。[①]

另一方面，在某一细分互联网产业甚至多个互联网产业中取得垄断性市场领先优势的新媒体平台型企业，有可能在某一互联网平台型产业或多个互联网平台型产业中形成“赢者通吃”的垄断地位，即某一互联网细分行业或多个互联网平台型产业为某一新媒体平台型企业所独霸。“赢者通吃”的垄断现象产生的前提条件是具有高度的网络外部效应（包括跨边网络效应和同边网络效应）和高度的转换成本。跨边网络效应是任何新媒体平台得以创建的前提，两边市场用户群体互相吸引，通过平台进行高频互动交流或交易，而同边网络效应则代表某单边市场的用户人数越多，为彼此带来的价值越大。转换成本则是防止用户轻易脱离所处的平台生态圈而前往竞争对手平台生态圈的防线。某一互联网平台的跨边网络效应、同边网络效应、转换成本这三个条件越高，该互联网细分平台型产业越有可能为一个新媒体平台型企业所独霸，形成垄断性的“赢者通吃”；而这三个条件越低，市场则易于被众多平台瓜分。[②] 百度曾经建立的网络搜索类资讯服务平台、阿里建立的电商和互联网支付平台、腾讯以社交服务为支撑的泛娱乐平台，都构建了典型的独霸某一方互联网市场的“赢者通吃”的互联网平台型产业盈利模式。

以百度为例，百度创新探索的搜索类资讯服务平台型产业，不仅是我国生命力最强的网络搜索类资讯服务平台型产业，而且是我国基础的新媒体服务平台型产业之一。百度是迄今为止我国最大的中文搜索引擎服务平台运营商，创立于 2000 年 1 月的北京中关村，首创了我国第一款独特的中文搜索引擎工具。在我国网络资讯与信息搜索行业领域，一直占据着最大的用户使用规模和搜索广告市场份额，是最具生命力的网络资讯产品型服务工具。2001 年 10 月，百度推出搜索引擎竞价排名业务，该业务此后成为百度主要的收入来源。此后，百度相继推出 mp3 搜索、图片搜索、新闻搜索等专门化搜索服务，逐渐成为中文搜索市场中的领先者。2004 年以来，“有问题，百度一下”成为百度搜索引擎在用户中的最佳口碑。2005 年 8 月 5 日，百度在美国纳斯达克上市，此后进入高速发展时期。自 2012 年起百度搜索引擎向以手机为主导的移动端转型，手机百度成为百度移动端转型的主要移动搜索引擎资讯服务平台。2014 年 6 月，百度的移动端使用人数破 5 亿；2016 年 9 月，移动搜索月活跃用户数达到 6.6 亿。同期，百度发力内容产业的新产品“百家号”正式上线，面向所有用户开放注册，任何人都可以在百家号的官网注册成为作者，发布的文章有可能被推荐到手机百度资讯流、百度搜索结果以及百度体系的其他信息流当中。海量的定向化信息索取用户为百度平台创造了较高的搜索广告价值，吸引众多广告主在百度平台上在线投放搜索广告，为百度创造了巨额的广告收入。作为信息搜索类服务的代表，百度的具体广告收入方式，是以免费的形式向广大网民提供信息定向索取型的个性化搜索服务，以此聚集大量的网民，将其与网站和广告商相连接。由于在网民中的巨大人气和口碑效应，百度吸引了大量用户，以此向广告主换取大量广告收入。2015 年我国互联网搜索引擎广告总额近 800 亿元，百度广告收入占 80%份额。[③] 2016 年第三季度百度网络营

---

① 陈威如，余卓轩．平台战略——正在席卷全球的商业模式革命［M］．北京：中信出版社，2013：251－252.

② 同①153.

③ 引自 http：//www.chinaz.com/news/2015/1211/482018.shtml。

销收入164.9亿元，百度通过移动转型占据了移动搜索的领先地位，独立移动搜索APP市场份额在八成以上，营收份额也占同行业八成以上。① 百度实现了以信息搜索平台特色见长的网络搜索广告市场的"赢者通吃"。

第三节 构筑互联网平台型产业的防御机制

一、互联网平台型产业面临的竞争者覆盖威胁

传统产业通常呈现出一种直线式的产业价值链，传统产业的盈利模式相似，竞争模式趋于单一，而互联网平台型产业模式不同，它的产生颠覆了传统产业的经营模式，瓦解了这种传统的直线式的产业价值链，它在平台上可以延伸至四面八方。同时，对于企业来说，它所面临的竞争和威胁因素发生了很大变化。过去只有在同质产品之间才有可能会产生竞争，而在互联网平台型产业商业模式中，任何平台、任何产业都有可能成为平台型企业的竞争对手。例如手机短信平台最初只会受到同质的移动通信运营商的威胁，而现在，即时通信工具QQ、微信等也已经给移动通信运营商带来了巨大的威胁。也就是说，平台竞争者有可能来自四面八方。

一些在早期积累了庞大用户基数，发展已渐趋稳定的新媒体平台型企业在现在的新媒体竞争中已经发挥出了不可替代的优势，百度的搜索引擎平台、阿里的电子商务和支付平台、腾讯的即时通信平台是其典型代表。这些平台型企业已经将盈利的触角伸向了互联网领域的各行各业，覆盖了与它们相关的甚至不相关的领域。

因此，新媒体平台型企业不能仅仅将平台的竞争对象局限在单一的同类产业范围中，而应重新界定自身的竞争对象，拟订平台产业的战略防御计划，以防止自身的盈利模式和盈利渠道为竞争者所覆盖甚至瓦解。

各个互联网平台型企业的利润来源不同，它们之间呈现相互竞争的态势，在切断对手的利润源时，企业又需要保护好自己的利润池，避免受到其他竞争者的威胁。那么新媒体平台型企业的竞争者具体可能来自哪里，而平台型企业又该如何制定战略防御策略，以抵制来自竞争者的覆盖威胁，维护自身的利益呢?

(一) 平台覆盖的内涵与威胁

1. 平台覆盖的内涵

覆盖代表一个平台型企业通过自身的优势，推出重叠且优化的新业务功能。这种功能可以优于甚至替代某一既有平台型企业（可能是邻近产业，也可能是毫不相关的产业）的核心功能，通过免费或更优化的服务捣毁对方的利润池、抢夺对方市场掌控权，进而吸收对方的市场客源。

众所周知，腾讯推出的微信覆盖了移动通信运营商的诸多功能。在微信推出之前，用户使用短信发送文字消息、彩信发送图片消息、电话进行语音通话，每个月只需要交付移动通信费给运营商。但是微信推出之后，消费者的上述移动通信消费，则全部变成"免费"。用户只需要付很少的网络宽带流量费用，就可以免费发送文字、图片、语音消息。同时，除了这些传统的移动通信功能之外，用户还可以借助微信进行视频聊天、发送漂流瓶、观看朋友圈等。

---

① 引自http：//www.chinaz.com/news/2015/1211/482018.shtml。

与传统移动通信运营商（如在我国主营业务为网络宽带或3G/4G网络的中国移动、中国电信、中国联通）提供的少量且较高收费的移动通信功能相比，腾讯在移动互联网时代开发的微信，提供了更优化更多元化的免费移动通信功能，在很大程度上取代了传统移动通信运营商的手机短信、彩信和电话的通信功能，形成了对移动通信运营商的传统通信平台功能的强势覆盖。

再比如亚马逊的Kindle曾在电子书销售领域有了相当规模的用户基础，占据着电子书市场份额的首位。然而，Kindle作为终端，仅仅能提供阅读电子书的功能，与新兴的平板电脑相比，对用户的吸引力大大弱化。

平板电脑不仅能够提供电子书的服务，甚至推出了全新的护眼模式，减弱屏幕亮光给眼睛带来的刺激，不仅给用户提供纸质书般的阅读体验，覆盖了Kindle电子书的功效，而且平板电脑还可以为用户提供在电子阅读之外的更多更愉悦的网络娱乐享受，比如游戏、视频、音乐等。如iPad针对Kindle推出的电子书重叠功能以及更多的网络娱乐等优化功能，迅速取得了原Kindle用户的青睐，因而苹果实现了对亚马逊电子书平台的有力覆盖。

由此看来，鉴于互联网天然的平台开放性，各个互联网平台型产业分界相对模糊、平台竞争格局混乱且急速变动，威胁可能来自任何方向，新媒体平台时代的覆盖战争格局如图7-3所示。[①] 单一互联网平台型产业服务商向用户提供的某种核心功能时时刻刻都有被后续平台竞争者覆盖的可能性，其生存状况瞬息万变。例如，新浪微博对饭否、博客中国、腾讯微博的替代，腾讯微信对开心网、人人网、新浪微博等社交平台的替代，团购平台对大众点评平台业务功能的替代或部分替代。

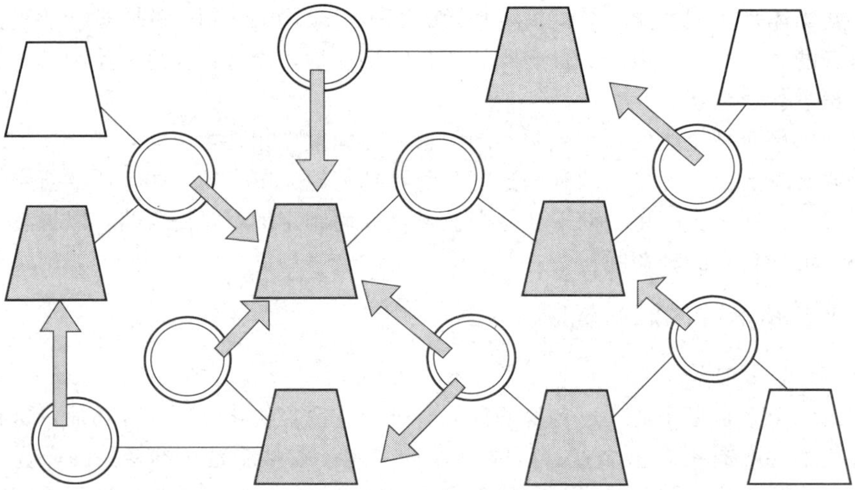

图7-3 新媒体平台时代的覆盖战争格局

注：互联网平台型产业分界相对模糊、平台竞争格局混乱且急速变动，威胁来自任何方向。

资料来源：陈威如，余卓轩．平台战略——正在席卷全球的商业模式革命［M］．北京：中信出版社，2013：202.

2. 平台覆盖的威胁：利润池的抢夺

2003年，淘宝上线。在巨量外源资本的融资支持下，淘宝采用了对买家和卖家同时三年

① 陈威如，余卓轩．平台战略——正在席卷全球的商业模式革命［M］．北京：中信出版社，2013：202.

免费的 C2C 平台竞争策略，这不仅捣毁了当时 C2C 电商平台龙头易趣将卖家作为付费方的利润池，而且迅速把易趣的大量用户吸引到淘宝平台上。两年后的 2005 年，易趣的市场份额从 80％滑落到 29.1％，淘宝则上升到 67.3％。①

类似的平台覆盖与利润池抢夺的例子还有很多：比如腾讯微信平台依靠腾讯强大的增值服务收入的保障机制，捣毁了移动通信运营商以手机短信收发和电话接打为收入来源的利润池。再比如阿里的支付宝平台在淘宝和天猫电商平台收入的强力支持下，早期对支付宝用户的转账业务采用完全免费策略，捣毁了各大传统银行网银平台向用户按转账金额额度及其比例收取转账手续费的利润池。进入移动互联网时代，UC 浏览器和 QQ 浏览器正在成为智能手机终端用户上网和信息阅读的第一用户入口，百度手机搜索平台功能成为第二入口，UC 浏览器和 QQ 浏览器正在加速对百度手机搜索功能的平台覆盖，而智能手机终端的软件预装功能成为各类互联网应用软件开发商的前置性入口。平台覆盖与利润池抢夺如图 7－4 所示：

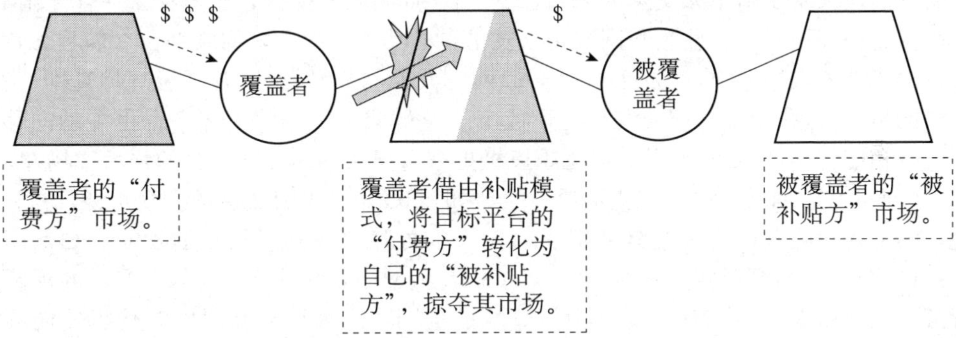

图 7－4　平台的覆盖

注：覆盖者通过其他利润来源，以高度补贴策略（多为完全免费策略）掠夺目标平台的生命线，将其“付费方”转化为自己的“被补贴方”。

资料来源：陈威如，余卓轩．平台战略——正在席卷全球的商业模式革命［M］．北京：中信出版社，2013：204.

通过这些方式，覆盖者将被覆盖者原有平台的“付费方”（消费者）变成“被补贴方”，不仅捣毁了被覆盖者的利润池，而且使得被覆盖者用户大量流失，导致其利润急剧下滑甚至被覆盖者完全消失。

3. 来自竞争者平台的具体覆盖来源

其一，来自互补领域竞争者的覆盖。② 提供互补产品与服务的属于相邻互联网产业的企业，由于彼此了解对方的盈利机制和发展态势，因此更容易渗透对方的业务领域，从而覆盖相邻互联网产业提供的互补性业务。

曾几何时，资讯客户端基本是搜狐新闻、网易新闻和腾讯新闻的“三国演义”时代，这是传统新闻门户网站向移动端转型的最佳范例。在门户网站时代，腾讯新闻以其强社交产品的黏性优势积累了强大的用户规模，这使得其在移动资讯时代稳稳占据“第一把交椅”。不过也正是腾讯新闻客户端既有的门户基因，使得这款产品的气质看上去相当严肃。“事实派”是腾讯新闻的理念，也是一款足够好的资讯产品，但对更加偏向娱乐的年轻人来说，腾讯新闻提供的

---

① 引自 http：//b2b.toocle.com/detail-6086649.html。

② 陈威如，余卓轩．平台战略——正在席卷全球的商业模式革命［M］．北京：中信出版社，2013：216.

严肃新闻可能还远未满足年轻人的需求。

2016年6月16日，腾讯前CTO张志东曾在内部喊话："今日头条走了完全不同的一条路，全是云端的，根据用户的点击与兴趣来学习用户的阅读喜好，从而形成千人千面的推送内容，具有很强的颠覆性。互联网行业就是这样的，所有的领先都是暂时的，颠覆很可能来自另外一种完全不同的模式。"[①] 随着今日头条以一种完全不同于传统门户客户端的产品逻辑形态迅速崛起，在腾讯新闻一枝独秀的情况下，资讯客户端逐渐形成一超多强局面，2015年下半年后，格局又出现了新的变化。凭借资本的支持以及模式的创新性，今日头条逐渐从第二阵营脱颖而出，虽然腾讯仍能凭借强大的渠道和内容优势目前暂时占据市场"第一把交椅"，但今日头条的上升势头非常迅猛，逐渐和腾讯形成对垒甚至反超之势。

此外，进入移动互联网时代，随着以微博、微信为代表的实时社交媒体的迅速普及和应用，企业的官方自媒体（官方微博、官方微信公众号）如雨后春笋般涌现出来。基于熟人社交的微信朋友圈以及基于陌生人交友的垂直社交APP如陌陌和探探，迅速覆盖并且优化了PC互联网时代曾经火红一时的一些互联网实用交友平台的功能，如人才招聘平台（前程无忧网、智联招聘、中华英才网）、大众交友平台（开心网、人人网）、婚恋交友平台（珍爱网、百合网、世纪佳缘网），对这些传统实用交友平台形成了严重的威胁。尽管上述平台也主动向移动端转移，开发了相应的移动APP平台，但也难以抵抗来自强大移动社交平台的强大市场冲击之势。

起步于PC互联网时代的实用生活服务平台如2003年在上海成立的大众点评，在移动互联网时代，其平台功能反而更加受到智能手机网民的青睐，获得了长足的发展。如前所述，在《2016年11月中国APP活跃用户排行榜（TOP 450）》中，大众点评以22.39%的活跃用户占比排行第十三，而成立于2010年起步于PC端的美团，进入移动互联网时代迅速向移动端转移，并获得了快速的发展，以23.67%的活跃用户占比排行第十一。

大众点评和美团原本是功能互补的两个企业。用户根据自己的体验经历在大众点评上对商家进行评价，多个用户的评价资料构成了商家的评分和总体评价，其他用户根据这些信息对商家进行消费选择。

美团则是与商家达成协议，使得用户可以在美团上以更优惠的价格拿到好评商家的产品或服务。但是当美团也具有了商家评分功能时，大众点评的核心功能在一定程度上被覆盖了。用户不必在两家网站上分别完成信息获取和购买的行为，他们可以在一家网站上同时完成信息获取和购买，这大大提升了用户体验。美团和大众点评尽管分别位列我国移动互联网O2O团购平台市场份额的第一、二位，但都没有避免烧钱、烧资本的"硬伤"。为了避免进一步的"同室操戈"战火，以"抱团取暖、共度寒冬"，2015年10月8日，美团与大众点评联合发布声明，宣布达成战略合作并成立新公司，新公司成为中国O2O领域的领先平台之一。

在我国网约车平台市场领域，具有相同或相似功能的平台为了快速抢占市场份额而合并。2015年至2016年，滴滴出行和优步中国之间血拼。为了避免两败俱伤，共同做大我国城市网民移动出行的市场大"蛋糕"，2016年滴滴出行收购优步中国的品牌、业务、数据等全部资产并在中国大陆运营。

其二，来自微替代领域竞争者的覆盖。[②] 对于用户而言，某些网络服务产品或服务功能具有一定相似性，既具有一定功能的互补性，又有一定的微替代性，在某种程度上可以互相替代。早在2006年，谷歌的电子邮件系统Gmail便引进内建的即时通信功能（Google Talk）。电

① 引自 http：//www.sohu.com/a/83781541_430899。

② 陈威如，余卓轩．平台战略——正在席卷全球的商业模式革命［M］．北京：中信出版社，2013：217.

子邮件与即时通信同属信息传播工具，双方之前各司其职，具有轻微替代使用的特性，这样就容易产生对竞争者的覆盖。谷歌发展了 Google Talk 之后，便覆盖了一部分即时通信平台软件的核心功能。谷歌的利润池建立在成熟的广告系统上，在即时对话软件业务方面没有盈利的压力，因此可以给用户提供免费服务，在更大程度上补贴用户，通过补贴战略实现了对竞争者平台市场的覆盖。

其三，来自垂直维度竞争者的覆盖。① 这种覆盖主要是来自不同高度的战略包覆，来自这个方向的竞争者与平台型企业之间是一种既竞争又合作的关系。

比如微博和微信朋友圈，它们都是日常社交领域的互联网通信产品。新浪微博曾经是重社交产品，主打即时通信和动态分享。微信朋友圈推出之后，其功能给新浪微博重大的打击，用户对微信朋友圈的使用频率高于新浪微博。因此，新浪微博从重社交产品转型为重媒体产品，如政务微博、媒体微博、明星微博等，通过紧跟大新闻事件的办法吸引用户眼球。微博热搜成为用户获取当前社会热门新闻或信息的重要途径。

微博热搜抓住了朋友圈单一熟人社交的不足，为用户提供更新更全面的社会热点事件的短讯告知。在这个过程中，用户的需求也发生了改变：用户主要通过微博获取来自微信、长短视频和直播领域的短讯预告信息；通过微信公众号、微信朋友圈获取社交类长资讯；通过长视频获取基于社会共性需求的 IP 类娱乐享受；通过短视频、全民直播来满足其社交需求和休闲娱乐需求。

近年来爆发式增长的“全民视频直播”的兴起对视频网站和社交应用、电商平台等都产生了一定的功能性覆盖，为此，视频网站走上了原创长视频发展道路，社交应用开发了直播分享功能，电商平台逐步向电商直播化转型。有些直播平台的主播本身就是某一商品或服务的提供者，他们通过直播平台生动直观地展示自己的商品和服务过程，吸引了大量粉丝用户，覆盖了淘宝电商平台的在线商品展示和营销的部分功能。

由微信推出的小程序是一种不需要下载、安装，只要在微信中扫一扫或者搜一下即可打开的应用，用户在用完之后，退出页面即可，不需要对它进行卸载，它也不会再打扰用户，更不会推送消息，不会产生订阅关系，不能被推送到朋友圈。更直观地说，它是由微信推出的，可代替 APP 的部分功能但又不像 APP 那样需要用户进行下载卸载等烦琐操作，更省空间的一个应用。② 有了小程序，用户可以删除手机里大部分低频使用的 APP，小程序堪称小容量手机的“救星”，微信小程序能局部扭转走火入魔、泛滥到头的移动端应用商店模式，改变过去 APP 的形态。③ 对于一些用户低频使用的 APP 功能产生了较大的替代性。

其四，来自非相关领域竞争者的覆盖。④ 这种来源的竞争者总是让平台型企业猝不及防，例如在即时通信领域中，中国移动的飞聊，腾讯的 QQ、微信，小米科技的米聊等，本来都是毫不相关的，各自有各自的业务领域和收入渠道，但是仍然出现了在同一领域相互竞争的局面。

其五，来自多环状生态圈的覆盖。⑤ 对于所有的单一互联网平台型企业而言，我国的阿

---

① 陈威如，余卓轩．平台战略——正在席卷全球的商业模式革命［M］．北京：中信出版社，2013：218.

② 引自《微信小程序刷屏朋友圈会代替 APP 吗?》（http：//media. people. com. cn/BIG5/n1/2017/0110/c40606-29012665. html）。

③ 引自《微信小程序刷屏朋友圈会代替 APP 吗?》（http：//media. people. com. cn/BIG5/n1/2017/0110/c40606-29012665. html）。

④ 同①219.

⑤ 同①220.

里、腾讯、百度，以及国外的苹果、谷歌、Facebook、亚马逊等互联网商业生态型集团，拥有难以撼动的优势：由于用户规模已覆盖到互联网市场中不计其数的领域，而且在各个领域它们均有一种较为成熟的发展模式，利润来源多元化，使得它们无论是在面对竞争威胁还是主动出击覆盖对手时，都能够适时地调整自己的战略。因此对于处于早期发展阶段的平台型企业来说，这些来自强大的多环状生态圈的覆盖，将给它们带来生死存亡的威胁。

例如，偷菜、抢车位是人们对开心网的共同回忆，开心网曾一度风头无量。2011 年，其同业对手人人网率先在美国上市，市值一度攀升至 70 亿美元（约合人民币 470 亿元）。那时，开心网被外界认为应享有同等估值。然而，自 2011 年以来，集即时通信、新闻资讯、微信视频、微信表情和微信游戏服务于一体的多功能微信平台，迅速覆盖了开心网单一的社交服务功能，其传统社交业务已被边缘化，甚至低落至仅占营收一成，开心网不得不向移动游戏新业务转型，以此新业务被深圳赛为智能上市公司收购。

其六，来自自立门户的威胁者的覆盖。[①] 新媒体平台型企业在最初的发展中建立起双边市场，为两个市场服务，但是当双边市场中的某一主体发展到某一程度后便有可能产生脱离平台型企业的想法。这样，脱离平台型企业的成员就有可能带走一部分资源。这些成员也会成为平台型企业的覆盖竞争者之一。

二、互联网平台型产业运营商的反覆盖策略

为了应对来自竞争者平台的覆盖威胁，互联网平台型企业一般可以采取三种方式进行反覆盖。

（一）采取和竞争对手相称的商业模式

针对竞争者的利润池进行反击，采取和竞争对手相称的商业模式。[②] 随着移动端对资讯需求的爆发式增长，今天在中国，或许我们已经很难摆脱“头条”的影响。在个性化阅读风潮席卷而来的当下，无论是以今日头条为代表的新锐，还是传统的门户网站乃至于 BAT 都纷纷走上了一条“新闻聚合＋个性化兴趣推荐”的道路。

腾讯为了吸引年轻用户的关注，让他们在腾讯新闻客户端上产生更多产品互动以及停留更长的时间，推出了新的新闻客户端产品——天天快报。天天快报采用了腾讯最擅长的兴趣打法并将大量的标签频道化，使得频道可自定义，“EXO”“电竞”“LOL”“太空”“中超”“重口味”“二次元”这些是天天快报主推的个性化频道，以迎合当下年轻人的兴趣偏好。

针对 QQ、微信等即时通信工具对手机运营商的短信功能的覆盖，手机网络运营商也开发了飞聊等与微信相似的功能来抵御其对自身利润池的侵占。

一个典型的例子是亚马逊和苹果公司之间的利润池抢夺与反击战。在苹果推出兼具电子书、视频播放器、游戏机、音乐播放器等多种功能的平板电脑，覆盖亚马逊 Kindle 电子书的部分功能之后，亚马逊采取的反击策略，便是和苹果采取相同的商业模式。

2010 年 1 月 27 日 iPad 刚刚亮相，亚马逊便在一周之后并购了一家名为“Touchco”的触屏类屏幕新公司并在十个月之后推出了能与 iPad 相媲美的平板电脑 Kindle Fire，此举提升了第三方应用开发商在亚马逊生态圈中的战略重要性。同时，为了对抗苹果，亚马逊也改变了以往的补贴策略。旧款 Kindle 的硬件价格高昂，而用户下载某些电子书的费用却比亚马逊支付给

① 陈威如，余卓轩．平台战略——正在席卷全球的商业模式革命［M］．北京：中信出版社，2013：223.

② 同①231.

出版商的成本还要低，而 Kindle Fire 颠覆了亚马逊自己的旧有模式，一出世便以低廉的硬件价格出名，仅有 iPad 价格的六分之一左右，Kindle Fire 设法通过内容销售来获取收益，抵抗了苹果对其的利润池覆盖，成功实现了反覆盖。

（二）分散利润池，实现自身的利润来源多样化

在遭遇竞争企业的平台覆盖策略时，拥有单一利润来源的新媒体平台型企业会受到严重的影响，它所连接的双边市场群体都会受此牵连甚至转移，平台型企业将无法维持自身的持续运转。因而，平台型企业需要将自己的盈利模式多元化，拓宽盈利渠道。这样，在面对竞争者的平台覆盖策略时，企业才会有更多的战略弹性。

土豆、优酷等视频网站原本将影音广告作为盈利命脉，但在其他竞争对手比如搜狐、腾讯等纷纷进入视频领域之后，它们开始尝试向使用频率较高的观众群体收费。比如推出视频的 VIP 服务，网站收取一定的 VIP 会员费用，享有 VIP 资格的用户可以免费观看更多电影，也能更早观看到网站购买的电视剧，观看视频的时候也能免除广告。VIP 的会员费替代了广告费，成为视频网站的收入来源。

曾火爆一时的社交网络服务网站开心网近年来逐步没落，移动游戏成为北京开心人信息技术公司（开心网的母公司）的新业务，开心网的主营业务转为移动游戏研发、发行及运营。凭借此新业务，2016 年 10 月 28 日，深圳赛为智能上市公司披露，拟作价 10.85 亿元收购北京开心人信息技术公司，其主要是看好该公司的游戏研发、发行及运营，希望借此分享高速发展的移动游戏产业红利。

由此可见，由于被覆盖企业往往会开拓新业务，所以很可能开拓的新领域会引起新的平台覆盖与反覆盖商战，权衡开拓新领域的利弊就显得尤为重要。

（三）与同业竞争者平台的一体化

企业即使面对竞争者的威胁，也可能会选择与其合作，以弥补自己的短板，共同对抗更大的竞争者。

1999 年诞生的携程和 2005 年诞生的去哪儿是在线旅游行业的两大巨头，但在引领旅游新模式的同时，它们不得不面对一个尴尬的境地，那就是在线旅游平台商家几乎都在亏本，而在传统旅游行业里，每一家旅行社几乎都能挣钱。在线旅游行业业务形态和变化太快，如果一味停留在已有业务的价格战里面，就不能抽出精力来拓展新业务和提高服务质量。再加上竞争对手同程、驴妈妈等旅游网站虎视眈眈，企图侵占其利润池，2015 年 10 月两家企业不得不做出了合并的决策。

这两家在线旅游平台型企业合并实现了资源共享，强化了对供应链的议价能力，使得其他竞争对手同程、驴妈妈等旅游网站的竞争力减弱，在短期内无法对携程和去哪儿造成威胁。

类似的例子还有早期同为 UGC 视频内容生产和具有相同广告商业模式的土豆与优酷的合并、美团和大众点评的合并、亚马逊收购游戏直播巨头 Twitch、腾讯参与对斗鱼直播平台的 B 轮和 C 轮的领投。这些同业竞争者的合并和参股的宗旨是以战略合作关系取代直接竞争关系，采用总公司和分公司制度安排，合并前的各家公司以总公司下的分公司形式保持人事、具体业务和财务等公司重大结构的独立性，以避免因合并引起原先各家公司的内耗而影响两家公司的持续发展。

如前所述，智能手机终端的软件预装功能成为各类互联网应用软件开发商的前置性用户入口，用户终端入口成为互联网新媒体公司的重要竞争点。为此，面向手机端用户需求的 APP

类产品开发商与苹果、华为、小米、OPPO和VIVO等智能手机制造商的战略合作正在成为新媒体平台合作的共识。

【知识回顾】

本章首先分析了新媒体组织由基本的产品型运营商转型为平台型产业运营商的基本时机，即互联网产品的用户规模开始产生爆发式自我增长，互联网产品初显平台型产业服务的特点：同边网络效应和跨边网络效应。此时，新媒体组织可适时构建连接或服务于双边或多边市场群体的互联网开放式平台，如电商平台同时连接和服务于商品卖家和买家两类市场群体，当然平台的开放程度要以保持平台的持续健康成长为宜，不宜过度开放。平台初步构建之后，需要探索各种平台成长机制，如补贴机制或促进用户黏性的机制等，不断促进两边市场群体的网络效应。平台型产业运营商还需要探索平台的盈利机制，确立平台的付费方，以建立基本的平台产业盈利机制；以大数据挖掘技术促进平台用户的活跃度，带动平台营收增长；作为开放式平台型产业服务商，需要确保平台各边市场群体的多边共赢，保障平台运营商自身的可持续盈利；当一个新媒体平台能同时产生高同边网络效应和高跨边网络效应和高转换成本时，就可获得“赢者通吃”的垄断性平台产业收入。正因为平台型产业可产生可持续的竞争优势和垄断性平台营收模式，开放式的互联网平台型产业极易遭遇来自四面八方的竞争者的挑战。本章探讨了六类来自竞争者的平台覆盖来源和三类反覆盖策略。

【思考题】

1. 以你熟悉的某类互联网平台为例，谈谈如何将同边网络效应和跨边网络效应有机结合起来。

2. 互联网新媒体平台型运营企业，通过何种策略可实现“用户规模自我循环增长”？

3. 腾讯开发的即时通信类应用QQ和微信在市场竞争中一直保持领先地位，它们是如何防止竞争者覆盖的？

4. 举一个在同类平台型产业竞争过程中两家平台型企业合并的成功案例，分析其合并的主要原因。

第八章　主要类型新媒体平台发展现状与产业运营模式

【知识目标】

互联网新媒体平台的分类和发展现状。

主要互联网新媒体平台的产业运营模式。

【能力目标】

了解互联网新媒体平台的分类和特征。

熟悉五类互联网新媒体平台的发展现状和具体平台型产业运营模式。

【知识导入】

从我国互联网平台型产业的实践发展历程来看，进入PC互联网成熟发展时期，互联网细分应用行业领域分别涌现出一批PC新媒体平台：在互联网信息获取类行业领域，曾分别涌现出新浪、网易、搜狐和腾讯四大新闻门户平台公司以及百度搜索平台；在电商行业领域，涌现出淘宝、京东、天猫、苏宁易购等PC端电商平台；在互联网沟通和交流领域，QQ空间、开心网平台、人人网平台快速蹿红；在互联网娱乐领域，中文起点网、土豆、优酷、爱奇艺、腾讯视频、搜狐视频、乐视以及盛大游戏、腾讯游戏、网易游戏等互联网娱乐平台层出不穷；在互联网实用服务领域，曾出现前程无忧人才招聘平台、360的电脑杀毒防护平台、世纪佳缘的婚恋交友平台、携程的旅游预订平台、大众点评平台。

然而，进入移动互联网时代，上述PC端时期诞生的新媒体平台公司，有些快速转型为移动新媒体平台而得以继续存活甚至进一步发展，如阿里成为多环状的电商平台和支付平台，腾讯则发展成为以QQ和微信交互促进发展的双社交平台。有些则不适应移动互联网时代的挑战而逐步走向没落，其平台服务功能被后起的新兴移动新媒体平台的新功能覆盖甚至完全替代，如以海量聚合为特点的新浪、网易、搜狐等新闻门户型新媒体平台（尽管在移动互联网时代，其在形式上转型为门户型新闻客户端）逐步被移动互联网时代以个性化精准推荐为特点的移动互联网产品甚至平台——头条号所超越，腾讯新闻客户端平台依靠其庞大的微信用户群而暂时领先于头条号平台，再如开心网、人人网等社交型平台遭到微信群、微信朋友圈平台、手机QQ平台的强力冲击而走向没落。一些在PC互联网时代崛起的新媒体平台型公司，如一批电商平台、娱乐类视频平台、实用服务平台通过适时地向移动端转型（开发适应用户需求和体验要求的移动APP），大部分在移动互联网时代真正转型成功并得以存活下来。与此同时，以今日头条、滴滴出行、美团为代表的移动互联网新生代新媒体公司正加速由产品型公司向平台型公司转型。

每一类新媒体平台的构架支撑着一类互联网细分产业具体特色的平台运营模式，本章将分别阐述各类互联网平台的发展现状和具体运营模式。

第一节 网络资讯服务类平台发展现状与产业运营模式

一、网络资讯服务类平台的发展现状

（一）网络资讯服务类平台的总体发展历程

网络资讯服务是最接近传统报媒新闻资讯服务的新媒体应用。我国提供网络资讯服务的新媒体组织，在PC互联网时代，主要由两大类构成：一大类是原生类PC端网络新闻或资讯服务商，如四大门户新闻网站和百度；另一大类是由传统报媒转型而来的众多新闻网站。进入移动互联网时代，其也由两大类组成：一是原生类移动端网络资讯服务商，如今日头条和一点资讯；二是由传统PC端新闻或资讯服务商转型而来的，如由四大门户新闻网站和百度以及传统媒体的新闻网站或传统报媒转型而来。

从互联网实践发展的总体现状来看，在我国众多网络新闻和手机网络资讯服务运营商中，尽管不乏内容质量上乘的网络新闻内容提供商，但仅有新浪、百度、腾讯和今日头条最终发展成为以网络资讯服务为主营业务的专业性新闻资讯类平台型产业运营商。这首先归因于这几家新媒体公司，为用户提供了不同互联网时代用户体验最佳的新闻资讯服务产品（如为网民用户免费快速提供海量新闻资讯服务的新浪、提供交互性新闻资讯服务的新浪微博）或工具（如为网民用户免费快速提供定向化信息索取服务的各类搜索引擎工具，包括手机百度，运用移动互联网时期的大数据技术为用户提供个性化新闻资讯服务的今日头条）。而好的网络资讯服务产品或工具，以其良好的用户使用体验，吸纳海量用户。

网络资讯服务类平台是最具媒体服务特征和媒体服务平台型产业特性的互联网平台，也是我国最早诞生的新媒体基础服务性平台。随着我国互联网的发展，网络资讯服务类平台从起源于PC窄带互联网1.0时代并发展至今的以新浪为代表的新闻门户类平台型产业和以百度为代表的信息搜索引擎类资讯服务平台型产业，发展到起源于PC端宽带互联网2.0时代并发展至今的以新浪微博为代表的具有社交化媒体类资讯服务平台型产业，再到直接诞生于移动互联网3.0时代以多终端个性化资讯服务平台型产业为主导的移动资讯服务平台（以今日头条为典型代表）。

不同互联网时代诞生的网络资讯服务类平台型产业，尽管各具特色，但也有着共同的发展特点。一是由某一新媒体企业率先开发一款在某一互联网应用时代用户体验最好的优质网络资讯服务产品或工具，其具有升格为平台特性的网络资讯服务产品或工具的潜质，如PC互联网门户时代的网络资讯服务类平台是以海量和快速的新闻阅读体验赢得用户青睐的，进入移动互联网时代，网络资讯服务类平台则是以用户可以随时随地社交化传播、分享和精准获取个性化新闻资讯或信息而捕获用户芳心的。二是推动这一款优势网络资讯服务产品或工具的用户规模自然爆发式增长。三是在用户规模达到最低临界点后，建构同时服务于两边或多边市场群体的开放式资讯服务平台。四是商家到开放式资讯服务平台投放的各类网络广告为平台的主要收入来源。

其中，开发能满足某一互联网时代用户需求的好产品是基础，如新浪公司在Web1.0时代开发的用于满足网民免费海量及时而细分阅读要求的新闻聚合类网站——新浪，在Web2.0和Web3.0交替时代开发的用于满足网民用户UGC新闻生产和交互讨论的新闻资讯服务产品——新浪微博。百度公司在Web1.0时代开发的用于满足网民个性化定向搜索新闻资讯或生活信息需求的服务工具——关键词搜索引擎，在Web2.0和Web3.0交替时代开发的交互性搜索引擎服务工具——百度贴吧，在移动互联网时代开发的移动端搜索引擎服务工具——手机百度。今日头条公司在移动互联网初期开发的自营式新闻类 APP 产品——今日头条，在今日头条快速发展之后，又创新推出新的内容平台类产品——头条号，吸引了众多内容提供商。各类网络直播服务网站也演变为网络直播自媒体服务平台。

从网络资讯服务类平台产业的总体发展历程来看，网络资讯服务类平台产业的发展是以满足某一互联网用户体验需求的好的网络资讯服务产品或工具为前提和基础条件的，然后，建构新闻资讯网站平台（或移动新闻资讯 APP 平台），同时向网络资讯阅读群体和商家（广告主、电商）甚至内容提供群体开放，最终形成以网络广告为收入来源的双边或三边网络资讯服务类平台型产业。

（二）网络资讯服务类平台的主要类型及发展现状

进入移动互联网时代，网络资讯服务类平台，主要分为移动自媒体资讯服务平台和新闻客户端资讯服务平台。

1. 移动自媒体资讯服务平台的发展现状

在移动互联网时代，不同自媒体平台的发展势头不一致。在各大自媒体平台中，微信公众号的市场份额占比遥遥领先，超 60%；微博成为自媒体人的第二传播渠道，占比接近 20%。①同时，直播类、电商类和垂直资讯类自媒体平台近年来受到用户的青睐，用户覆盖率增速分别高达 249.2%、120.9%和 93.8%，如图 8-1 所示：

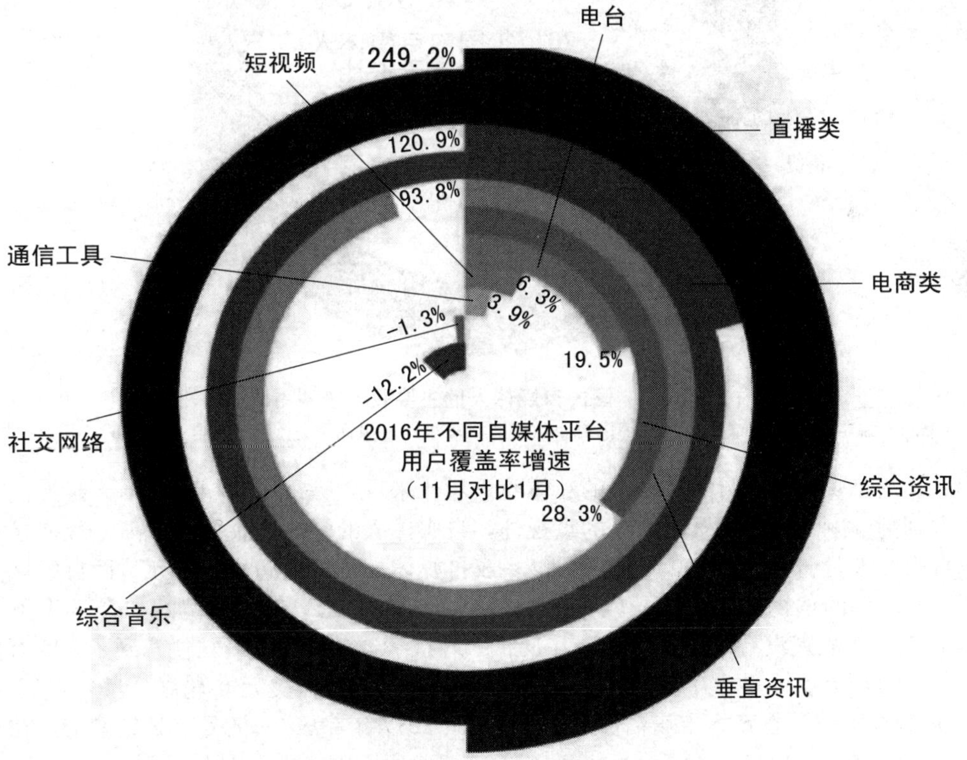

图 8-1　2016 年自媒体用户覆盖率增速

资料来源：新华网数据新闻《2016 年自媒体行业发展报告》。

① 引自《平台、粉丝、内容……数据解读自媒体发展的四个真相》（http：//zjnews.china.com.cn/zjwx/dt/wx/2017-04-18/125061.html）。

在自媒体平台生态圈中，大量自媒体人使用自媒体平台（博客、微博、微信公众号、客户端运营平台、直播平台等）提供的自媒体传播工具（自媒体账号），在自媒体账号上自主生产新闻资讯或其他内容或信息，借助自媒体平台的后台传播技术的支持，在自媒体平台泛在化地传播。自媒体平台与自媒体人的关系，犹如大型超市与租赁专柜的共生关系。自媒体平台如同大型超市，在初开业时以免费等各种优惠条件吸引激励自媒体人或机构开设自媒体账号；而当某自媒体账号的阅读量达到一定级别时，自媒体账号便开始向用户收费。如以每天 60 秒知识传播走红的自媒体微信公众号——罗辑思维在拥有大量粉丝会员时，就自主开发了付费型 APP——得到。

各大自媒体平台中的自媒体人收入，大部分来源于流量主或其他流量分成（占比 35.5%）和软文广告（占比 30.7%），二者占其总收入来源的 66.2%，一部分自媒体人可获取少量稿费、电商、打赏收入，如图 8－2 所示：

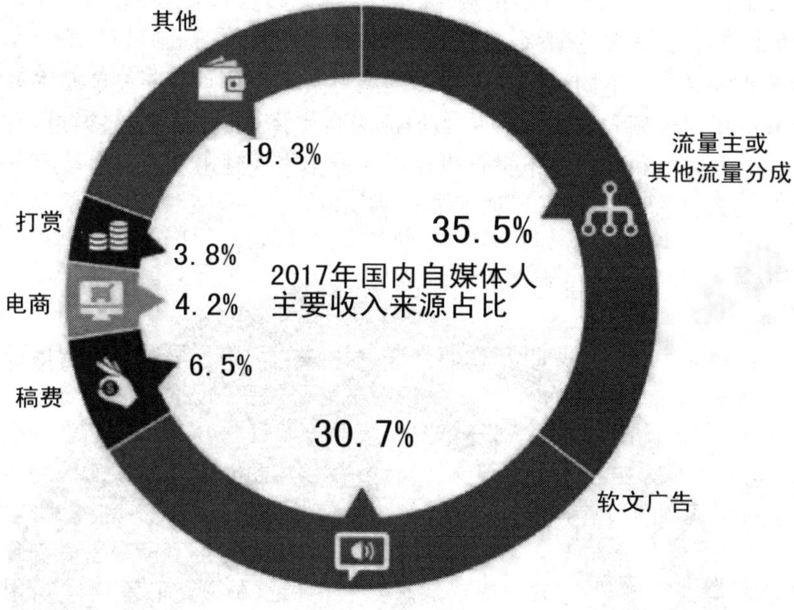

图 8－2　国内自媒体人的主要收入来源占比

资料来源：新华网数据新闻《2017 年中国自媒体从业人员生存状况调查》。

然而，从自媒体人与自媒体平台的总体收入对比来看，除了以罗振宇、papi 酱为代表的自媒体人拿到高额融资、受到资本市场的重视外，自媒体人的整体营收普遍不高。数据显示，超过七成自媒体人月营收在 5 000 元以下，仅一成自媒体人月营收超过 1 万元。而自媒体平台大多受到资本市场的重视甚至追捧，融资少则几千万，多则几十亿。典型的如今日头条，早在 2012 年，今日头条还没有上线的时候，其隶属的北京字节跳动有限公司便拿到了 500 万美元 A 轮融资，2013 年获得 1 000 万美元 B 轮融资，2014 年获得 1 亿美元 C 轮融资额，2016 年完成 10 亿美元 D 轮融资，在资本市场估值 110 亿美元，2017 年完成 20 亿美元 E 轮融资，在资本市场估值 200 亿美元。

自媒体平台与自媒体人的境遇反差，主要源自网络资讯服务类平台型产业运营模式背后的“商业秘诀”：以互联网技术起家的内容平台型运营商，最初面临内容源的短缺，在互联网时代，免费大行其道，内容平台型运营商采用了“借力”的内容生产模式，以免费或低版权成本聚合了海量内容源（PC 互联网门户时代的传统媒体内容或企业信息，移动互联网门户时代的大量自媒体内容或信息）作为内容生产的初始内容素材库，并在此基础之上以用户的需求和体验要求为基准进行简要的内容再加工。这种平台型内容生产方式是以免费、侵权或低成本获取初始内容生产者的内容源为代价的，而传统媒体或自媒体人以平台（渠道）扩大了其内容传播力甚至影响力而甘愿为之，大量初始内容生产者（尤其是作为专业内容生产机构的传统媒体或大部分自媒体人）沦为内容平台型产业链中边缘的低收益“打工者”。

2. 新闻客户端资讯服务平台的发展现状

新闻客户端资讯服务平台，主要由移动新闻资讯客户端产品演变而来。

我国移动新闻资讯客户端产品主要有两类。一是由互联网技术公司创办的原生类新闻客户端（如今日头条、UC头条、天天快报、一点资讯、ZAKER）。二是由传统PC互联网和传统报媒移动化转型而创办的转型类新闻客户端，可进一步分为两小类：其一，是由四大门户网站移动化转型而创办的四大新闻客户端（新浪、搜狐、网易以及腾讯新闻客户端）以及由中央级传统报媒及其国家重点新闻网站移动化转型而创办的移动新闻客户端（人民网新闻客户端、新华网新闻客户端）；其二，是由地方性传统报媒集团，以移动互联网内容为入口，以提供优质移动内容为主要竞争策略而转型形成的新兴移动新闻客户端，如上海报业集团探索创立的澎湃新闻、界面新闻，以及各地方报业集团后续移动化转型而创办的新兴移动新闻客户端，形成了“东澎湃、界面”“南并读”“西封面”“北无界”“中九派”的传统报媒移动化转型的多元化移动新闻发展格局。

从移动新闻资讯客户端产品的实践发展来看，社交化推荐和个性化内容推荐是移动新闻资讯客户端产品获得手机用户和广告商青睐的两大元素，具有这两大特色功能的移动新闻资讯客户端产品才有发展成为移动新闻资讯平台型产业的市场基础。以腾讯新闻客户端平台和今日头条新闻客户端平台最为典型。

腾讯新闻客户端平台是典型的以社交化推荐为法宝的移动新闻资讯平台。在腾讯新闻客户端平台中，用户只需注册和登录微信，就可自动浏览腾讯新闻客户端推荐的某些资讯内容，可自由浏览来自好友、各个微信群或朋友圈分享和转发的腾讯新闻客户端的内容。腾讯新闻客户端的用户规模几乎等同于微信用户规模，其成为移动互联网时代集社交与新闻资讯于一体的新一代平台流量入口。2015年，腾讯新闻客户端的广告收入达到175亿元。

作为移动新闻资讯平台的今日头条在强大的BAT的包抄之下成长为移动互联网时代新闻客户端平台的“独角兽”，其主要法宝是个性化的内容推荐系统算法。

创建于2012年3月的今日头条客户端，在2012年8月发布的第一个版本是一款基于数据挖掘的移动新闻资讯推荐引擎类产品或工具，为用户推荐有价值的、个性化的新闻资讯信息。今日头条以免费个性化看海量新闻的用户良好体验为特色，切中了手机用户在移动互联网时代看新闻的真实需求，因而，从一开始上线推出，就深受手机用户的喜爱，手机用户规模呈现出爆发式增长，是国内移动互联网领域成长较快的产品服务之一。今日头条具有向移动新闻资讯类平台型产业发展的基本条件，快速发展成为一个为用户提供个性化“定制式”信息资讯的分享阅读平台。截至2016年10月底，今日头条激活用户数超过6亿，月活跃用户超过1.4亿，日活跃用户超过6 600万，单用户平均每日使用时长超过76分钟，日均启动次数约9次。截至2016年11月底，已有超过39万个人或组织开设头条号。①

成立仅4年的今日头条，以其智能算法推荐的精准营销发展模式，大有赶超基于庞大微信

① 引自《今日头条、微博断交背后的征伐与突围》（http：//www.do.news.com/article/detail/4162/10141）。

社交用户分发平台的腾讯新闻客户端之势。如前所述，根据《2016年11月中国APP活跃用户排行榜（TOP450）》，腾讯新闻、今日头条的活跃用户占比分别为24.48%、22.42%。2017年今日头条旗下已经有了一个庞大的APP矩阵，打头阵的APP是今日头条，第二梯队包括火山小视频、西瓜视频、抖音、悟空问答以及收购的美国短视频社区Flipagram、自营的“海外版今日头条”TopBuzz。

今日头条的针锋相对让腾讯做出应对，而腾讯推出的天天快报只是在社交用户平台上采用了细分标签化频道的兴趣分发，并没有借鉴今日头条的智能算法推荐方法，同期的天天快报活跃用户占比仅为5.08%，分发效率亟待提高。

今日头条凭借其算法推荐模式，不仅成为我国移动新闻资讯的重要分享阅读平台，而且已成为引领我国移动互联网发展的重要风向标并已将整个移动互联网行业带到了算法智能分发的发展道路上。传统新闻客户端也陆续改版上线“推荐”频道，浏览器也做起“推荐”，甚至电商类平台都有了自己的头条，开启了各类“信息找人”＋“千人千面”的基于个人兴趣的信息精准分发新模式。

而作为PC时代四大门户类新闻网站转型创办的其他三大移动新闻客户端——新浪、搜狐、网易新闻客户端和传统报媒及其新闻网站移动化转型创办的移动新闻客户端或新闻资讯类APP，这其中尽管不乏内容质量上乘者，但其不能很好地满足移动互联网时代手机用户看新闻资讯的社交化和个性化需求，与手机用户移动阅读新闻的需求“连接”失效，因而，大多未能从移动新闻资讯客户端产品的内容提供商升级到具有移动互联网平台型产业特色的移动新闻资讯类平台型运营商。

艾媒咨询数据显示（如图8-3所示），2016年移动资讯平台活跃用户占比排行上，腾讯新闻、UC头条、今日头条分别以38.5%、35.3%、32.6%的活跃用户占比排名前三。腾讯新闻有着QQ、微信强大的流量导入，稳居活跃用户占比首位；UC头条作为2016年才进入移动资讯分发市场的新产品，依靠UC浏览器产品月活跃用户4亿移动端的引流，背靠阿里平台提供的国内顶尖大数据推荐算法，排名第二；今日头条凭借算法技术受到用户的推崇，针对性的阅读内容是其最大优势①，同时今日头条的用户单次使用时长达9.3分钟，位列第一，用户黏性最强。

在白领群体中，今日头条、网易新闻和ZAKER成为移动新闻资讯类平台型产品的代表，知名度较高。此外，新浪新闻和凤凰新闻在推荐、引流、内容等方面各有优势，在白领群体中的知名度也在逐渐上升。② ZAKER在白领用户群体中获得最高满意度，评分8.1，网易新闻、UC头条分列第二、三位。艾媒咨询分析师认为，不同职业的用户群体对移动新闻资讯类平台的需求有所差异，而ZAKER在内容深度和广度上的优势和良好的阅读体验是其收获白领用户好评的关键。③ 在内容方面，随着资讯的过剩，稀缺的独家资讯是吸引用户的关键。④

此外，内容免费运营模式，也导致一些移动新闻资讯类平台的内容质量无法满足特定用户对新闻资讯的需求和体验诉求。为此，让用户愿意为优质内容“买单”的内容（知识）付费商业模式逐步兴起。近年来，知识付费时代悄然来临，涌现出一批向知识付费模式转型的UGC内容或知识分享类平台，如豆瓣、知乎、罗辑思维、分答、视知等等。

---

① 引自艾媒咨询《2016年移动资讯平台活跃用户分布》。

② 引自艾媒咨询《2016—2017中国移动资讯市场研究》，第27页。

③ 引自艾媒咨询《2016—2017中国移动资讯市场研究》，第29页。

④ 引自艾媒咨询《2016—2017中国移动资讯市场研究》，第19页。

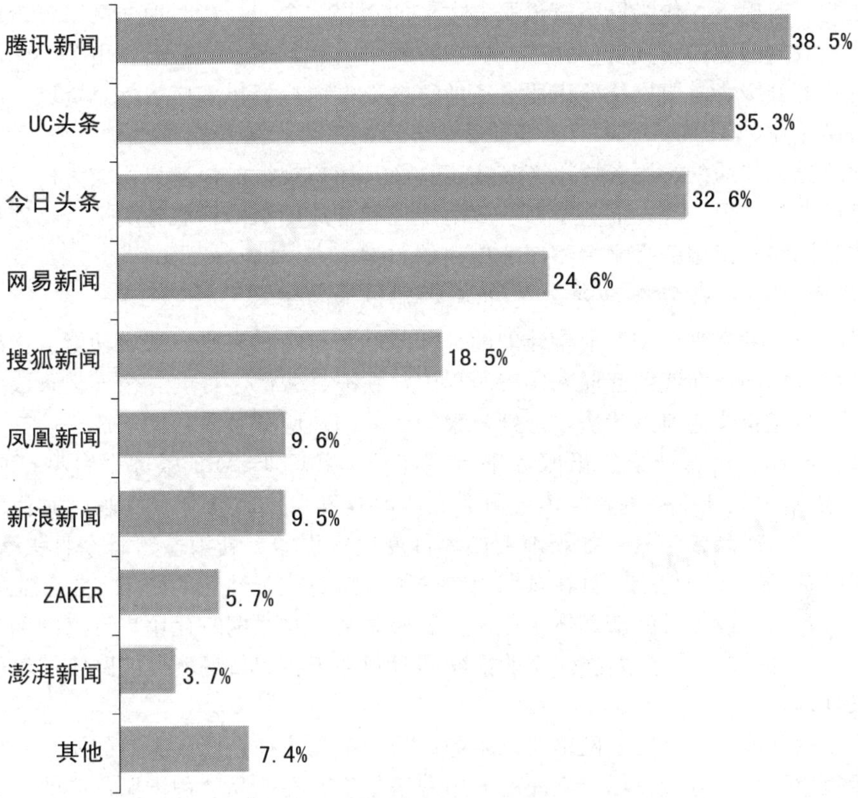

图8-3　2016年中国移动资讯平台活跃用户分布

注：一个用户或使用多个移动资讯类应用；UC头条为UC头条独立APP和UC信息流板块；今日头条为QQ浏览器的资讯板块。

资料来源：艾媒北极星（截至2016年12月底，北极星采用的自主研发技术已经实现对6.98亿独立装机覆盖用户的行为监测）。

二、网络资讯服务类平台的产业运营模式

网络资讯服务类平台的总体产业运营模式，是传统纸媒平台产业的网络化。它先将传统纸媒内容资讯平台产业中的各边市场群体（提供内容的纸媒、纸媒读者、纸媒广告商）网络化，包括资讯平台的网络化（聚合或个性化的网络资讯服务产品或工具）、资讯平台产业所服务的主要市场群体的网络化（网民用户和网络广告商）；然后，将平台成长机制网络化（网络效应和非网络效应）；最后，再将传统线下广告盈利模式网络化（以各类网络广告为主要收入来源）。

网络资讯服务类平台的具体产业运营模式，主要由其平台型产业的建构机制和平台型产业建构后的成长和盈利机制等部分构成。

（一）网络资讯服务类平台型产业的构建机制

构建网络资讯服务类平台型产业的主要流程如下：首先，开发一款网络资讯服务产品或工具并使之发展成为快速聚合海量或个性化网络资讯信息的平台；其次，以此网络资讯信息聚合平台吸引或聚合大规模的直接网络资讯需求者（用户），从而产生与直接网络资讯需求者之间的同边网络效应，进而吸引大量广告商进驻这一网络资讯信息聚合平台，产生跨边网络效应；

再次，在这一前提下，作为网络资讯服务主体的新媒体企业，适时地向网络资讯需求者和网络广告信息投放商的双边市场群体开放并向双方提供有效的服务；最后，由单一的网络资讯服务产品型运营商升级为从事网络资讯服务产业（含新闻内容资讯和广告信息资讯）的网络资讯服务类平台型企业。

由此可见，优质网络服务资讯产品或工具及其用户规模的快速累积成为构建网络资讯服务类平台型产业的首要一环；而科学而有效地定位和开放网络资讯服务类平台，连接和服务各边市场群体是网络资讯服务类平台型产业构建的关键节点。

1. 打造具有平台聚合功能的优质网络资讯服务产品

网络资讯服务类平台型产业构建的前提和基础是打造具有平台聚合功能的优质网络资讯服务产品。如前所述，在我国互联网发展历程中，新浪、微信、百度、今日头条成为我国网络资讯服务类平台型企业的典型代表，分别是我国新闻门户服务类平台型产业、社交化媒体类资讯服务平台型产业、信息搜索资讯服务平台型产业、新闻类 APP 服务平台型产业的“集大成者”，可资借鉴之处在于这些新媒体公司都成功地开发了一款让某一互联网时代网民青睐的优质网络资讯服务产品或工具，如新浪网站、百度搜索引擎、新浪微博、今日头条、手机百度，使这些网络资讯服务产品或工具在短期内快速聚合海量或个性化的网络资讯信息，使创新这一网络资讯服务产品或工具的新媒体企业，发展成为某一互联网时代用户青睐的网络资讯信息的“整合者”和“掌控者”，为新媒体企业搭建同时服务于各边市场群体的网络资讯服务类平台创造基础条件。

在互联网环境下，优质的网络资讯服务产品或工具往往会产生天然的用户口碑，其网络病毒式传播效应强大，可激发用户之间的同边网络效应，在产品“种子用户”的带动和病毒式传播效应之下，产品可在短期内迅速爆发式增长，吸引另一边或几边市场群体聚合在网络资讯服务产品或工具之中。此时，这一优质的网络资讯服务产品或工具就具有聚合双边或多边市场群体的平台功能特性，从而转型为平台型网络资讯服务产品或工具（如具有平台功能的新闻网、移动自媒体新闻客户端）。

2. 网络资讯服务类平台型产业的市场群体定位

在打造具有平台聚合功能的优质网络资讯服务产品或工具并快速累积用户规模之后，应科学而有效地定位网络资讯服务类平台所连接和服务的市场群体，这是构建网络资讯服务类平台型产业的关键环节。

网络资讯服务类平台型产业的定位一般是服务于三边市场群体的。具有平台聚合功能特性的网络资讯服务产品或工具，是构建网络资讯服务类平台型产业的中心环节。需要进一步明晰的问题是，这一产业运营的中心环节，应为哪两边或哪几边市场群体（由众多具有相同市场需求的市场主体组成）服务，亦即如何定位平台型网络资讯服务产品或工具所应服务的市场群体。

根据前述确立各边市场群体的市场“边”的独立性和必要性条件，在我国，网络资讯服务类平台型产业，大多定位于服务三边市场群体，即以具有再加工整理或细分功能的平台化内容产品（如新浪网站、新浪微博、百度搜索、今日头条或头条号）连接和服务原创内容类网站、网民用户、网络广告商这三边市场群体。以下以百度和今日头条的市场群体定位为例。

（1）百度资讯搜索平台型产业的市场群体定位。

百度以信息搜索引擎平台整合互联网的碎片化信息资源，其平台定位于连接和服务内容网站、网民、网络广告商这三边市场群体，建构了三边模式的网络资讯服务类平台型产业。具体过程是百度以具有内容信息搜索引擎功能的工具，建构百度的内容信息搜索平台，一边整合分散化的内容网站信息，将其碎片化的网络内容信息整合为海量的聚合而细分的内容信息，一边吸引越来越多的内容信息需求者上百度搜索平台定向索取所需要的内容信息；与此同时，百度也刺激了另一边市场群体——无数广告商在百度上定向投放推广自身企业或产品的信息，从而形成定位于服务网络信息的来源方——内容信息网站、内容需求者和网络广告信息推广需求者三边市场群体的平台型产业运营三边模式，如图 8-4 所示：

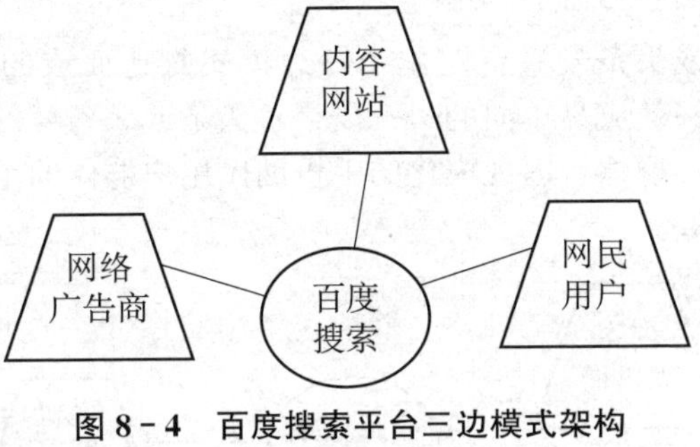

图 8-4　百度搜索平台三边模式架构

(2) 今日头条移动资讯平台型产业的市场群体定位。

今日头条是建立在移动互联网时代"智能信息推荐引擎"基础之上，为用户提供信息资讯的移动分享阅读平台和移动新闻资讯平台（早期开发的今日头条新闻客户端或后来开发的头条号）。其平台的定位是连接和服务于手机用户、原创内容提供商、网络广告商这三边移动资讯市场群体。

首先，基于个性化推荐引擎技术，今日头条根据每个用户的兴趣、位置等多个维度进行个性化推荐，推荐内容不仅包括狭义上的新闻，还包括音乐、电影、游戏、购物等资讯，内容呈现形态包括文字、图片、视频，甚至问答、直播等。今日头条通过个性化推荐系统找到对它感兴趣的用户，从而连接和服务于手机网民用户。

其次，今日头条个性化地智能聚合海量的内容资源，从而连接和服务于原创内容提供商。当识别到用户的个性化新闻阅读偏好后，今日头条就从传统媒体如报纸、电视，网络媒体如新闻门户网站、论坛，社交网站和其他各种网站上快速抓取与用户个性化需求智能匹配的新闻信息，并推荐给用户。由于今日头条自身不生产且不提供原创新闻内容，今日头条这种以抓取原创新闻内容而满足用户的精准化新闻需求的商业模式（其早期品牌口号是"我们不生产新闻，我们是新闻的搬运工"）遭到了来自传统媒体和传统 PC 时代网络新闻媒体的网络版权"维权"。之后，今日头条加强与原创新闻内容提供商的合作。与此同时，为加强内容质量，在 2013 年推出了头条号。头条号是今日头条针对媒体、国家机构、企业以及自媒体等推出的专业信息发布平台，致力于帮助内容生产者在移动互联网上高效率地获得更多的曝光和关注。2015 年，张一鸣在发布会上介绍，今日头条每天阅读数 5.1 亿，头条号贡献的阅读数为 3.7 亿，占比 73%。头条号每天贡献 3.2 万篇文章，头条号生产的文章质量远高于平均质量。① 截至 2015 年 12 月，与今日头条合作的各类媒体机构（包括传统媒体和互联网新闻网站）总计约 5 000 家，其中签约合作的传统媒体及其创办的网站近千家，包括新华社、人民网、环球网、京华时报社、新京报社、第一财经日报社、北京商报网、广州日报社、法制晚报社、财经网、VOGUE 时尚网、南都娱乐周刊等。在资讯信息的广泛性和丰富度方面，今日头条超越了传统的新闻门户，成了比传统媒体和新闻门户网站更高层次的信息聚合平台。2017 年，今日头条平台上有

① 引自 http://wannengdedashu.baijia.baidu.com/article/161058。

超过 110 万个头条号，其中有 90 万是自媒体。

最后，今日头条可以为网络广告商提供精准的广告需求服务。今日头条在大数据和优秀算法结合之下，可以为每个用户建立精准的 DNA 数据库，而基于此可实现的是广告的精准投放。有了强大的技术基础，海量的新闻源、订阅读者，还有头条号用户，今日头条投放的每条广告都可实现智能、精准、高效。今日头条可以精准覆盖中高端消费人群，让广告商实现"我要上谁的头条就上谁的头条"的梦想。

综上所述，今日头条或头条号平台定位于三边模式打造而成的生态圈。如图 8-5 所示，这三个群体之间的跨边网络效应是单向的——以今日头条或头条号的内容来吸引大量具有个性化定制需求的手机网民用户群体，以规模化的手机网民用户群体的个性化需求吸引广告商，为满足其精准的广告需求服务。

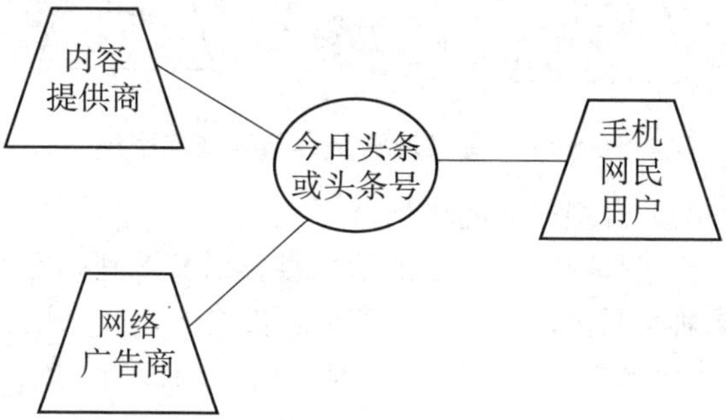

图 8-5 今日头条平台三边模式架构

（二）网络资讯服务类平台型产业的成长机制

1. 确立网络资讯服务类平台的适度开放策略

平台建构还需要考虑其开放程度，网络资讯服务类平台应本着有利于平台的持续健康成长和发展的原则对各边市场群体采用不同程度的开放策略。

一是对于平台所服务的信息获取方（用户）而言，平台可采用较高程度的开放策略。如用户使用百度资讯搜索平台，无须注册就可登录，只需要找到并点击百度搜索框，就可获取自己所需的新闻资讯信息，百度对信息获取方采用的是高度开放策略。今日头条或头条号平台对手机网民用户也采用较高的开放程度，但开放程度低于百度，即用户获取今日头条平台的个性化定制内容的门槛稍高于百度。手机用户需要注册才能登录，但用户可使用社交媒体的账号登录，如用户可注册今日头条账号或直接用微信、微博、QQ 账号登录，总体上属于较高程度的开放。

二是对于内容提供方尤其是广告商设置一定的平台入驻规范或标准，以防止可能出现的社会公共危机对平台造成巨大冲击，保障平台的可持续发展。如今日头条对头条号的注册和审核属于低度开放策略。今日头条对于自身内容品质把控较好的专业类媒体头条号，实行较高的内容开放策略；对于大量机构性自媒体原创内容提供商，除了需要其提供真实的营业执照或账号外，今日头条还应根据内容的底线原则（社会公序良俗原则）加以入门把关。即内容提供方若想在平台上进行信息的发布和获得点击带来的盈利，就需要进行较为严格的审核，需要提供身份证信息、住址、联系方式等。进驻平台后，在头条号使用的过程中还会受到今日头条的管制，以保障头条号的基本内容质量。此外，对于广告商的真实资质和投放的广告信息应设立一定的把控规范，如百度对民营医疗机构的真实资质和投放的广告信息应事先予以审核，以防范类似魏则西事件对百度产生的巨大负面影响。

2. 用户过滤：网络资讯服务类平台成长的保障机制

如前所述，网络资讯服务类平台的高度开放还会带来一些负面的影响，因此不仅要在平台构建之初，对内容提供方，尤其是自媒体或个人用户的成员准入进行规范，通过实名制注册和登录引入用户过滤机制，而且要在平台建构之后的成长和发展阶段，对可能产生突发负面事件的用户采用严格的用户过滤机制。在这方面，百度和今日头条平台在发展过程中，时有因缺乏有效的过滤机制而产生较为严重的社会负面影响。让散布虚假信息、危害信息以及大面积广告的用户加入，会对其他使用者造成较差的体验，对于平台的长期运营和服务产生消极的影响。对于用户的过滤机制的选择非常有必要。

用户过滤机制可以提高平台的黏性，从而获取更好、更忠实的用户使用群体。进行过滤的形式有很多，如在 APP 或者门户网站的平台上，注册成为用户，每日登录、看新闻、参与评论都会获得奖励，这样的奖励可以用来打赏文章作者、发表评论者等。用户主动完善个人信息，如身份证、邮箱、工作经历等，还会获得其他的认证和标志。在提高形象感的同时也能加强管理，实现用户过滤。用户过滤机制可以让用户进行自我监督。在资讯平台上，对信息真实性的要求很高。用户过滤机制可以方便监督，从而促进平台的持续运营。

3. 用户黏性与补贴模式：网络资讯服务类平台成长的关键机制

网络资讯服务类平台建构之后，接下来平台型运营的主要目标是进一步促进该互联网平台型产业的成长，其关键机制主要体现在加强用户黏性与补贴模式上。

(1) 增强平台的用户黏性。

上述百度的搜索引擎平台和今日头条的个性化推荐平台，有着共同的成长机制——增强用户对平台功能和品牌的信心的用户黏性策略，如通过提高平台产品功能的使用便捷性和使用效果而加强平台的品牌口碑和用户使用的频次和时长，从而加强老用户对平台的忠诚度。百度的搜索引擎平台在不需用户注册的前提下，用户规模不仅在 2005 年成功达到临界数量，而且 2010 年底，它的市场份额还创下了新高，达到 83.6%。截至 2016 年，在众多搜索平台风起云涌的当下，百度仍然占有八成以上的市场份额；2017 年第二季度，手机百度信息流的日活跃用户达到了 1 亿。

而今日头条从 2012 年 8 月正式上线，截至 2016 年 9 月底，四年间用户规模爆发式增长，安装用户已达 5.8 亿，日活跃用户超过 6 300 万，单用户日均使用时长超过 76 分钟，也就是说现在用户每天在今日头条上会停留 45 亿分钟。今日头条的流量已经相当于除腾讯新闻客户端外，其余新闻客户端产品流量的总和，用户黏性使其平台用户规模倍增。① 各移动资讯平台在个性化推荐功能上的逐步优化，也为用户提供更优质的资讯阅读体验，进一步提升用户对平台的黏性。与此同时，娱乐类资讯和短资讯（尤其是短视频类资讯）有效贴合了年轻人的快节奏工作和生活方式，也增强了主流年轻用户（30 岁以下）对平台的黏性。据《2016 移动资讯行业细分报告》，娱乐类资讯在今日头条平台上拥有最多阅读量，至 2016 年底突破百亿次。据《2016 微博用户发展报告》，泛娱乐领域是微博月阅读量最活跃的场所；同时，2016 年下半年，短视频类资讯陡增，带动短资讯价值大幅提升。从今日头条全平台资讯来看，千字以内短资讯的阅读量占比 68%，文章量占比 75%，远远高于长资讯的 32%和 25%。②

---

① 引自 http：//business.sohu.com/20161021/n470932721.shtml。

② 引自《今日头条、微博断交背后的征伐与突围》（http：//www.donews.com/article/detail/4162/10141.html）。

根据艾媒咨询数据（如图 8－6 所示），41.0％的用户表示最吸引自己的元素是客户端的个性化推荐水平，其次是短视频的资讯呈现方式。32.9％的用户表示，独家资讯是客户端吸引自己的重要因素。由此可见，就内容方面，随着资讯的过剩，稀缺的独家资讯是吸引用户的关键。此外，各大平台将在新闻内容源、优质自媒体及大型赛事转播等方面掀起一轮内容争夺战。优质内容已经成为平台争夺的焦点，各平台大力补贴内容创造者，推动优质内容生产，以增强用户对内容平台的黏性。①

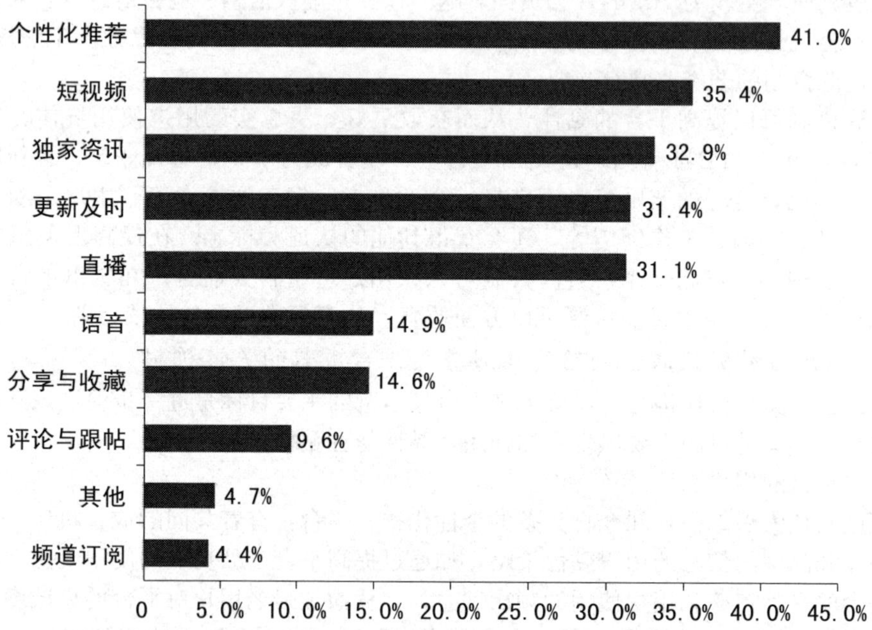

图 8－6　2016 年中国移动资讯客户端吸引力分布情况

资料来源：艾媒咨询《2016—2017 中国移动资讯市场研究报告》，第 20 页。

艾媒咨询数据同时显示（如图 8－7 所示），当前大部分用户在获取移动资讯时倾向于选择综合类平台，但在财经资讯阅读选择上 34％的用户则表示主要选择垂直类平台。艾媒咨询分析师认为，综合类平台在资讯覆盖度上已基本满足大部分用户的需求，但用户在细分领域的专业性需求上仍有较大缺口。垂直领域资讯的专业化，不管对综合类平台还是垂直类平台来说，均是行业差异化竞争的重要突围机会。②

艾媒咨询数据显示（如图 8－8 所示），在使用垂直类资讯平台时，用户认为其优势在于评论专业、内容丰富。艾媒咨询分析师认为，用户在基础资讯阅读功能上得到满足后，会对移动资讯平台提出更高的要求。垂直类移动资讯平台的内容差异化包括平台内用户留言内容的专业性以及平台推送内容的丰富度，在这两方面均获得了用户的认可。③

（2）建立优质原创内容创作的“输血式”补贴模式。

根据网络资讯服务类平台对三边市场群体之间的引力关系的判断以及各边市场群体对价格弹性的反应、成长时的边际成本、同边网络效应、多地栖息的可能性以及现金流汇集的方便程

① 引自艾媒咨询《2016—2017 中国移动资讯市场研究报告》，第 19 页。

② 引自艾媒咨询《2016—2017 中国移动资讯市场研究报告》，第 21 页。

③ 引自艾媒咨询《2016—2017 中国移动资讯市场研究报告》，第 24 页。

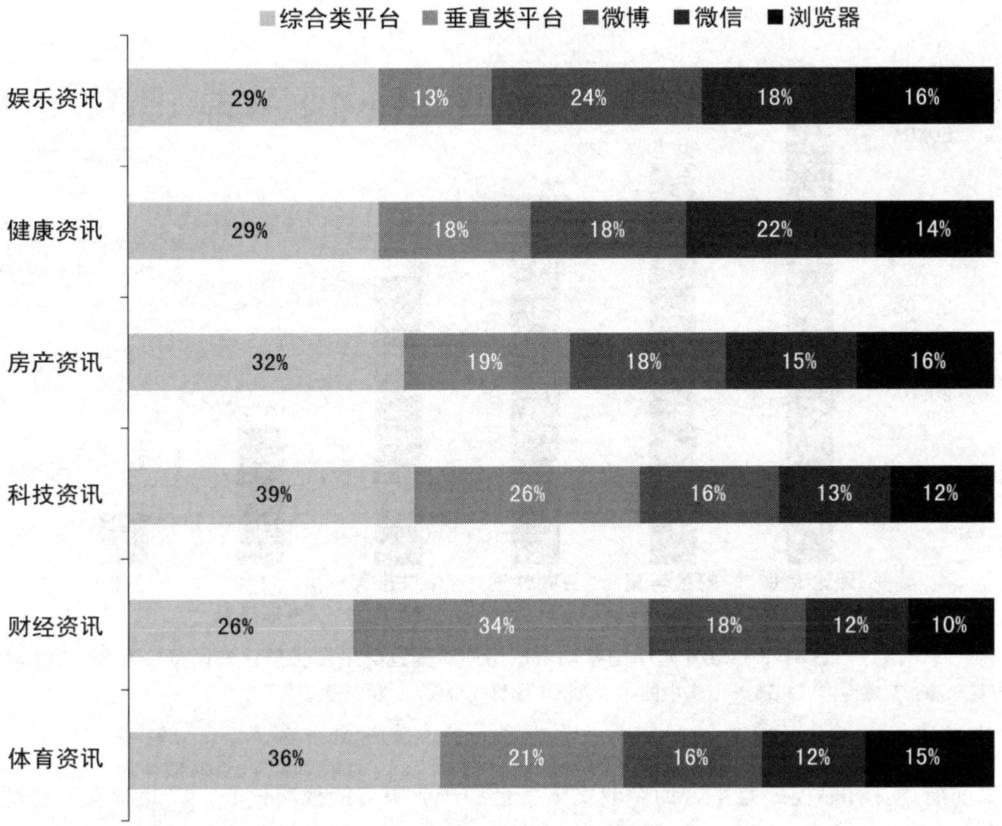

图 8-7　2016 年中国移动资讯平台选择分布情况

资料来源：艾媒咨询《2016—2017 中国移动资讯市场研究报告》，第 22 页。

度的分析，网络资讯服务类平台一般以免费方式吸引用户入驻平台。今日头条为了加强对用户的吸引力，还开通了头条号，不仅解决了版权问题，而且丰富并提升了今日头条的内容来源和质量。在视频成为移动内容的新风口时，头条号更是大力补贴优质原创短视频。2015 年，头条号在创作者大会上宣布将大力扶持优质内容的创作，公布了包括资金扶植、自媒体孵化器、产品支持等一系列的扶持决定。千人万元计划更是平台决心在未来一年内，确保至少有 1 000 个头条号创作者单月至少获得 1 万元的保底收入。时隔一年，头条号已成功地兑现了一年前许下的承诺。2016 年今日头条又推出 10 亿元补贴计划，将给短视频创作者 10 亿元鼓励其将优质原创的短视频上传到头条号。只要符合优质、原创两个条件，今日头条都会给予十万次加权推荐的机会。头条号是目前对短视频创作者投入最多的平台，短视频已经成为今日头条上最大的内容形态。今日头条的短视频每天拥有 10 亿次播放，其中 93％的视频时长在 10 分钟以内，74％的视频时长在 5 分钟以内，今日头条已经成为国内最大的短视频平台。①

（三）网络资讯服务类平台型产业的盈利机制

今日头条掌握了大量的用户数据，使其能够根据用户的具体画像来实现广告的精准投放。但是平台无法给用户提供相应的消费场景，电商只能作为今日头条次要的变现方式而存在。以广告为主、以电商为辅的变现方式成为今日头条网络资讯服务类平台型产业的主要盈利模式。

① 引自 http：//zouling. baijia. baidu. com/article/631533。

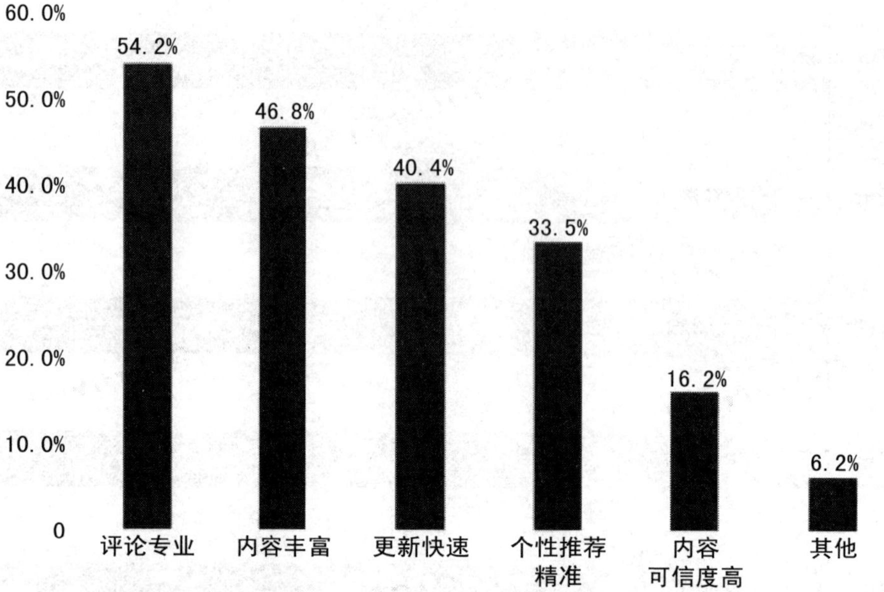

图 8-8　2016 年中国移动资讯用户对垂直类平台优势认知调查

资料来源：艾媒咨询《2016—2017 中国移动资讯市场研究报告》，第 23 页。

1. 盈利来源：广告商作为平台的“付费方”

如前所述，补贴模式是平台型企业实施平台型产业服务的战略核心，以此激发平台型产业所服务的各边市场群体的网络效应，促进平台型产业用户市场规模的成倍增长，更是奠定了向平台型产业中的付费方收费的市场基础。广告商通常是网络资讯服务类平台型产业运营商的付费方，也是网络资讯服务类平台型产业的主要盈利来源，如百度资讯搜索平台中的广告商会支付竞价排名广告投放费。由于用户对于百度资讯搜索平台（包括手机百度平台）形成了高度黏性，因此百度资讯搜索平台在我国网络用户尤其是手机用户资讯搜索应用中占有八成的市场份额，其搜索引擎广告吸引了大量广告商。2015 年我国互联网搜索引擎广告总额近 800 亿元，百度广告收入占 80%的份额。[①] 作为移动互联网用户的资讯分享阅读平台的首创者——今日头条平台，其主要收入来源也是广告商，即其平台的付费方。

2. 关键环节+数据挖掘：平台付费定价的主要机制

百度和今日头条吸引广告商投放广告的关键环节是分别推出独特的广告收费模式。

作为信息搜索类服务的代表，百度搜索类服务平台的广告收入方式，是以免费的形式向广大网民提供信息定向索取型的个性化搜索服务，以此聚集了大量的网民，将其与网站和广告商相连接，在网民中形成口碑效应，吸引大量广告商的进驻，以此换取大量广告收入。具体的广告收入形式主要包括搜索竞价排名广告、百度搜索推广广告、百度联盟推广广告三种，其中，搜索竞价排名广告是百度首创的按实际点击效果付费的网络广告推广方式，是百度的主要盈利模式。百度广告收入的增长是由中国网民的数量和中小企业竞价决定的，搜索竞价排名在给百度带来超额利润的同时，也让百度遭到很多质疑甚至诟病。搜索竞价排名滋生了许多违背商业伦理、商业道德的行为，尤其是造成民营医疗机构的虚假医疗信息泛滥。搜索竞价排名广告形

---

① 引自 http：//www.chinaz.com/news/2015/1211/482018.shtml。

式在法律上存在重大缺陷，这是百度亟待解决的。

今日头条平台的广告收入模式是基于个性化的推荐算法，向广告商做精准的需求广告。传统的资讯阅读平台为每个用户呈现相同的主页，但其实每个人都是独立的个体，都有不同的阅读喜好，所以每个人的今日头条主页都不一样，它可以做到千人千面。当整个内容行业从编辑分发拐入机器智能分发时，去中心化模式让广告的分发模式随之发生改变。其广告模式主要体现为三个特色：一是广告生产的信息化。用户会忽视广告，但他不会忽视有趣的内容。今日头条平台的“广告信息化”是指在广告的生产方面像做内容一样去做广告，即信息流广告，不仅可解决手机屏幕小、广告的展示位少的问题，而且让广告成为有用的资讯，使广告具备可读性。由于今日头条推荐系统精准推荐的广告也是有用的资讯，因此很多用户都不会介意它。二是广告分发的自动化，即基于智能推荐的个性化自动分发。比如今日头条知道某一用户喜欢数码产品，那么在给这一用户推荐手表产品广告的时候，会推荐苹果手表，而不是奢侈名表。今日头条可以根据大数据给同一个广告做几十版素材，真正做到满足不同的人的不同需求。三是广告消费正在趋向视频化。随着 4G 和 WiFi 技术的普及，制作门槛低、用户需求旺的短视频终于迎来了爆发期，视频广告的形式会顺势成为新主流。在今日头条平台上，用户观看短视频量呈现非常快速的增长，视频流量在不到 1 年的时间内就赶超了图文流量，信息走向视频化。视频做得新颖、精良，自然会吸引大批粉丝，视频广告的收益也是非常可观的。①

今日头条或头条号平台基于大数据挖掘的个性化推荐不仅实现了用户的精准化内容分发，而且实现了精准化的需求广告推荐。如招商银行通过头条号平台获取了 600 万空间粉丝，日曝光量达到了 1 亿人次，其成本却低于传统广告渠道平台的广告，成为高性价比广告投放的典型案例，如图 8－9 所示。

图 8－9　头条号平台高性价比广告投放案例：招商银行

资料来源：http：//e. qq. com/case/detail-zsyh. html。

今日头条的广告收入目标正在快速增长：2016 年 60 亿元，2017 年 150 亿元，2018 年 300 亿元至 500 亿元。②

3. 建构网络资讯服务类平台型产业的多边共赢机制

网络资讯服务类平台型产业的可持续发展，需要平台建构一个多边共赢机制，形成网络

① 引自 http：//business. sohu. com/20161021/n470932721. shtml。

② 引自 http：//www. ebrun. com/20171106/252659. shtml。

资讯服务类平台型产业各边市场群体共同获利的“多边共赢”模式。平衡平台各边市场群体互惠互利的关系要注意：一是让用户从平台免费方便地获得所需要的个性化资讯。二是让栖息在这一平台上的内容提供商从中获益，帮助入驻平台的内容提供商（如提供原创内容的政务媒体、传统媒体或自媒体创作者）获得优质的信息出口，扩大其传播力。截至2016年9月13日，政务头条号总发稿量超过12万篇，总推荐量超过58.6亿，总阅读量达5亿；光明网通过今日头条客户端，所发文章每日可以得到数百万的阅读量。2015年至2016年，头条号又担当起短视频孵化器的角色，助创作者一臂之力。三是为广告商提供精准的需求广告推荐，让广告商产生品效合一的广告投放效果。真正形成平台各边群体的多边共赢、共生共荣的机制。

综上所述，让用户更快地获取个性化信息，在移动互联网时代已是大势所趋。今日头条利用机器算法代替了传统人工编辑的方法，取得了一举多得的市场成效。一方面，提高了传播的市场效率。快速筛选并推荐与单个用户的个性化需求相匹配的新闻资讯，较好地满足了移动互联网时代年轻用户在碎片化时间下有效阅读的需求，率先赢得了年轻用户的青睐，促进了用户规模尤其是活跃用户规模的快速增长，使企业迅速成长为移动互联网时代少有的精准内容分发（传播）平台，由产品型互联网新媒体公司快速转型为平台型互联网新媒体公司。另一方面，增强了内容分发的效率，改变了由人工编辑分发的低效率现状，将新媒体编辑从传统、烦琐的人工分发中解放出来，省时省力，将新媒体编辑有限的时间资源集中于快速筛选优质、高质量内容。今日头条提高了媒体组织内容分发的生产效率，成为移动互联网时代资讯内容领域的一个“现象级”的具有媒体属性的互联网技术公司，引发相关竞争对手的介入，如腾讯推出天天快报，阿里以UC浏览器开启内容资讯的UC头条模式，百度形成百度号、百度新闻、百度贴吧产品矩阵，个性化资讯市场“风声水起”。

然而，每一枚硬币都有两面。今日头条作为年轻的“80后”创业者张一鸣的创业项目，尽管首开我国机器算法推荐之先河，引领个性化新闻资讯市场之风尚，然而，高速发展之下其问题也是接踵而至，推荐主导的推送机制遭到来自各方面的质疑甚至诟病：一是遭到原创内容创作者的版权维权，导致高昂的版权合作成本；二是内容质量差，向用户推荐的内容质量差甚至低俗，标题党夺人眼球，内容却没有看点，影响着读者对今日头条的信任感；三是单纯强调自身的互联网技术公司的身份而不设总编辑的做法，引发中央级媒体和直接竞争对手对其缺乏人文价值判断的批判，典型的是《人民日报》的针对性评论，“技术虽好，不宜贪杯，算法盛行更需‘总编辑’”，“算法主导的时代，更需要把关、主导、引领的‘总编辑’，更需要有态度、有理想、有担当的‘看门人’”①。起步于算法技术而以媒体资讯分发为核心业务的今日头条，主动思考并探索“科技＋人文”“算法与编辑”“商业变现与用户的人文体验”之间的有效平衡机制，建构对内容“水源地”——内容自媒体的清理和管理机制，以提高内容分发的质量，增强其平台的权威性。

与此同时，今日头条正面临着多款同类移动兴趣推荐资讯类APP平台的四面包抄。今日头条开创的个性化推荐和爬虫内容＋头条号＋短视频＋直播的内容策略已被同类竞品（天天快报、一点资讯和UC头条）竞相模仿，出现同质化竞争态势。

与此同时，作为广场式社交平台的新浪微博，自2014年起开始向垂直资讯类社交媒体转型。微博开始细分成明星八卦、时尚、电影、美妆、旅游等泛娱乐的垂直内容领域，新浪微博的用户扩展开始向三四线城市下沉。至2017年，新浪微博已与今日头条的用户、业务高度重

① 算法盛行更需“总编辑”[N]．人民日报，2016-12-23.

合。“微博管理员”账号在微博上发布公告，称某第三方平台直接从微博中抓取包括自媒体账号在内的内容的行为并未授权，这里的第三方实为今日头条。同日，微博暂停了今日头条在平台上的第三方接口。未来，双方将围绕短视频、信息流广告、社交传播等市场进争夺，双方的全面竞争才刚刚开始。①

第二节　网络社交服务类平台发展现状与产业运营模式

随着我国互联网技术和用户需求的不断变化，社交功能已然成为新媒体平台的“标配”。中国移动社交应用主要分为即时通信、综合社交、兴趣社交、婚恋交友、母婴社区、校园社交、图片社交、陌生人社交、商务社交等类型。其中，随着移动应用技术的发展和用户需求的延伸，即时通信与综合社交之间在功能上出现融合趋势，围绕各自产品展开的移动社交生态布局越来越成熟，社交媒体的属性也在平台型应用功能中体现得更加明显。在细分市场，新的用户需求不断被挖掘，更加精准的服务使长尾市场多点开花。同时，社交属性也与多个领域交叉，产生了多种带有社交属性的外延应用类型。②

以实时聊天为基础的网络社交服务类平台具有显著的同边网络效应（通过社交服务平台，普通用户可分享社交群的生活信息），同时对广告商和第三方软件开发商具有良好的跨边网络效应。此外，社交平台对于用户的转换成本相当高③，以微信和 QQ 社交平台为代表，二者拥有天然的“赢者通吃”的平台型产业商业模式特性。网络社交服务类平台包括以社交用户平台为支撑的网络社交服务类平台型产业和泛娱乐 IP 平台型产业，以及以微信支付工具和微信社交用户平台为支撑的泛生活服务类平台产业，本节重点探讨网络社交服务类平台型产业。

一、网络社交服务类平台的主要发展现状

（一）总体发展历程和状况

我国网络社交的起点是点对点交流的电子邮件，后来逐步发展为点对面的 BBS 论坛以及个性化与社交相结合的博客、微博，最为流行的是以即时通信为基础的多样化的网络社交服务，经过了二十多年的发展，它已经俨然成为当今互联网用户使用率和频率最高的一种基础性网络服务，受到无数用户的追捧。国外有著名的 MySpace、Facebook、Twitter，国内早期有开心网和人人网等，现在有大热的微博和微信，这些社交网络产品的流行，表明了互联网的概念对社交平台的渗入。

在我国以提供网络社交服务为主的社交新媒体的发展大致经历了这样几个大的阶段。一是网络社交服务的萌芽阶段。这个阶段的社交网络媒体以论坛这种形式为代表，2007 年以前论坛是主要的社交媒体类型。天涯论坛、猫扑、西祠胡同等是这个时期优秀论坛的代表，相较于 Email 的点对点交流形式，论坛将社交媒体演化为点对面的交流形式，降低了交流成本。二是娱乐化社交媒体时代。Facebook 的发展给了人人网一个良好的启示。2007 年以前，人人网在

---

① 引自《今日头条、微博断交背后的征伐与突围》（http：//www.donews.com/article/detail/4162/10141.html）。

② 引自艾瑞咨询《2016 年中国移动社交系列研究报告——产品篇》（http：//www.iresearch.com.cn/report/2652.html）。

③ 陈威如，余卓轩．平台战略——正在席卷全球的商业模式革命［M］．北京：中信出版社，2013：136.

大学生中迅速流传开来，开启了中国社交媒体井喷式发展的新篇章。2008 年，开心网成立，凭借其娱乐性、互动性广受白领青睐。相较于论坛，人人网和开心网的小游戏使社交媒体更加具有娱乐性和互动性，风靡一时的偷菜小游戏正是流行于此。三是微信息社交媒体时代。2009 年，新浪微博的推出，拉开了中国微信息社交媒体时代的大幕。作为一种新的社交媒体形式，新浪微博借助其简短、精练的文字和良好的传播性，现已成为中国最大的微博平台。2010 年，腾讯开了自己的微博平台，借助其大量的 QQ 会员，腾讯微博迅速成为第二大的微博平台（2014 年主动退出）。自从 2010 年开始，移动互联网高速发展，更加便捷的使用场景、更快速有效的互动、更多好玩的可拓展的功能使移动社交快速占据有利的发展优势，大型社交网站纷纷开始布局移动端。在此过程中，有诸多网站出现了转型瓶颈而失去了原有优势，也有如微信这样的产品引领了新的潮流。用户使用最为广泛的是以即时通信（QQ、微信）为基础的多样化的网络社交服务（QQ 群、微信群、QQ 空间、微信朋友圈）。大批创业者开始聚焦于移动社交，也出现了如陌陌、唱吧、脉脉、blued、nice、无秘、探探、阿里钉钉等移动互联网时代出生并成长的关注多种细分社交需求的移动应用。未来的增长点或将出现在垂直市场或新科技下的新兴市场，垂直社交媒体应用并非在上述三个社交媒体终结时代产生的，而是与这三个时代交相辉映的。目前，垂直社交媒体主要与游戏、电子商务、分类信息等相结合。

未来，移动社交将继续占主导地位，社交网站将呈现衰退的局势，以社交元素谋求转型。如知乎作为国内知识型社交方面的代表性产品，2016 年知乎在移动社交产品功能方面不断尝试，除了原有的知乎与知乎日报外，值乎、知乎 Live、知乎书店完善了知乎的知识生态体系，打造知识平台，知乎书店完善入口，未来的知乎或将继续拓展使用场景、连接更多不同的平台、完善广告形式及投放规则，逐步在知识服务市场上进行创新。[①]

在上述各类网络社交服务产品中，因良好的用户社交体验，获取海量而活跃用户的优质社交服务产品，如 QQ、豆瓣、人人网、开心网、新浪微博、微信等相继走上了平台化发展道路。从网络社交服务产品平台化发展的总体历程来看，其主要呈现出两大类，一类是以 PC 端为主导的网络社交服务类平台，另一类是以移动端为主导的网络社交服务类平台。

1. 以 PC 端为主导的网络社交服务类平台的发展历程

在 PC 互联网时期，1998 年至 2004 年的早期 PC 互联网代表性的网络社交服务类平台主要以 BBS、QQ 为代表。天涯论坛、豆瓣、百度贴吧等是较为典型的 BBS 论坛类社区媒体服务平台，QQ 成为 PC 互联网时代以即时通信工具为基础的网络社交服务类平台的代表。QQ 出现以后，BBS 论坛类平台逐步走向没落。自 2005 年以来，校内网（后发展成为人人网）以及 2008 年创立的开心网，徐徐拉开了新一代中国网络社交服务类平台型企业发展的大幕。2009 年，新浪推出微博产品，它向用户全面开放，用户可以使用微博随时随地地发表 140 字之内的感想或所见所闻并与他人分享，可以通过微博平台的推荐或使用自行搜索的方式建构自己的朋友圈。其新颖的社交媒体平台模式吸引了海量的用户，同时也吸引了众多从业者和广大投资者。2011 年以来，随着微信社交媒体平台的崛起，一些 PC 端较为风光平台的社交功能逐渐为微信社交功能所取代，部分网络社交服务类平台（如人人网、开心网）逐渐走向没落。

2. 以智能手机为终端的网络社交服务类平台的发展历程

随着人们生活质量的提高和科技的发展，手机逐渐成为人们交流的主要方式。手机除了用于接打电话和收发短信之外，开始在我们的日常社交生活中扮演越来越重要的角色。一些在早

---

① 引自艾瑞咨询《2016 年中国移动社交系列研究报告——产品篇》（http：//www.iresearch.com.cn/report/2652.html）。

期PC互联网时代存活下来的社交平台，逐渐建立自己的客户端或者APP应用，根据移动互联网时代的用户使用习惯调整自身平台的发展模式，如以知名用户为特点的新浪微博平台，在移动互联网时代获得了长足的发展。移动互联网时代也不断出现一些基于手机终端的新型移动社交平台。典型代表是以即时通信工具为基础的腾讯泛网络社交服务类平台型企业。腾讯广泛提供手机QQ群、微信群、手机QQ空间、微信公众号、微信朋友圈等手机社交网络服务；还有一些以满足特定手机用户的特定需求为特点的垂直社交媒体，典型的如米聊、知乎、美柚、陌陌、阿里钉钉。阿里钉钉是阿里专为中国企业打造的免费沟通和协同的多端平台，提供PC版、Web版和手机版，支持手机和电脑间文件互传。钉钉因中国企业而生，全方位提升中国企业的沟通和协同效率。随着移动互联网的发展，我国产生了基于移动社交的多元化社群经济，如罗辑思维、知乎等新型社群网络平台，与会员、电子商务、分类信息等相结合，呈现出垂直化的多元社群网络平台特色。知乎是一个真实的网络问答社区，社区氛围友好与理性，连接各行各业的精英，用户分享着彼此的专业知识、经验和见解，为中文互联网源源不断地提供高质量的信息。

（二）典型网络社交服务类平台的发展现状

在当下移动互联网时代，源于PC互联网时代的娱乐化社交媒体平台人人网、开心网受到了微信的极大冲击而趋于衰落，网络社交服务类平台竞争格局呈现出两大阵营——以新浪微博为主导的社交媒体平台和以腾讯的QQ和微信为主导的社交网络平台体系，它们成为当下互联网用户高度依赖的两类高频刚需社交平台。

1. 新浪微博社交媒体平台的发展现状

中国本土化微博产品开始在2007年出现，在两年左右的时间里，中国微博的拓荒性代表者为饭否、叽歪、嘀咕、做啥、腾讯滔滔。2009年8月新浪推出微博产品后，中国微博领域开始大洗牌。

2009年8月，新浪启动微博测试，成为最早推出微博服务的门户网站，微博正式进入中文上网主流人群的视野，其口号是“随时随地分享身边的新鲜事儿”。新浪微博成为一款为大众提供娱乐休闲生活服务的信息分享和交流平台。新浪微博的推广策略与新浪博客类似，支持新浪博客、新浪UC、新浪邮箱用户直接登录。新浪微博的基本功能包括@、私信、评论、转发、微群、粉丝、实名认证等，字数限制为140个汉字。新浪微博采用加V的方式对公众人物、政府机关、知名企事业单位等实行身份认证。

2010年9月9日，新浪发布《中国微博元年市场白皮书》，称新浪微博月覆盖人数达到4 400万，每天产生的微博数超过300万条。2010年11月16日，新浪召开中国首届微博开发者大会，称截至2010年10月底，新浪微博用户数达5 000万。在此次会议上，新浪同时公布新浪微博开放平台，并启动2亿元的微博开发者创新基金，新浪期望借助不断成熟的API吸引更多应用开发商。[①]

在微博开放平台搭建上，新浪一马当先。在首届微博开发者大会上，新浪提出微博平台应用增值服务的分成模式。以微博平台为核心，新浪同时提供应用、连接、分享三个层面的合作模式。应用层面是指开发者可以将应用放置于新浪微博平台上，借助新浪资源进行运营；连接层面，即新浪微博会提供以用户为中心的数字身份识别框架，第三方网站将自身的账号系统与微博账号绑定，可以提升用户黏性和品牌曝光率；分享层面则是用户可将第三方网站内容一键

① 引自http：//tech.sina.com.cn/i/2010-11-16/11084870912.shtml。

转发到微博。新浪自 2009 年 8 月发布微博产品以来，这款产品迅速抓住中国话语权最强的一批用户：娱乐明星、企业高管、媒体人士。随后这批核心用户开始争相传播自己使用微博的美妙体验，以至于微博成为一个时尚话题。2015 年底，微博依靠 2.22 亿的月活跃用户，实现广告营销的增长，微博的广告就像一条微博内容。2016 年 3 月 2 日，微博公布了截至 2015 年 12 月 31 日的第四季度及 2015 全年未经审计的财务报告。财报显示，2015 年第四季度净营收较上年同期增长 42%，至 1.49 亿美元，达到公司 1.46 亿美元至 1.49 亿美元预期范围的上限，其中广告和营销收入较上年同期增长 47%，至 1.295 亿美元。从 2015 年全年看，净营收 4.779 亿美元，较上年度增长 43%。广告营销的收入较上年度增长 52%，至 4.024 亿美元。[①]

新浪微博迅速崛起主要在于成功嫁接了之前新浪拥有的媒体和名人资源。新浪微博的火爆还在于其独特的产品开发与运营策略。从产品角度来看，新浪微博并未完全模仿 Twitter，而是对原型 Twitter 进行本地化改良。例如新浪微博可以发送表情、图片、视频链接等，同时转发也不受原微博字数（140 字）的限制，页面设计也更符合中国用户使用习惯。从运营角度来看，新浪初期采取分类推荐名人策略，让参与者能迅速找到感兴趣的用户。随后又采取多种措施提升平台活力，例如徽章系统，同时引入优酷等第三方合作伙伴，扩展微博应用生态圈。

继新浪之后，2010 年各大门户纷纷推出微博产品。2010 年 1 月，网易微博、搜狐微博上线。2010 年 3 月，腾讯推出新版微博产品腾讯微博。在此期间，百度、凤凰网、人民网等也推出自身微博产品。不过从规模与量级上看，微博战场主要集中在各大门户间。在微博大战中，新浪微博最终胜出。新浪微博于初期引入李开复、史玉柱、任志强等大 V 级“意见领袖”，这已经成为一线中产阶层用户留守的核心原因。缺乏名人资源和时尚话题的腾讯微博最终不敌新浪微博，以腾讯加入新浪微博，从而自行退出微博市场收尾。新浪微博改为“微博”。微博以短资讯、短视频和短直播为社交传播工具，在陌生人的广场式社交市场中稳坐头把交椅。

然而，微博受到后起之秀微信的强力挑战和冲击。如前所述，微信公众号在自媒体人的社交传播市场中占比遥遥领先，超过 60%；微博成为自媒体人的第二社交传播渠道，占比接近 20%。

与此同时，带着“资讯平台”面具的今日头条，已经成功积累了一座社交富矿，也对微博形成较强的社交传播竞争态势：一方面，今日头条的用户登录不具有强迫性，不像某些网站或 APP 必须注册账号才能登录。它允许用户使用微博、QQ、微信等账号登录，用户可沉浸在自由方便的登录体验中，无意识地给今日头条挖掘个人社交网络信息的机会和切口。另一方面，今日头条对登录的用户进行个性化的内容推荐（即基于用户的观看记录协同过滤推荐），拣选出不同的用户属性，当具有相似性矩阵偏好的用户聚合在一起时，就可轻松地实现社会化推荐（贴近于好友推荐）。今日头条借由内容推荐，培养用户的社交黏性便水到渠成。

同时，微博的内容开始细分成明星八卦、时尚、电影、美妆、旅游等泛娱乐的垂直内容领域。新浪将微博用户扩展到三四线城市，微博由广场式社交媒体平台转向垂直性资讯类社交媒体平台，新浪微博从社交高点投向信息流的洪荒，2015 年 9 月 30 日，微博月活跃用户数 2.12 亿，日均活跃用户 1 亿。

然而，转型后的微博与今日头条在用户、业务上已呈现出高度重合的趋势，二者围绕短视频、信息流广告、社交传播等市场展开直接的全面竞争。微博短资讯被今日头条“相中”，2017 年 8 月 10 日，“微博管理员”账号在微博上发布公告，称某第三方平台直接从微博抓取并未授权的内容，这里的第三方实为今日头条。同日，微博暂停了今日头条在平台上的第三方接

---

① 引自 http：//tech.sina.com.cn/i/2016-03-03/doc-ifxqaffy3528786.shtml。

口。本次双方断交的起因是今日头条抓取自媒体人或机构的微博内容到微头条上。微头条是头条号的新变体形式，处于底部一级入口，用户更易被直接导流到头条号主体上，从而形成关注、评论等弱关系类型的社交关系。① 为应对今日头条的强力挑战，微博加快优化的步伐，不仅加强一级栏目的机器推荐机制，而且加强内容的进一步垂直分类，以“机器＋编辑”的双重内容推荐机制，优化用户对内容推荐的体验感，增强微博作为垂直性资讯类社交媒体平台的用户活跃度，微博于2016年12月的平均日活跃用户数达到了1.39亿，高于同期今日头条的平均日活跃用户7 800万，微博依然在日活跃用户指标上保持着明显的优势。② 截至2017年6月，微博月活跃用户规模增长到3.61亿，移动端月活跃用户占比达92%，创下历史新高。随着用户养成对于视频消费的习惯，视频广告也成为微博营收的重要构成部分。2017年第二季度，微博视频广告客户数较上季度仍保持两位数比例的增长，视频广告营收占比也有所提升。微博在第二季度净营收为2.534亿美元（约17.3亿元人民币），比去年同期增长72%；净利润为7 350万美元，同比增长184%，远远高于华尔街预期。微博借财报利好市值首次突破200亿美元大关，创下历史新高。③ 但微博活跃用户的增速不敌今日头条，疲软的增速依然有隐忧。

2. 腾讯QQ和微信社交网络平台的发展现状

QQ是1999年2月由腾讯自主开发的基于互联网的即时通信网络工具——腾讯即时通信，其合理的设计、良好的应用、强大的功能、稳定高效的系统运行，赢得了用户的青睐。QQ是模仿ICQ而来的，ICQ是一个国际聊天工具，QQ原名OICQ模仿ICQ并在ICQ前加了一个字母O，即opening I seek you，意思是“开放的ICQ”。但是OICQ遭到了ICQ的侵权控诉，于是，腾讯的老板马化腾将其名字改为QQ。当年，QQ不仅仅是即时通信软件，它还与全国多家寻呼台、移动通信公司合作，形成传统的无限寻呼网。GSM移动电话的短消息互联，是国内最为流行、功能最强的即时通信软件。腾讯QQ支持在线聊天，即时传送视频、语音和文件等多种多样的功能。同时，QQ还可以与移动通信终端、IP电话网、无线寻呼等多种通信方式相连，这使QQ不仅仅是单纯意义上的网络虚拟呼机，而是一种方便、实用、超高效的即时通信工具。QQ用户的数量在其成立伊始就得到了飞速的发展。

QQ的注册用户规模急剧增长。1999年11月，QQ用户注册数突破100万。2000年4月，QQ用户注册数突破500万。2002年3月，QQ注册用户数突破1亿大关。2003年9月，QQ注册用户数升到2亿。2004年4月，QQ注册用户数再创高峰，突破3亿大关。2009年，QQ的注册用户数突破10亿，QQ成为世界上唯一一个超过10亿用户的聊天工具。QQ在注册用户急剧增长之时，自2000年5月QQ的在线人数也突破10万，2004年仅用4年时间就达到了100倍的增长，QQ的在线人数达到1 000万。2010年3月5日，QQ同时在线用户数突破1亿。2014年4月11日，QQ同时在线用户数突破2亿。

在QQ的巨大用户规模支持的基础上，2010年10月20日，腾讯公司启动微信。2011年1月21日，微信1.0版本正式发布。微信是腾讯推出的一个为智能终端提供即时通信服务的免费应用程序。微信支持快速发送免费（需消耗少量网络流量）语音短信、视频、图片和文字，同时，也提供摇一摇、漂流瓶、朋友圈、公众平台、语音记事本等服务插件。

2012年3月29日，微信用户破1亿，耗时433天。2012年9月17日，微信用户破2亿，

---

① 引自《今日头条、微博断交背后的征伐与突围》（http：//www.donews.com/article/detail/4162/10141.html）。

② 引自《今日头条、微博断交背后的征伐与突围》（http：//www.donews.com/article/detail/4162/10141.html）。

③ 引自 http：//t.qianzhan.com/caijing/detail/170810-436959d6.html。

耗时缩短至不到6个月。2013年1月15日，微信用户达3亿。2013年7月25日，微信的国内用户超过4亿；2013年8月15日，微信的海外用户超过了1亿。2013年8月5日，微信5.0上线，游戏中心、微信支付等市场化功能推出。2013年第四季度，微信月活跃用户数达到3.55亿。2014年1月28日，微信5.2发布，界面风格全新改版，顺应了扁平化的潮流。2014年12月24日，微信团队正式宣布面向商户开放微信现金红包申请，只要商户（公众号、APP或者线下商店皆可）开通了微信支付，就可以申请接入现金红包。

2010年开始，腾讯凭借跨通信、SNS及社交媒体的多平台社交网络，开始向网络社交各领域全面铺开。2010年上半年推出微博，2011年初推出微信。2011年6月，腾讯在北京召开合作伙伴大会，全面打造开放平台，1 000多名合作伙伴和嘉宾到场见证腾讯的战略转型。腾讯公司董事会主席兼CEO马化腾表示腾讯将自己几乎所有的业务线向开放平台进行切换，形成腾讯朋友、QQ空间、腾讯微博、财付通、电商、搜搜、彩贝以及QQ八大开放平台。[①] 而这其中的腾讯朋友、腾讯微博、腾讯QQ、腾讯游戏都是以社交化网络应用（或服务）为核心的。腾讯用户可以在不同平台上用单一登录账号、关系链共享、评论，可跨平台同步强化，在不同使用场景下享受无缝衔接的用户体验，这不仅提高用户黏性，也深化了腾讯在移动社交领域的领导地位，以社交化为核心的战略发展思路逐步明晰。

二、移动社交平台型产业的总体运营模式[②]

移动社交产业链是移动社交平台型产业的主要环节。移动社交产业链主要由上游合作方、内容生产方、移动社交平台与用户四个环节组成。这四个环节价值的流动以移动社交平台获得的收入为主要表现。在此过程中，用户使用移动社交平台而产生大量行为及偏好数据标签，同时形成在此平台上的社交关系与情感联结。两者的结合使整个价值链不断优化，上游合作方因平台用户大数据的应用而更精准地触及用户并与用户形成互动；用户因为较为稳定的社交关系而对平台的依赖度加深。同时，平台中的PGC与UGC在互动中不断被丰富和创新，从而获得更多关注，也给上游合作方带来更好的收益，其与用户之间的关系更紧密。

（一）产业内部：以平台为基础，内容、平台与用户三者紧密联系

由于移动社交的强情感联结性，相比于其他产业而言，中国移动社交产业链中的内容、平台与用户三者之间的关系更加紧密，如图8-10所示。

第一，社交平台是用户之间产生内容与社交关系的主要阵地，群组间的互动交流，朋友动态的展现、社交玩法的交互等均需要社交平台的支撑。

第二，用户是平台发展的必要条件，拥有忠诚且活跃的用户是所有社交平台进行更多拓展的根本动力和基础。

第三，内容是社交平台体现价值的主要表现形式，社交平台的用户价值与商业价值都能够通过内容的质量来体现，用户在生产内容的同时，也会因为优质的内容而获得精神的满足和实际需求的满足，提升内容的质量是社交平台有效运营的主要手段。

艾瑞咨询认为，当前移动社交在产业内部形成了较为稳定的三角结构，该结构的良性运转

---

① 引自 http：//www.techweb.com.cn/news/2011-06-16/1051725.shtml。

② 本部分内容的资料来源于艾瑞咨询《2016年中国移动社交系列研究报告——产业篇》（http：//www.iresearch.com.cn/report/2652.html）。

是促进移动社交产业发展的关键。

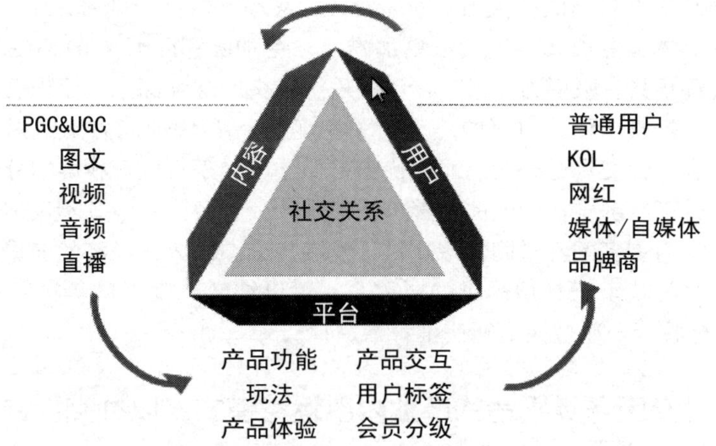

图 8-10　2016 年中国移动社交产业链内部结构分析

资料来源：由艾瑞研究院自主研究及绘制。

（二）产业外部延伸：与多个相关产业的拼接与融合

艾瑞咨询认为，从产业外部来看，移动社交的三大要素扩展与延伸的产业链涉及多个领域，如图 8-11 所示。

第一，2016 年，网红、直播、社群等与社交关系紧密相关的细分领域成为新风口，移动社交成为这些产业链中的重要环节之一。

第二，从内容的角度来看，移动社交平台也将成为泛娱乐行业中的核心 IP 最有利的孵化平台，从而涉足产业链上游。

第三，随着移动社交产品不断向垂直化发展，其与游戏、电商、金融、O2O 等其他行业的融合也将加剧。同时，具有相当用户规模的同一移动社交平台能够与多个产业进行拼接，在保持自身平台定位与战略布局的同时，可以在相关产业链中获取更大的发展机会。

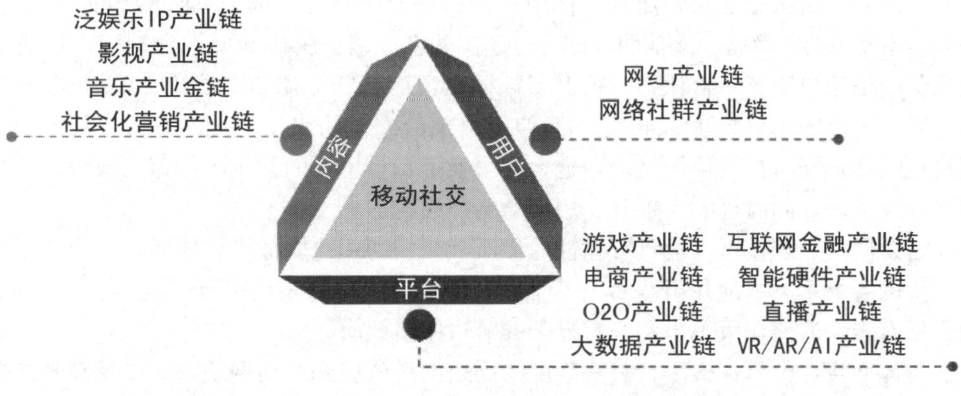

图 8-11　2016 年中国移动社交延伸产业链分析

资料来源：由艾媒研究院自主研究及绘制。

（三）未来移动社交产业向更加垂直和个性化的方向发展

以“95 后”为主的移动社交新生代用户愿意尝试的特征给新兴产品的玩法试错留有空间，

同时，随着未来新产业链不断孕育成熟，将催生新的蓝海。第一，VR＋移动社交的新科技体验出现。VR、AR等新科技的产生与不断完善，为移动互联网行业带来诸多契机。VR与社交的结合能够使社交体验更加真实，玩法更加酷炫，更加吸引年轻人的关注。VR与视频社交、图片社交的结合都很具有吸引力。第二，泛娱乐＋社交的继续深挖。娱乐已经成为现代生活中不可缺少的部分。泛娱乐相关内容的热度与关注度高，IP议价能力不断提升，表现形式不断创新。娱乐性内容与社交具有天然的匹配优势，抓住泛娱乐行业，找准细分领域切入不失为一种方向。第三，分享经济＋社交的关系链价值提升。分享经济的浪潮不仅推动了传统企业的互联网转型，同时也为更多的互联网领域提供了发展机会。而分享经济的前提是人的需求与分享的意愿。人与人之间基于工具型需求的弱关系，可以结合二度人脉等进行深入的挖掘，根据LBS、用户兴趣标签等，通过匹配算法推荐给用户。

三、网络社交服务类平台的产业内部运营模式：以社交广告为例

如前所述，网络社交服务类平台型产业是以网络社交服务平台为核心的多元化延伸的产业。从产业内部来看，内容、社交平台与用户三者之间的紧密关系，大大提升了社交广告的价值。随着移动互联网迅速崛起并全面取代PC端地位，全球进入移动社交时代，近三年来移动广告呈现爆发式增长，社交广告价值进一步被挖掘。艾瑞咨询数据显示，2015年中国社交广告规模为138.2亿元，预计到2018年将接近400亿元。全球的社交网络营销整体呈现快速增长的趋势，广告价值不断凸显。广告技术不断进步，展示广告与效果广告的结合提升了社交广告的效果，立足于社交网络而不断发展的原生信息流广告、视频广告等形式的演变更将社交广告推向高速发展期。无论是Facebook、Twitter，还是微博、QQ空间、微信朋友圈，社交广告的发展都具有较大空间，社交广告的创意将不断创新，广告议价能力将继续增长。

(一) 腾讯：网络社交服务类平台型产业运营的典型代表

腾讯是典型的以社交为核心元素的互联网新媒体公司，腾讯的QQ和微信是当之无愧的第一梯队产品，腾讯旗下众多拥有上亿用户规模的社交网络产品，如QQ空间、QQ、手机QQ空间、手机QQ、微信、微信朋友圈、QQ音乐客户端、腾讯新闻客户端等，构成了腾讯的优质社交网络用户服务平台体系，吸引了规模庞大而活跃的用户。腾讯2016年第三季度报告显示，微信月活跃用户数达8.46亿。微信的出现给人们的娱乐、生活方式带来了较大影响。大规模活跃用户同时在线使用微信，这大大增强了每位用户的使用附加值，微信用户平台的同边网络效应显著，同时也大大提升了用户的转换成本。

与此同时，规模巨大而具有黏性的优质社交网络用户服务平台体系，对于急于开拓优质用户资源的各类第三方应用开发商（广告商、游戏开发商、微信公众号自媒体、线下实体服务商）具有强大的商业吸引力和非常显著的跨边网络效应。

总体而言，腾讯社交平台具有高度的同边网络效应和跨边网络效应以及高转换成本，在我国社交平台中享有绝对的优势，是一个天然的“赢者通吃”的多元化社交平台产业生态圈。庞大的社交用户规模尤其是活跃用户规模支撑着以腾讯新闻客户端、天天快报和微信公众平台、微信朋友圈为主导的新闻资讯社交平台广告产业和以视频、游戏为主导的泛娱乐平台产业以及以微信支付为主导的衍生城市生活服务平台体系。

(二) 腾讯社交广告平台的产业运营模式

1. 社交广告之精髓：回归用户，重塑连接

从社交广告的属性来讲，腾讯副总裁林璟骅曾表示：“社交广告，可以洞察用户的需求并深刻理解用户，借助社交平台让营销成为人与人的连接。”伴随着移动互联网的普及，社交让一切回归原点，创造出多场景情境，在与用户持续互动中建立品牌忠诚，品牌与效果从割裂走向融合。用户在社交平台上花的时间越来越长，社交平台的用户规模和活跃度是极其高的，社交元素逐步成为广告商的新需求。林璟骅指出，社交广告为营销与用户提供了最佳的情感连接方式。它能深入洞察用户个性化的需求，在多场景的互动中实现用户内心的情感诉求。另外，社交广告线上体验流畅，减少了转换环节，让线上与线下无缝相连，创造更实际的消费连接，达成品效合一。广告商在社会化营销上的关注点，逐渐从品牌主页的运营转向了直接投放社交广告。社交广告在数字营销中的份额越来越大。

与此同时，相比传统的展示广告和搜索广告，社交广告的优势在于能够定位到具体的个人，能够让广告商更清晰地知道自己的广告被什么样的人看到了，而不是简单地买了 UV（独立访客）和 PV（页面浏览量）。社交广告的主要呈现形式是信息流广告，这种形式与一般的网络广告不同，它的位置不固定，在用户查看的动态信息里插入推广信息并依据社交群体属性和用户喜好进行精准的推送。广告是目前多数社交平台营收的砝码，随着国内移动广告市场逐渐升温，活跃度高的社交平台将把社交广告推向新高度。①

在这一时代背景下，尽管以社交用户为基础的增值服务收费是腾讯的主要收入和利润来源，然而腾讯拥有的我国社交注册用户规模和活跃用户规模第一的社交用户资源，为获取独特的社交广告收入来源，创造了良机。

2. 腾讯社交广告服务平台的创建

腾讯社交广告服务平台创建于 2011 年 6 月 15 日，腾讯宣布向第三方合作伙伴开放腾讯平台，腾讯试图从“为用户提供一站式在线生活服务”的平台，转向与第三方合作伙伴打造一个无边界、互惠互利、共同分享的互联网新平台。腾讯推出了一款社交效果营销平台产品——广点通，广点通是基于腾讯社交网络体系的效果广告平台。2015 年 4 月，腾讯宣布将广点通与微信广告中心整合，成立腾讯社交与效果广告部。2016 年初，微信朋友圈广告自助投放上线，从而搭建了腾讯整体的社交广告服务平台：一方面，整合了腾讯的 QQ 空间、QQ、手机 QQ 空间、手机 QQ、微信、QQ 音乐客户端、腾讯新闻客户端等所有具有社交元素的用户群体资源；另一方面，向第三方开发商等广告商群体开放社交广告服务平台，以吸引各类有社交广告投放需求的商家在这一综合性社交广告平台上投放广告。在移动互联网环境下，广点通可覆盖 Android、iOS 系统，广告形式包括横幅广告、插屏广告、开屏广告、应用墙、信息流广告等诸多种类。如图 8－12 所示：

图 8－12　社交广告平台双边模式架构

① 引自《为何 2016 必将是社交广告爆发之年》（http：//www.meihua.info/a/66399）。

3. 腾讯社交广告服务平台的成长机制

将腾讯分散的QQ和微信等社交用户平台资源和广告资源进行整合，这些资源覆盖了8亿多的用户，覆盖了中国超过90%的网民。不仅用户规模大，而且用户的活跃度非常高，日上传照片3.6亿，每天点赞超过3亿，每天有超过8亿用户使用微信、QQ、QQ空间等众多腾讯产品及第三方应用，他们分享自己感兴趣的内容，浏览商业信息。① 如图8-13所示：

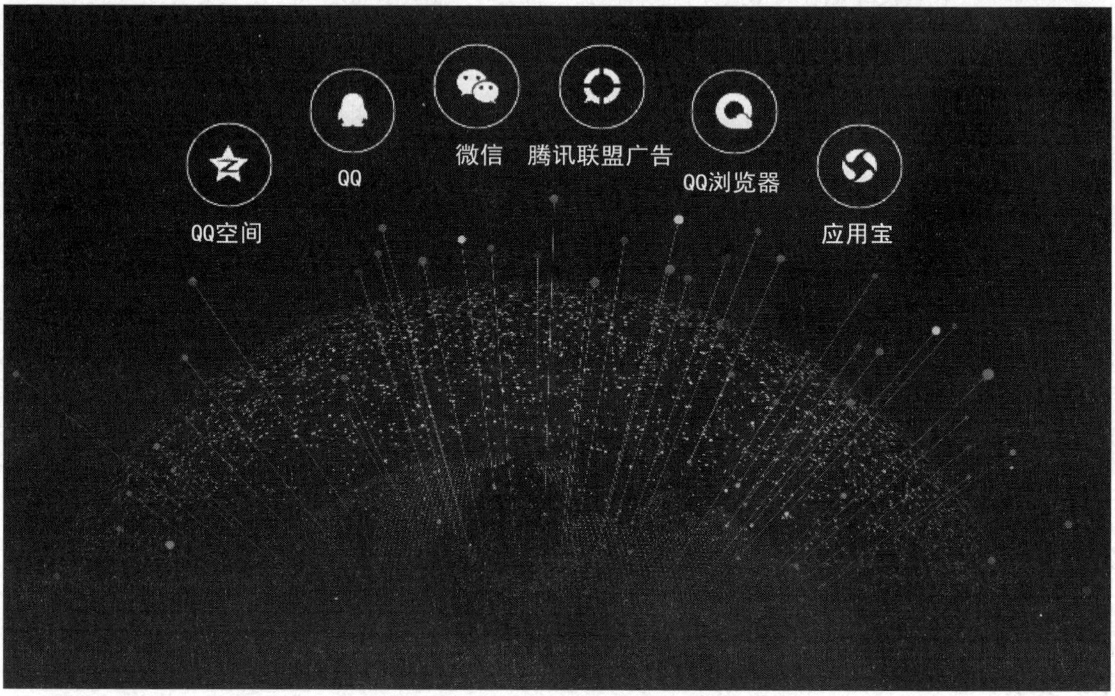

图8-13 腾讯社交广告平台体系

资料来源：腾讯社交广告营销平台（http：//e. qq. com/ads/400? from=02 _ PINPAI _ 82）。

腾讯财报公开数据显示，腾讯2015年第四季度网络广告业务收入同比增长118%，达到人民币57.33亿元，其中效果广告收入同比增长157%，达人民币29.16亿元，这些增长主要来源于QQ空间手机版、微信公众号广告以及新推出的微信朋友圈广告服务的增加。2017年第二季度，腾讯社交及其他广告收入增长61%，达人民币60.71亿元。该增长主要得益于微信（主要是微信朋友圈及微信公众号）及其他移动端应用的广告收入增长。

4. 腾讯社交广告服务平台的盈利机制

(1) 引爆大数据价值：精准定向投放和实时营销服务。

腾讯为广告商提供众多广告定向条件，从中选择适合达成广告商目标的条件锁定人群。这些条件包括人口属性、商业兴趣、地理位置、使用设备、天气环境等等。凭借精准的定向能力，腾讯瞄准活跃用户，帮助广告商与这些用户建立联系，将优质商业信息推送给真正需要的人。

腾讯海量的数据库能够为广告商进行精准的定位，通过智能化的访客定向技术锁定，找寻

① 引自 http：//e. qq. com/ads/400? from=02 _ PINPAI _ 82。

最有效的宣传方式。笔者从腾讯社交广告平台上精选了几个典型的效果广告图，如图 8 - 14 所示：

图 8 - 14　腾讯社交广告平台的典型效果广告图

资料来源：腾讯社交广告平台。

腾讯社交广告平台体系按社交平台分，有三大类广告：QQ 空间广告、微信朋友圈图文广告、微信朋友圈视频广告。[①] QQ 空间的月活跃账户数现有 6.4 亿，其中六成以上用户为"90 后"。其中，QQ 空间广告出现在用户的好友动态中，是一种融入 UGC 的原生社交广告。目前主要有五种广告玩法：微动广告、品牌页卡广告、多图轮播广告、15 秒视频广告和图文广告。[②] 如图 8 - 15 所示。

（2）合理透明的费用管理模式平衡广告商的成本和收益。

微信朋友圈图文广告产生于 2015 年初，首次亮相的朋友圈图文广告开启了朋友圈的市场化进程。2016 年 2 月，腾讯全面开放朋友圈图文广告的自助投放，低门槛高回报。2016 年初，

① 引自 http：//blog. sina. com. cn/s/blog _ 12b10198c0102wt77. html。

② 引自 http：//blog. sina. com. cn/s/blog _ 12b10198c0102wt77. html。

图 8－15　腾讯 15 秒视频广告和图文广告

投放门槛由 20 万元/条调整至 5 万元/条，这促使大规模的中小企业加入朋友圈图文广告的投放阵营。从腾讯的角度看，这一举措是腾讯扩大营收的手段，朋友圈图文广告也得益于广告产品的逐渐成熟。随着视频时代的到来，朋友圈视频广告迎来生机。2015 年末，一段时长 6 秒的视频广告登录朋友圈，后来又出现点击可查看的 30 秒至 90 秒长视频。前者胜在短小精悍，可自动循环播放，只有点击之后才会有音效；而后者胜在承载的信息量大，不仅能够传达主题，还能为用户带来代入感。①

腾讯在广告业务上的长远布局已见成效：第一，打破效果广告与品牌展示广告的界限，强调品效合一；第二，打通支付环节形成营销闭环，提高营销效率；第三，以 QQ 空间、微信为代表的社交广告场景在广告形式上不断创新，从信息流到视频信息流，为广告商创造更具渲染力的广告互动形式。②

从 2015 年相关财报可见，腾讯基于移动终端高性价比的营销模式已经初见端倪，社交广告服务平台的效果广告收入同比增长 157%，达人民币 29.16 亿元，腾讯在广告业务上的长远布局已见成效，此种高效的营销思维和方法正在逐步被推广。③

第三节　网络文娱平台发展现状与产业运营模式

在我国互联网二十多年的发展过程中，网络娱乐需求及其产业发展已呈现出蓬勃发展之势。2014 年，“泛娱乐”一词被文化部、国家新闻出版广电总局等中央部委的行业报告收录并重点提及。文学、动漫、影视、游戏、音乐、综艺节目等娱乐形式不再孤立发展，而是可以协同打造同质、优质 IP，构建一个文娱产业新生态。与此同时，基于用户社交需求和体验新要求的全民直播文娱生态呈现迅猛发展之势。

① 引自 http：//blog.sina.com.cn/s/blog_12b10198c0102wt77.html。

② 引自财报解读《社交广告成为腾讯收入新引擎》（http：//www.wtoutiao.com/p/12dzkcK.html）。

③ 引自财报解读《社交广告成为腾讯收入新引擎》（http：//www.wtoutiao.com/p/12dzkcK.html）。

一、网络文娱平台的主要发展现状

当前，我国网络文娱产业呈现出蓬勃发展生机，主要包括网络文学、网络音乐、网络影视（或视频）、网络动漫、网络游戏、网络直播几大类。每一类产业的优质内容产品都具有发展成为IP的潜质，网络文学是文娱产业格局中的IP之母。网络影视（或视频）、网络动漫和网络游戏具有双重属性，一方面其优质的内容产品可能发展成为独立的IP源头，另一方面它们本身可能就是由其他IP内容产品改编而来的。上述每一类网络文娱产业的发展形式都可采用平台型发展模式。

网络文学是指以网络为载体而传播的文学作品。网络文学平台型产业随着我国互联网发展，以发表在网络这一载体上的文学作品为产品，辅以相应的管理机制，进行市场化的运作，以获得相应的利益，形成一条由运营平台、网络写手、读者（用户）组成的具有一定规模的经济形态。早期典型的网络文学平台为起点中文网，其后来为盛大文学平台所收购，再后来腾讯文学与盛大文学合并为阅文集团，阅文集团是迄今为止我国最大的网络文学平台。其间，阿里文学、百度文学、中文在线和掌阅科技平台也相继诞生。近年来优秀的原创网络文学IP不断涌现。由网络文学IP改编而来的电视剧、电影、游戏、舞剧、动漫以及周边产品越来越多，网络文学IP得到市场的认可，优质网络文学IP的竞争越来越白热化。

网络音乐是指音乐作品通过互联网、移动通信网等各种有线和无线方式传播，其主要特点是形成了数字化的音乐产品制作、传播和消费模式。2000年P2P下载兴起，大量试听网站如雨后春笋般涌现出来，代表产品有好听（2003年）、一听（2004年）等。另外，酷狗和酷我（2005年）等音乐客户端开始出现。2007年，两个重要的网站和一个产品上线。这两个网站一个是乐库，一个是虾米。乐库的特色是正版，虾米的特色是高品质试听和付费下载。QQ音乐开发了目前最成功的付费模式。2015年7月以来，国家对音乐版权问题进行重点治理，音乐开始逐渐进入正版化时代。同时，网络音乐平台除了提供基础音乐服务外，还提供MV、网络电台、直播、K歌等多样化服务。

网络影视（或视频）是指由网络视频服务商提供的、以流媒体为播放格式的、可以在线直播或点播的声像文件。网络视频一般需要独立的播放器，文件格式主要是基于P2P技术、占用客户端资源较少的FLV流媒体格式。2005年开始，国内出现了满足用户观看高清快捷视频的新需求和新体验要求的网络视频商业网站，包括PPLive、PPS、土豆、优酷、酷6等。2010年以来，爱奇艺视频、腾讯视频进入网络视频行业，竞争开始加剧。优质视频内容资源开始成为平台提升用户流量的主要因素。吸收强大资本以购买版权内容和自制优质内容、吸引股权投资上游影视制作商成为各家视频平台的主要竞争策略。根据艾瑞咨询2016年10月发布的调查数据，优酷以日均覆盖数（平均每百万名Alexa安装用户中的访问人数）13 750人位居视频网站第一，搜狐视频和土豆以11 805人和6 800人位居日均覆盖数第二和第三。从活跃用户占比来看，艾媒咨询发布的《2016年11月中国APP活跃用户排行榜（TOP450）》的数据显示，优酷、爱奇艺视频、腾讯视频分别以37.11%、33.96%、33.62%名列视频行业前三名。这些优势网络视频平台已逐步从早期的UGC内容主导模式发展成为PGC甚至专业化的OGC生产模式。以开发原创优质IP视频资源，获得衍生IP内容品牌“轮次收入”，成为当下和未来我国视频平台的发展方向。

网络动漫是近些年来在我国兴起的网络娱乐新兴领域之一。网络动漫主要指借助PC端有线网络和移动端无线网络进行生产和传播的动画和漫画的总称，也称新媒体动漫。我国网络动漫诞生于20世纪末，在2002年迎来初次繁荣，一批Flash视频网站大量出现，如“闪客帝国”。2009 年，中国首部原创 3D 网络动漫《我叫 MT》上映。当下，我国网络动漫主要活跃于综合门户网站如网易、新浪的动漫板块，动漫网站如有妖气网站、动漫之家网站等。近些年涌现出一批漫画阅读软件以及斩获大量核心动漫用户的以作品为中心的垂直社区平台，如快看、卡布、大角虫等。随着游戏产业的快速增长，很多以动漫形象为核心设计制作的游戏广受欢迎，如《我叫 MT Online》，而由游戏改编而来的动漫电影如《赛尔号》也取得了优秀的票房成绩，动漫作品与动漫游戏的产业互通开始成为我国网络娱乐产业的新形态。我国网络动漫产业的崛起得益于我国网络技术的快速发展、智能手机的普及、各类网络娱乐应用的逐渐丰富，以及国家对侵权行为的规范和治理，网络动漫用户数量从 2013 年的 0.89 亿增长为 2016 年的 2.3 亿。优质的内容是网络动漫平台的核心，除了版权引进，各大平台纷纷增强自身原创作品的生产能力、IP 打造和运营能力。除了传统的广告收入、版权授权、衍生品开发外，各大平台不断探索新的商业模式，比如一些平台的付费阅读形式，就为网络漫画开辟了新的盈利途径。截至 2016 年底，中国网络漫画作品总量约为 15 万部，网络漫画作者 9 万多人，网络漫画点击量达 2 000 亿次，国内付费漫画市场规模已经达到 2 亿元。

网络游戏指以互联网为传输媒介，以游戏运营商服务器和用户计算机为处理终端，以游戏客户端软件为信息交互窗口的旨在实现娱乐、休闲、交流和取得虚拟成就的具有可持续性的个体或多人在线游戏。在中国网络游戏起步期，盛大是最具代表性的中国网络游戏公司。这家靠代理韩国网络游戏《传奇》起家的网络游戏运营商，在不长的时间里迅速成为中国网络游戏公司的领头羊，并一度占据榜首数年。2011 年起，网页游戏及移动游戏开始成熟，行业进入壁垒提高，游戏题材极大丰富，游戏播放形式呈现出直播化态势，游戏道具收费成为主要的收费模式。同时，粉丝用户的打赏费近年来也逐步成为游戏平台收入来源之一。

上述文娱内容平台型产业呈现出头部效应运营特色，也就是说一款商品不能左右天猫与京东的生死，但是一部畅销的电视剧或电影所带来的观众或付费会员，却足以决定爱奇艺与优酷、土豆的竞争格局。头部内容具有惊人的人气聚拢能力，以长视频、OGC 为主的网站或 APP，偏向头部效应。只有具备优质 IP 娱乐内容的产品才能快速积累年轻的粉丝用户群体，上述各类细分文娱产业中已涌现了一批以优质 IP 娱乐产品为核心的知名文娱平台型企业。以腾讯为代表的新媒体组织，凭借着规模巨大且黏性高的社交用户资源优势，已构建覆盖文娱产业上、中、下游各类文娱平台生态圈的完整的文娱商业生态体系，如图 8－16 所示。

图 8－16　文娱平台产业图谱

资料来源：艾瑞咨询《2016 年中国泛娱乐 IP 价值研究报告》（http：//www.iresearch.com.cn/report/2630.html，2016/8/15）。

网络直播是将音视频信号转换成数字信号并经过网络传输的一种流媒体应用。2005年开始的直播1.0时代，专注于陌生人视频社交的9158异军突起，从网络视频聊天室逐步发展为以美女主播为核心的秀场。2014年开始的直播2.0时代，主要是游戏直播的发展时期，YY剥离游戏直播业务成立虎牙直播，同年斗鱼从A站独立，成为游戏直播的两大巨头之一，2015年熊猫直播开始抢占市场。2015年开始的直播3.0时代，移动直播、文娱直播兴起，映客、花椒等直播APP不断涌现。未来的直播4.0时代将向VR直播迈进。

自2014年以来，网络视频直播平台迎来了爆发式发展。一方面，满足用户潜在直播需求和体验要求的外在宏观网络环境逐步具备，如网络宽带和4G网络的"提速降费"、WiFi工程的普及化、4G智能手机终端的大屏幕、大内存等外在网络使用条件一应俱全；另一方面，网络视频直播本身具有突出特色，网络视频直播凭借其简单直接、实时分享、互动的社交本质，已成为移动互联网时代的主流娱乐载体，越来越多的人涌向直播平台，享受着网络直播带来的乐趣。

二、网络文娱平台的产业运营模式

(一) 各类网络文娱平台的构建

1. *网络文学类平台的构建：以起点中文网为例*

传统出版业的产业价值链是单向的，作者将自己的作品交由出版社的编辑进行修改、编辑，然后交至印刷厂印制成书。在这一过程中并不是所有的作品都能出版成书最后进入市场，作品需要经过出版社的严格把关，受到编辑个人以及出版社选择标准的影响，作者和读者没有直接的沟通渠道，只形成了"作者—出版社（编辑）—读者"单向产业链条。[①]

随着网络文学的发展，上述单向的传统出版产业价值模式正在被逐步打破。以起点中文网为例，线上网络文学出版平台"弯曲"了传统直线式的出版产业价值链，消除了原本处于传统出版产业链两端的作者群与读者群之间的多个中间环节。网络文学中介平台，直接连接和服务于产业链两端的双边市场群体——作者群与读者群，直接高效地集成了作者群与读者群的资源，为热爱文学创作的作者提供了前所未有的机会，他们的作品可以不经编辑的筛选，自由地在平台上发布。对于读者来说，他们在网络平台上可以接触到海量多样的文学作品并且根据自己的喜好自由选择，同时他们可以与作者进行互动沟通，与其他读者分享体验感受，有时读者的意见甚至可以影响内容的走向。因此，文学网站成为联系作者群与读者群的平台，实现了双方的直接有效沟通。线上平台虽然身兼出版职能，却不用负担编辑经费与营销经费，也不存在图书积压现象，因此平台所承担的市场风险比传统出版业小。

2. *长视频类平台的构建：以爱奇艺为例*

视频服务最早是由广播电视与有线电视提供的，通过电视机播放。然而自移动互联网兴起以来，年轻观众迅速转移到了电脑与手机上。视频网站与APP纷纷转向提供大制作、有版权的长视频节目。

长视频，例如网上电影、剧集、综艺、动漫等具有头部效应，即用户粉丝规模排名前十的长视频平台收入总和，远大于十名之后所有长视频（平台）的收入总和。具有头部效应的网上电影、剧集、综艺、动漫等视频节目一般称为OGC，大制作有版权且受欢迎，部分观众愿意付费。知名例子有美国的网飞（Netflix）、中国的爱奇艺等。

---

① 陈威如，余卓轩．平台战略——正在席卷全球的商业模式革命［M］．北京：中信出版社，2013：3.

在我国，视频平台的早期建构模式定位于服务三边市场群体。一边是优质长视频内容供应商（主要来源于传统的国有电视台或民营影视制作公司），通过大量购买其优质影视节目内容（含影视剧）的版权，积累大量视频内容库；然后，在其视频网站上大量免费播放视频内容，吸引第二边市场群体——视频用户，以此累积大量视频用户规模尤其是活跃视频用户规模；最后，以大量的视频用户流量换取广告商的广告投放，形成连接与服务于长视频内容供应商、视频用户、广告商的三边模式。网络广告成为长视频平台的主要收入来源。然而，随着视频平台之间同质化现象的日趋严重，竞争力不足、可替代性强、用户黏性不高的问题日渐突出。爱奇艺、优酷、腾讯、搜狐、乐视等视频平台运营商，相继改变最初的 UGC 视频生产模式，竞相开始打造自制网剧、独播剧来提高自身的视频内容竞争力，其从纯粹的网络视频中间平台运营模式逐步向以打造自制优质视频内容为主，结合部分版权购买，主要服务于用户和广告商等双边市场群体的双边视频平台发展，成为广告商青睐的主要视频平台。

然而，随着视频网站平台的广告增长放缓，以及我国网络版权保护环境的改善，以爱奇艺为代表的长视频 OGC 平台开始探索新的盈利方式——会员制，会员制在为付费会员用户提供增值服务的同时也为平台带来新的收入来源。如图 8-17 所示：

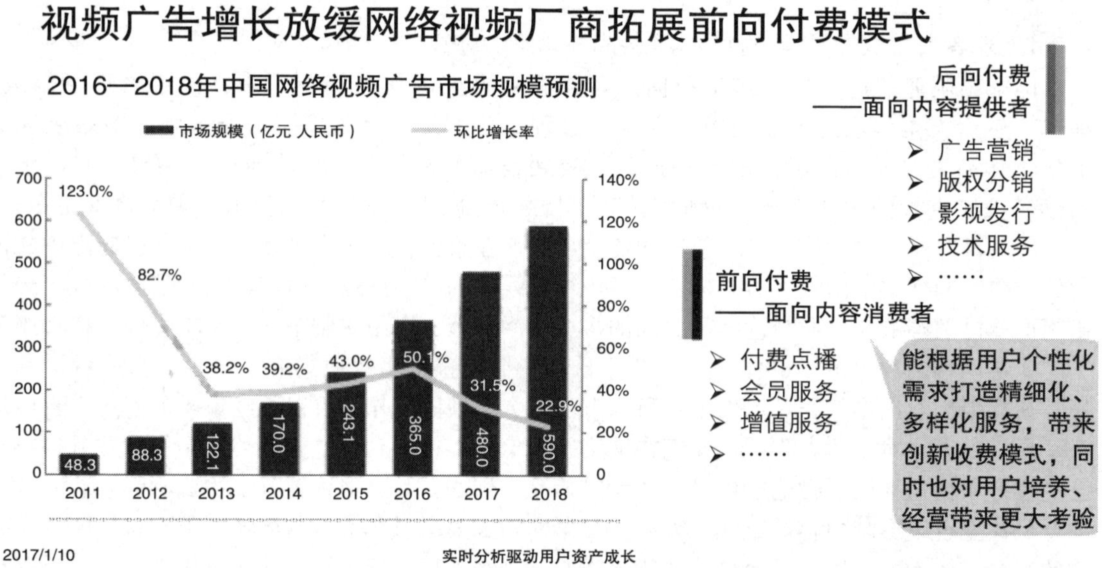

图 8-17　网络视频付费市场环境分析

资料来源：易观报告《2016 中国网络视频付费市场专题分析》（http：//www.useit.com.cn/thread-14337-1-1.html）。

我国视频付费市场起源于我国视频行业萌芽阶段中的乐视在 2004—2007 年间的市场探索，经过视频行业转型阶段中的爱奇艺在 2010 年至 2011 年间的市场预热启动和持续探索日益成熟，如图 8-18 所示。

我国视频付费市场于 2015 年至 2016 年间迎来了高速发展的新时代。如图 8-19 所示，我国视频付费用户规模从 2015 年起，就开始呈现出爆发式增长态势，截至 2015 年 12 月 31 日，视频付费用户规模达 2 200 万，比 2014 年同期增长了 133%，开启了我国视频付费市场大发展的历史性“新纪元”。截至 2016 年 12 月 31 日，我国视频付费用户规模已达到 7 500 万，付费用户主要分布在爱奇艺、腾讯、优酷、乐视这四大视频用户平台之上，我国总体视频付费用户

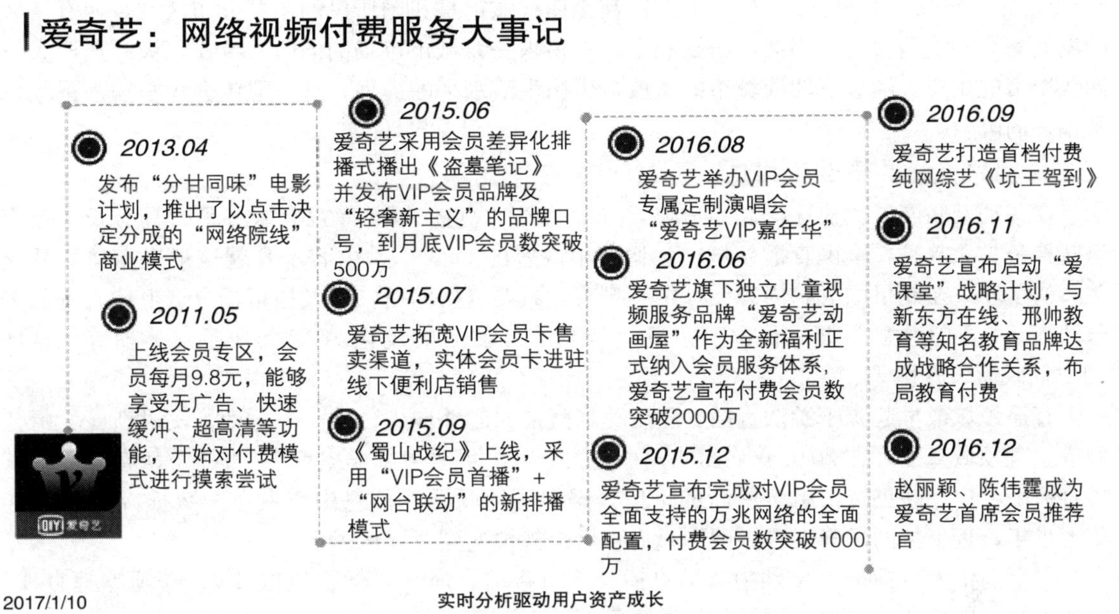

图 8-18　典型网络视频付费平台发展布局

资料来源：易观报告《2016 中国网络视频付费市场专题分析》（http：//www.useit.com.cn/thread-14337-1-1.html）。

规模比 2015 年同期增长了 241%，居全球视频付费增速的首位，是美国视频付费增速的 9 倍。[①] 这显示了我国视频付费市场的高速增长态势，我国视频付费正融入全球付费大潮。

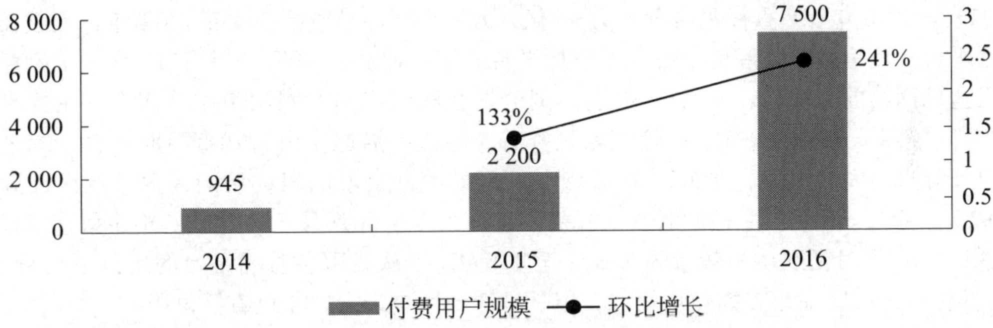

图 8-19　2014 年至 2016 年中国视频付费用户规模及增速

资料来源：中文互联网数据资讯中心《艺恩：2016 年中国视频行业付费市场研究报告》（http：//www.199it.com/archives/562535.html）。

我国视频付费市场在保持整体高速增长的同时，在付费用户的市场结构上，存在着不平衡性，与我国视频用户总体规模相比，付费用户的规模远小于非付费用户的规模。CNNIC 的报告显示，2016 年我国总体网络视频用户规模达 5.45 亿，其中，付费用户规模仅为 7 500 万，非付费用户规模仍高达 4.7 亿，付费用户规模不及非付费用户规模的六分之一，远小于非付费用户的规模。这也显示出我国的付费视频用户规模还有相当大的增长空间。我国视频付费用户的构成主体，大多为北上广或主要省会城市、年龄在 26 至 40 岁之间、收入大致为 3 000 元到

① 引自中文互联网数据资讯中心《艺恩：2016 年中国视频行业付费市场研究报告》（http：//www.199it.com/archives/562535.html）。

5 000元的白领或一般职员。[①] 广大的二三甚至四线城市是我国居民的主要分布区域，拥有巨大的发展潜力和消费市场，因此网络视频平台在追求一线城市市场的同时，也要积极开拓广大三四线城市的用户。随着三四线城市的发展，居民生活水平的提高，这一群体会积极加入视频付费用户的阵营。

3. 网络直播类平台的构建

在移动互联网时代快速崛起的短视频分享 APP、直播 APP 等视频服务平台具有长尾效应运营特色，尤其是在全民直播领域。强调草根内容的 UGC，其内容本身就该被当作建立社交关系的手段。在此目的下，内容无须精心排布，只要真实即可，素人拍摄，自行上传。例如美国的 YouTube，中国早期的优酷、土豆，乃至于目前的短视频 APP 如快手、美拍等，直播 APP 如映客、花椒等。

直播领域最早起源于游戏直播，随后秀场直播兴起并向外延伸——电商、实时新闻、厨艺秀等垂直领域直播都在 2016 年崭露头角。“直播＋旅游”“直播＋电商”“直播＋教育”等垂直类直播平台也不断创造出更多更新的价值。据中国互联网络信息中心发布的数据，截至 2016 年上半年，近半数网民曾观看过网络直播，用户规模达到 3.2 亿。[②]

当下前十大直播平台分别为 YY 直播、斗鱼直播、虎牙直播、战旗 TV、哔哩哔哩直播、龙珠直播、熊猫 TV、花椒直播、映客直播、风云直播。

其中，YY 直播是国内网络视频直播行业的奠基者。YY 直播最早建立在一款强大的富集通信工具——YY 语音平台的基础上，YY 于 2012 年在美国纳斯达克上市。目前 YY 直播是一个包含音乐、科技、户外、体育、游戏等内容在内的国内最大全民娱乐直播平台，注册用户达到 10 亿，月活跃用户达到 1.22 亿。2016 年在各直播平台的用户下载量分布中，YY 直播占据了 24.4%，2015 年 YY 直播平台营收为 33 亿元人民币。斗鱼直播成立于 2014 年，是成长最快的直播平台，短短两年时间就上升到了直播平台的第一梯队。截至 2016 年 10 月，斗鱼直播已经进入全球网站前 300 名，全国前 30 名，浏览量在国内视频类网站中排名前十，在游戏直播平台中排名第一。经过 A、B、C 轮三轮融资后，斗鱼直播逐步由游戏直播向体育、综艺、娱乐、户外等直播内容扩张。斗鱼称在 2015 年，网站晚间高峰时段的访问人数已经接近淘宝网站的 80%，超过 5 000 位主播同时在线开播。有第三方平台数据显示，2016 年斗鱼直播日活跃用户达1 200万，月活跃用户数量为 1.3 亿至 1.5 亿。[③] 从我国各直播平台的用户下载量来看，YY 直播位居第一，斗鱼直播位居第二；但从月活跃用户来看，斗鱼直播位居第一。

网络直播平台是一个通过网络直播平台型运营商连接和服务于用户（包括主播用户和观看用户）、广告主、软硬件技术厂商以及转播平台等多边市场群体的平台型产业，如图 8－20 所示。以斗鱼直播平台产业为例，斗鱼直播将为平台配套服务的各边市场群体如软硬件技术厂商、主播用户和观看用户、转播平台以及广告主有效连接起来，从而构成完整的网络直播平台产业。

（二）各类网络文娱平台的开放策略

网络文娱平台向各边市场群体的开放策略（开放程度、过滤机制）与其平台的发展阶段密

① 引自易观报告《2016 中国网络视频付费市场专题分析》(http://www.useit.com.cn/thread-14337-1-1.html)。

② 引自 CNNIC 第 38 次《中国互联网络发展状况统计报告》，第 48 页。

③ 引自《2016 直播平台排行榜 YY 斗鱼月活跃 3 亿用户》(http://www.phb123.com/keji/hulianwang/8860.html)。

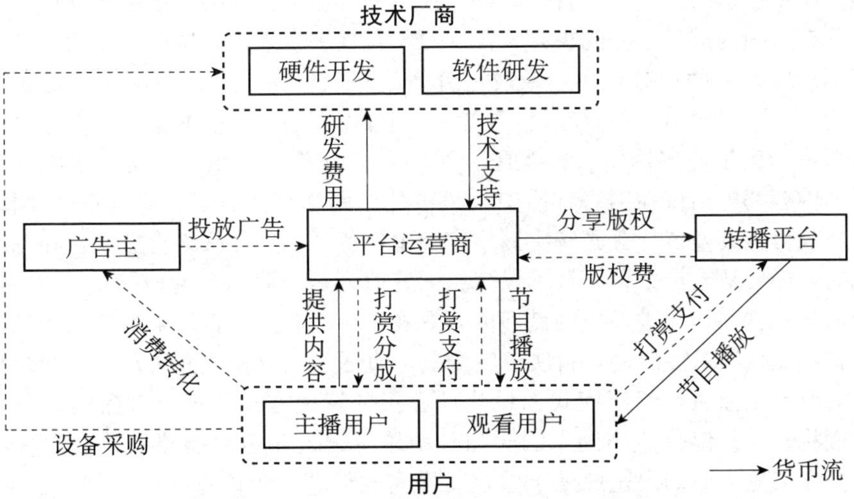

图 8-20　网络直播平台型产业链条示意图

资料来源：艾瑞咨询《2015 年中国互联网生活直播市场研究报告》（http：//www.iresearch.com.cn/report/2485.html，2015/11/23）。

切相关。一般在各类网络文娱平台创建的初始阶段，网络娱乐内容资源不足，用户规模较小，各类平台以快速积累内容资源和用户资源以及广告商资源为主要运营策略，因而不设较高的门槛。但随着平台的发展和同类平台竞争的加剧，一部分已完成用户规模初始积累的市场领先者，开始自觉向行业的规模化方向发展，对内容和特殊用户（如网络直播的主播和粉丝用户）开始设立一些过滤机制，适当地降低其开放程度，以利于网络文娱平台的可持续发展。

1. 网络文学类平台的开放策略

网络文学类平台对作者和读者的开放程度远高于传统的文学出版平台（出版社）。尤其在我国网络文学类平台的初期发展阶段，为了加强对作者群和读者群的吸引力，网络文学更加开放，其作者可以是任何人，写作内容多样，写作形式不受限制。任何喜爱文学创作的人都可以将自己的作品放到网络文学类平台上，读者也可以自由地选择自己喜欢的作品进行阅读，但如果读者想要阅读更多的网络文学内容或享受额外的增值服务则需要充值成为会员。与此同时，随着网络文学类平台的竞争和可持续发展需求，热门的网络文学作品通过新媒体平台积累大量粉丝，表现出极强的 IP 效应，网络文学内容日趋 IP 化，网红式文学作家成为各大网络文学类平台青睐的优质平台资源。

2. 网络视频类平台的开放策略

这类平台在早期发展阶段开放度较高，内容来源以 UGC 生产和传播为主，如早期的土豆、优酷。然而，UGC 内容质量的良莠不齐影响了活跃用户的体验感受，视频用户需求升级促进了视频平台向优质的 OGC 视频平台的转型，降低了视频平台的内容生产的开放程度。对于内容需求用户爱奇艺坚持“悦享品质”的公司理念，以“用户体验”为生命，向这些用户开放。同时爱奇艺也设置了会员专享服务，例如一些电影院上映不久的高清大片就只对会员用户开放。对于广告商，爱奇艺通过缩短广告时间以及减少广告占屏等措施不断提升观看质量，爱奇艺会员用户享有免广告的特权。

3. 网络直播类平台的开放策略

网络直播类平台的进入门槛低，开放度较高。网络直播类平台大大降低了媒体直播和视频录制的门槛。简单易得的设备加上直播软件，使用户仅需进行网络直播平台注册，就能够开通直播房间，并在房间内进行合法的视频直播。对于直播平台来说，这种快捷简单的录制方式能够吸引更多用户成为主播；对于用户来说，直播门槛仅仅在于个人想法，即是否愿意开通房间，进行直播。不要求学历、不看颜值，任何人都可以直播，主播的素质参差不齐。然而，正是这种低门槛，产生了许多网络直播乱象。2016 年，诈捐、吃虫子、喝辣椒水、造娃娃等让人瞠目结舌的内容都曾出现在网络直播中。2016 年，网络直播迎来“规范年”。网络直播平台若想在未来实现可持续发展，务必解决网络直播中的各种乱象。网络直播平台在享受直播带来的利益的同时，还要从人员配备、技术保障、内容监管等方面承当起应尽的义务。① 为维护斗鱼直播平台的基本秩序，促进斗鱼的良性健康发展，斗鱼创立一套约束与激励相结合的直播间管理机制，首创主播实名注册制，将实名签约制与直播间扣分管理办法及直播间违规处理办法结合起来，对所有主播执行驾照模式的量化计分扣分管理方式。每个直播间总分值为 12 分，扣分超过限额将永久封停该直播间，同时扣分结果将记入斗鱼主播档案并作为签约的重要依据。如果主播在某兑换周期内违规操作导致直播间被封禁，斗鱼将冻结该部分鱼丸鱼翅收益，并取消其兑换周期内的鱼丸鱼翅兑换资格。如多次出现直播事故或违规情况，情节严重的主播将取消其后续申请开通直播间的鱼丸鱼翅兑换资格。②

（三）网络文娱平台的产业成长机制

1. 合理设定平台的“付费方”和“被补贴方”

对某一方市场群体实施免费、优惠等补贴策略，是促进平台型产业规模迅速扩张的重要成长机制，这需要新媒体平台型企业承担向某一边或某几边市场群体的补贴费用，而这种补贴费用最初主要来源于平台型企业开发的某种产品或服务所吸引和获得的外部资本或相关产业资本的融资支持。外部资本对于初创期的平台，无疑是“雪中送炭”，不仅可以用于弥补平台型公司内部的网络运转成本，而且可以用于对平台某一边甚至双边市场群体的“输血式”补贴。如斗鱼直播在成立伊始，就获得上市公司奥飞动漫的 2 000 万元人民币的种子基金的支持。在这一外部资本的支持下，从 2014 年 2 月起斗鱼在一年内多次冠名赞助国内顶级电子竞技俱乐部，向电子竞技俱乐部的游戏玩家和主播等双边市场群体进行补贴，凭借游戏玩家和主播的口碑传播与推荐，斗鱼在短期内吸引了大量游戏玩家和主播进驻斗鱼直播平台，其成立短短两年时间就上升到了我国直播平台的第一梯队，其成功离不开巨额外部融资的“输血式”支持。仅在 2016 年半年内斗鱼就完成了两轮融资。2016 年 3 月，斗鱼宣布完成 1 亿美元（约 6.7 亿元人民币）B 轮融资，其中，腾讯出资 4 亿元人民币领投，红杉资本、南山资本跟投，同时，A 轮投资人红杉资本以及南山资本都将继续投资；8 月 15 日，斗鱼完成 C 轮 15 亿元人民币融资，由凤凰资本与腾讯领投。2016 年斗鱼累计融资金额超过 20 亿元人民币，经过初始的种子基金和 A、B、C 三轮私募融资，斗鱼直播平台逐步由游戏直播向体育、综艺、娱乐、户外等直播内容扩张。

然而，当互联网平台型产业进入成长发展阶段时，激发平台用户规模的自我循环持续增长，需要探索内在的自我循环补贴机制。在平台型企业所连接的各边市场群体中，平台要遵循如前所述的“被补贴方”与“付费方”的相关原则，科学合理地设定哪边是“付费方”，哪边

---

① 引自《2016 网络直播迎来规范年：粉丝超 3 亿行业或临新拐点》（http：//www.jyyahong.com/system/2016/12/22/010899980.shtml）。

② 资料来源于斗鱼直播官网。

是“被补贴方”，在庞大“付费方”市场群体的财力支持下，持续保障互联网平台型企业补贴不断自我循环增长并回收新媒体平台的日常运营成本，最终促进新媒体平台型企业的盈利。相比单纯来源于外部资本的“输血式”补贴机制，这种源于新媒体平台型企业内在的自我循环补贴机制，更具有可持续性，属于“造血式”的补贴机制，可使新媒体平台的补贴机制步入正向的自我循环轨道之中。如直播平台在进入内在成长阶段后，观看直播平台主播的用户由平台创立初期的“被补贴方”转变为平台的“付费方”，粉丝充值购买礼物打赏给直播平台的主播，主播和直播平台按比例分成。从我国直播平台的实践效果来看，观众打赏观看，已变成一种日常消费习惯，如斗鱼直播平台观众送给主播的鱼丸、鱼翅就可以向平台兑换为主播的现金收益。

以起点中文网为例，其平台的真正“付费方”来自广大读者群体中最顶端的一部分人，约占读者总数的1%至5%；而平台和作者群体为“被补贴方”，平台给作者群体分成，另一部分由平台吸收，补偿平台的日常运营费用。同时，起点中文网还为某一部分读者粉丝制定了增值服务，例如能慷慨地为喜欢的作品“打赏”（其中约一半会被平台吸收）的这群人同样也可被视为“付费方”。网络文学类平台，“付费方”和“被补贴方”存在两种情况：第一，“付费方”是作者，“被补贴方”是平台。读者阅读作品所支付的金额，一部分归作者所有，另一部分将被平台吸收。虽然该收入是由作者创作的作品而获得的，但是作者需要与平台分成，所以作者便成了平台的“付费方”。第二，“付费方”是读者，“被补贴方”是作者、平台。读者付费阅读他们喜爱的作品，这一部分资金由平台和作者分享。如图8-21所示：

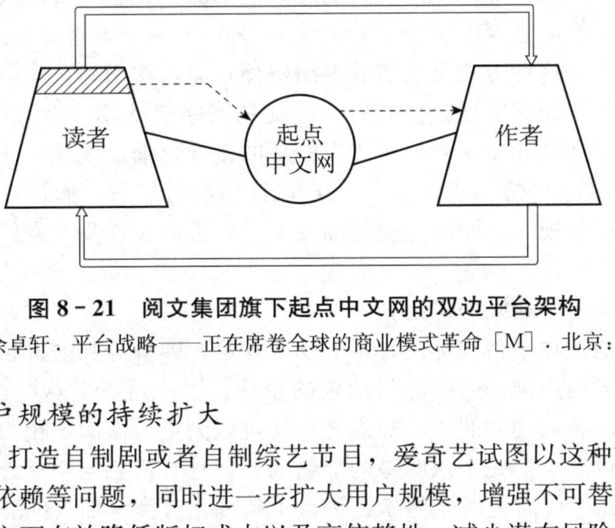

图8-21 阅文集团旗下起点中文网的双边平台架构

资料来源：陈威如，余卓轩．平台战略——正在席卷全球的商业模式革命［M］．北京：中信出版社，2013：43.

2. 促进平台用户规模的持续扩大

通过购买大热IP打造自制剧或者自制综艺节目，爱奇艺试图以这种方式解决同质化和视频网站对广告收入的依赖等问题，同时进一步扩大用户规模，增强不可替代性。视频平台提高自制内容的比重，一方面有效降低版权成本以及高依赖性，减少潜在风险，另一方面更有利于消除内容同质化带来的品牌模糊的负面影响，加强差异化战略。目前，爱奇艺反向输出的节目类型既有娱乐访谈节目，也有微电影、网络剧类的长视频内容，输出对象覆盖了全国80%以上的省份。爱奇艺推出了一系列独播网剧如《盗墓笔记》《太阳的后裔》，吸引了大批粉丝购买会员。例如在《盗墓笔记》全集上线后，5分钟内有1.6亿的播放请求，这也证明了向用户收费是个可行的盈利模式。

3. 增强平台的用户黏性

艾瑞咨询的数据显示，2015年全年，移动视频月度用户增长19.5%，月度时长增长40%，APP的月打开次数增长42.4%，移动视频用户总数、用户的观看黏性和活跃度都得到了极大的提升。[①] 移动直播平台以其便捷、随时观看、内容生产门槛低、产量大、形式自由等特点吸引了大量用户。2016 年 1 月 6 日，昆仑万维向映客领投 6 800 万元。强大投资的背后可以看出，随着用户体验习惯的倾向，"方便快捷的移动直播 ＋及时交流的社交沟通" 成为下一轮直播平台的战略布局。映客与微信关联并且保护用户隐私，微信分享是其日活跃量爆发式增长的关键，同时映客的主播和观众通过互发红包的机制实现良好的互动效果。[②]

（1）以良好的用户体验来增强用户的活跃度。

爱奇艺坚持"悦享品质"理念。在产品技术上，爱奇艺持续重点投入，同时保证在线观影清晰、流畅、界面友好。在网站架构和功能上，爱奇艺通过改良播放窗口、提供"关灯"调节功能、缩短广告时间以及减少广告占屏等措施不断提升观看质量。在节目选择上，用户可按不同的分类、排行选择。在观后分享上，爱奇艺提供分享平台，用户可将内容分享至各类社交网站，还可在网站的奇谈板块发言。此外，爱奇艺还通过举办活动和邀请影评家的方式来营造影评氛围。爱奇艺在用户到达前，通过百度对用户有了总体的了解。在用户使用后，爱奇艺通过观看习惯分析，精准提供适合的视频类型以及相关影评，并推荐最适合的朋友。这种方式使爱奇艺因人而异、有针对性地提升用户体验，在广告增加的同时依旧保持"简单、干净、高清、流畅"的用户观影感受。

与此同时，针对自制独播剧，网络视频平台会采取各种差异化的内容排播方式，如会员抢先看、先网后台、台网同步等，以吸引会员付费观看。其中，会员抢先看指会员用户可以一次性收看所有剧集或者大部分剧集，非会员用户通常一周可以收看少数几集，这无疑对视频用户具有巨大的吸引力。作为第一部以先网后台的形式播出的电视剧《蜀山战纪之剑侠传奇》先是于 2015 年 9 月 22 日在爱奇艺 VIP 会员中以每月一季的频率全球首播，之后在 2016 年寒假期间再次在安徽卫视播出，这种方式将之前的网络热播现象再次引爆，先网后台已成为视频付费时代的新的排播方式。作为网络播放量超过 100 亿的网络热播剧《老九门》，爱奇艺第一次采用了会员剧和电视台"台网同步＋会员优先"的新的差异化播放模式，即每周一、二晚各更新 1 集，而会员用户可以抢先收看 4 集。会员用户在提前收看之后，通过社交媒体的讨论，再次助推电视台的同名网剧收视率，同时卫视的播放又可以进一步提高网剧的覆盖率，因而台网同步实现了相互导流的作用。

（2）建立有效的用户留存维护机制。

爱奇艺除了与其他视频平台一样设置了分享、评论、弹幕等互动机制之外还特别设置了泡泡圈。泡泡圈每日会向用户推送一些热门话题的视频，用户可以对这些视频进行转发和评论，注册用户可以加入自己感兴趣的圈子，加入之后便可以浏览与该圈子相关的信息。例如用户加入某明星的圈子，便可以了解关于该明星的最新动态并且有机会与明星进行互动，从而与明星建立一种"朋友"关系。爱奇艺对于圈子也进行了精细化分类，加入同一圈子的用户之间的相互评论、点赞也可以增强用户之间的交流联系。爱奇艺泡泡圈这一机制将爱奇艺打造成了基于不同类型圈子的社交平台，增强了用户对平台的归属感，从而维护用户的留存率。

（四）网络文娱平台的产业盈利模式

经过互联网二十多年的发展，网络娱乐需求尤其是基于智能手机的移动娱乐需求已成为我

---

① 引自艾瑞咨询 2015 年全年视频数据《行业格局剧变》（http：//www.chinadaily.com.cn/hqgj/jryw/2016-02-02/content_14529275.html）。

② 引自艾瑞咨询 2015 年全年视频数据《行业格局剧变》（http：//www.chinadaily.com.cn/hqgj/jryw/2016-02-02/content_14529275.html）。

国年轻网民的首要需求，以网络文学、网络音乐、网络影视（或视频）、网络动漫、网络游戏、网络直播为代表的几大类典型文娱平台，有效满足了年轻用户的个性化娱乐需求和体验要求，通过种子期和成长期的强运营，已积累了以亿计算的注册用户规模和以千万计算的活跃用户规模，为文娱平台开拓多元化的产业盈利模式奠定了坚实的基础。开拓盈利来源并持续促进各类盈利来源的发展是文娱平台型产业运营的最终目标。

1. 盈利来源："粉丝用户"成为平台付费的主角

文娱平台是以网络娱乐内容为载体的平台型产业，优质的IP内容成为吸引用户的主要源泉，在国家加大版权保护的大环境下，用户为优质娱乐内容平台付费已成为主要盈利方式，这也正是文娱平台型产业盈利来源区别于其他互联网平台型产业的最大特色。在付费成为文娱平台盈利的主要来源的同时，充分开发IP内容的多元化衍生收入，也是文娱平台盈利模式的一大特色。

（1）综合性文娱平台的盈利来源。

综合性文娱平台的产业盈利来源主要基于粉丝用户付费的IP文娱产品的打造及其衍生开发。文娱平台基于粉丝用户的某一类流行性娱乐内容需求，如网络文学、电影、电视剧、游戏、动漫需求，结合自身内容生产优势，打造一款热门的网络文学作品或电影、电视剧、游戏，通过互联网娱乐内容分发平台积累大量粉丝，打造这一网络娱乐内容产品的IP效应。此外，文娱平台对某一形式的IP娱乐内容产品进行反复开发利用，将其转化为年轻用户喜爱的其他体裁的娱乐内容产品，形成"轮次收入"，最终实现单一内容产品的IP化和IP全产业链运营。从网络文学作品向电影、电视剧、游戏等其他领域的跨界价值变现，展现出了巨大增值空间。如图8－22所示：

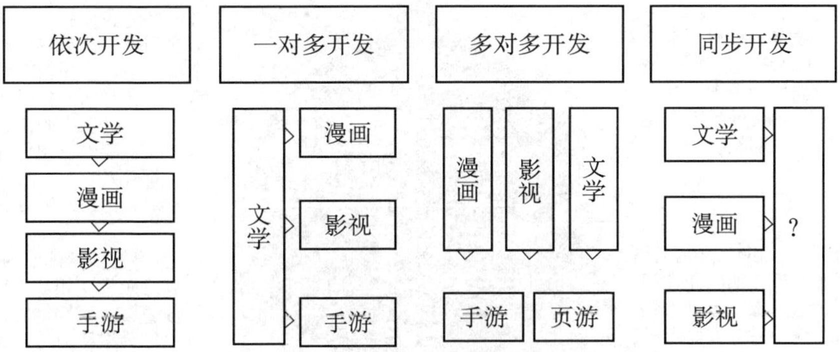

图8－22　文娱平台IP开发模式

注：四种模式下的开发顺序仅作为解释说明，实际的开发不限于图中出现的品类。

资料来源：艾瑞咨询《2016年中国泛娱乐IP价值研究报告》（http://www.iresearch.com.cn/report/2630.html，2016/8/15）。

（2）长视频平台盈利来源的拓展。

根据大数据分析公司易观的相关数据，付费用户多屏观看长视频内容（电影、电视剧和综艺节目）行为更为普遍，因而基于视频IP内容的用户多屏内容付费与纵向产业链延伸将成为当下长视频内容平台的重要增值盈利来源之一（如图8－23所示）。

爱奇艺是我国视频平台的"后来者"。爱奇艺通过打造优质长视频内容吸引会员付费，这使其成为视频行业的"后来居上"者（如图8－24所示）。

与此同时，网络视频平台通过成立影视公司切入上游内容制作环节，延伸基于视频IP内

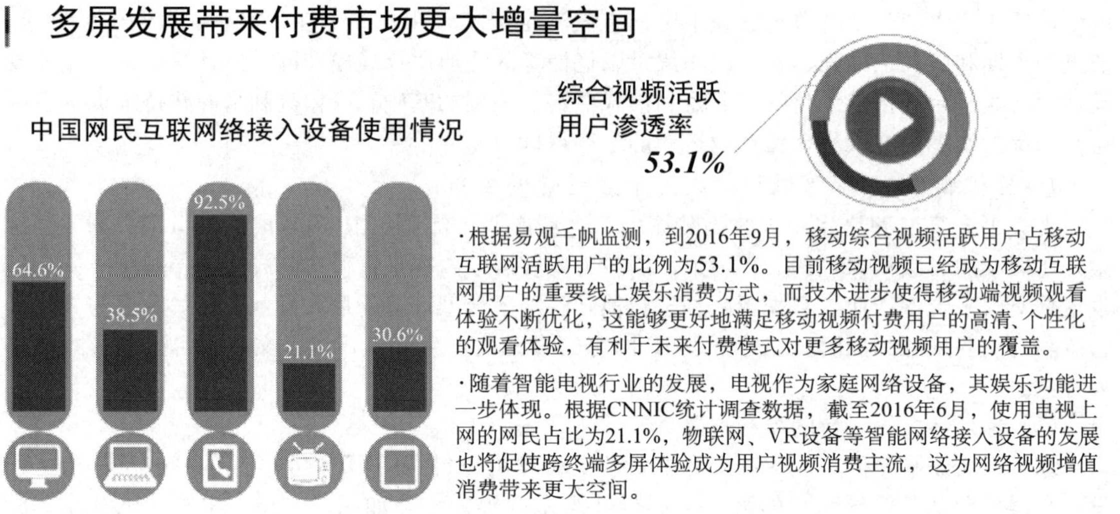

图 8－23　网络视频付费市场环境分析（一）

资料来源：易观报告《2016 中国网络视频付费市场专题分析》（http：//www. useit. com. cn/thread-14337-1-1. html）。

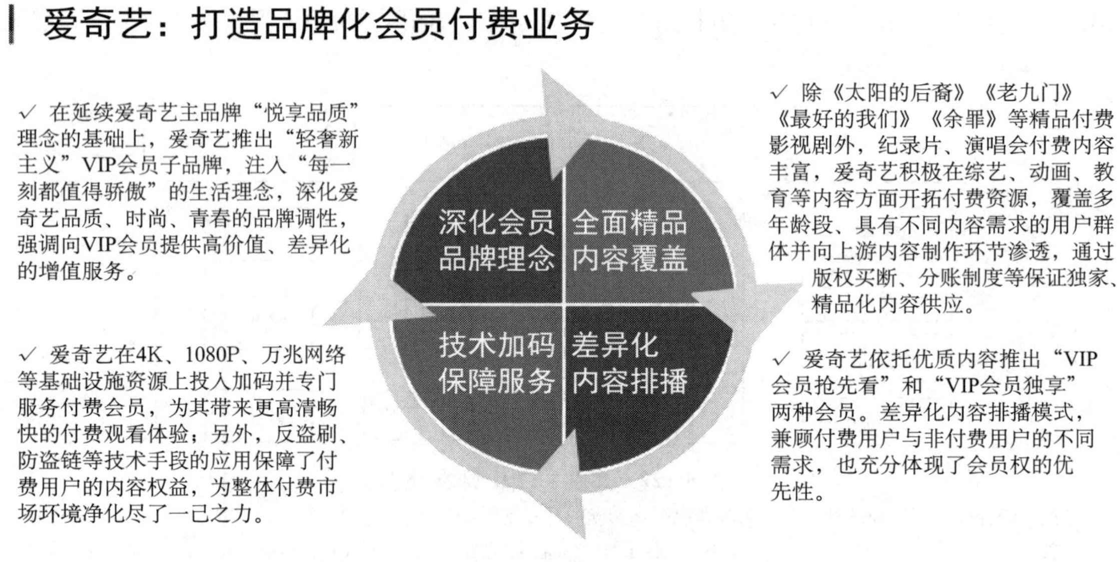

图 8－24　典型网络视频付费平台发展布局

资料来源：易观报告《2016 中国网络视频付费市场专题分析》（http：//www. useit. com. cn/thread-14337-1-1. html）。

容品牌的纵向产业链，以获取更多的增值收费盈利来源（如图8－25所示）。

（3）网络直播平台的盈利来源：以粉丝用户付费为主的多元化盈利来源。

网络直播平台是当下用户使用频繁的文娱平台之一。综观当下三大类主要网络直播平台——游戏直播、秀场直播、移动泛生活直播的运营现状，其主要多元化盈利来源如表 8－1 所示。

2017/1/10

图 8-25　网络视频付费市场环境分析（二）

资料来源：易观报告《2016 中国网络视频付费市场专题分析》（http：//www.useit.com.cn/thread-14337-1-1.html）。

表 8-1　网络直播盈利方式

盈利方式	说明	游戏直播	秀场直播	移动泛生活直播
增值服务	以虚拟道具购买、打赏为主		√	√
游戏引流	和游戏厂商进行游戏联运，观看直播可点击进入	√		
会员订阅	支付一定费用成为会员，享受会员订阅，提供消除广告或观看付费内容等服务	√	√	√
比赛竞猜	对直播赛事投注	√		
广告	在网页空白处或视频直播中放置广告	√	√	√

资料来源：陈洁．网络直播平台：内容与资本的较量［J］．视听界，2016（3）．

游戏直播的主要盈利来源有以下四种。第一，用户付费充值，即粉丝打赏，粉丝充值购买礼物给主播，平台与主播按比例分成；第二，游戏联运，即网络平台与游戏厂商合作进行产品分发导流；第三，广告，即网站上可以出售广告位，也可以在直播时植入广告画面；第四，电子商务，即科技产品、休闲娱乐产品的导流。

如斗鱼直播以游戏直播为主，涵盖了体育、综艺、娱乐、户外等多种直播内容。其主要盈利来源是用户付费充值、广告和游戏联运。斗鱼平台的用户成为游戏直播的粉丝，粉丝充值购买礼物打赏给主播，主播和斗鱼平台按比例分成；斗鱼平台可以将广告位出售给广告主，或者在直播时将广告画面植入直播；网络游戏和手机厂商也可以和平台进行联合运营并且按比例分成，此时一部分用户将成为游戏或手机的消费者。

秀场直播的主要盈利来源有以下四种。第一，付费虚拟物品，即粉丝用户向主播打赏虚拟礼物、道具等，如鲜花、座驾；第二，会员订阅收费，即用户订阅成为会员可享有的专属权利，如去除广告、等级提升；第三，广告，即网页图片和直播时的植入广告；第四，跨界拓展，即教育培训、电商导流、周边产品的开发等。

移动泛生活直播的主要盈利来源有以下四种。第一，专用硬件销售，如摄像头、麦克风等硬件产品的自产自销；第二，广告付费投放，即网页、在线视频广告位出售，定向投放（泛生活化平台广告投放相对较少）；第三，用户付费打赏，即部分优质内容通过用户付费打赏盈利；第四，转播版权收费，即其他平台对直播内容转载所付的版权费。

2. 网络文娱平台持续盈利的关键机制

网络文娱平台的盈利来源主要是年轻的粉丝用户群体，各类文娱平台只有持续满足这一用户群体不断变化的娱乐需求和体验要求，才能实现其持续盈利增长目标。

（1）打造“内容为王”的可持续生产机制。

不断推出新的优质内容，以满足年轻用户求新求异的内容需求和体验要求，无疑是持续吸引年轻用户关注文娱平台、扩大并维护粉丝用户群体、保障平台持续盈利的关键。

年轻用户对于文娱内容的需求呈现出两大特征：一是共性的热门娱乐内容需求，主要以流行的文娱优质 IP 娱乐产品的 OGC 和 PGC 内容生产机制和持续推陈出新为主；二是实时互动的社交性娱乐内容需求，主要以流行的文娱优质 IP 娱乐产品的 UGC 内容生产机制和持续推陈出新为主。

一是构建文娱优质 IP 娱乐产品的 OGC 和 PGC 内容生产机制。

主要依托网络文学作品向电影、电视剧、游戏等文娱内容平台扩展的 OGC 和 PGC 创意团队，持续研究年轻用户的时代流行性和共性娱乐内容需求，持续打造制作精良的优质 IP 内容产品如热门的网络文学作品；然后，对某一形式的 IP 娱乐内容产品进行反复开发利用，将其转化为年轻用户喜爱的其他体裁的娱乐内容产品，形成“轮次收入”。如图 8－26 所示。

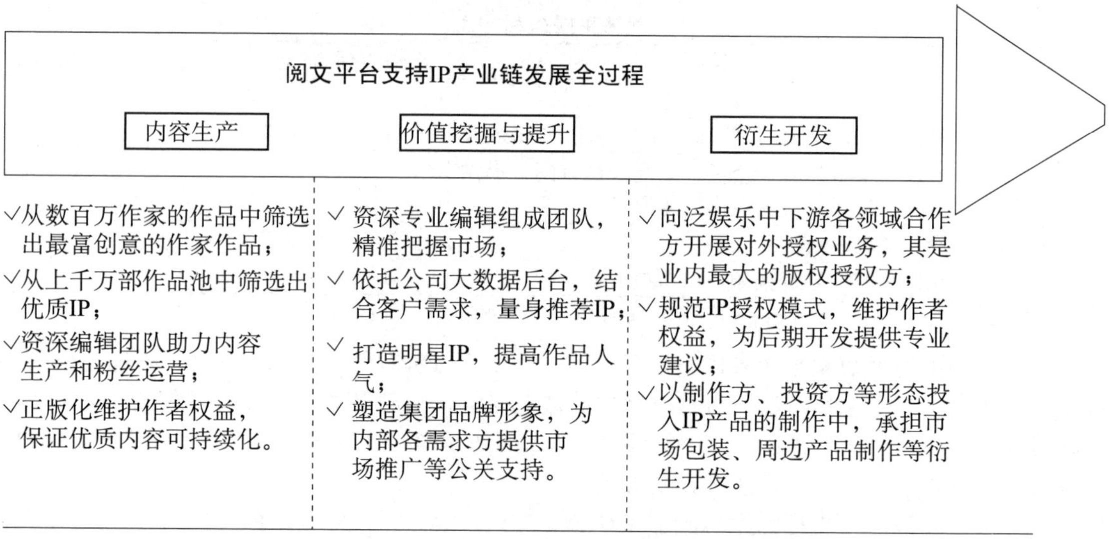

图 8－26　典型文娱平台 IP 运营案例：腾讯阅文集团

资料来源：艾瑞咨询《2016 年中国泛娱乐 IP 价值研究报告》（http：//www.iresearch.com.cn/report/2630.html，2016/8/15）。

二是打造文娱直播平台的 UGC 内容生产机制。

在内容决定直播平台未来的大背景下，挖掘场景，扩充多元化直播内容的网络直播平台已经开始着手扩充内容，结合综艺、访谈、娱乐等多方面的直播内容，挖掘更多可直播场景，为用户提供更加方便快捷的直播体验。如斗鱼直播平台虽然起源于游戏直播，然而，现已从单一的游戏直播内容广泛拓展为以游戏直播为主（目前占直播内容的 50%），覆盖体育、综艺、娱乐、户外、教育、电商等多种直播内容，以满足不同用户的个性化直播内容需求。从斗鱼、战旗等直播网站加快 IP 收购与合作的行为可以看出，内容的多样化将决定着体验场景的多样化，而丰富的场景则可以吸引更多粉丝用户。

（2）持续重视和加强用户的体验效果。

一是结合科技，增强用户体验效果。

随着高精技术的出现，视频将成为 VR 技术最广泛的应用领域。有专家预测将来无论是电影观看、会议直播还是游戏比赛、音乐演唱会，都可以利用 VR 技术体验身临其境的直播感觉。2016 年，在全国“两会”期间，乐视 VR 专门开辟了“两会”VR 直播专区，实现了国内第一次全景 VR 直播会议。VR 不仅会颠覆直播观看体验，更会为直播平台延伸出新的产业链条和盈利增长点。

二是突出文娱平台的社交互动功能。

长视频受众关注的是作品，因此可以围绕着作品/明星/话题形成话题讨论社区。短视频和全民直播受众更关注内容背后的人。虽然前十大网红的作品可能占据了相当的播放量，但是任何单个网红跳槽都不会伤及平台的根本。也就是说，短视频和全民直播具有长尾效应。短视频服务适合往社交和工具上发展。以工具属性为诉求，略带社交元素的快手短视频分享 APP，已在中国二三四线城市拥有超过 3 亿注册会员。这个 APP 从不追捧明星视频，也从不搞大制作视频节目，只展示最普通的百姓自拍，主要诉求为“记录生活”，次要诉求为“展示自己”。[①] 映客与微信关联并且保护用户隐私，微信分享是其日活跃量爆发式增长的关键，同时映客的主播和观众通过互发红包的机制实现良好的互动效果。

三是分类拓展直播运营方式，增强用户体验效果。

第一，在生活类直播板块中增设美妆直播、时尚穿搭直播，主播可以邀请社交平台中比较热门、粉丝量比较大的美妆达人或时尚达人；第二，不定期邀请明星参与直播，最好能够采取明星自拍方式，拉进其与观众之间的距离，通过弹幕、道具等方式增加趣味性；第三，设置文化教育板块，占领学生市场，可通过直播进行考试经验传授或名著解读交流，甚至开设房间进行答题比赛直播，在线观众可同时参加；第四，游戏直播平台，例如熊猫除了签约主播外，还签约了明星，同时通过电竞赛事的举办直播、赞助战队、直播明星见面会和娱乐发布会等娱乐内容实现直播商业模式的拓展。

第四节　电子商务平台发展现状与产业运营模式

以线上线下相结合的电子商务为主导的网络实用服务，是我国继信息获取、沟通交流、休闲娱乐之后的第四大互联网应用。它是满足网民实际生活需求的一类基本网络服务，最初是以有形商品的电子商务形式呈现，后逐步扩展到在线婚恋交友、在线招聘、在线支付、在线旅游预订、在线办公、在线订餐、在线教育、在线理财等涉及网民方方面面的在线无形生活服务领域。大多数网络实用服务采用新媒体平台型运营模式，主要是从线上平台引导到线下服务的 O2O 网络实用服务。其中，最主流的 O2O 网络实用服务平台是电子商务平台。

广义的电子商务平台既包括起源于有形商品的传统电子商务平台，也包括后来逐步扩展到无形服务的互联网 O2O 交易平台。其中，有形商品的传统电子商务平台在我国较为成熟，在我国高达 9 亿规模的网民中，使用网上支付和网络购物（包括手机支付和手机购物）的网民用户已超过 60%，这意味着超过六成以上的网民是互联网电子商务公司的消费者。随着移动支

① 引自黄绍麟《PGC/UGC/OGC，视频行业 G 点何在?》(https://baijia.baidu.com/s?old_id=645361)。

付的进一步普及，电子商务加速向移动端转移，几乎成为我国各类新媒体公司的一项标配互联网业务。我国已成为全球互联网电子商务应用的第一大国。本节主要探讨以有形商品为主要交易对象的传统电子商务平台的发展现状和运营模式。

一、传统电子商务平台的主要发展现状

（一）传统电子商务平台的发展历程

1. PC端电子商务平台的发展历程

电子商务，是指在开放的计算机网络环境下，运用各种电子工具或手段，买卖双方不谋面地在法律允许范围内进行的商务贸易活动，具体包括企业或商户之间的网上交易，消费者的网上购物，在线电子支付以及各种线上商务活动、交易活动、金融活动等。相较于传统的商务活动，电子商务具备市场广阔、流通便捷、成本低廉、交易跨时空等优势。

美国的eBay是电商之父，创立于1995年9月，其创立起源于构建针对个人卖家二手商品网上拍卖市场的商业创意。创始人奥米迪亚（Omidyar）的未婚妻酷爱Pez糖果盒，但她担心搬到硅谷后将找不到同道中人交流，没有机会扩大她的Pez收藏。于是为了满足未婚妻的心愿，奥米迪亚建立起一个拍卖网站，即eBay。除了违反法律法规及相关政策规定的商品（如人体器官、烟花、枪械、撬锁工具和动物等），你在eBay上几乎可以找到任何想要的东西：房子、假胡须、二手内衣、绝版玩具甚至歌星布兰妮嚼过的口香糖等等。后来，eBay模式逐渐转型为当下普遍的电商模式。此外，eBay还开发了种种功能机制，包括在线交易公司（PayPal）、网络语音沟通工具（Skype）、产品信息框架以及信誉评比等，进一步确保买方和卖方之间能够顺利交易。当时eBay俨然成为网购代名词。

我国最初的电子商务模式沿袭eBay的网上购物模式，其在中国经历了近二十年的变迁。我国最早的传统电子商务平台是成立于1999年5月的B2C类零售网站——8848。1999年9月，为用户自营商品提供交易平台的C2C网站易趣网成立。同一时期，阿里正式创立，主营全球批发贸易。两个月后，线上零售图书、音像制品的当当网成立。2003年，国外电商巨头全资控股易趣网，成立eBay易趣。同年5月，阿里斥资1亿元建立淘宝，在软银的支持下以用户免费入驻的方式与收费的eBay易趣竞争。2004年，京东商城的前身“京东多媒体”上线，主营3C大家电。同年，亚马逊收购卓越网，成立卓越亚马逊（后更名为“亚马逊中国”），主营图书、音像业务。2005年，老牌线下电器霸主苏宁成立苏宁网上商城，即苏宁易购。2006年，腾讯进军电商领域，成立C2C平台拍拍网，凭借强大的QQ用户基础，曾一举跻身行业第二。2008年，阿里启动B2C业务，成立淘宝商城（后更名为“天猫”），商家由知名品牌的直营旗舰店和授权专卖店组成。阿里和京东将一切商品、流量、物流资源嫁接到无数入口。至此，PC端电子商务市场大致被瓜分完毕。

2. 移动端电子商务平台的发展历程

移动电子商务就是利用手机、平板电脑等无线终端进行的B2B、B2C、C2C或O2O的电子商务。受2014年以来的春晚腾讯、阿里的“红包大战”影响，以支付宝移动APP、微信支付为代表的移动支付规模于2015年初实现井喷式上升。移动支付是移动电商实现闭环的重要一步，移动支付的普及和完善，极大地促进了移动电子商务的快速发展。在主流电子商务平台的大力推动下，消费者对于通过移动端购物的接受程度亦大大增加，用户移动购物习惯已经养成。

近年来，中国移动购物市场交易额稳定增长，占整体网络零售市场交易额的比例不断上

升，移动电商迎来了爆发式发展。据统计，2015 年有超半数的手机网民曾在移动端购物。移动电商成交额首超 PC 端，移动端成为电子商务主要的交易渠道。数据显示，截至 2015 年底，中国移动购物用户规模达到 3.64 亿人，同比增长 23.8%，预计到 2018 年，中国移动电商用户规模将接近 5 亿，移动端交易额在网络零售市场中交易占比将超过 75%。移动电商市场仍然延续一超多强格局，2015 年，阿里系以 81.5%移动购物市场份额领跑，京东、唯品会和苏宁易购占比分别为 12.8%、1.5%、1.4%。① 2016 年，天猫“双十一”当天交易额超 1 207 亿元，无线成交占比近 82%，移动端购物成为主流。②

与此同时，移动互联网在位置、时间上的全景覆盖带来需求端的高度碎片化和个性化，差异化的移动垂直电商层出不穷。一是社群电商。在直接的移动 O2O 电子商务发展受阻的现实环境之下，以产品内容化、客户社群化为特征的移动内容社群电商较好地适应了移动互联网时代用户的间接性、垂直化的移动购物需求和体验要求，以知乎、罗辑思维、一条为代表。二是农村电商。在国内一二线城市用户人口红利逐渐消失的情况下，发展农村电商显得极为必要。不仅如此，农村地区还是各类农产品的源头，发展农村电商有利于满足城乡双方的消费需求。由于农村地区智能手机普及率的不断上升及农村用户对手机等移动端有了更好的适应性，各大电商巨头已经将农村移动电商作为未来发展的重点。三是跨境电商。随着“一带一路”和“自贸区”建设等国家战略方针的提出，“走出去，引进来”已成大势。各大电商巨头纷纷布局跨境电商业务，跨国物流的迅猛发展，解决了跨境电商最大的困难。从宏观的角度看，国民经济的蓬勃发展支持人民追求更高的生活品质，跨境电商或将成为电商行业新的增长极。③ 移动电子商务将决定 21 世纪新企业的风貌，也将改变生活与旧商业的地形地貌。

（二）传统电子商务平台的总体发展现状

1. PC 端传统电子商务平台的总体发展现状

传统电子商务平台即连接买卖双方，为企业或个人整合产品或服务信息，提供线上交流与洽谈渠道，完成电子交易与支付，进行信息反馈与数据收集的平台。从本质上说，传统电子商务平台借助互联网技术的跨时空信息交流功能，连接原本缺乏沟通渠道的供需两方，从该连接点上发掘盈利契机。此外，一个完善的传统电子商务平台，应该流畅地贯穿电子商务交易的全过程。因此，它不仅仅是交易平台，也是支付平台、安全平台、管理平台等等。

纵观我国电子商务的总体发展历程，电商业务和终端入口成为主导电子商务平台发展的两大现实影响因素。最早的电子商务平台模式发源于 PC 电脑终端入口的有形商品的传统电子商务平台，是人们通常所指的传统电子商务，主要包括 B2B、B2C、C2C。传统有形商品电子商务平台的主要类型及其代表如表 8-2 所示：

表 8-2　传统有形商品电子商务平台的主要类型

主要类型	双方	代表网站（电子商务平台）
B2B	企业与企业	阿里、中国制造网、中国供应商
B2C	企业与消费者	天猫、京东、亚马逊、苏宁易购
C2C	个人与个人	淘宝、易趣、闲鱼

当下各类电子商务平台之间的竞争进入到细分市场阶段。2008 年 7 月，开创中国电子商

① 引自艾媒咨询《2015—2016 中国移动电商市场年度报告》。

② 引自 http://tech.sina.com.cn/i/2016-11-12/doc-ifxxsmic6065504.shtml。

③ 引自艾媒咨询《2015—2016 中国移动电商市场年度报告》。

务行业网上日用百货超市先例的1号店成立；年底，做品牌限时特卖的唯品会成立；2010年，聚美优品成立，专营化妆品业务；2014年，蜜芽宝贝官网上线，经营进口母婴商品业务。除此之外，电子商务领军者也在不断开疆拓土，巩固霸业。比如2014年，天猫国际横空出世；2015年淘宝开展农村电商业务，发展淘宝的合伙人，成立农村淘宝服务站。

2. 移动端传统电子商务平台的总体发展现状

2014年以来，移动支付的快速普及和完善，极大地促进了移动电子商务的快速发展。我国移动端传统电子商务平台发展进入爆发期，PC端传统电子商务平台迅速向移动化转型，如前所述，移动电商市场仍然延续一超多强格局，阿里系独占八成市场份额。2015年“双十一”各大电商移动端成交额占比接近七成，电商移动化渐成主流。而移动端的基于无形服务的传统电子商务平台，主要是以智能手机为终端的从线上到线下的电子商务服务模式，主要包括O2O（将线下的产品或服务与互联网结合，让互联网成为交易前台。典型代表是基于LBS技术的生活服务网站或应用——美团、滴滴出行等）、O2P（在移动互联网技术浪潮下，由电子商务平台、客户体验店、社区门店、物流配送共同构建的本地化生态圈）。

随着移动互联网技术与社交网络平台的迅猛发展，方便移动用户消费沟通的移动社交型电子商务平台和基于用户个性化消费需求的移动推荐型电子商务平台等新型互联网电子商务平台应运而生，这对电子商务行业生态带来了颠覆性的影响。不同于传统电子商务以购物平台或者搜索引擎作为流量入口，移动社交电子商务将流量入口定义在微信、微博、陌陌等移动社交平台上，其属于基于关系的商业模式。目前，移动社交电子商务根据依托的社交平台不同主要分为两大阵营。其一是微信电子商务。微信电子商务包括了个人微商、自媒体微商、品牌微商、平台微商以及垂直服务平台等形式。从早期的微店、有赞、微盟到极享，再到最新的云集微店，这一过程是根据移动行业基础和速度形成的进化。其二是微博电子商务。微博电子商务主要依靠专业达人的商品推荐，将粉丝引流到第三方合作购物平台上。尽管移动社交电子商务（尤其是个人微商）因为假冒伪劣泛滥的产品、暴力刷屏的营销方式以及类似传销的经销模式饱受诟病，但移动社交电子商务的发展仍然势不可当。据悉，微信朋友圈的卖家数量已经超过2 000万。平台微商（如口袋购物、微盟、有赞等）纷纷获得资本青睐，口袋购物获得腾讯上亿美金投资，微盟、有赞获得千万美金投资。海尔、苏宁、国美、万达等知名品牌也相继进军微商。传统电商大佬阿里与新浪合作，构建互补的移动社交电子商务闭环。数据显示，2015年中国移动网购市场交易规模达2.1万亿元，同比增长123.8%；从移动端、PC端占比来看，移动端占比达到55.5%，同比增长21.7%，渗透率持续提升。①

在移动社交电子商务模式兴起的同时，起源于唯品会的推荐式电子商务购物平台在移动互联网时代得到迅速普及和推广，这主要得益于今日头条因个性化精准推荐内容和广告快速爆发式发展的成功示范效应。当下，各主流电子商务平台也开办推荐频道，移动推荐式电子商务购物平台成为电子商务平台商业模式的新趋势。

总体而言，我国传统电子商务平台已经经历了连接人与物的垂直型电子商务1.0时代，正在经历连接人与物再到人的移动社交型电子商务2.0时代，未来将朝着连接人、物、服务甚至时空的场景消费发展。届时，电子商务平台将打通用户、需求、入口、线上线下渠道、企业和商家、物流等的连接点，构建起强大而完善的电子商务生态圈。

---

① 引自 http：//report.iresearch.cn/content/2016/05/260786.shtml。

二、传统电子商务平台的产业运营模式

在了解我国传统电子商务平台的总体发展现状的基础上，下面以传统主流电子商务平台为例，探讨传统电子商务平台的具体运营模式。

（一）传统电子商务平台的构建

打造具有平台聚合功能的优质网络电子商务产品卖场，快速累积用户规模，科学而有效地定位和开放电子商务平台所连接和服务的市场群体，成为构建电子商务平台的关键环节。

1. 传统电子商务平台的定位：服务于双边市场群体

市场服务主体是平台型企业的重要利润来源，因此平台型企业的竞争是对市场服务主体的竞争，而市场服务主体往往处于错综复杂的关系链中，平台针对某一市场服务主体的举措往往会产生“牵一发而动全身”的网络效应。因此，平台要着重处理好市场服务主体的定位与细分。传统电子商务平台的两个市场服务主体分别是买方和卖方，卖方在平台上投放所生产的产品信息，买方通过关键词键入的方式在平台上搜索、购买需要的产品。对于买卖双方而言，传统电子商务平台的作用是解决买卖双方信息不对称的问题，为卖方提供新的销售途径和大规模集中的消费者群体，让买方能够足不出户地在海量商品中比较、挑选，最后购买心仪的产品。对于传统电子商务平台而言，买卖双方都意味着一定的收入与成本，即平台商业模式一改传统的一方提供成本，一方获取收入的单向价值链形式，买卖双方的“被补贴方”与“付费方”的身份不是固定的，而是要随着依据平台发展阶段、对买卖双方的评估（网络效应、成长边际成本、转换成本等）、平台竞争格局而制定的盈利模式而改变的。

传统电子商务平台的构建，首先应定位于卖方市场群体，打造具有平台聚合功能的优质网络电子商务卖场，以积累丰富的网上商品交易的货源。通过扶植商家，为网民提供多样的商品选择。如淘宝和京东在平台的初创期，都致力于打造强势的网上卖方市场群体，丰富电子商务平台上的商品种类，进而吸引消费者的光顾，启动正向网络效应。

我国主流电子商务平台存在着两类不同的电子商务经营模式。一类是以淘宝和天猫为代表的轻资产电子商务平台，如淘宝和天猫平台主要在卖家和买家之间起一个牵线搭桥的作用，而电子商务交易中所需要的物流配送主要交由第三方物流公司，如菜鸟物流公司；另一类是以京东和苏宁易购为代表的重资产电子商务平台，在京东的自营业务中，京东电子商务平台不仅在卖家和买家之间牵线搭桥，而且为买家提供物流配送服务，为买家提供完整而良好的网上购物体验。淘宝平台主要定位服务于小型商家、个体户卖家，属于综合类 C2C 网上购物平台；京东则主要锁定服务于大型品牌电子产品卖方，以自营式 B2C 电子商务模式为主（如图 8－27 所示）。

针对京东的挑战，2008 年，阿里启动 B2C 业务，成立淘宝商城，后更名为天猫，商家由知名品牌的直营旗舰店和授权专卖店组成。

传统电子商务平台的构建，在聚集丰富卖家商品资源的同时，应定位于服务网购消费群体，聚集规模化的网购消费群体，保障和提升消费群体的网购活跃度。

淘宝电子商务平台吸引网购消费者的主要服务特色如下：一是商品货源丰富，消费者在淘宝上几乎可以“淘”到任何想要的商品；二是网购商品价格低廉，一般低于实体店的同款商品价格。京东自营电商平台吸引网购消费者的主要服务特色，除了货源丰富外，最主要的是其可为网购者提供优质网购商品并且提供最快捷的物流配送服务，任何商品配送均可次日达，因此

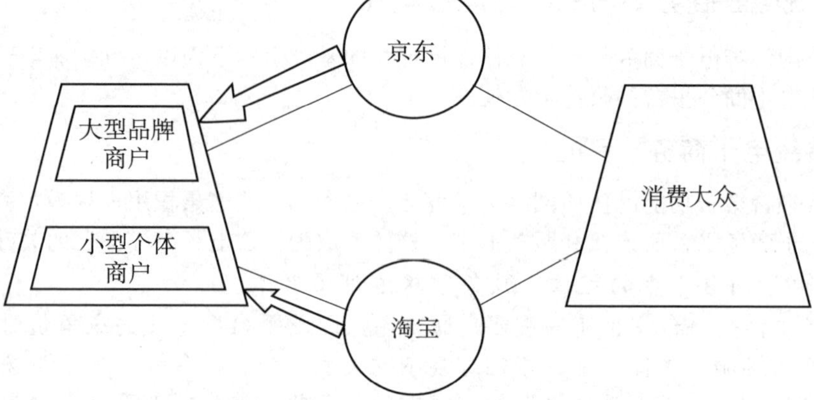

图 8-27 淘宝与京东聚焦于不同的商户群体

资料来源：陈威如，余卓轩．平台战略——正在席卷全球的商业模式革命［M］．北京：中信出版社，2013：178.

吸引了对商品质量和物流配送要求较高的消费者群体。

2. 传统电子商务平台的开放策略

电子商务平台具有与生俱来的开放性，不仅对卖家群体开放，而且对买家群体开放。一般而言，电子商务平台对买家市场群体采用高度的免费开放策略，对卖方市场群体采用有区别的开放策略。以淘宝和天猫为例，淘宝对卖家市场群体开放程度较高，天猫对卖家市场群体开放程度较低。

淘宝发展初期，实力弱小，为了快速占领中国的电子商务市场，大胆选择以免费的方式与电子商务巨头 eBay、日本雅虎竞争。鼓励个人开店销售，人人都可免费开店。其低廉的开店成本、宽松的审查环境带来了大量的卖家。

淘宝对于卖家采用高度开放策略，主要体现为设置较低的入驻门槛，实行实名免费注册，其用户过滤机制主要依靠用户身份鉴定系统和消费者评价系统。这种对卖家和买家均实行高度开放的策略，一方面有利于扩大用户规模，刺激正向网络效应，为多渠道、多样化的盈利模式奠定用户基础；但另一方面，高度开放往往意味着质量良莠不齐，假货泛滥，存在诱发负向网络效应的可能。对此，淘宝启动"中国制造"计划，旨在扶植本土品牌，让小厂家放弃造假，合法经营。同时，淘宝积极配合执法部门打假，2014 年关闭了 200 个涉嫌制造、售卖假冒伪劣商品的店铺、工厂的淘宝账号。此外，淘宝整体流量趋于饱和，流量已经支撑不起店铺的数量，数量越多，亏本的商家越多，赚钱的商家越少。如果商家业绩不好，就很难与淘宝续签，那么也相当于变相清退。

而在天猫，商家的入驻门槛较高，天猫要求卖家具有 100 万元以上的注册资金，2 年以上经营时间，拥有品牌注册商标和纳税身份等。所以，天猫的卖家一般是品牌商品企业，而不是个体卖家。这种对商家低度开放的策略，实际上是对网购商品质量的保障，通过对商家、产品把关，维持平台上产品质量。因此，天猫的收入主要来源于商家的交易佣金，其面临的也主要是来自其他自营型电子商务平台（如京东）的外部风险。

因此，传统电子商务平台的开放策略不是绝对的，不同的竞争环境和发展阶段有不同的开放条件和策略。如表 8-3 所示：

表 8-3　阿里旗下淘宝和天猫传统电子商务平台的开放策略

类型	开放条件	开放程度	开放效果	对策
淘宝	门槛：实名免费注册 经营：消费者评价机制	商家：高度开放 消费者：高度开放	商家多+产品多+监管难 收益来源：卖家的营销费用 风险：假货问题	"中国制造" 淘宝打假
天猫	门槛：企业 100 万元以上注册资金，2 年以上经营时间，拥有品牌注册商标和纳税身份等	商家：低度开放 消费者：高度开放	质量好+控制强 收益来源：交易佣金 风险：自营型 B2C 平台的竞争	平台电子商务自营化

(二) 传统电子商务平台的产业成长机制

传统电子商务平台在建构之后，电子商务平台型企业下一步的主要运营目标是进一步促进该电子商务平台的成长，其成长的关键机制主要体现为补贴机制与加强用户黏性。

1. 成长机制之一：两类平台补贴机制

补贴机制是互联网平台型产业发展战略的核心。在平台初创期，补贴模式是激发网络效应的有力成长机制。

(1) 寻求外源资本支持的"输血式"补贴机制。

最典型的是阿里的 C2C 电子商务零售平台——淘宝。淘宝成立最初三年便向国内外的金融资本机构融资 2 000 多万美元，首先支持对卖家的市场补贴，吸引更多的卖家进驻淘宝平台；得到平台补贴的卖家，以低于实体店的价格跨边吸引更多的买家进驻淘宝平台。平台丰富而价优的商品，使淘宝的网络零售市场份额，三年时间便达到 70%，使交易总额达到 7 000 万元人民币。

此外，京东自 2004 年创建以来，先后经过了六轮外部融资（2014 年腾讯入股 15%，成为第二大股东），以此支持优惠甚至免费等补贴方式，吸引大量优质品牌商家进驻京东平台。京东支持创建自营式快速物流体系，吸引大量追求品质商品"次日达"网购体验的买家，成为市场份额仅次于天猫的 B2C 电子商务平台。在 2016 年"双十一"活动中，京东的影响力甚至超过天猫。

(2) 探求内源支持的"造血式"补贴机制。

所谓内源支持的"造血"式补贴机制，简言之是指平台给予某一边市场群体（"被补贴方"）补贴的资金来源来自平台型产业内部自身的盈利点——"付费方"。这是一种平台自身内在的"造血式"补贴机制。

传统电子商务平台的"付费方"往往是对价格敏感度低（价格弹性反应度低）、成长边际成本低、平台转换成本高、现金流汇集方便的卖方（商家）；"被补贴方"往往是对价格的敏感度高（对商品价格弹性反应快）、现金流汇集不方便、平台转换成本低、多地栖息可能性高的买方（消费者）。即卖家使用平台及其增值业务，需要支付额外的费用；而买家作为"被补贴方"，则可以免费使用平台，获取琳琅满目的商品信息，完成购买（如图 8-28 所示）。

2. 成长机制之二：提高平台的用户黏性

我国电子商务零售平台在诞生之时，缺乏网上交易的信任机制，影响了用户对平台的黏性。支付宝率先从网上交易担保机制上解决了最初网上多方交易者之间的原生风险，得到了使用者的信任，同时其支付的便捷性和口碑在无形间消弭了用户转换的可能性，对于阿里电子商

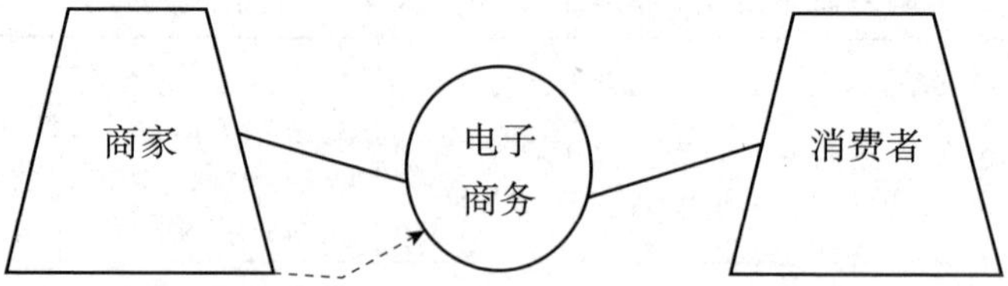

图 8-28　传统电子商务平台的“付费方”和“被补贴方”

资料来源：陈威如，余卓轩．平台战略——正在席卷全球的商业模式革命［M］．北京：中信出版社，2013：37.

务零售平台系列的“淘宝＋天猫＋聚划算”而言，支付宝在一定程度上提升了用户的转换成本。但后来的竞争者推出的货到付款交易机制及其退货保障机制，也有效地消除了用户对支付安全问题和售后服务的顾虑。因而在众多电子商务平台可供选择的现实环境之下，对于消费者群体而言，电子商务平台的转换成本并不高，尤其是在传统电子商务平台细分市场上，平台之间在采取差异化竞争策略后更是如此。用户只需要完成注册，就可以在不同平台之间切换，选择商品最符合需求、优惠程度最高、使用最便捷的平台实施购买行为，为此不少消费者在多个电子商务平台上“栖息”。因此，电子商务平台在提高用户黏性上，应侧重以提高使用效率为宗旨的高度周转战略，再辅以增强用户归属感的绑定策略。

以淘宝为例，每个淘宝用户都拥有自己的会员页面。页面有三个固定项目，分别是我的订单、必备工具与我的互动。在我的订单中，用户可以随时随地管理自己的订单信息，完成付款、发/收货、评价以及售后。在必备工具中，用户可以根据自己的喜好建立个性化收藏宝贝、收藏店铺的信息库，随时跟进自己所收藏的宝贝、收藏的店铺的信息，实施购买行为。同时，卡券包、蚂蚁花呗等，满足了用户优惠消费、预支消费的需求。在我的互动中，用户可以与其他买家或淘宝好友互动，询问、讨论或者评价商品的质量与价格等信息。整个功能设计贯穿了用户网购行为的全过程，借助最后一步的互动分享，让更多人参与其中，产生同边网络效应。

通过平台的补贴模式和用户黏性策略，电子商务平台的双边市场群体都达到了规模化程度。较强的正向网络效应，主要体现为以下三个方面。一是商家与商家之间的正向同边网络效应。当一部分商家通过电子商务平台扩大销售渠道，获得丰厚收益时，这自然会推动其他各类商家入驻电子商务平台参与线上市场的竞争与分割。二是消费者与消费者之间的正向同边网络效应。一部分消费者通过电子商务平台足不出户购买到价廉物美的商品或服务，会刺激其他消费者采用网上购物的形式，尤其是当网购从生活方式变成流行时尚时，更是如此。三是商家与消费者之间的正向跨边网络效应。入驻的商家越多，商品种类越丰富，吸引的消费者就会越多。消费者越多，消费者市场越庞大，就会吸引越多的商家入驻。

（三）传统电子商务平台的产业盈利模式

正向循环增长的用户规模和活跃度是电子商务平台获取盈利的前提条件。

1. 传统电子商务平台的盈利来源与定价策略

传统电子商务平台的盈利来源通常是作为平台卖家的“付费方”，提高盈利的主要途径是设置针对卖家的定价策略。

在平台初创期，定价策略主要围绕补贴策略进行，通过高度补贴甚至免费的方式推动用户规模的增长，培养用户黏性，把用户卷入平台的生态圈中。在平台成熟期，平台就需要着力扩大利润来源，针对不同的用户群体，实施多样化、分众化、可选择的定价方式。

淘宝在营业初期，打着让买卖双方免费的口号，三年之间便达到临界数量，霸占整个市场。在C2C电子商务平台中占有70%的市场份额。然而在之后的转型期，淘宝于2006年推出的收费机制“招财进宝”（一项让卖家购买关键词的竞价排名机制）却遭到用户抵制，最后，该机制被迫取消。之后的几年，淘宝通过观察双边市场群体的反应，逐步衍生出人们能够接受的付费方式，分散盈利渠道，以小额而多样化的付费增值服务建构起盈利基础。这些多元增值服务包括为店家提供定制内容的“淘宝旺铺”、以广告形式呈现的“淘宝直通车”以及店家上架费、交易佣金等。多元定价策略成为淘宝的经济命脉。①

2. 设置传统电子商务平台的关键盈利点

商家作为“付费方”，是传统电子商务平台的主要收入来源。挖掘并满足卖方的需求，是平台型产业的关键盈利点。对于卖方来说，其核心需求包括两点。

其一，增加曝光率，在浩如烟海的同类卖家中脱颖而出。淘宝卖家开店是免费的，但是部分卖家为了增加曝光率、获取流量，会采用不同的营销方式。阿里在淘宝、天猫、聚划算三大中国电商零售平台上进行广告推广，以增加卖家的曝光率，换取买家的流量。阿里由此获取大量在线广告营销服务收入，主要包括四类：第一，CPC广告，就是竞价排名广告，淘宝为卖家设置相应商品的竞价关键词，展示在买家的搜索框及搜索结果中，俗称淘宝直通车，按点击付费。第二，CPM展示广告，即传统的硬广，通常在全网首页、各级子页面，以横幅、焦点图、文字链等形式出现，一般按千人展示成本收费。第三，第三方联盟导流项目淘宝客，淘宝客为卖家提供淘宝、天猫以外的流量和人力推广商品，成交后卖家需要支付基于淘宝客引流成功的交易佣金。第四，卖家支付位置费，即在特别时期购买聚划算推广位置。阿里的三个不同电子商务平台的盈利模式如下：C2C淘宝平台，收入主要来自卖家的营销费用；B2C天猫平台主要靠交易佣金；而聚划算平台的收入主要来自卖家的展示广告位置费。

阿里的这三个具有获利能力的电子商务平台本身又构成一个多环状电子商务平台生态圈。以淘宝的多环状C2C电子商务平台生态圈为例，核心平台淘宝本身具有相对成熟的获利能力，而许多附属平台如口碑网、阿里旺旺、一淘网相较之下并非以盈利为战略主轴，这些附属平台所扮演的角色是连接“被补贴方”，吸引更多用户前来淘宝，增加其用户流量。支付宝虽然本身也拥有稳健的盈利模式，但在以淘宝为中心的整个多环状C2C电子商务平台生态圈中，支付宝具有凝结用户信任、吸引用户流量的功能，提升用户对淘宝的转换成本，巩固淘宝的竞争地位，再通过核心平台淘宝实现盈利（如图8-29所示）。②

其二，获取用户数据，实现精准的产品生产与营销。2010年3月31日，淘宝正式对外宣布，将面向全球首度开放淘宝数据。涉及宏观及消费风向的数据将免费开放，涉及市场情况、消费者行为的商业数据将收取费用。2011年4月1日，淘宝推出数据产品“数据魔方”。通过淘宝数据魔方，商家可以直接获得行业数据分析、店铺数据分析、消费者特征分析（年龄、性别、购买时段、地域）等。目前淘宝推出的数据魔方收费标准为300元/月。

3. 电子商务平台的特色节日促销活动

在平台成熟期，补贴机制是电子商务平台型企业争夺利润池的关键战略。平台通过核心业务（在线电子商务广告收入和佣金收入）获取利润空间，以高度补贴甚至完全免费的方式捣毁竞争对手的利润池，实现“赢家通吃”。

阿里旗下多个电商平台自2009年开启“双十一”促销活动，通过降价、打折等促销活动，使电子商务平台的网购交易额年年攀升。2016年的“双十一”，天猫的网购交易额达到1 207

① 陈威如，余卓轩．平台战略——正在席卷全球的商业模式革命［M］．北京：中信出版社，2013：100-101.

② 陈威如，余卓轩．平台战略——正在席卷全球的商业模式革命［M］．北京：中信出版社，2013：221-223.

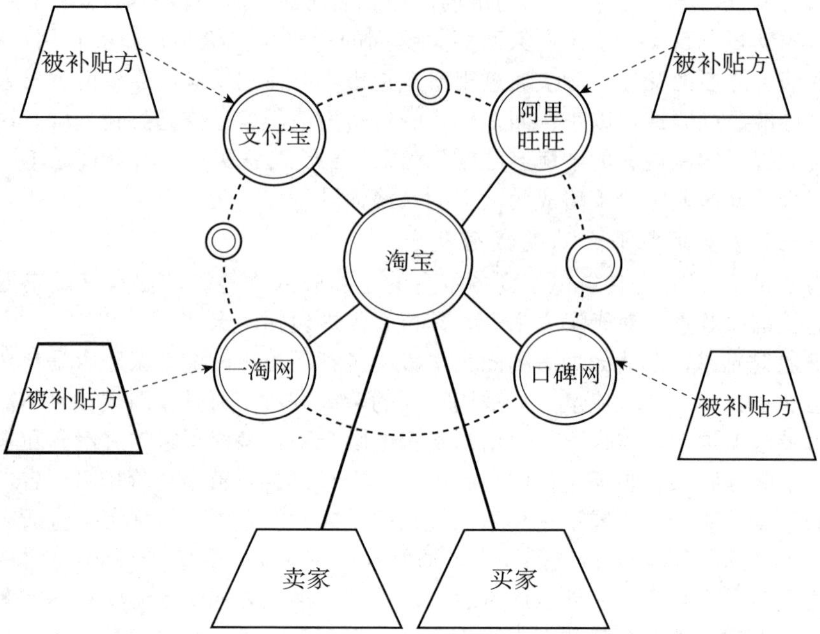

图 8-29　淘宝的多环状平台战略

资料来源：陈威如，余卓轩．平台战略——正在席卷全球的商业模式革命［M］．北京：中信出版社，2013：223.

亿元人民币。此后，其相继推出“双十二”促销活动。

阿里的淘宝、天猫的最大成功之处在于其平台价值。阿里自身既不制造也不采购，通过搭建一个第三方交易平台，使得商家连接用户的渠道更短、成本更低，由于其开放性，在它的平台上能买到几乎所有的商品，因此其吸引了十几亿的消费者。正因为有如此庞大的消费者群体，其反过来又吸引了数千万在线商家在平台上开店。平台所具有的这种让两群或多群用户彼此吸引的特质，客观上为对方创造了价值，使自身形成巨大的竞争优势。

4. 两类电子商务平台的产业运营模式比较：阿里与京东

在我国电子商务平台的产业运营模式中，阿里与京东，当属两类典型代表。

阿里的电子商务起步早，最初定位于纯粹的互联网电子商务中介平台，并不涉及电子商务交易成本最高的物流环节，因而在早期的电子商务平台不多、竞争对手少、实力不强的竞争环境之下，这种纯中间商性质的电子商务平台的产业运营模式，以三年时间快速取得了电子商务零售平台市场占有率第一的成绩，发展为 B2B、C2C、B2C 等多元化的电子商务平台生态圈体系，实现了电子商务平台的“赢者通吃”，营收高、成本低、毛利润率高。但随着电子商务平台的垂直细分化发展，更多的差异化电子商务平台涌入市场，电子商务平台竞争日趋激烈。与此同时，消费者对电子商务平台一站式商品和服务的质量要求持续上升。因此，阿里纯中间商性质的电子商务平台的产业运营模式遭到了以自营为主导的电子商务平台的产业运营模式的强力挑战，在用户消费体验方面产生了较多的负面效应。一是不能直接控制卖家出售的商品的质量，淘宝的假货、刷单等诚信问题导致退换货较多，既影响了阿里电子商务平台商品质量的声誉，同时也降低了效率，增加了成本；二是第三方物流体系（阿里与其他投资者共同入股创建的菜鸟物流）不能保障商品物流质量（不敌京东的次日达），不能有效满足消费者的售后体验要求，包括售后体验服务、物流体验要求。阿里旗下淘宝和天猫的轻资产电子商务平台（纯电子商务中介平台，无仓储、物流、售后服务环节）的高营收、高利润的电子商务平台的产业运营模式正日益受到一二线城市消费者网购消费升级和市场饱和等电子商务生态恶化的挑战。

阿里为适应电子商务平台型产业发展的市场新要求、新形势，做出应对策略：一方面，针对自有物流体系缺乏导致的物流速度和质量不能有效满足用户要求的问题，加大阿里物流体系的布局，不仅投资了圆通、百世等快递，还牵头组建菜鸟物流，通过菜鸟物流尽可能地连接一切物流公司；另一方面，针对一二线城市电子商务平台扎堆竞争态势，阿里利用其商品丰富度高、网点辐射广的优势，加快向广大的三四线城市和农村地区拓展和转型。

京东以自营为主导的B2C电子商务平台模式，是作为阿里的C2C淘宝电子商务平台的挑战者角色而诞生的，京东当时与阿里最大的差异是自营商品的品质有保障（以品牌商品的正品为保障）。另外，京东自2007年起开始自建物流体系，其电子商务自营模式较好地满足了用户对网购商品质量和物流速度、售后服务的体验需求。京东在电子商务平台之中仅次于阿里，在2016年“双十一”电子商务网络影响力排行榜中超过阿里的天猫而名列第一。

然而，外界也对以自营为主导的京东电子商务平台的产业运营模式提出一些质疑。一是京东以自营为主导的电子商务平台模式形成了重资产式电子商务平台的产业运营模式，其将物流、仓储、配送等电子商务平台的下游环节，统一纳入其电子商务平台之中，在保障商品质量和用户售后体验的前提下，这种重资产电子商务产业布局带来了高成本的现实挑战。自京东2007年自建物流以来，在此后的几年中，物流成为京东的吸金黑洞、亏损源头。二是京东电子商务平台的自营以品牌的标准件商品为主，面向第三方卖家（中小企业）的多样化的非标准件的商品较少，造成京东商品丰富度不及阿里旗下淘宝和天猫，在一定程度上影响了一部分用户对京东电子商务平台的选择。

为此，京东的应对策略是既要保证用户体验，又要在后台严格控制成本，加快对物流体系的整合和开放。2016年5月，京东对规模最大、人数最多的物流部门（目前物流集团有近10万人规模）进行了一次组织架构调整。新增开放业务部和物流规划部两个一级部门，前者负责所有开放业务，后者则整合仓储配送的未来规划。2016年11月，京东物流以独立品牌形象示人，之前重金投入同时饱受争议的这块重资产业务，在新电子商务产业竞争态势之下，有望成为京东新的利润来源点。2017年4月，京东物流正式对外宣布开放独立，刘强东给出时间表，未来五年京东物流自营业务必须低于一半，十年后不能超过20%，这（京东物流）才算成功。①

由此可见，在未来电子商务平台发展趋势之下，京东与阿里在电子商务物流领域的边界将越来越模糊。

综上所述，传统行业大多呈现链状结构，从上游到下游，产品或服务不断增值，最终为用户所接受。而平台型模式打破了传统行业的价值链结构，重构了传递价值和创造价值。一个平台的数据一定要大，才会释放出它的价值。用户数量1亿和100万的平台价值完全不同。成功的新媒体平台能叠加、衍生出更多产品或服务的价值，成为产业中商业生态的中心。平台/生态模式所具有的结构优势是众多互联网企业得以迅速崛起，挑战甚至战胜原有传统行业企业的原因。

第五节　网络生活服务类O2O平台发展现状与产业运营模式

随着有形商品的传统电子商务平台模式的兴起和发展，以线上互联网交易平台与线下提供

---

① 引自翟文婷《深度调查：它是刘强东的底牌，马云也在“觊觎”》（http://www.anyv.net/index.php/article-1453155）。

无形服务相结合的新型电子商务平台模式——生活服务类O2O平台模式应运而生。新媒体平台型企业以新媒体平台为基础，构建一个为网民提供有形商品购物以外的快捷便利的在线婚恋交友、吃喝玩乐行等日常各种生活服务的生活服务类O2O信息交流与交易平台。

生活服务类O2O平台早期起源于PC端的找工作、婚恋交友、本地信息服务和网上办公（以前程无忧网、世纪佳缘网、58同城、赶集网、360、搜狗输入法为主要代表）的传统无形服务O2O平台。进入移动互联网时代，一方面，起源于PC端曾经红火一时的传统无形服务平台，如提供网上找工作服务的前程无忧网和智联招聘，提供网上婚恋交友服务的珍爱网、百合网、世纪佳缘网受到风起云涌的移动社交服务平台功能的覆盖和威胁而迅速走向衰弱；另一方面，由于移动LBS（基于本地化位置的精准定位服务）和移动支付得到了普及应用，以城市年轻网民基本生活需求（吃饭、打车、旅游等）为主导的新型无形服务电子商务平台——生活服务类O2O平台如雨后春笋般涌现出来，美团、携程（与去哪儿合并）、同程旅游、滴滴出行等在线服务新型移动O2O电子商务平台迅速蹿红。

然而，与传统电子商务平台主要提供有形商品的互联网信息沟通与交易所不同的是，我国生活服务类O2O平台主要提供的是非标准化的互联网无形服务，还需要一定的时间加强和培育网民的认同度，因而大多数生活服务类O2O平台初期发展受阻。当下，主要满足年轻手机网民的网络生活刚需（如吃饭、打车、旅游）的O2O服务获得了较好的发展。为此，本节主要探讨我国生活服务类O2O平台的发展现状和较为成熟的生活服务类O2O平台的具体运营模式。

一、网络生活服务类O2O平台的发展现状

（一）总体发展概况

在我国，各行各业的生活服务类O2O平台先后经历了以PC端为主导到以移动端为主导的发展阶段。传统的实用服务产业借助互联网的东风得到广泛的发展，以PC端为主导的生活服务类O2O平台代表有世纪佳缘网、珍爱网、百合网、前程无忧网、携程网、同城旅游、去哪儿、58同城、赶集网、360、搜狗输入法、大众点评等。

随着移动互联网的普及应用，越来越多的企业开始注重移动端的推广，生活服务类O2O平台由PC端转移到移动端，生活服务类O2O平台是随着移动互联网流行起来的一种线上和线下紧密结合的商业模式，这种商业模式的发展，需要的是用户学会通过互联网支付手段进行支付，通常指将线下的商务机会与互联网结合，让互联网成为线下交易的平台。只要商家能够利用互联网来为自己的服务提供在线浏览、选购、支付等功能，然后指引客户来实体店内消费，就可以称作O2O生活服务产业，涉及的行业包括餐饮、电影、租车服务等全部涉及线下和线上的产业。① 生活服务类O2O平台的商业模式侧重于线上线下配合完成用户需要的服务，而移动O2O生活服务类APP可以在移动端一站式完成客户需要的优质服务。它实现了用户随时随地满足自己需要的愿望，还将用户碎片化的时间利用了起来。例如在繁忙的工作结束后，我们可以通过APP找到自己喜欢的餐厅，或者搜索一家自己想去的洗牙或足疗场所。②

从总体来看，在移动互联网时代，曾被寄予厚望的移动生活服务类O2O平台发展整体上

---

① 薛小伟．移动互联网时代：团购类网站更深层次实施O2O的方法探究——以美团网为例［J］．商场现代化，2015（3）．

② 同①．

大规模受阻，2015 年 O2O 行业泡沫逐渐破裂，大批 O2O 创业企业倒闭。移动生活服务类 O2O 平台向本地化、社交化的方向发展。[①]

当下我国以智能手机为终端的较为成熟的生活服务类 O2O 平台有两大类。一类是覆盖城市网民的本地化吃喝玩乐服务的团购类平台。从 2010 年团购兴起，到 PC 端上的千团大战，再到借助 LBS 的地图属性，通过手机端 APP 等工具来对餐饮、美容、幼儿教育、家政服务、外卖等的多点开放，移动互联网下的 O2O 应用场景越来越清晰化和实践化。[②] 中国电子商务研究中心（100EC. CN）监测数据显示，2015 年上半年中国团购市场成交额达到 770.1 亿元，其中美团排名第一，占 51.9%的份额，大众点评排名第二，占 29.5%的份额，排在第三位的是百度糯米，份额达到 13.6%。[③] 2015 年全年中国餐饮 O2O 在线用户规模超过 2 亿，2015 年在线餐饮收入 1 389 亿元，形成了美团、大众点评、百度糯米三足鼎立的互联网团购服务市场格局。另一类是覆盖城市网民移动出行的网约车 O2O 服务平台，相继出现滴滴打车、快车、专车、顺风车等移动出行 O2O 服务方式。经过四年的发展，滴滴与快的合并，2015 年更名为滴滴出行，2016 年收购优步中国，滴滴出行在我国移动网约车 O2O 平台市场中占有绝大多数份额。

除此之外，自 2014 年开始，阿里和腾讯共计投入超过 20 亿巨资培养用户手机支付习惯，究其本意，不外乎通过对移动支付份额的占领来实现 O2O 的发展，现如今逐步形成了以支付宝、微信支付为支付工具的大规模在线便民生活服务平台生态圈，为网民提供缴纳水电燃气费、宽带费、有线电视费、物业费、路桥费等多种在线生活缴费服务，逐渐支持汽车违章查询、社保信息查询等多种政务信息服务。

（二）典型生活服务类 O2O 平台的发展现状

生活服务类 O2O 平台的典型代表为兴盛于 PC 互联网时代的 PC 端生活服务类 O2O 平台，如世纪佳缘网、珍爱网、百合网、前程无忧网、58 同城、赶集网、360、搜狗输入法、大众点评。诞生于 PC 互联网时代并持续到移动互联网时代的移动生活服务类 O2O 平台，如支付宝、360、大众点评、百度地图等。而美团、百度糯米、饿了么、滴滴出行、微信支付是直接诞生于移动互联网时代的生活服务类 O2O 平台。

大众点评是一家于 2003 年 4 月在上海成立的本地生活信息服务及交易平台，也是全球最早建立的独立第三方消费点评网站。2010 年大众点评向互联网团购生活服务平台模式转型，2012 年大众点评团购模式进一步向移动端转型升级，成为我国少有的经受住多重的商业模式转型考验的多媒体本地生活信息服务平台。当下大众点评平台不仅为用户提供商户信息、消费点评及消费优惠等信息服务，同时亦提供团购、餐厅预订、外卖及电子会员卡等 O2O 交易服务。2015 年 10 月 8 日，大众点评与美团联合发布声明，宣布达成战略合作并成立新公司。2016 年 1 月，美团-大众点评旗下 APP 大众点评荣登“2015 腾讯应用宝星 APP 榜”，成为“年度十大最受欢迎 APP”之一。同时，大众点评也是唯一一款获评该奖的美食健康类 APP。

美团成立于 2010 年 3 月 4 日，是我国目前最大的折扣优惠类团购平台，起步于折扣优惠类美食团购业务，快速赢得消费者的青睐。美团后来将折扣优惠类线上订单、线下消费的团购业务扩展到酒店、电影等休闲娱乐，美发美甲等生活服务，成为一家覆盖网民吃喝玩乐的移动

---

① 引自艾媒咨询《2015—2016 中国移动电商市场年度报告》。

② 薛小伟．移动互联网时代：团购类网站更深层次实施 O2O 的方法探究——以美团网为例［J］．商场现代化，2015（3）．

③ 莫岱青．美团点评“合体”重塑服务业 O2O 格局：中国互联网第二极崛起［J］．计算机与网络，2015（19）．

生活服务类O2O平台。其中，美团外卖和猫眼电影是美团平台的特色业务。2014年，美团在我国网络生活服务类市场份额中，占比超过60%，成为国内最大的生活服务类电子商务公司。如前所述，中国电子商务研究中心监测数据显示，2015年上半年中国团购市场成交额达到770.1亿元人民币，其中美团排名第一，占51.9%的份额，大众点评排名第二，占29.5%的份额，排在第三位的是百度糯米，份额达到13.6%。[①] 2015年10月8日，美团与大众点评联合发布声明，宣布达成战略合作并成立新公司。新公司将成为中国O2O领域的领先平台。合并后双方人员架构保持不变，保留各自的品牌和业务独立运营。新公司将实施Co-CEO制度，美团CEO王兴和大众点评CEO张涛将同时担任联席CEO和联席董事长，重大决策将在联席CEO和董事会层面完成，新公司估值超150亿美元。2016年7月18日，生活服务类O2O平台美团-大众点评宣布，获得华润旗下华润创业联和基金战略投资，双方将建立全面战略合作。

在网上外卖等生活服务类大市场中，美团遭到的来自百度外卖（百度糯米的主要业务）、饿了么的同类竞争挑战不断升级。Quest Mobile的《百度，饿了么，美团三大外卖大数据报告》显示，2016年5月，外卖领域APP的月活跃用户数共计4 004万。其中，饿了么占第一，月活跃用户数为1 746万，百度外卖排第二，月活跃用户数为1 662万。同时，百度外卖同比增长率达到了惊人的531.9%，远远高出饿了么和美团外卖。在不同城市层级月度渗透率上，百度外卖在一线城市占比高达79.5%，饿了么则在二线城市占比最高，达到了79%。这两家在对方优势的城市，则分别占据约60%的份额。美团外卖相对比较平稳，在一二三四线城市的渗透率均为60%左右。[②]

滴滴出行，是我国最大的移动出行服务类O2O平台，其利用移动互联网特点，将手机用户线上约车、线下打车与线上支付有机融合，最大化节省了司机和乘客双方的时间资源，既降低了司机的空驶率，又提高了手机网民的出行效率，打造了乘客与司机紧密相连的O2O移动生活出行的闭环。滴滴已从一款出租车打车软件产品（被网民称为手机“打车神器”），成长为涵盖出租车、专车、快车、顺风车、代驾及大巴等多项业务的手机网民一站式移动出行网约车平台。2015年，滴滴打车正式更名为滴滴出行。2016年8月1日，滴滴出行宣布与优步全球达成战略协议，滴滴出行收购优步中国。滴滴出行和优步全球将相互持股，成为对方的少数股权股东。优步全球将持有滴滴出行的5.89%股权。2016年7月底，交通运输部、工业和信息化部等七部委联合发布《网络预约出租汽车经营服务管理暂行办法》，网约车新政出台后，滴滴出行把更多精力投入技术的研发，比如通过大数据和人工智能更多地去了解用户的需求。

此外，百度地图于2005年正式上线，初期只是一款地图信息导航实用工具类产品，但十年后，其已有超过3亿月活跃用户，车主用户达到1亿，开放平台每天响应定位需求超过230亿次。百度地图已经占据超过70%的地图信息导航的市场份额，随着其用户规模和活跃用户的爆发式增长，现已超越了单纯的定位导航服务，其本身已从单纯的导航应用向平台化发展方向转型，构建了以商户平台、车联网平台和地图开放平台为核心的移动互联生态体系。[③] 百度地图平台还与百度糯米等生活服务类O2O平台形成互补性竞争优势。

支付宝、微信支付已从最初的互联网实用支付类工具产品发展为可广泛连接线下各类商品购物和生活服务类交易以及城市居民水、电、天然气、电话、宽带等日常生活缴费及其他城市

---

① 莫岱青．美团点评“合体”重塑服务业O2O格局：中国互联网第二极崛起［J］．计算机与网络，2015（19）．

② 引自Quest Mobile《百度，饿了么，美团三大外卖大数据报告》。

③ 引自杨旭《百度地图十年路：从导航应用走向平台化》（http：//tech.ifeng.com/a/20151221/41527292_0.shtml）。

日常公共服务的多环状的网上交易平台。

二、网络生活服务类O2O平台的产业运营模式

自2010年以来，随着移动互联网的基础市场化应用的普及、智能手机的不断升级、宽带网络流量（包括WiFi和手机流量）的“提速降费”，支付宝APP和微信支付开始为大众所接受和普遍应用，冲破了线上和线下一体化市场应用的最后一道支付屏障，一批新的“移动互联网＋”的生活服务类O2O平台应运而生并呈现出爆发式增长态势。如大众点评、美团、滴滴出行、百度糯米、饿了么、猫眼电影、拉手网等，形成了较为典型的移动生活服务类O2O平台的产业运营模式，这一模式主要由其平台的产业建构机制和平台产业建构后的成长和盈利机制等部分构成。

（一）网络生活服务类O2O平台的产业构建机制

生活服务类O2O平台的产业构建，首先需要打造具有平台聚合功能的优质生活服务O2O产品，如在线婚恋交友、招聘、在线支付、旅游预订、在线办公、在线订餐、在线教育、网约车、扫码共享单车等；在此基础之上，建立一个定位于服务双边用户的生活服务类O2O平台，以连接和服务双边市场群体，进一步确立合适的平台开放程度，开放平台所连接和服务的市场群体，这是构建网络生活服务类O2O平台的关键环节。

1. 构建机制：定位于服务双边市场群体的服务平台

如前所述大众点评、360、美团、滴滴出行等生活服务类O2O平台主要定位于同时连接和服务双边市场群体。如360电脑防护平台主要定位于服务使用杀毒软件的用户和以此用户群体为广告对象的广告投放商家的双边市场群体；前程无忧网人才招聘平台主要定位于服务企业和求职者之间沟通的双边市场群体；世纪佳缘网平台主要定位于服务单身男女严肃婚恋交友的双边市场群体；大众点评作为独立的第三方消费点评平台主要定位于服务消费用户和商户的双边市场群体；美团平台主要定位于服务消费者和商家的双边市场群体；滴滴出行主要定位于服务出租车的司机和乘客的双边市场群体。上述这些同时连接和服务双边市场群体的生活服务类O2O平台的构建模式，都属于双边模式，平台生态圈所连接的两组使用群体被视为两个不同的市场。

2. 开放机制：初期的高度开放与后期的过滤机制

生活服务类O2O平台构建的前提和基础是建立一个合理的双边开放模式。大多数生活服务类O2O平台在创立初期，都会建立一个高度开放的市场主体进入模式，使得使用者入驻平台的代价基本为零，以此快速吸引更多的使用者进驻平台。

然而，低门槛、高开放的策略给平台带来大规模用户和多元化选择的同时，也会使平台面临市场用户质量良莠不齐、消费者基本权益难以保障的行业乱象。尤其是在生活服务类O2O平台成长初期，高度开放的市场主体进入模式，因缺乏对平台上的某一边市场服务主体的基本准入规范约束，损害另一边市场主体（直接用户）利益的事件时有发生。如包括美团在内的一些网上订餐平台出现了无照餐饮小作坊，又如滴滴出行创立初始对出租车司机是高度开放的，一些不具备营运资格的车辆（私家车）进入网络约车平台。另外，滴滴出行的专车服务业务难以确保另一边市场主体——乘客的乘车安全。缺乏对专车司机的有效监管，会降低使用者使用滴滴出行的乘车意愿和效用，不利于平台可持续健康成长。

因而，当平台发展出现这些不良现象时，为了保障平台的可持续运行，平台需要通过有效

的机制过滤出较高质量的用户，其具体的过滤机制如下。

一是设置较为严格的平台行业入驻标准，加强行业监管。为保障消费者的合法权益，各地市场监管部门加强对网上订餐平台和网约车平台的日常监管。2014 年 11 月 29 日，杭州市西湖区市场监管局在对辖区网络平台美团外卖核查时，梳理出辖区内 24 家在网上订餐平台经营的无证无照餐饮店名单，几大餐饮平台存在证照不全、超经营范围、未依法亮证亮照、网站公示地址和工商登记信息不符合等问题。在两次约谈订餐网站并要求整改之后，还有商家不具备从事餐饮外卖的资格，市场监管局对美团外卖做出罚款 2.8 万元的行政处罚。① 2016 年 3 月 30 日，滴滴出行因为不具备营运资格的车辆提供叫车信息服务，被上海市交通执法部门罚款 10 万元。②

然而，事后的行政处罚难以从源头上解决网上订餐平台和网约车平台运营中损害消费者权益的问题。

网约车自诞生之日起就处于野蛮生长的状态，红包补贴、低价格战等非正常的竞争手段层出不穷，平台对几十万的司机、车辆缺乏足够的约束力。据披露，仅深圳网约车就有 2 231 人身份异常，其中有 40 人属于外逃人员，对网约车的管理和规范亟待出现。对于网上订餐平台和网约车平台这些事关网民饮食卫生安全和生命安全的生活服务类 O2O 平台行业，相关市场监管部门应从源头上制定相关规范化的市场准入标准，加强事前和事后的行业监管。如 2016 年 7 月 28 日多部门联合公布《网络预约出租汽车经营服务管理暂行办法》，滴滴出行各地网约车的司机加盟条件如下：需要自己有车，车龄 6 年以内，1 年驾龄以上，需要进行严格的真实身份认证。此外，网约车新规对车辆、司机门槛的规定越来越严，尤其是在上海、北京、深圳等地，规定司机必须是本地人，要求本地牌照等。

2016 年 12 月，多个一线城市公布了网约车管理细则，虽然各地对网约车从业者的要求不尽相同，但传递出一个相同信息——规范网约车新兴市场，整治"大城市病"。根据公开报道，在规范网约车的同时，不少地方还将监管目光瞄准了快递、送餐行业。例如，新修订的《深圳经济特区道路交通安全违法行为处罚条例》着重强调要加强对快递、送餐行业非机动车的管理；上海、青岛等地交警则先后对快递、送餐行业电动车开展了专项整治。这意味着，外卖和快递从业人员或将成为下一批重点规范的对象。

二是用户身份的鉴定与严格把关。平台强制要求某方市场群体必须以真实身份注册账号，例如各地出台的网约车新规规定滴滴出行的出租车司机必须进行严格的真实身份认证，网上订餐平台的商户必须有相关餐饮营业证照，以保障此类生活服务类 O2O 平台的可信度。

三是平台自身建立入驻后的质量监管机制。在外部行业监管约束下，生活服务类 O2O 平台型企业应从自身可持续健康成长的角度，本着消费者第一的经营理念，建立入驻后的质量监管机制，自觉加强对商户的日常内控管理，发现无证无照的餐饮店、无证无照不符合各地网约车规要求的司机，要坚决取消与之的合作。

四是让平台上的用户成为监督者。即建立一套机制体系，使生活服务类 O2O 平台生态圈中的多方参与者都能评价彼此的表现。让用户彼此评分的机制往往比其他过滤方式更有效，因为集合大众意见的结果更具公信力。系统性地聚集众人的评价而凝聚起来的公信力，有助于平

---

① 引自《网络订餐平台首张罚单：美团外卖被罚 2.8 万》(http://tech.sina.com.cn/i/2014-11-28/10449835122.shtml)。

② 引自《上海加大对网络约车平台查处力度　滴滴被立案调查》(http://finance.cnr.cn/jjpl/20160330/t20160330_521744730.shtml)。

台成员之间的彼此判定，进而提高整个平台生态圈质量。

（二）网络生活服务类O2O平台的产业成长机制

1. 两类平台补贴机制，促进平台爆发式成长

（1）平台成长初期：建构平台“输血式”补贴机制。

以大众点评、美团和滴滴出行为代表的线上线下一体化的移动生活服务类O2O平台呈现出爆发式成长，它们的成长主要得益于对平台所服务的一边或双边市场群体的大力补贴模式，初期补贴机制主要是吸收外源融资，建构“输血式”平台补贴机制。

大众点评从2003年成立至2015年共经历了三轮外源融资。2006年，中国融资市场复苏，大众点评获得红杉资本的首轮100万美金投资，这也是红杉中国成立之初投资的早期项目之一。2014年2月，腾讯宣布与大众点评战略合作，持后者20%股份。2014年12月27日，福布斯中文网从投资圈获悉，大众点评即将完成新一轮融资，本轮融资规模逾8亿美金。[①]

美团是成立于2010年的我国领先O2O团购平台，与早期大众点评平台功能所不同的是，美团平台将大众点评平台的前端点评功能，转化为直接的折扣团购消费功能，既给消费者带来直接的消费实惠，又降低了商家日常的空客率。因而，美团的折扣团购平台一经推出，就迅速吸引了消费者和商家（如餐饮店），然而折扣团购消费功能需要强大的资本支持，尤其是早期，需要巨额外源资本的支持，才能快速扩大平台规模，争取市场先机。

美团自2010年至2015年已先后争取多轮外源融资支持。2010年3月，美团获得天使投资人王江的种子投资，在这一种子资本的支持下，美团的北京站、上海站、武汉站、广州站相继上线。2010年8月，其获得了红杉资本1 200万美元的A轮投资，美团的西安站、无锡站、南京站、石家庄站相继上线。通过早期种子资本的外源融资，美团迅速布局了一二线主要市场。2011年7月，美团拿到阿里和红杉资本5 000万美元的B轮融资；2014年5月，美团宣布获得3亿美元C轮融资，领投机构为泛大西洋资本，红杉资本和阿里跟投，估值达40亿美元；2015年1月，美团完成D轮总额7亿美元的融资，估值达到70亿美元。[②] 2016年1月，合并后的美团与大众点评完成首次融资，融资额超33亿美元，融资后新公司估值超过180亿美元。2016年7月18日，生活服务类O2O平台美团-大众点评宣布，其获得华润旗下华润创业联和基金战略投资，双方将建立全面战略合作。

美团在外源资本的大力支持下，一方面迅速在各个城市设立分站以“跑马圈地”，另一方面加大对消费者的价格优惠补贴。其一，美团与商家签订独家低价协议，以兑现对消费者的折扣优惠承诺。其二，美团的团购活动采取了广告、抽奖、邀请返利等促销方法。以邀请返利为例，当用户购买成功后，复制链接推荐给自己的好友，好友通过这个链接在有限期内成功购买，会给推荐者一定的返利。这种做法鼓励老用户不断地去挖掘新用户，扩大美团的用户群。[③] 一方面，美团通过为消费者发现最值得信赖的商家，让消费者享受折扣的优质服务；另一方面，美团为商家找到最合适的消费者，给商家提供最大收益的互联网推广。由此，平台得以快速成长，美团的订单销售额呈爆发式增长。截至2011年12月，美团11个月销售额超2.5亿元，稳居团购业第一。2012年7月，美团销售额已经超过了5亿元，7个月的销售额增长了

---

① 引自 http：//baike. so. com/doc/4476524-4685531. html。

② 引自 http：//baike. so. com/doc/3440830-3620999. html。

③ 李籽萱．美团网运营模式探析［J］．知识经济，2014（4）．

一倍，其中，本地服务销售额占总销售额的95.14%。[①] 成立两年多时间，美团就发展成为我国领先的移动生活服务类O2O平台。

滴滴于2012年9月9日在北京上线，至2015年底已完成了五轮外源融资。2012年12月，滴滴获得了A轮金沙江创投300万美元的融资；2013年4月，完成B轮融资，腾讯集团投资1 500万美金；2014年1月，完成C轮1亿美金融资，其中，中信产业基金6 000万美金、腾讯3 000万美金、其他机构1 000万美金；2014年12月，完成D轮7亿美金融资；2015年7月，宣布完成了30亿美元融资，投资方为中国平安、阿里资本、腾讯、淡马锡、中投公司等。在大量外源资本的大力支持下，2014年1月，滴滴与微信达成战略合作，开启微信支付打车费"补贴"营销活动。从2014年1月至5月，滴滴对平台所连接和服务的乘客和司机群体采取了双边补贴的机制。如2014年1月10日，乘客车费立减10元，司机立奖10元；2月17日，乘客返现10元至15元，新司机首单立奖50元；2月18日，乘客返现12元至20元；3月7日，乘客每单减免随机6元至15元；3月23日，乘客返现3元至5元。滴滴成立初始阶段的平台补贴资金主要依靠外源资本支持，属于"输血式"平台补贴机制。

共享单车平台，如永安行、OfO、摩拜单车、小鸣单车、hellobike、优拜单车等均获得过不少融资，其中尤以OfO、摩拜单车获得融资轮次最多，金额最高，总金额高达数十亿美金。

依靠外源资本支持的"输血式"平台补贴机制使我国一些生活服务类O2O平台在初创期的产业规模呈现快速成长之势。以滴滴为例，2013年10月，艾瑞集团发布打车软件唯一一份行业报告：滴滴的市场份额为59.4%，超过其他打车软件市场份额之和。2014年3月，用户数超过1亿，司机数超过100万，日均订单达到521.83万单，覆盖了包括北、上、广、深等超过178个一二线城市，不到两年就发展成为移动互联网网约车最大日均订单交易平台。[②]

（2）平台成长中后期：建构平台"造血式"补贴机制。

依托外源资本支持的"输血式"平台补贴机制，虽然可在生活服务类O2O平台创立初期促进平台快速进入爆发成长期，但建立在外源资本支持下的"输血式"平台补贴机制（纯粹烧钱模式）不是平台可持续发展的长久之计。从长远发展来看，以团购和网约车为典型代表的移动生活服务类O2O平台的补贴机制，最终应由外在的"输血式"补贴机制转化为内在的"造血式"补贴机制，至少以"造血式"补贴机制为主导。

大众点评是我国早期的生活服务类O2O平台之一。成立两年后，从2005年开始尝试建立平台的造血机制，最早是推出自己线下的会员卡；2006年开始在网上推出带折扣的电子优惠券；2009年推出商家关键词排名；2010年向大众用户推出折扣类团购。这些可以创造营收的大众点评类产品，可以向获取跨边网络效应的商户收费：一方面，向获得广告推广甚至品牌传播的商户收取广告费；另一方面，从商户的订单销售额中提取一定比例的佣金。大众点评通过商家的广告费或佣金，将其中一部分用于弥补对于消费者的团购折扣或优惠的补贴。图8-30中的商家即为大众点评平台双边架构中的"付费方"，而"被补贴方"往往是平台给予补贴的大众用户。

美团在成立初期，通过直接向消费者售卖带折扣的代金券，吸引大众用户通过网络付款团购，团购成功后，手机将会接收到美团发来的电子消费券，这促进了商家的订单销售。这一直接的平台O2O团购模式迅速赢得了消费者和商家的青睐。随后，美团借鉴大众点评的功能，将大众用户的点评与消费者的折扣团购功能紧密结合起来，用户依据美团平台的用户点评和评

① 引自http：//www.linkshop.com.cn/web/archives/2012/220151.shtml。

② 引自http：//baike.so.com/doc/10954985-11482956.html。

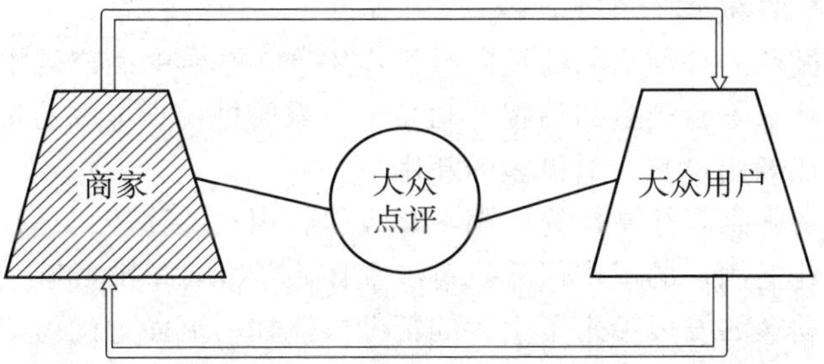

图 8-30 大众点评平台的双边架构

资料来源：陈威如，余卓轩．平台战略——正在席卷全球的商业模式革命［M］．北京：中信出版社，2013：31.

级，在美团平台下单购买折扣代金券，平台将此订单发送给商家，消费者到商家消费。美团将点评和团购模式结合起来的生活服务类 O2O 平台，对大众点评形成了强大的威胁。大众点评也向团购模式进化。2015 年 10 月 8 日，美团与大众点评联合发布声明，宣布达成战略合作并成立新公司。

如前所述，在外源资本的支持下，美团仅两年就发展成为我国领先的移动互联网生活服务类 O2O 团购平台。从长期来看，O2O 团购平台的发展，重点在于建立健全平台线上线下配合完成用户需要的完整服务功能。

美团通过向商家收取关键词排名等广告费和订单佣金，形成“造血式”补贴机制。在这一机制的支持下，加强对平台线上线下配合完成客户需要的服务功能的完善，典型的是推出具有完整服务功能的移动 APP。美团首先推出美团 APP，又相继推出了美团外卖、猫眼电影、美团酒店等垂直性 APP。

在商家“付费方”造血机制的支持下，美团得以进一步迅速增长。从 APP 下载量来看，2014 年第二季度，根据中国 IT 研究中心对国内主流安卓移动分发平台进行的下载量统计，团购类网站的 APP 下载量中，美团 4、5、6 月分别为 6 000 万、7 000 万、9 000 万，要远远高于第二位的百度糯米，百度糯米同期分别为 2 000 多万、3 000 多万、4 000 多万。[①] 从团购销售额来看，数据显示，美团 2014 年 8 月的交易额突破 45 亿元，在北京、深圳、上海、广州、西安、武汉、杭州、成都八大城市单月交易额突破 1 亿元大关。2014 年 12 月美团单月交易额达到 63 亿元，单日交易额更突破 3 亿元，全年交易额突破 460 亿元，较上年增长 180%以上。在市场份额占比方面，美团的市场份额超过 60%，比 2013 年的 53%增长了 7 个百分点。[②]

总体而言，团购等生活服务类 O2O 平台，从平台的可持续发展来看，可向获取平台跨边网络效应（获取广告推广和订单销售）的商家收费，此举大大降低了商户的获客边际成长成本，通优惠性补贴，促进了商户销售额的快速增长。随着生活服务类 O2O 平台产业规模（用户规模、营业销售规模）的逐步扩大，平台所服务的生活服务类商户或广告商家成为最大的赢家，如美团平台降低了商户的空客率并且对商户、消费者而言现金流汇集方便程度高得多，因而，商户适宜被设置为平台的“付费方”，美团从商户的销售额中收取一定比例的佣金。平台借助“付费方”获得的内在化的日常收入，就可形成可持续的“造血式”补贴机制。

---

① 薛小伟．移动互联网时代：团购类网站更深层次实施 O2O 的方法探究——以美团网为例［J］．商场现代化，2015（3）．

② 引自 http：//baike. so. com/doc/3440830-3620999. html。

2. 以优质服务和激励性补贴机制，提升平台的用户活跃度

在平台内在自我循环的补贴机制的正向激励作用下，平台的用户规模将会进一步爆发式增长，而规模化必然伴随着不断延展的品牌冲动。平台需要进一步考虑的是如何设计有效的服务质量保障机制，以留住老用户和吸引更多的新用户。

以美团为例，消费优惠等补贴措施，固然是吸引新用户入驻美团平台的重要因素，但诚信而优质的服务也是留住老用户的基本保障机制。美团在 PC 端深耕多年，在技术和策略上积累的丰富经验为其在移动端的发展带来了很大的帮助。比如，页面上优秀的产品展示，应用上对操作有难度的用户提供不断优化的简单操作，申请退款后快速退款，过期未用的团购券可退款以及首次推出的“随时退”“不满意免单”“过期退”服务保证等环节都很受美团用户的欢迎。美团作为最早的团购类网站，在 PC 互联网时代便早早进入了三四线城市推广。相比大众点评等以点评发展起家的网站，它在三四线城市的知名度更大更广，自然商户资源多，用户使用早，所以用户黏性也高。[①] 美团以 23.67％的活跃用户占比，在 2016 年 11 月中国 APP 活跃用户排行榜中排在第 11 位。美团不仅是消费者最大的折扣优惠类团购平台，而且凭借诚信、消费者第一的经营理念，快速赢得消费者的青睐。后来美团将这一团购模式广泛扩展到酒店、电影等休闲娱乐，美发美甲等生活服务，成为一家覆盖网民吃喝玩乐的移动生活服务类 O2O 平台。

以滴滴出行为例，一方面，用户使用滴滴出行软件频率越高，获得红包等折扣机会就越多；另一方面，用户可以对司机进行评分，增加乘客的话语权，评分结果会影响司机的级别，如服务质量好的司机可以从起步价较低的快车司机升级为起步价较高的专车司机。因而，这一举措内在地起到了监督司机的服务质量的作用，最终提升了滴滴出行平台的整体服务质量，产生较好的品牌影响力。另外，滴滴出行为乘客和司机双边市场群体提供安全保障机制，提高了乘客和司机的双方话语权，乘客和司机不再单纯依赖于现金补贴而使用平台，而是回归平台核心的实时便利性功能，滴滴出行增强了平台对双边市场群体的用户黏性。如 2014 年 5 月 17 日始取消了对乘客的日常补贴，同年 7 月 9 日软件端司机补贴降为 2 元/单，8 月 12 日取消对司机接单的常规补贴，但乘客可通过提高使用频率获取积分而换取红包，获得活跃使用的激励性补贴。2016 年 8 月 30 日，滴滴出行携手应用宝送出开学季第四波福利——价值 500 万元的滴滴打车券，让莘莘学子回校路途更加舒适。[②] 截至 2016 年，滴滴出行以 25.67％的活跃用户占比，位列 2016 年 11 月中国 APP 活跃用户排行榜第 9 位。

（三）网络生活服务类 O2O 平台的产业盈利机制

1. 网络生活服务类 O2O 平台的两大产业盈利模式：广告和佣金

综观我国主要的城市生活服务类 O2O 平台的运作模式，作为平台第三方服务商的“付费方”市场群体，通常是平台型产业运营商的主要盈利来源。如大众点评、美团、滴滴出行等都是商家成为“付费方”。与此同时，商家由于对平台收费的敏感度相对较低，拥有较弱的价格弹性反应，而成为平台索取费用的目标，包括平台向用户推荐商家的广告推广费，从商家销售额中收取的佣金提成。

在这种平台的运作模式中，被消费者点评尤其是获得好评的商家从中获得了跨边网络效

① 薛小伟．移动互联网时代：团购类网站更深层次实施 O2O 的方法探究——以美团网为例［J］．商场现代化，2015（3）．

② 引自 http：//baike. so. com/doc/10954985 - 11482956. html。

应：商家被大众用户点评的越多，对商家的广告推广效果越大，一些位置好、实力强、有特色的商户更是获得了强大的跨边口碑传播效应，因而商家愿意为此向平台付费，这也吸引了这些商家的同行竞争者主动地进入平台。进驻平台的商家越多，平台获取的关键词点评、评级广告收入越多；商家的订单量越大，平台从商家提取的佣金越多。

大众点评在2003年成立之时，主要定位于第三方美食点评服务平台，美食领域的消费者点评获得了消费者的好评和认可，大众点评随之将这种第三方消费者点评模式扩展到“城市生活消费指南”，满足城市消费者一站式生活（吃喝玩乐）需求。在十多年的发展过程之中，大众点评通过其独特的平台点评功能、优惠折扣团购功能赢得了大众用户的青睐。其开发了两大类平台盈利模式：向获得平台跨边网络效应的商家收取广告推广费（如平台网页上的关键词点评、评级等等）和佣金。

美团的盈利模式也主要包括两大类：广告和佣金模式。一是广告模式。通过向商家收取一定数量的广告推广费用，美团直接将页面链接到产品所属的公司，让产品所属公司获得更多被知晓的机会，甚至开发出更多潜在客户。同时，随着同类商家规模的不断扩大，商家这一边市场群体之间的竞争成本会提高，产生网络负向效应，在此情形之下，商家广告的基本告知需求就会上升为关键词排名和商家评级需求。美团通过每天向消费者推送“今日推荐”，比如美食排行榜、特价酒店，为商家提供广告增值服务，向商家收取竞争性的广告和品牌推广费用。二是佣金模式。美团最主要的盈利模式是佣金，主要通过出售团购商品，直接赚取中间的差价，或者是通过出售商品进行高百分比的抽成，或者是通过协议帮商家做折扣促销，按照协议金额提取一定比例的佣金，还包括活动回扣，商家在美团上做活动和展会时，美团会收取回扣。

2. 网络生活服务类O2O平台的多元化付费定价机制

以美团团购平台为例，美团平台的团购定价方式的鲜明特色是预付款，即消费者先将费用支付给美团，消费者在规定时间内使用团购券，商家再按约定将产品（或服务）提供给消费者即可。2011年3月4日，美团推出“过期退款”政策。虽然这样一来美团账上的沉淀资金缩减1 000万元，但是让消费者更信任美团，同时这也是美团始终坚持“消费者第一”的具体措施。①

在用户补贴定价机制上，美团首先会根据新老用户采取不同的补贴定价机制。

针对不同类型的用户实施不同的优惠策略，如使用折扣、现金补贴、现金抵用券等来吸引新用户和留住老用户，这成为平台盈利的关键环节。美团对于很多新客会推出一元吃大餐活动，新客第一次买会减25块钱，一些新客的红包第一次用，通过朋友分享，可以让你的微信朋友也拿到红包。美团外卖推出新用户首单大力度优惠。老用户满一定的消费金额可获得一定现金抵减优惠。猫眼电影推出新用户首单大力度优惠，另外新老用户都可以在每天固定的时间段秒杀优惠电影票。

与此同时，美团提供差异化服务，增强消费者黏性。第一，美团充分利用关系营销，每天推出一单精品消费，用户邀请好友参加还可返现10元；第二，美团不仅和导航网站进行合作，每天还通过几十万的邮件和短信订阅来推广自己；第三，2011年1月，美团建成全国团购网站的第一家客服中心，这有效解决了消费者的投诉问题，也增加了美团的可信任度；第四，美团开发了一套自动结款系统，商家通过该系统的后台可随时了解实际接待的用户数量和销售情况，商家可以每半个月（后改为每周）或每完成10%至15%的销售量就与美团结算一次。据

---

① 引自http：//baike.so.com/doc/3440830－3620999.html。

统计，由于结款速度快，美团商家的二次合作意愿高达近九成。①

侧重于补贴消费者和差异化程度高的定价策略，有利于增强网络团购平台消费者黏性和忠诚度；保障商家利益的定价策略，有利于商家归属比例的增大。这两种策略共同提高平台利润。

3. 网络生活服务类O2O平台持续盈利的机制

平台创立初期，通过为双边市场群体提供独特的平台价值功能（如团购平台为消费者提供线上实时的商家点评和折扣团购信息，线下超低折扣的优质服务）为商家提供最大收益的互联网推广和找到最合适的消费者，在短期内快速吸引消费者和商家进驻平台。随着消费者和商家规模的同时大幅增长，团购平台在消费者这边市场群体产生同边网络效应并对商家这边市场群体产生跨边网络效应（间接的广告告知与品牌推广和直接的订单增长），这为向商家收取广告费和佣金创造了基本条件。

一是确立平台得以持续盈利的关键环节。

生活服务类O2O平台经过初期的“跑马圈地”，形成基本盈利模式（广告和佣金）。当下生活服务类O2O平台如大众点评、美团、饿了么、百度糯米等主要的持续盈利来自商家销售额（订单量）的佣金，因而促进商家的销售额或订单量成为平台向商家收取更多费用的关键。平台促进商家的销售额或订单量的主要策略是为消费者提供价低质优的本地生活服务，因此用户补贴和商家服务质量成为关键。

美团O2O团购平台的运作模式确立的平台价值宗旨如下：为消费者发现最值得信赖的商家，让消费者享受超低折扣的优质服务；为商家找到最合适的消费者，提供最大收益的互联网推广。在平台有限的资金和人力条件下，要想将这一宗旨执行落地，就需要首先识别平台盈利的关键环节，并通过质量管理和数据挖掘等管理机制，进行精细化运营管理，提升平台的持续盈利能力。

美团O2O团购平台的持续盈利能力的关键是让真正的消费者，享受超低折扣的优质服务。在这里，识别并留住真正的消费者（持续消费的活跃用户），识别并留住能持续提供价低质优服务的商家成为平台持续盈利的两大关键环节。这需要平台重视消费者和商家，从粗放式的数量式管理向精细化的质量式管理机制进化。

二是在平台关键环节中加强用户补贴的大数据挖掘。

在平台关键环节中对用户补贴提高精准的运营效果成为平台持续盈利的关键。如美团外卖在2013年11月上线之后，在两年半的时间内成为中国最大的外卖平台，日均订单已经突破400万，这与大数据技术的支撑和精细化的强力运营是分不开的。②

通过大数据挖掘给用户画像，实施精准用户补贴策略。向哪些用户进行补贴？大数据在用户补贴方面的使用在于，在理想情况下，把原来随便撒红包的形式，限制在一个象限内，提高用户补贴资金的使用效率（见图8-31）。

对于第一象限自动转化意愿高的，不给他红包他也愿意过来，如果能通过大数据识别出来这个最好，就可以不给他补贴；对于第二象限，用户自动转化意愿低，但是一旦转换成功留存率就很高，这就是平台应确定的重点补贴对象；对于第三象限，只有发他红包他才过来，给了之后他又会流失，这就是那种“薅羊毛型”的用户，这部分用户最好不给他补贴；对于第四象限，用户的转化意愿高而且转化之后留存率又很低的只是在平台上喜欢“尝鲜”的用户，平台

① 引自http：//baike.so.com/doc/3440830-3620999.html。

② 引自《大数据与美团外卖的精细化运营》（http：//www.afenxi.com/post/19463）。

不需要对其进行补贴。

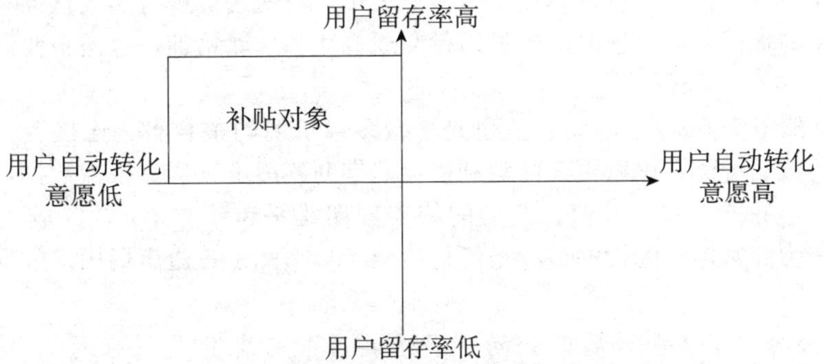

图 8-31　大数据与美团外卖的用户补贴策略

资料来源：《大数据与美团外卖的精细化运营》(http：//www.afenxi.com/post/19463)。

对用户补贴的策略，应重点限制在如图 8-31 所示的第二象限内，通过给有支付能力的新用户送红包，破除消费者移动支付的天然屏障，消费者一旦越过移动支付的限制之后，就会成为团购消费的“常客”，以此提高有限补贴资金的使用效率。

用户需要什么形式的红包？是给他一个特别品类的红包，如一个夜宵的红包、一个下午茶的红包或者一个早餐的红包？用户在什么时间用红包？大数据可以预测每个用户点外卖的时间，提前一两分钟给他推一个合适的红包是最有用的，补贴的时间是非常重要的。[①]

三是在平台关键环节中加强对商家的价格与服务质量的管理。

为了保障价低策略的落实，美团始终坚持的策略是与商户签订“独家协议”和“最低价协议”。独家协议即每一个与美团签订合作合同的商户必须保证与美团独家签约，否则美团会增加营收提点，增加幅度在10%以上。而最低价协议则是与商户签订严格的价格合同，商品在美团上的价格必须是同类平台上的最低价格，而且商户必须保证不能违约。可以说这两个协议保证了用户在美团购买的服务是最低价的，美团因此得到了客户的信赖。[②] 美团坚持低价策略，正好迎合消费者偏重同质低价商品的心理，刺激消费者的购买欲望。此外还有很多消费者通过团购低价可以消费心中可望而不可即的品牌或商家的商品。[③]

美团在对商家的价格进行管理的同时，也注重商家的服务质量管理。在选择商家时，其内部有一道相当严格的审批程序，偏重于选择一些具有知名度的商家，从而使产品质量和服务水平都能得到保障。[④] 此外，美团还致力于完善“团购无忧”消费者保障体系。建立消费者呼叫中心，同时率先推出“7天内未消费，无条件退款”“消费不满意，美团就免单”和“过期未消费，一键退款”等一系列消费者保障机制，构成了完善的“团购无忧”消费者保障体系，为用户提供最贴心的权益保障，免除消费者团购的后顾之忧，让消费者轻松团购，放心消费。[⑤] 但好的制度、计划需要具体的配套机制建设，才能真正落到实处，因此应加强具体的细则管理机制。一些无证无照餐饮小作坊通过美团外卖平台进入外卖市场，这应引起美团管理层的高度

---

① 引自《大数据与美团外卖的精细化运营》(http：//www.afenxi.com/post/19463)。

② 薛小伟．移动互联网时代：团购类网站更深层次实施 O2O 的方法探究——以美团网为例［J］．商场现代化，2015 (3)．

③ 引自 http：//baike.so.com/doc/3440830-3620999.html。

④ 李籽萱．美团网运营模式探析［J］．知识经济，2014 (4)．

⑤ 引自 http：//baike.so.com/doc/3440830-3620999.html。

重视，好的制度需要具体执行制度和企业文化的配合。此外，作为互联网 O2O 餐饮的代表，美团外卖等企业应发挥行业标杆的作用。有专家表示，对送餐员进行实名认证和过往犯罪史调查，应该是雇主的责任，对自己的送餐员进行交通普法和技能培训，也是企业做大做强的基本要求。①

此外，生活服务类 O2O 平台型企业也是平台多边价值的整合者、连接者，因此可以充分挖掘各边用户的数据价值，谋取更大的盈利机会，借助各边市场群体行为数据，提升平台对各边市场群体的隐性的核心增值价值。典型的如美国团购平台 Groupon，其成立一年便实现盈利，秘诀在于其为商家提供隐性的核心增值价值服务——基于各边市场用户数据挖掘的“精准定位营销方案”。②

4. 生活服务类 O2O 平台型产业的“多边共赢”与自身盈利难题

生活服务类 O2O 平台的产业盈利模式也是在其平台各边市场群体共同获利基础之上的“多边共赢”模式。近年来，我国团购平台和网约车、共享单车等城市生活服务类 O2O 平台呈现出成倍增长态势。

美团和大众点评合并后，截至 2016 年 6 月，其活跃买家达到 2.2 亿，旗下 APP 的月活跃用户数达到 1.8 亿。同时，在商户侧，美团和大众点评完成业务整合和系统打通，全平台所积累的各类兴趣点（POI）信息已经达到 2 000 万，其中与其建立合作关系的各类商户达到了 432 万，几乎覆盖了中国所有级别的城市。③ 如图 8－32 所示：

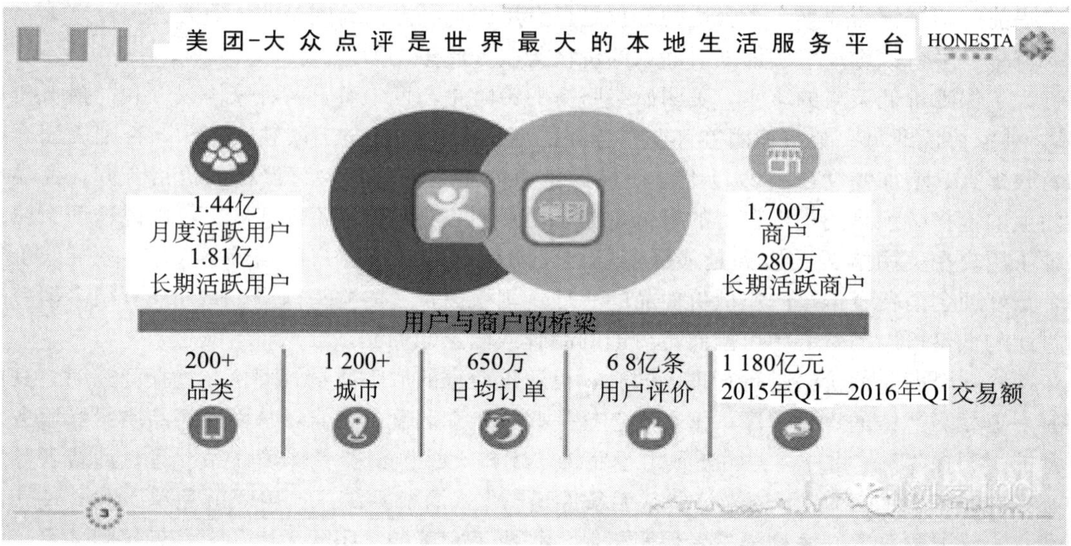

图 8－32 美团-大众点评：世界最大本地生活服务平台

资料来源：《大数据与美团外卖的精细化运营》（http：//www.afenxi.com/post/19463）。

截至 2015 年 9 月，滴滴出行平台每天实现 300 万出租车订单，超过 300 万的专车订单，峰值 223 万的顺风车订单，业务覆盖全国 360 个城市，滴滴出行已占据国内出租车叫车软件市

① 引自《外卖快递从业者素质应成下一个规范目标》。

② 陈威如，余卓轩．平台战略——正在席卷全球的商业模式革命［M］．北京：中信出版社，2013：66－68.

③ 引自美团-大众点评 CEO 王兴的内部讲话《中国互联网已经进入“下半场”》（http：//tech.163.com/16/0718102/BS7M00SM00097U7R.html）。

场99%的份额。滴滴出行全平台（出租车、专车、快车、顺风车、代驾、巴士、试驾、企业版）订单总量达到14.3亿，这一数字相当于美国2015年所有出租车订单量（约8亿）的近两倍，更是超越了已成立6年的Uber（刚刚在2014年圣诞节实现累计10亿的订单数）。①

在促进平台自身迅速成长的同时，平台也需要帮助栖息在平台生态圈中的双边市场群体实现共赢。如美团通过扶植商家的方式，为网民提供多样、便捷、优惠的选择而实现"多边共赢"。它遵守着"保障市场群体利益"的价值观，即极力保护消费者与各类商家的利益。美团副总裁王慧文表示，美团的排序是根据团购预付费的商业模式研究出来的。在预付费模式中，消费者把钱打到团购网站的账户里时，他并未看到实物，也没有接受服务，消费者是最先产生成本的，其消费风险最大，只有消费者把钱打到我们的账号并产生消费后，商家才有成本产生。对于具有投资风险的消费者和商家，美团要极力保障消费者与商家双边市场群体的投资安全和利益，这是这个平台得以最终实现自身盈利的两个至关重要的环节，缺一不可。②

此外，"多边共赢"还具体表现为平台各边市场群体利益的共享与均衡。生活服务类O2O平台型企业从"付费方"获取的费用，一部分用于支持平台型企业的运营，一部分用于补贴"被补贴方"，剩下的才是平台型企业的利润所得。这样的利益均衡机制，才能保障平台型企业所服务的各边市场群体在平台中共同成长和获利，保障平台的可持续运行。

然而，我国生活服务类O2O平台型企业（典型的如网上订餐平台、网约车平台、共享单车平台等企业），在经历了资本支持下不计成本地"规模化"野蛮式发展阶段之后，大多面临着规范化发展的社会压力，这迫使平台快速由规模化的上半场向深耕细作的下半场转型。而生活服务类O2O平台上半场的野蛮式发展带来的财务成本和盈利不足的问题，使平台难以适应被迫进入下半场转型的市场竞争态势的要求，如合并后的网上订餐平台、网约车平台在一年内也未走出合并前的资金困境。只有适应新时代平台用户的新诉求，加快内部创新，进一步吸引外部资本的融资，或者直接吸纳庞大的商业生态型企业（如我国BAT公司）参股，才能促进生活服务类O2O平台型企业的快速成功转型，使其进入深化服务的下半场发展阶段。

【知识回顾】

本章在上章互联网平台型产业运营的基本概述基础之上，着重探讨了当下我国五类典型的单一互联网平台型产业——网络资讯服务类平台型产业、网络社交服务类平台型产业、网络文娱平台型产业、电子商务平台型产业、网络生活服务类O2O平台型产业的主要发展现状和具体运营模式。其中，网络资讯服务类平台型产业是最具媒体服务特征和媒体服务平台型产业特性的互联网平台型产业，也是我国最早诞生的新媒体基础服务性平台型产业。网络社交服务类平台型产业随着我国互联网的发展，从新闻门户平台型产业到微博平台型产业再到腾讯新闻客户端以及今日头条和头条号，在移动互联网时代，头条号的个性化平台资讯分发功能最为突出。以有形商品的互联网平台交易为代表的传统电子商务平台型产业是我国分布最广泛、发展最成熟、竞争最激烈的平台型产业类型。网络文娱平台型产业是进入移动互联网时代内容产业发展的主要方向。以本地化的无形生活服务为互联网交易对象的本地生活服务类O2O平台型产业是"互联网+"时代平台型产业发展的主要方向，新老互联网新媒体公司纷纷进入这一

① 引自IBISWorld及Statistic Brain。
② 引自http://www.360doc.com/content/16/1103/11/18。

领域。

总体上，我国各类互联网平台的产业运营模式，大多在平台的产业发展初期，通过吸纳各路资本，实现对用户的高强度补贴和平台的高度开放，而促进初始用户规模的爆发式增长，促进平台的野蛮生长。在出现相关社会问题后，政府相关法规跟进，加之用户消费的理性化，平台的产业发展后期加强过滤机制和规范化管理，逐步促进平台型产业的自我进化和优化。这成为我国各类互联网平台的产业运营主要路径。每类互联网细分平台型产业市场竞争的结果都是，只有极少数（一两家）平台型企业得以生存，而这极少数的平台型企业又多为庞大的商业生态型企业（如我国 BAT 公司）所收购。今日头条是我国移动互联网时代少有的可挑战互联网商业生态型企业的“独角兽”。

【思考题】

1. 我国自媒体平台有哪些类型？自媒体平台与自媒体人如何共生共赢？

2. 今日头条作为移动资讯平台的“独角兽”，其平台的产业运营模式与策略主要有哪些？其突出特点与问题有哪些？

3. 我国移动资讯平台吸引用户的主要因素有哪些？未来如何进一步增强用户的黏性？

4. 试分别比较微博与微信社交平台、微博与今日头条平台的主要优势、劣势。

5. 试分析我国主要类型的互联网平台（自媒体平台、移动资讯 APP 平台、网络直播平台、网约车平台、网上订餐平台）探索和建立可持续过滤机制，实现平台可持续发展的现实意义。

6. 我国网络文娱平台主要有哪些类型？以某一类网络文娱平台为例，具体分析其如何加强平台的用户黏性，如何打造平台原创的优质 IP 并实现多重价值的商业变现。

7. 试分析我国电子商务平台型产业未来的主要发展前景和趋势，举例说明。

8. 试分析社交平台如何进行广告的精准投放，举例说明。

9. 举例说明如何提高生活服务类 O2O 平台的用户黏性。

10. 如何理解我国主要网约车平台、共享单车平台的用户补贴策略？你对我国共享经济的发展前景做何评价？

11. 试分析我国短视频兴起的主要因素、主要现状、问题和未来走向。

12. 试分析我国网络直播兴起的主要因素、主要现状、问题和未来走向。

13. 结合案例分析资本、技术、内容、服务、人才在互联网平台型产业中的独特作用，如何加强它们的协同创新，实现平台型产业的可持续发展？

第四篇　新媒体组织的商业生态型运营

引言　新媒体组织进化的高级阶段：商业生态型运营

随着我国互联网二十多年的发展，社会网络化迅速普及，新媒体组织的竞争不断演化升级。新媒体组织的竞争，从最初新媒体门户时代的海量内容聚合能力的竞争，经过争夺新媒体内容分发的入口渠道的竞争，后进化为基于互联网用户需求和体验双驱动的互联网产品的竞争，进入PC互联网成熟发展时期则演化为更为激烈的新媒体平台的竞争，当下移动互联网和“互联网＋”时代已上升到最高级别的互联网商业生态系统的高级竞争阶段。

与新媒体组织竞争不断升级相对应的是新媒体运营的商业模式不断演化升级，从最初的新闻门户的商业内容运营模式，到互联网用户即时接触入口渠道的商业渠道运营模式，再到互联网用户需求和体验驱动的互联网产品型运营模式。进入PC互联网成熟发展时期，新媒体平台的运营成为大多数成功的互联网产品型运营商的升级版商业模式。在当下移动互联网和“互联网＋”时代，在平台防覆盖和“赢者通吃”双重竞争机制的作用下，新媒体平台的单一产业运营的商业模式已被超越和重构，进一步提升到互联网商业生态（互联网商业生态系统）的运营阶段（即复合型生态化产业运营阶段），进入新媒体组织进化的高级阶段。

第九章　新媒体组织的商业生态型运营概述

【知识目标】

商业生态系统的内涵、构成要素及特征。

互联网商业生态系统与传统商业生态系统的区别及自身规律。

【能力目标】

理解商业生态系统的内涵。

了解商业生态系统的构成要素及特征。

深入理解互联网商业生态是对传统商业生态“颠覆式重构”的关系。

了解互联网商业生态型企业的一般运营策略。

理解和掌握互联网商业生态构建的基本规律。

【知识导入】

柯达的破产不是因为同行的竞争，而是因为手机的出现。柯达万万没有想到，每一部手机都能成为照相机。微信超10亿的用户（并且还在继续增加），可以免费发语音消息，这直接撼动中国移动、电信和联通的地位。曾经的传统行业巨头被互联网巨头颠覆，而其商业运营模式的关键词是互联网商业“生态”。

互联网商业生态型运营是新媒体组织发展的高级形式，通过构建完整而开放的互联网商业生态，从而在互联网的某一边或多边市场领域形成较高的产业垄断闭环的竞争优势，可以达到一箭双雕的运营目标：一方面，实现基于完整生态系统的垄断性“赢者通吃”；另一方面，提高现有和潜在竞争者的市场进入门槛，达到防御竞争对手的目标。

互联网商业生态型运营的关键在于构建完整而开放的互联网商业生态体系。而互联网商业生态体系是对传统商业生态系统的继承和重构。互联网商业生态系统与传统商业生态系统既具有相同的价值共创特性又有着价值传递尤其是其商业运作模式的本质区别，典型的如互联网电商生态（天猫）与传统零售商业生态（沃尔玛），前者属于开放式的互联网商业生态系统，而后者则属于封闭式的传统商业生态系统。为此，本章探讨互联网商业生态系统的本质内涵、特点以及构建互联网商业生态的基本规律。

第一节　商业生态系统的一般概述

一、商业生态系统的内涵

“生态”这一概念来自生物学。1935年，英国著名生态学家坦斯利（Tansley）基于个体、组织和环境的相互作用，最早给出了生态系统的定义。他认为，“生态系统是一个系统的整体的概念，不仅包括有机复合体，还包括形成环境的物理因子的复合体，它们共同构成了一个有机的整体”[①]。生态系统，简而言之是指一个由不同类型生物种群及其所处的环境通过相互支持与制约形成的动态平衡的统一整体，大至一片树林、一个草原，小至一个池塘，都可以构成一个完整的生态。[②]

在自然生态系统中，物种、食物链和生态环境是其基本构成要素。

1993 年，美国战略学家穆尔（Moore）首次提出“商业生态系统”，认为商业生态系统是基于个人与组织之间相互作用的一个有机实体网络系统，同时也指出商业生态系统是以物种为基本构成、以相应客观环境为资源禀赋的经济群落。[③] 自穆尔之后，学者们进一步展开了对商业生态系统的讨论。一些研究者提出如下观点：商业生态系统是由企业和消费者构成的关联的动态发展的一个整体[④]；商业生态系统是组织与个体的生态经济联合体，在其中的组织与个体之间发生相互作用，在追求各自利益的同时促进共同的繁荣和发展[⑤]。有研究者进一步指出，自然生态系统中物种、食物链和生态环境对应商业生态系统里的企业与顾客、企业与企业、企业与顾客之间的关系和产业环境。[⑥]

与自然生态系统中的物种一样，商业生态系统中的成员，最终都要与整个生态系统共命运。但是与自然生态系统有所不同的是，商业生态系统是经过精心策划的有未来目标和构想的人工系统。

综合上述中外研究者对商业生态系统的已有研究成果，再结合二十多年来中外商业生态系统的现实发展状况，笔者认为，当代高级形态的商业生态系统是指在特定时代经济环境下，由支配主宰型组织率先创新一整套产业运行的商业价值网络，发动与之相关的市场群体成员（基于利益共生型的相关配套企业和消费者）共同参与建构，系统各方参与的市场群体成员在追求各自利益的同时，促进系统所有成员共同繁荣和发展的整体性商业运行网络系统。

二、商业生态系统的构成要素

自然生态系统的物种、食物链和生态环境是其基本构成要素。相对应的是，商业生态系统主要是在特定时代经济环境之下由特定商业性“物种”群体（市场群体成员）围绕共生的“商业价值运行网”而协同进化的整体性商业价值运行网络系统。其构成要素主要包括经济环境、市场参与成员、商业价值网。

（一）商业生态系统的经济环境

商业生态系统诞生的时代背景是经济全球化，在这一时代背景下，涌现出众多以全球市场为市场边界的跨国贸易企业，著名的大型零售商沃尔玛和家乐福便是这一传统商业生态系统的

---

① 陈健聪，杨旭．互联网商业生态系统及其内涵研究［J］．北京邮电大学学报（社会科学版），2016（2）．

② 喻晓马，程宇宁，喻卫东．互联网商业生态——重构商业规则［M］．北京：中国人民大学出版社，2016.

③ Moore J F. Predators and prey：a new ecology of competition ［J］. Harvard Business Review，1993，71（5，6）.

④ Peltoniemi M，Vuori E. Business ecosystem as the new approach to complex adaptive business environments ［C］//Frontiers of E-Business Research. Finland，Tampere，2004：1－34.

⑤ 李剑玲，王卓．商业生态系统商业模式创新［J］．学术交流，2016（6）．

⑥ 吴建材．商业生态系统及其特征研究［J］．科技信息，2007（7）．

建构者。随着经济环境的信息化，一大批电子科技企业通过建构融科技产品或服务的生产与销售于一体的商业生态系统而跻身全球500强之列，如IBM、微软、苹果等。此后，随着经济环境的互联网化，一大批互联网新媒体公司通过建构以互联网开放式服务平台为核心的互联网商业生态系统而闻名遐迩，典型的如苹果、阿里、腾讯、乐视、小米，以新的商业模式引领全球经济发展新趋势。由此看来，时代经济环境决定着商业生态系统的时代特色。

（二）商业生态系统的市场参与成员

商业生态系统主要由经济组织和最终消费者组成，商业生态系统的主要“物种”（市场主体）是作为提供各类商品或服务的相关经济组织和作为相关商品或服务的使用者的消费者（群体或个体）而存在的。传统商业生态系统的主要“物种”是系统中的相关经济组织，主要由支配主宰型企业和相关配套企业（包括核心配套企业、支持性配套企业、外围服务型配套企业或非企业性组织）构成。支配主宰型企业核心的标准是该企业为整个系统和顾客提供的价值稀缺，属于价值创造的核心环节。[①] 在特定时代的经济环境下，商业生态系统的市场参与成员构成是不一样的，在全球跨国贸易商业生态系统中，其系统成员包括支配主宰型企业、相关配套企业（供货商、物流配送商等）、消费者、市场中介，在一定程度上还包括竞争者。以全球最大的实体零售超市沃尔玛为例，沃尔玛是建构这一大型实体零售超市商业生态系统的支配主宰型企业，负责统一全球各地沃尔玛公司的价值经营理念和商业模式以及采购、供应、配送、销售等一整套商业运行价值政策与标准，其中采购环节的价值理念和标准是全球跨国贸易商业生态系统支配主宰型企业的核心环节。核心配套企业包括沃尔玛旗下海内外的各大区域性分公司，全面负责各地沃尔玛超市的具体商流、物流、财流、信息流的运转；支持性配套企业包括为各地消费群体提供区域性质优价廉日用消费品的众多企业以及商品配送企业；外围服务型配套企业或组织主要包括投资者、行业协会、金融机构、政府。在科技型商业生态系统中，市场参与成员主要包括核心科技信息公司企业如微软、IBM、戴尔等，作为专业电脑硬件或软件信息服务商，需要大批硬件部件中间生产商和经销商以及软件开发商为之配套服务，它们成为核心科技信息公司企业整个商业生态系统中不可或缺的配套企业，共同为最终互联网消费者服务。

（三）商业生态系统的商业价值网

商业生态系统的核心要素是商业价值网络的建构，它是由系统中的支配主宰型企业和相关配套企业（各方经济组织）面向所服务的终极顾客共同建构的“价值发现、价值主张、价值创造、价值传递、价值交换、价值获取”等商业价值运行链条，亦即商业价值网。与自然生态系统的“食物链”不同的是，价值链上各环节之间不是吃与被吃的关系，而是价值或利益交换的关系。也就是说，它们是共生关系，多个共生关系形成了商业生态系统的商业价值网，物质、能量和信息等通过商业价值网在联合体成员间流动和循环。其中，价值创造和价值传递两大环节是实现完整商业价值闭环系统的基本环节。任何时代，价值最先被创造出来，然后经过一定的环节流通传递给用户，构成完整的商业生态闭环。

价值传递环节有三个要素，信息流、资金流和物流。这三个要素价值传递的方式，决定着商业生态系统中各方参与市场成员之间资源禀赋集成和分配的效率。

---

① 侯岩，杨淑玲．商业生态视角下电子商务平台企业商业模式初探［J］．吉林师范大学学报（人文社会科学版），2016（4）．

三、商业生态系统的主要层次

支配主宰型企业根据商业价值网所建构的商业生态系统由三个层次构成，简单的商业生态系统是单一产业的“生态圈”，复杂的商业生态系统是多元产业的“生态链”，终极的商业生态系统是“生态链”＋“生态圈”的多元产业“链圈”式商业生态系统。本书所指的商业生态系统主要是多元产业的、“生态链”和“生态圈”共同组成的、终极形态的“链圈”式商业生态系统。

“生态链”是构建终极商业生态系统的关键，是以某一类消费者群体为中心而建构的满足其多元化需求的完整生态闭环。商业生态系统中的“生态链”类似于自然生态系统中的“食物链”，但与自然生态系统的“食物链”所不同的是，商业生态系统中的“生态链”是由支配主宰型企业和相关配套企业（利益共生型组织成员）面向所服务的终极顾客而建构的“全方位产业运行价值链”，而在产业运行的“生态链”每一个价值节点上又衍生出以某一核心企业为中心，连接价值节点两端的相关配套服务企业和相关消费者群体，形成三方的利益共生关系，共同构成商业生态系统某一产业运行“生态链”价值节点中的一个“生态圈”。众多“生态链”节点形成多元化“生态链”＋“生态圈”，以“链圈”集成的方式共同形成终极商业生态系统。商品、资金和信息等通过“生态圈”和“生态链”在生态系统中流动和循环。商业生态系统就是建立在此基础上的一个高度集成的系统。① 大型实体零售超市沃尔玛便是个典型的“生态链”＋“生态圈”的传统商业生态系统，其“生态链”是由实体零售超市系统中各个上下游商业价值链组成的，主要由商品的采购链、供应链、配送链、销售链以及相关资金链等组成，而每一条“生态链”将与之相关的关联企业集聚在同一区域内，最后同一条“生态链”可衍生出不同区域的众多区域性“生态圈”，最终形成了沃尔玛“链圈”集成式的全球最大的实体零售超市这一巨型终极商业生态系统。

四、商业生态系统的主要运营特征

纵观二十多年中外商业生态系统产生和发展的实践过程，商业生态系统的主要运营特征如下。

（一）支配主宰型企业是商业生态系统的“核心枢纽”

纵观二十多年中外商业生态系统产生和发展的实践过程，我们发现，商业生态系统的发展大多是由支配主宰型企业适应时代经济环境的变化特点而建构具有鲜明时代特色的创新型商业生态模式（如制定系统商业运行规则、组织系统成员建构系统市场和产业边界）推动的，其主动适应时代经济环境的新变化和消费者新需求、新特点而引导已有的商业生态模式在动态中创新发展（自我创新，突破已有的系统商业运行规则，组织新的系统成员建构新的系统市场和产业边界）而不是因循守旧地被新时代经济环境新势力竞争者淘汰出局。

（二）支配主宰型企业引导下的共生和协同进化系统

共生、协同进化是商业生态系统生存和发展的基础。共生是建立在系统组织成员生态位分离的基础之上的。生态位是生态系统理论的一个基本概念，指的是一个物种所拥有的地位和角色，或者物种所占用的时间、空间及其机理关系，即物种与物种之间的相对位置。生态位现象具有普适性，不但适用于自然生态系统，也适用于由人所组成的社会系统，生态位重叠势必会

---

① 喻晓马，程宇宁，喻卫东．互联网商业生态——重构商业规则［M］．北京：中国人民大学出版社，2016.

导致激烈的竞争，只有生态位分离才能得以共存。[①] 如前述沃尔玛公司与各地供货商之间不存在直接的竞争关系，而演变为消费者日用商品的大型商零售商和批发供应商的上下游之间的产业协同进化关系，而沃尔玛和家乐福则是构成生态位重叠的直接竞争关系。

商业系统中的共生有两种形态。一种是在一个地理区域范围内有横向关联关系（即同行业关系），形成产业集聚。在这个集聚区域内，相关企业构成一个较大的种群，种群内的个体之间既互相借势又互相竞争，从而得到共同进化。另一种指纵向关联关系（即上下游产业的关系），形成一个产业链，这个产业链随着市场的变化而随时改变链条的结构和其中的相关企业，链条中的企业形成既合作又竞争的关系。产业链中企业之间的合作与竞争导致了共生或共同发展，如IBM和它的供应商、原始设备制造商、配送服务商等构成的供应链，就是一个典型共生型产业链商业生态系统。[②]

（三）商业生态系统成员构成的多样性

一个高度进化的商业生态系统的发展除了具有总体的共生、协同进化特点外，还需要系统成员多样性的保障。多样性是促进商业生态系统不断进化的保障。多样性概念来源于生态学，生态系统中的各类生物在环境中各自扮演着重要的角色，通过物种与物种之间、生物与环境之间的摄食依存关系，自然界形成了多条完整的食物链并构成了复杂的食物网，进行着生态圈内物质流动与能量传输的良性循环，食物链的断裂将极大影响系统功能的发挥。和自然生态系统一样，多样性对于商业生态系统也是非常重要的。首先，多样性对于企业应对不确定性环境起着缓冲的作用；其次，多样性有利于商业生态系统价值的创造；最后，多样性是商业生态系统实现自组织的先决条件。[③]

当然，系统成员在商业生态系统中的生态层次越低，企业自我控制命运的能力就越弱，因此自身的发展也就越多地依赖生态的进化。在商业生态竞争环境之下，考验企业成败的不是企业单打独斗的能力而是与整个生态的协同进化的能力。

第二节　互联网商业生态的主要特征

随着全球经济环境进入互联网时代，尤其是当下移动互联网和“互联网＋”时代以及智能物联网时代，商业生态系统已步入以互联网为主导的互联网商业生态系统发展时代，互联网商业生态系统是对传统商业生态系统的继承和发展。为方便阐述，在此，将“互联网商业生态系统”简称为“互联网商业生态”。

一、互联网商业生态的本质内涵

不同时代的经济环境决定着商业生态系统的时代特色。互联网商业生态系统是在以互联网为主导支配力的经济环境下产生和发展的商业生态系统，它具有商业生态系统的基本内涵，但同时也充分体现互联网经济特色。充分体现互联网特色的商业生态系统是互联网商业生态的本质内涵。

---

① 侯岩，杨淑玲．商业生态视角下电子商务平台企业商业模式初探［J］．吉林师范大学学报（人文社会科学版），2016（4）．

② 喻晓马，程宇宁，喻卫东．互联网商业生态——重构商业规则［M］．北京：中国人民大学出版社，2016：17－18．

③ Baldwin C Y，Clark K B. Modularity in design：an analysis based on the theory of real options［Z］．Harvard Business School Working Paper，1994.

从广义的宏观层面来看，有研究者指出互联网商业生态是由一个以互联网经济为中心，超越地理区域市场边界，各种类型的互联网企业之间、企业与用户之间、企业与外部组织及环境之间相互作用而形成统一的不断进行信息流、资金流和物流交互的有机整体。①

本书着眼于微观层面，从新媒体组织如何建构和运行互联网商业生态的角度，根据前述商业生态系统的基本内涵，结合中外互联网商业生态系统的实践发展态势，指出互联网商业生态是在特定的互联网时代下，由互联网支配主宰型组织创新建构的以互联网技术为核心，以用户价值为导向，通过跨界纵向产业链整合、横向用户关系圈扩展，打破工业化时代下的产业边界和颠覆传统商业生态模式，发动与之相关的互联网市场群体成员共同参与建构的"生态链"+"生态圈"的"链圈"式商业价值重构的生态体系。

二、互联网商业生态的主要构成要素

与传统商业生态系统构成要素相对应，互联网商业生态的构成要素主要包括互联网经济环境、市场参与成员、商业价值网。但各个构成要素的内涵和特征与传统商业生态系统有着显著的区别。

（一）互联网商业生态的经济环境

技术与用户需求是互联网商业生态演变的主要驱动力。自1969年互联网技术诞生并广泛民用以来，互联网技术与用户需求便成为推动互联网发展包括互联网商业生态模式变迁的两大主要推动力。以我国互联网商业生态为例，我国互联网商业生态起步于PC互联网时代，这一时代用户的需求特色是海量快速、及时互动的互联网应用需求，如信息获取、即时通信和社交需求、在线娱乐需求、各类网络实用服务需求，一批快速掌握这一时代用户上述需求及要求的互联网新媒体公司迅速崛起，推动着互联网商业生态的初级形式——各类单一网络平台产业生态圈的产生和发展，这成为PC互联网时代互联网商业生态的主要商业运营模式，如前述典型的网络资讯平台产业生态圈、即时通信与社交平台产业生态圈、网络实用服务（如电商服务、在线旅游预订服务、在线防毒服务）平台产业生态圈、在线娱乐（如网络文学、网络影视、网络游戏）平台产业生态圈。互联网技术由PC互联网向移动互联网的升级，推动着互联网用户需求向以手机为主导的移动终端的转移，而充分掌握并及时满足移动互联网用户新特点的互联网新媒体公司迅速崛起，如今日头条以个性化推荐技术直击移动互联网用户个性化需求特点，在短短四年内就发展成为我国独具特色的移动网络资讯平台生态圈，这一移动互联网商业生态模式得到了移动互联网业界的广泛认同，个性化兴趣推荐成为移动互联网商业生态发展的主要方向。进入"互联网+"时代，以美团、滴滴出行为代表的线上线下打通的移动互联网实用服务平台生态圈也迅速蹿红。与此同时，以苹果、小米、乐视为代表的移动新媒体组织，则从满足移动互联网用户的终端硬件需求入手，直接打造"终端硬件"+"软件应用服务"的"链圈"式移动互联网商业生态战略布局。此外，阿里、腾讯分别以独具特色的电商服务、支付宝工具和QQ、微信社交工具建构了打通PC端和移动端的巨流平台生态圈并向线上线下各个服务行业渗透和延展，向无行业边界的互联网商业生态战略格局迈进。

（二）互联网商业生态的主要参与成员

互联网商业生态是由互联网市场和产业中各类互联网经济主体组织（各类互联网的直接新

① 陈健聪，杨旭．互联网商业生态系统及其内涵研究［J］．北京邮电大学学报（社会科学版），2016（2）．

媒体组织和间接新媒体公司）和各类终端上网的用户组成的经济联合体，其主要参与成员包括关键成员和与之相关的配套企业。

1. 互联网商业生态的关键成员

互联网商业生态的关键成员，主要由支配主宰型企业和用户群体构成。其中，互联网支配主宰型企业，其核心在于为整个互联网商业生态和用户提供不可替代的稀缺价值，提供互联网价值创造的核心环节。百度的资讯搜索引擎工具和平台、腾讯社交平台、今日头条的个性化兴趣推荐在移动网络资讯平台产业生态圈建构和运行中，具有不可替代的稀缺价值。如阿里旗下的阿里巴巴、淘宝、天猫分别构建了 B2B、C2C、B2C 电子商务平台，它们都属于网络核心企业，电子商务平台型企业属于支配主宰型企业，如阿里和京东、亚马逊。[①]

与传统商业生态系统所不同的是，互联网商业生态的关键市场成员除了互联网支配主宰型企业之外，还应包括作为互联网网民的用户群体。互联网用户群体在互联网商业生态体系建构和运行过程中发挥着日趋重要的作用，互联网用户的需求不仅直接引领互联网商业生态体系建构的方向，互联网用户的体验更是关乎互联网商业生态体系的兴衰存亡。互联网用户甚至还直接参与互联网生态体系的内部重要环节之中，如用户自生产和用户自传播。

2. 互联网商业生态的相关配套企业

与互联网支配主宰型企业和用户群体共生、共同进化的是相关配套企业。在整个互联网商业生态系统中，互联网支配主宰型企业为满足特定互联网时代的特定需求和体验要求，率先为整个互联网商业生态系统提供价值共创平台，引领着整个生态系统的进化。这一价值共创平台，需要某一方或某几方相关企业提供配套服务。如今日头条创建的头条号平台，它首先需要众多内容提供商提供大量优质原创的内容数据库作为其个性化推荐的原始内容来源。当然，今日头条作为支配主宰型企业，应清晰地意识到其头条号商业生态的可持续发展，需要与作为原创优质内容提供商的传统媒体或传统互联网门户新闻媒体或其他移动互联网资讯提供商建立以版权合作为基础的关系。同时，大量广告商家也是其头条号平台不可或缺的核心配套企业，今日头条以其核心的个性化精准推荐技术满足不同广告商的精准广告需求，与用户、原创内容提供商、广告商共同协同进化为头条号共生共赢的平台生态圈。

在互联网电商生态圈中，电子商务平台型企业属于支配主宰型企业，但其本身没有货源，需要大量优质商品的卖家进驻其电商平台。卖家是电商平台生态圈的核心配套企业。还有一些物流快递公司、网络广告公司等，属于核心配套企业的合作伙伴，属于需求缝隙型企业，它们对其他企业威胁较小，但却占据了整个商业生态的绝大部分，与核心企业一起为用户创造价值。

（三）互联网生态的商业价值网

互联网生态的商业价值网以互联网技术为核心，以最终用户价值为导向，通过互联网开放式平台有效连接基于共生关系的多方市场参与主体，是由互联网的支配主宰型组织构建的开放互动式扁平化商业价值网。

互联网生态的商业价值网与传统生态的商业价值网有着显著的区别，主要表现为以下两个方面。一是传统生态的商业价值网呈现出单向“直线式”价值创造和价值传递的特点，它是一环扣一环的单向直线串连模式。以传统图书出版的商业价值网为例，它遵循着作者（经纪人）—出版社（修改、编辑、校对、排版、封面设计）—印刷厂—经销商—零售商—读者这样一个单向直线的图

---

① 侯岩，杨淑玲．商业生态视角下电子商务平台企业商业模式初探［J］．吉林师范大学学报（人文社会科学版），2016（4）．

书出版顺序。而电子书出版的商业价值网则呈现出双向互动的“弯曲式”特点，它以互联网出版平台为中心，将出版生态的两大市场群体——作者群和读者群连接起来，这在时间节点上是可以同时进行的，缩短了其出版周期，也有助于两大市场群体的对话和互动。二是传统生态的商业价值网呈现出垂直封闭性的特点，而互联网生态的商业价值网则呈现出开放互动式扁平化特点，如传统零售商业生态的沃尔玛与互联网零售商业生态的天猫，二者形成鲜明对比。

三、互联网商业生态的主要层次

与商业生态系统一样，互联网商业生态也分为三个层次，最简单的是“生态圈”，复杂的是“生态链”，终极的商业生态系统是“生态链”＋“生态圈”。

我国互联网商业生态产生于PC互联网时代，大多以初级形态的某一互联网产业的新媒体平台生态圈为主要形式，如前述典型的网络资讯平台产业生态圈、即时通信与社交平台产业生态圈、网络实用服务（如电商服务、在线旅游预订服务、在线防毒服务）平台产业生态圈、在线娱乐（如网络文学、网络影视、网络游戏）平台产业生态圈。阿里旗下淘宝、天猫的最大成功在于其平台生态圈价值。阿里自身既不制造也不采购，通过搭建一个第三方交易平台，使得商家连接用户的渠道更短、成本更低。由于其开放性，在它的平台上能买到几乎所有的商品，因此吸引了数亿的消费者。如此庞大的消费者群体，反过来又吸引了数千万在线商家在它的平台上开店，通过网络中介平台让双边市场群体或多边市场群体相互吸引，这样产生的网络外部经济特性成为互联网平台生态圈区别于传统商业生态系统的最大的商业竞争优势。

进入移动互联网和“互联网＋”时代，互联网商业生态中“优势物种”的竞争过程，比传统PC互联网时代更为激烈。竞争的最终结果是竞争力更强、生态位更宽的优秀企业留下，实现互联网商业生态系统内的优胜劣汰。[①] 这一时期的互联网商业生态呈现出向复杂的“生态链”快速扩张的形势，而互联网“生态链”的主要产业链节点又以“生态圈”的形式扩张，阿里、腾讯、乐视、小米等众多国内互联网企业纷纷通过“链圈”式价值重构的方式建构终极互联网商业生态体系，实现移动互联网商业生态战略的布局，这将在后面具体阐述。

四、互联网商业生态的主要运营特征

互联网商业生态虽然是建立在传统商业生态系统之上的，但其商业模式是对传统商业生态的颠覆式重构。

（一）互联网商业生态的独特价值理念

互联网商业生态的价值理念是对传统商业生态价值理念的颠覆式重构。传统商业生态系统是工业化时代的产物，其商业价值理念是以“产品/服务”为中心的规模庞大的层级式商业系统。虽然也强调“客户至上”“顾客至上”的商业价值理念，但“客户”和“顾客”价值理念，主要停留在产品生产出来之后的生态链后端的产品销售环节，“客户”和“顾客”并不能直接参与对商业生态链的前端产品的决策环节和中端生产环节。“客户”（顾客）只有在付费购买厂商生产的商品或提供的服务之后，才有可能成为售后的“上帝”，对商品或服务质量的信息在商品或服务购买前是无法通过交流和沟通而事先了解的。因而，客户与商家之间的商品或服务的信息是不对称的，商家只为付费的“客户”（顾客）提供售后的服务；而互联网尤其是移动

---

① 陈健聪，杨旭．互联网商业生态系统及其内涵研究［J］．北京邮电大学学报（社会科学版），2016（2）．

互联网时代，信息变得更加透明，消费者在选择商品或服务的时候会比以前有更多的自主选择权。互联网经济崇尚的商业价值信条是“用户是上帝”。典型的如互联网媒体的“用户中心”理念取代了传统媒体“编辑中心”下的“受众”理念。

用户、产品、体验、口碑是互联网商业生态的独特价值理念，其中，用户主导是核心，产品为王是基石，体验至上是关键，口碑传播定成败，呈现出严格的逻辑顺序和螺旋上升的闭环效应。只有用户参与、主导才能做出让用户满意的好产品，有好产品才有好体验，有好体验才有好口碑，有好口碑又能激发更多用户参与产品设计。总之，用户的地位已从传统商业生态系统的间接的从属地位上升至互联网商业生态的首位。互联网商业生态的商业竞争始终是围绕着用户的需求和体验而争夺用户资源的。

（二）互联网商业生态的独特价值运行模式

互联网商业生态的价值运行模式是对传统商业生态的价值运行模式的颠覆式重构。互联网商业生态的兴起，归根到底是商业价值的驱动，本质是实现商业价值的创造和传递。只有把握“价值化”的精髓，通过不断创新的方式，才能形成“物种”的不断更新替代、“生态系统”的健康发展和演进。因此，互联网商业生态核心价值链的不断深化、价值创造能力的不断提升是互联网商业生态持续发展的关键，价值创造和价值传递两大环节是实现完整互联网商业生态的基本环节。

对于互联网商业生态的商业价值运行模式特点，当下有一种误解甚至是偏见，认为互联网的趋势是去中介化。从互联网商业生态的实践发展历程来看，在互联网网络应用服务的作用下，互联网商业生态确实是摧毁了一批“传统中介”，包括作为信息传播的“中间媒介”的传统媒体。但与此同时，互联网商业生态也培育出一批更有市场势力的具有互联网特色的新的“平台中介”。互联网商业生态以扁平化开放互动式平台/生态的商业模式，颠覆式重构了传统商业生态的商业模式。

互联网商业生态不为超级平台所独有，而是企业规模扩张的发展结果。互联网特别是移动互联网的发展，打破了信息、商业、产业的边界。互联网商业生态与网民的生活息息相关，深刻地改变了网民线上线下的生活、事业、家庭。对于众多行业而言，互联网商业生态则意味着颠覆和重生。

第一，互联网商业生态的商业价值创造模式。互联网支配主宰型企业以具有核心竞争优势的网络连接和开放平台为支撑而建构的互联网扁平化开放互动式商业价值共创模式，颠覆式重构了传统商业生态系统以封闭的传统产品/服务为支撑的层次式商业价值共创模式。

在商业价值创造模式方面，互联网商业生态与传统商业生态系统一样，都是由支配主宰型企业发起的相关“物种”的商业价值共创模式，但由于互联网技术及其平台的天然的网络连接性和开放性，因而，其颠覆了传统商业生态系统以传统非互联网行业的支配主宰型企业主导建构的较为封闭的层次式的传统产品/服务模式，由互联网支配主宰型企业重构的以新媒体平台/生态为开放式市场交换中介的扁平化开放互动式商业价值共创模式随之产生。

其中，互联网商业生态圈以企业之间在运作过程中互相为对方创造价值作为存在基础，往往是基于市场关系的连接。如电商生态圈中的卖家和买家就是在电商平台型企业建构的开放式互联网电商平台和平台交易机制基础之上形成的基于商品买卖的市场关系而连接的扁平化开放互动式商业价值共创模式。

互联网商业生态链是指不同业务参与者所形成的以价值共创和价值共享为基础的经济联合体。生态链往往是基于利益连接的，在资源和经营活动上相互依赖，彼此互为各自价值增值活动中的一个部分。如小米生态链就是以手机为核心，快速搭建产业链，连接所有智能设备。不仅涉及各个硬件设备的制造、软件研发、销售和进出口等，还布局了包括地图、影视、智能家居、互联网金融、移动安全、新媒体、电商、手游等，形成了由小米这一移动互联网支配主宰型企业牵头，聚合小米智能硬件和软件应用产业链价值节点上的相关配套企业，为共同满足小米用户的智能硬件和软件应用需求和体验要求所创造的基于价值共创造和价值共享的小米生态链体系。

总体而言，无论是前述的PC互联网时代产生和发展的各类单一网络平台产业生态圈，还是移动互联网时代所建构的以今日头条为代表的移动个性化推荐生态圈，以美团、滴滴出行为代表的线上线下打通的移动互联网实用服务平台生态圈以及以苹果、小米、乐视为代表的“终端硬件”＋“软件应用服务”的“链圈”式移动互联网商业生态以及阿里、腾讯正在打造的无行业边界的互联网商业生态，都是由互联网支配主宰型企业以具有核心竞争优势的互联网优势平台或生态链、圈为商业价值支撑点，通过平台、生态链、圈的开放和互动，吸引各个利益相关群体（用户群体、配套企业和其他相关机构）以自主开放的商业价值合作方式参与互联网优势平台、生态链、圈的价值创造过程之中，最终形成互联网扁平化开放互动式商业价值共创模式。

如前所述的平台型运营是较为初级的互联网扁平化开放互动式商业价值共创模式，而以互联网商业“生态链”＋“生态圈”的“链圈”式互联网商业生态的商业价值共创模式将在后面具体阐述。

第二，互联网商业生态的商业价值传递模式。它是由互联网支配主宰型企业通过一系列互联网商业价值机制（以用户导向为核心的网络连接、开放、服务及其用户网络激励机制）所建构的互联网扁平化开放互动式商业价值传递模式，颠覆式重构了传统商业生态系统内部以封闭式流程控制为主导的商业价值传递模式，如传统媒体封闭的信息垄断传播模式为互联网开放式信息传播模式所取代。

互联网商业生态的商业价值传递模式是以支配主宰型企业建构的具有核心竞争优势的平台，向相关“物种”群体开放并通过一系列免费补贴的网络激励机制，促进这一新媒体平台用户之间的相互吸引，通过用户开放互动的沟通，引导和促进用户信息流、商品流、资金流的商业价值的传递，增强用户之间的同边网络效应，同时以巨大的用户规模及其活跃度吸引利益相关企业栖息在互联网支配主宰型企业所建构的互联网商业生态圈或生态链中，形成较强的跨边网络效应，共同促进互联网商业生态各系统成员之间的扁平化开放互动式商业价值传递模式。如百度旗下的搜索平台，腾讯旗下的社交平台，今日头条的个性化推荐平台，阿里旗下的电商平台、支付宝平台以及移动互联网和“互联网＋”生态环境下苹果、小米、乐视和阿里、腾讯正在打造的无边界“链圈”都发展成为互联网商业生态的开放互动式商业价值传递的中心环节，以其特有的网络价值成长机制，促进栖息在互联网生态系统内的各利益相关群体（用户群体、配套企业和其他相关机构）之间的开放互动以及信息流、商品流和资金流的开放互动，从而共同建构了互联网扁平化开放互动式商业价值传递模式，以此颠覆式重构传统商业生态系统内部以封闭式流程控制为主导的商业价值传递模式。

（三）互联网商业生态的独特市场与产业边界

互联网商业生态的市场和产业边界是对传统商业生态边界的颠覆式重构。

如前所述，互联网商业生态颠覆了传统商业生态的商业价值理念和商业价值模式，形成了以用户需求和体验为终极价值理念，以互联网技术创新为支撑，以开放式平台生态圈/生态链为商业价值运行模式，同时颠覆了传统商业生态系统封闭垄断的直线式的生态链产业边界和有限性的生态圈市场边界，以开放式的“野蛮人”轻而易举地“入侵”到传统行业的商业“领地”，颠覆了传统商业生态系统的生存环境，重构了互联网市场/产业边界。传统媒体封闭垄断的信息传播产业边界为互联网开放式信息传播产业边界所颠覆，传统零售业被互联网电商生态颠覆，邮政业为快递业所撼动，传统银行业受到互联网金融业的挑战。曾经的传统行业巨头被互联网商业生态所颠覆，新浪、腾讯等新闻门户网站对传统纸媒进行了颠覆和重构，互联网视频网站对传统电视媒体进行了颠覆和重构，苹果、谷歌直接颠覆了柯达、诺基亚的产品功能和生存，沃尔玛为天猫所颠覆和重构，微信直接撼动中国移动、电信和联通在通信领域内的市场垄断地位。互联网特别是移动互联网的发展，打破信息、商业、产业的边界，互联网商业生态与生活息息相关，对生活、事业、家庭造成了巨大的冲击，对于众多传统行业而言，则是颠覆和重生。

互联网商业生态不仅颠覆了传统行业商业生态系统的封闭式市场/产业边界，而且重构了互联网商业生态的开放式拓展的市场/产业边界。与传统商业生态系统直线式的生态链产业边界和有限性的生态圈市场边界所不同的是，在互联网商业生态中，其生态链产业边界可以随着互联网技术的创新和用户需求的变化而无限更新，其产业运行商业价值网络可以自由地开放式延展，其生态圈市场边界也可以随着相关符合条件的配套企业或个人成员的扩张和用户规模（尤其是活跃用户规模）的增长而扩大。互联网商业生态的生态链产业边界和生态圈市场边界可以灵活地自由开放式延展，涌现出以苹果、谷歌、Facebook、阿里、腾讯为代表的市值为千亿美元的巨无霸式互联网商业生态型企业。

第三节　互联网商业生态型企业的一般构建策略

一、互联网商业生态型企业构建的一般进阶过程

随着互联网二十多年的市场化应用进程，尤其是进入移动互联网、“互联网＋”时代以来，一批新势力互联网新媒体公司从诞生起，就定位于互联网商业生态型企业的战略发展愿景，着手打造拥有自身核心竞争力法宝的互联网商业生态体系。

如同人类的进化一样，互联网商业生态型企业也经历着从简单到复杂、低级向高级、低效向高效的进化过程。产品—应用—平台—系统—生态成为打造互联网商业生态型企业的主要进阶过程。

第一，产品。产品是最底层的生态要素，移动互联网时代的产品强调高频、交互、内容。如腾讯生态中的微信、手机QQ等产品。

第二，应用。围绕产品衍生的应用让产品使用更高效。如微信的即时通信、扫一扫、摇一摇、朋友圈、红包、小程序等功能应用，百度的语音识别、人脸识别等技术应用。

第三，平台。当累积的应用足够多，便产生应用之间相互连接交互的需求，于是产生了承载应用交互的平台。如微信的公众平台、开放平台、企业平台、游戏平台等。

第四，系统。当平台累积的功能足够多，便产生功能之间相互沟通的需求，于是产生了交易产品、服务与信息的需求。平台衍生出搜索、社交、电商、金融等各种复杂商业形态系统。

第五，生态。最简单的生态包括应用＋内容＋终端（或渠道）＋（云）平台，如微信生态中的应用由众多开发者提供，内容由用户生产，分发到每个用户，由平台＋系统支撑整个生态。

第六，大数据。生态的核心是大数据，动态跟踪用户的数据和行为以及用户指标，就可以判断用户的消费趋势，在消费趋势的基础上匹配极致的产品和服务。

产品—应用—平台—系统—生态，每一层次的升级都是整个生态价值转化的加速器。产品演进的速度决定了生态进化的速度，而生态的不断进化又催生更高效的产品出现。①

---

① 喻晓马，程宇宁，喻卫东．互联网商业生态——重构商业规则［M］．北京：中国人民大学出版社，2016：34.

二、互联网商业生态型企业构建的三大规律①

互联网从本质上说，解决了信息不对称以及连接与沟通的问题。换句话说就是，互联网的出现和普及，彻底改变了传统行业跨地域、跨时间、跨行业就无法连接、沟通的彼此隔绝的状态，极大地释放了企业在产业链上各个环节的效率。互联网带来的变化在于沟通效率的急速提升并以消除中间环节的方式重构商业价值链。那些拒绝参与重构的企业将面临被市场淘汰的命运；而那些积极参与市场重构的企业，所面临的问题则是如何去构建一个新生态。互联网是如何一步一步通过跨界的信息连接与沟通来改变传统行业运营模式的？其中又有什么规律？

（一）从边缘跨界入手

构建互联网商业生态型企业，在初始阶段，企业可根据外部环境的机遇和挑战和内部的优势和劣势条件，在某一生态链的上、中、下游环节上选择竞争相对较弱、对自身最有利且最能发挥自身优势的生态链环节作为突破口。

当互联网企业跨界进入某个传统行业的时候，通常都不是从核心业务端切入，而是从非核心业务端，即从该行业的边缘而不是中心进入。

以出租车行业为例。滴滴出行、优步等移动打车软件刚进入出租车市场的时候，从表面上看其所做的业务是协助打车，即在乘客与出租车司机之间完成信息的沟通连接工作，以解决市场需求信息不对称的问题。

滴滴出行、优步通过提供免费服务，向乘客和司机实行双向补贴的方式顺利切入出租车市场，一时之间吸引了无数乘客与出租车司机。这种服务，除了对出租车公司的电话调度业务造成负面影响外，无论对于乘客、出租车司机，还是出租车公司的其他业务来说都是有利的。

互联网金融的发展也是如此。支付宝初期业务只是为电子商务提供线上支付服务，发展商业银行不感兴趣的网银支付，即便是热火朝天的 P2P 和众筹，也都是面向小额的个体投资者，与现有金融机构的核心业务及主流顾客群保持距离，但它们至少在当前承接了现有金融机构不太重视而又不得不做的部分业务。互联网企业首先选择那些补充性而非核心业务进入，这可以减少行业原有企业，尤其是龙头企业的抵制，而许多互补型服务还能获得传统企业的配合，而且，从事非核心业务可以规避行业政策的管制（如金融行业、出租车行业）。边缘进入也有利于互联网企业在新的市场环境下迅速站稳脚跟，毕竟它们对这些行业中技术含量高的核心业务运作不熟悉，也缺乏品牌认知。

（二）以高频交互、强需求的产品或服务为突破口

只有找到用户的刚需和痛点，才能积累用户，实现用户连接和加强用户黏性，在此基础上构建互联网产品的商业模式。

支付宝通过第三方支付这个使用高频、强需求的服务，连接银行、商家与消费者。凭借拥有的虚拟账户和海量支付信息，支付宝越过中国银联的转接清算而直接连接银行卡发卡银行，未来支付宝很有可能成为中国最大的数据供应商和分析中心。

贴近用户，甚至千方百计成为入口，按现在的说法是“得用户者得天下”“得入口者得天下”，这也是互联网企业抢夺传统行业市场的理想突破口。

未来的互联网产品，将是在数据基础上做产品的管理和挖掘。平台可以对客户推送信息，

---

① 喻晓马，程宇宁，喻卫东．互联网商业生态——重构商业规则［M］．北京：中国人民大学出版社，2016：33－35.

了解需求，进行互动；然后将需求反馈回来，后台再进行模块化的优化。将互联网连接的价值发挥到极致，把消费者当成价值链中的重要一环，就有可能对传统商业模式实现颠覆，从卖产品发展到卖平台，分取生态链的利益。①

（三）实现从产品、平台到生态的进化

纵观互联网商业生态型企业的成长历程，我们可以看到其大多是从最基础的产品入手的。某款产品的用户需求高、体验好就会累积较为庞大的用户规模，尤其是活跃用户规模。这时这款产品就上升为平台级产品，以此为基础，互联网新媒体公司就可以借产品转型为某一互联网产业的平台型公司，为这一互联网细分产业的双边市场群体（如电商平台的卖家和买家）或多边市场群体（如头条号平台的内容提供商、读者、广告商）提供开放式平台服务。

如前所述，认为互联网的一大趋势是去中介化，其实这即使不算误解，也是一种偏见。互联网确实摧毁了一大批传统中介，但同时又培育了一批更有市场势力的平台中介，而且这些平台将在未来的产业转型升级、企业创新发展中发挥更加重要的引领作用。互联网介入传统行业后形成的许多新兴商业模式，无论是电子商务、搜索引擎，还是众筹、在线教育，本质上都是中介。然而，作为互联网商业系统的中介的天猫与作为传统商业系统的中介的沃尔玛，两者中介模式和功能有着天壤之别：天猫是作为互联网扁平化开放互动式电商服务平台/生态的中介，其功能和作用犹如圆桌会议的中心；而沃尔玛是作为传统封闭式层次化的商业服务模式的中介，其功能和作用犹如金字塔的最上端。一个平台的大数据一定要大，才会释放出它的价值。用户数量1亿和100万的平台价值完全不同。成功的新媒体平台/生态能叠加、衍生出更多产品或服务的价值，成为产业中商业生态的中心。②

然而，由于新媒体平台的天然开放性，所有的平台领先优势都是暂时的，非常容易出现来自四面八方的竞争者，颠覆很可能来自另外一种完全不同的商业模式。单一新媒体平台型公司只有进化为互联网商业生态型企业才能免于在短期内被竞争者快速覆盖，以及竞争者对利润池的捣毁。

总体而言，互联网商业生态型企业如同一棵苹果树，是由树根、树干、树枝、果实等生态部分组成。树根是苹果树最坚实的支撑，互联网商业生态型企业的打造首先是从互联网“树根级”生态功能的产品或业务的应用（包括刚需高频的终端入口、用户社群或产品应用品牌）开始的，旨在形成互联网“链圈”式商业生态功能的用户高频使用的互联网入口级产品。如苹果、小米、乐视生态运营级互联网新媒体公司从打造互联网终端产品（如智能手机、互联网电视、智能汽车）的用户终端入口建构其整个互联网商业生态，而腾讯、阿里等生态运营级互联网新媒体公司重点打造不同互联网终端入口上的刚需高频的互联网用户应用软件（如腾讯的微信、QQ，阿里的淘宝、支付宝等）。通过“树根级”互联网商业生态产品或业务的用户应用，互联网新媒体公司累积起高黏性的海量活跃用户规模，以此支撑一批具有“树干级”平台生态圈或生态链功能的产品或业务的应用（具有平台聚合、分发功能的用户应用型产品），如苹果、小米、乐视的硬件生态链和软件应用平台，腾讯微信的多个用户应用平台（微信公众号、朋友圈、微信支付），阿里的多个电商平台（淘宝、天猫、阿里国际、聚划算）。具有平台聚合、分发功能的平台级产品或APP应用会进一步生长出“树枝级”互联网产品与“果实”。“树枝级”互联网产品主要指可独立应用的互联网产品，如独立运营的各类APP、具体的微信公众号等，具体如栖

① 喻晓马，程宇宁，喻卫东．互联网商业生态——重构商业规则［M］．北京：中国人民大学出版社，2016：67.

② 喻晓马，程宇宁，喻卫东．互联网商业生态——重构商业规则［M］．北京：中国人民大学出版社，2016：68.

息在小米平台生态圈的YY直播、一点资讯APP。"果实"，主要指不可独立应用的互联网产品，如栖息在新媒体平台上的内容提供商（如头条号自媒体等）、产品零售商（如淘宝卖家等）。

放眼整个互联网发展进程，处于互联网商业生态高级阶段的互联网商业生态型企业寥寥无几，如苹果、谷歌、腾讯、阿里、小米、乐视。在某一细分互联网产业中成长为中级阶段平台型互联网企业的也为数不多，而且随时可能被后来者颠覆，例如百度、微博、今日头条、大众点评、美团。绝大部分，即98%的互联网新媒体公司都属于单纯的独立运营的互联网产品型公司。如一条、罗辑思维作为移动互联网时代独立运营的具有一定影响力的微信公众号产品那样，栖息在新媒体平台上的内容提供商（如"两微一端"的自媒体）、产品零售商（如淘宝卖家等）成为互联网商业生态型企业或平台型企业等互联网商业生态上的一个个互联网"苹果"。大量互联网产品型公司因缺乏足够的用户影响力，尚无法被纳入由支配主宰型企业建构的互联网商业生态体系之中，在整个互联网商业生态市场中，其大多存在着生存的困难，当然，也有一些在互联网技术快速发展时期或用户需求突变时代独立成长的新兴"独角兽"产品型互联网新媒体公司，如今日头条快速成长为移动新闻资讯客户端的内容分发平台。

由此可见，互联网商业生态型企业是以打造用户刚需（大需求）高频（活跃度）的互联网应用产品起家的，由最初的"树枝级"互联网商业生态型应用产品，进化为具有平台聚合或分发功能的"树干级"互联网商业生态型应用产品，再进一步成长为普通用户高频使用的"树根级"的互联网商业生态入口工具，实现从初始的互联网产品型企业到爆发式成长的互联网中级平台型企业，再到高级互联网商业生态型企业的进化。

【知识回顾】

互联网商业生态是对传统商业生态系统的继承和重构。传统商业生态系统大多呈现链状结构，从上游到下游，产品或服务不断增值，最终为用户所接受。而互联网商业生态模式打破了传统商业生态模式的封闭式线性价值链结构，建立了开放式的价值协同共创模式和扁平化的价值传递模式，开放式扁平化价值链结构，大大提高了商业生态的运行效率。

互联网商业生态体系主要由基于市场关系的简单的生态圈和基于利益关系的复杂的生态链共同构成，最终形成"链圈"式的互联网商业生态体系。

产品—应用—平台—系统—生态成为打造互联网商业生态型企业的主要进阶过程。作为一个互联网初创的商业生态型企业，其可以通过从边缘跨界入手，以高额交互、强需求的产品或服务为突破口，最终实现从产品、平台到生态的进化。

【思考题】

1. 相较于新媒体的产品型运营和平台型运营，商业生态型运营的发展道路有什么优势?

2. 天猫与沃尔玛分别是互联网零售电商生态系统与传统零售超市商业系统的典型代表，试分析其相同点和本质区别。

3. 在当今"互联网+"背景下，新媒体公司如何建构线上线下一体化的商业生态系统?举例说明。

4. 在当今"互联网+"背景下，传统行业（包括传统媒体）如何通过跨界融合，实现移动互联网商业模式的转型? 举例说明。

第十章　互联网商业生态的具体建构模式

【知识目标】

互联网商业生态建构的主要特征与现实路径。

互联网垂直型商业生态建构的主要特点和路径、方式。

互联网水平型商业生态建构的主要特点和路径、方式。

【能力目标】

了解互联网商业生态建构的主要特征与现实路径。

熟悉互联网垂直型商业生态建构的主要特点和具体路径、方式。

熟悉互联网水平型商业生态建构的主要特点和具体路径、方式。

【知识导入】

作为迄今最成熟的移动互联网商业生态型领军品牌，苹果公司发布的 2015 财年第三季度财务业绩报告显示，截至 2015 年 6 月 27 日，苹果公司净营业收入为 496.05 亿美元，高于 2014 年同期的 374.32 亿美元；净利润为 106.77 亿美元，比 2014 年同期增长 38%；大中华区营业收入为 132.3 亿美元，比 2014 年同期的 62.3 亿美元大幅增长 112%。

而拥有开放性移动互联网商业生态的安卓系统的谷歌公司发布的 2015 财年第二季度财务报表显示，截至 2015 年 6 月 30 日，谷歌第二季度总营业收入为 177.27 亿美元，比 2014 年同期的 159.55 亿美元增长 11%。按照美国通用会计准则，谷歌第二季度净利润为 39.31 亿美元，比 2014 年同期的 33.51 亿美元增长 17.3%。作为中国电子商务生态（B2C、C2C）领先者的阿里集团，依然保持强劲的活力，2015 年第三季度财报显示，截至 2015 年 9 月 30 日，阿里季度营业收入为 227.71 亿元（约合 34.9 亿美元），同比增长 32%；净利润为 227.03 亿元（约合 35.72 亿美元），较 2014 年同期的 30.3 亿元增长 649%；基于非美国通用会计准则，净利润为 92.52 亿元（约合 14.57 亿美元），较 2014 年同期的 68.08 亿元增长 36%。

苹果、谷歌、阿里这类处于金字塔顶端的互联网商业生态型企业，通过构建自己的商业生态，正在重塑行业格局，通过战略布局挖掘入口价值或产业生态链协同附加值使得生态价值转化更大。①

放眼整个互联网发展进程，互联网商业生态型企业寥寥无几，如苹果、谷歌、腾讯、阿里、小米、乐视。本章将透过典型互联网商业生态型企业的产生和成长发展过程，探讨互联网商业生态型企业建构的具体路径和方式。

---

① 喻晓马，程宇宁，喻卫东．互联网商业生态——重构商业规则［M］．北京：中国人民大学出版社，2016：7－8.

第一节　互联网商业生态建构的主要特征与现实路径

一、互联网商业生态建构的主要特征

（一）互联网商业生态的层次与垄断程度密切相关

如前所述，互联网商业生态分为三个层次，最简单的是“生态圈”，复杂的是“生态链”，终极的生态系统是“生态链”＋“生态圈”。互联网企业的生态层次越低，其竞争程度越高，其互联网产品或平台越容易为各类竞争者所覆盖，自身产品或平台的利润池也越容易为各类竞争者从四面八方捣毁。

相反，互联网企业的生态层次越高，互联网企业的垄断程度越高，对竞争者形成较高的垄断壁垒，不会轻易遭到竞争者的破坏，相反，终极“链圈”式互联网商业生态型企业形成高度开放、共享共生的利益格局。

（二）互联网商业生态建构的独特性：基于用户价值的商业垄断

随着互联网市场化竞争领域由PC端进阶到移动端，移动互联网商业生态的竞争也纷纷走向高度集中和垄断，由屈指可数的终极“链圈”式互联网商业生态型企业所支配，而这种高度集中和垄断，首先源自面向特定时代互联网用户的需求和体验要求，而为用户开发的高频刚需的互联网产品（终端硬件产品或终端设备上的软件应用产品）。对于用户而言，这种优势产品的价值具有不可替代性；对于同行其他互联网企业而言，具有不可复制性。谷歌的搜索引擎和安卓系统代表着一种最高级别的技术垄断；而苹果则代表着一种对手机行业品牌势能的垄断。任何一种垄断的产生，都根源于产品在特定互联网市场应用领域的无可复制性，从而产生独特的用户使用价值并由此创造庞大的用户规模（尤其活跃用户规模），而互联网商业生态型企业进一步获得了独特的互联网用户垄断价值，其所获得的巨额利润回报，正是其所创造的独特用户垄断价值的商业变现。

（三）互联网商业生态建构的本质：独特垄断价值的共创与利益的共享

在互联网商业生态型企业的独特垄断价值——终端（或终端操作系统）入口、庞大用户社群、不可替代的互联网产品品牌支持之下，互联网商业生态型企业通过进一步向相关价值配套企业不断开放，最终共同建立起基于生态价值共创与利益共享的整个生态链和生态圈。如当下苹果的生态体系，除了苹果手机核心的iOS操作系统和硬件制造技术外，其他非核心的硬件制造技术和产品以及应用商店的软件系统方面，都可向符合苹果硬件和软件质量要求的硬件生产厂商和软件开发商开放，从而共同创造基于苹果公司核心的iOS操作系统的硬件和软件生态链，以及生态链每一环节之上的细分生态圈体系，栖息在苹果生态链和生态圈中的配套企业既共同创造了苹果的生态价值，又共同分享了其独特的生态利益。

二、跨界与融合：互联网商业生态建构的新趋势

互联网商业生态与传统行业生态的跨界与融合，已成为互联网商业生态的发展趋势。移动互联网成熟应用阶段的到来，给传统行业带来的不仅仅是颠覆，更是跨界与融合的发展机会。

即使如零售业这样最早开始“互联网＋”的行业，电子商务也仅占社会消费品零售总额的10%。目前传统企业与互联网企业的跨界与融合在不断发生，正如阿里与苏宁、360与酷派、美的与小米的合作一样，未来互联网商业生态与传统行业生态的交融，将是移动互联网商业生态的核心。互联网商业生态型企业的发展机遇和趋势，将是基于互联网优势的活跃用户规模资源和大数据技术支撑的线下传统行业生态的延展；而传统行业生态（包括传统媒体生态）需要认真思考的是如何在移动互联网运营规则下进行互联网的跨界并与传统行业（包括传统媒体）的优质资源整合，重塑“互联网＋”的商业生态模式。

三、互联网商业生态型企业建构的一般路径

抢占互联网的用户入口资源，成为互联网商业生态竞争的制胜法宝，但如何抢占用户入口资源还有待商榷。现存的以APP为手段的方式并不具有普适意义。在中国，除了腾讯的微信，谁能保证自己的APP不会在消费者下一次刷机的时候被卸载掉？即便是现在受大众追捧的微博，谁能保证其不会像当年的BBS和博客一样成为过眼烟云呢？企图以APP来抢占移动互联网的入口，本就是个伪命题。

软硬件同步扩张，才是比较可行的扩张策略。三星一直以来是纯硬件的扩张，但在这个时代，“一条腿”的商业模式未免显得过于单薄。小米和苹果都是软硬件同步扩张，不同的是，苹果是产品化思路，所以当其想进入智能硬件领域时，它的方式是推出Apple Watch。苹果的模式决定了它要花很多年去研究琢磨一款产品，才能推向市场，这是它的优势，也是它的弱点。

现实的互联网商业生态，主要有两大类：一类是互联网垂直型商业生态，主要以互联网纵向关联产业组成的纵向大“生态链”为主导，如互联网终端硬件＋软件应用服务的垂直一体化的互联网商业生态；另一类是互联网水平型商业生态，主要以互联网横向关联产业组成的横向大“生态圈”为主导，以满足用户高频刚需的某类软件服务一体化的互联网商业生态。

从现实角度来看，两类互联网商业生态的现实构建路径有较大区别。

一是以打造软硬件纵向一体化的纵向大“生态链”为主线，然后，逐步完善硬件“生态圈”和软件“生态圈”，最终形成以纵向“生态链”为主线＋横向多个“生态圈”为辅线的“链圈”式互联网垂直型商业生态。最关键的是，要建构具有核心竞争优势的互联网终端上网硬件设备，将其作为获取巨大用户规模尤其是活跃用户规模的“生态”入口，以苹果、小米为典型代表。

二是以打造相关软件服务的横向一体化的横向大“生态圈”为主线，然后，逐步向泛相关的横向“生态圈”及其生态圈上的纵向小“生态链”扩张。例如阿里在B2B、C2C、B2C的多个大电商生态圈基础之上，为完善电商生态圈进行纵向小“生态链”的扩张，如构建电商大“生态圈”中的物流小“生态链”。其中，最关键的是，要建构用户高频刚需的上网软件服务产品，将其作为获取巨大用户规模尤其是活跃用户规模的“生态”入口，以腾讯、阿里为典型代表。

苹果、小米是综合性的互联网垂直型商业生态型企业的典型代表，乐视也属于互联网垂直型商业生态型企业，是视频垂直细分生态模式的典型代表，腾讯、阿里分别是以“社交＋微信支付”和“电商＋支付宝”为代表的一站式生活服务水平型商业生态型企业的典型代表。

第二节　互联网垂直型商业生态的具体建构模式

“终端＋软件服务”纵向产业一体化成为互联网垂直型商业生态的具体建构模式。互联网用户的上网终端（如PC端、智能手机端、互联网电视端）一直以来是互联网软件应用服务商获取用户的重要甚至是首要入口，尤其是进入移动互联网时代以来，智能手机成为网民的首选上网终端，终端已成为互联网企业建构互联网商业生态最基础的“树根”，“得终端者得天下”成为互联网尤其是移动互联网时代新的竞争口号。

“终端＋软件服务”的互联网垂直型商业生态建构模式，是以互联网纵向“生态链”的某一互联网优势上网终端硬件起步，以建立具有核心竞争优势的满足用户接入互联网终端的上网硬件设备作为获取巨大用户规模的生态入口，然后，围绕终端设备，建构满足用户多种上网需求的软件服务“生态圈”，以获取活跃用户规模，最终形成“终端＋软件服务”的软硬件一体化的完整互联网垂直型商业生态，形成具有高度网络效应的垄断性垂直型商业生态。一方面，实现垂直型商业生态体系内各个产业的“赢者通吃”，另一方面构筑较完整的商业生态型垄断壁垒，建立闭环型竞争防御机制。

围绕该终端硬件拓展横向的各类软件服务“生态圈”，进一步拓展纵向“生态链”的其他终端，形成多个终端“生态链”并将各类横向的软件服务“生态圈”置入各个终端生态链之中，最终形成纵横交错的一体化的“链圈”式互联网垂直型商业生态运营模式。

以苹果、小米为典型代表的互联网商业生态型公司主要是以打造用户高频使用的互联网终端尤其是移动终端产品（手机、平板电脑、互联网电视）为切入口的，从一开始，其就谋划从互联网终端硬件产品到互联网终端平台生态圈，再从互联网终端到软件应用服务的生态圈（应用商店）的战略发展路径，快速建构起“终端＋软件服务”的软硬件垂直一体化的“链圈”式互联网商业生态系统。

一、苹果互联网垂直型商业生态的建构

（一）苹果：首创互联网垂直型商业生态新模式

苹果不仅在全球引领了手机硬件的革命性创新——智能手机，将网民的上网终端从不可移动的PC端个人电脑转移到可随时随地移动的智能手机上，而且领导和构建了移动互联网的基础生态系统——一个由应用开发者、用户、系统提供者、硬件厂商、运营商共同打造的互联网商业生态，首创了智能手机的“终端＋软件服务”的硬件软件一体化的移动互联网垂直型商业生态新模式。

苹果将硬件、软件、服务予以高度集成，这种严格控制的商业生态系统使得苹果可以从长远、全局的角度优化并执行其战略，有利于快速创新、大规模推广。苹果封闭源代码、开放API的操作系统，可以有效防范盗版和恶意软件，这构建了一个安全、稳定、优质的移动互联网商业生态圈，为苹果开放API接口或进行跨界合作奠定了基础。苹果围绕硬件、软件、服务构建的商业生态系统在各个领域都有很大的创新和成长空间。例如，硬件包括64位的CPU、指纹识别、新传感器、品类扩张的Apple Watch；软件服务包括iCloud、HOMEkit、healthkit、Apple Pay等。①

---

① 喻晓马，程宇宁，喻卫东．互联网商业生态——重构商业规则［M］．北京：中国人民大学出版社，2016：58.

要满足用户对于智能手机的需求和体验，一方面来自终端硬件（尤其是手机硬件的操作系统），另一方面还需要大量能满足其个性化、多元化需求和体验要求的软件服务。因而，苹果除了自行开发部分具有品牌影响力的应用软件外，还借鉴传统媒体及传统 PC 互联网新媒体公司的商业模式，向最终消费者用户免费开放手机应用软件服务，向苹果手机用户免费提供应用软件的下载。这一方面能促进设备的销售和普及，而增加苹果的营业收入；另一方面还能扩大用户数，增强网络效应，促进苹果智能手机由单一的终端产品化向软硬件平台化和商业生态化转型。

iPhone 起初只能在 iTunes Store 下载音乐和视频，但在 2008 年 7 月，苹果推出了革命性的 App Store，iPhone 用户可以通过它来购买游戏和应用。App Store 产生的用户付费收入由苹果和应用开发者三七分成。App Store 补齐了苹果生态链中的应用服务短板，加上 2010 年 iPad 发布时推出的 iBook Store，苹果成功地形成一个由音乐、视频、图书、游戏和应用构成的内容系统。[①] 大大延展了其软件服务应用的垂直生态链。

随着苹果在智能手机“终端＋软件服务”一体化的基础商业生态系统上取得的成功，苹果将其品牌影响力进一步向多智能终端和软件服务一体化方向延展。苹果对不同智能设备品种的多元化扩张，如 Apple Watch 智能电视 iTV、智能汽车 CarPlay、智能耳机、智能音响等，都是由原有设备（包括 iPhone、iPad 以及 Mac）扩展而来的新兴应用（如 Apple Pay）。

（二）苹果：互联网垂直型商业生态模式获得巨大商业成就

任何一个互联网商业生态系统的价值，首先反映在其生态系统所获取的用户规模以及用户黏性价值指标上。2015 年苹果公司披露，iOS 活跃用户已经突破 7 亿，随着 iPhone 6s 以及 iPhone 6s Plus 的推出，更多的用户将被导入 iOS 生态系统。这一具有深度服务及高度黏性的商业生态系统很快将会迎来超过 10 亿的用户规模。[②]

评价任何一个互联网商业生态系统的价值，除了用户规模和黏性，货币化的可能性也是一个重要指标。目前苹果近 8 亿个 iOS 个人账户中的大部分绑定了信用卡并通过了用户身份认证。对比之下，电商巨头亚马逊所拥有的账户数是 2.24 亿，全球知名支付公司 PayPal 用户数才 1 亿。[③] 2014 年苹果 iTunes、软件和服务业务营业额已达到约 300 亿美元，这个数字超过 83％的标准普尔 500 指数公司，超过 Facebook、Twitter、雅虎、领英（LinkedIn）和网飞五大互联网巨头营收总和，而软件只是苹果整个利润体系的一部分。[④]

随着苹果进一步向多智能终端和软件服务一体化方向延展，将会有越来越多的用户和优秀的软件应用提供商加入苹果生态圈。阿里旗下的金融服务部和苹果的 Apple Pay 已经达成了后端服务合作协议。届时一个规模庞大且高度活跃的商业生态体系将迎来多个不同货币化节点，而这一商业生态系统的价值也将被进一步挖掘。[⑤]

总之，在充满机遇与挑战的移动互联网市场上，苹果就是凭借“iPhone＋App Store”这种商业模式，打通了产业链的上下游，以时尚、完美的硬件终端牢牢吸引住用户，以新颖、独具创意的软件服务平台成功获取用户价值，打破了传统终端制造企业只能通过制造、销售终端设备来获取利润的境况。如今这种商业生态模式已成为业内各大手机终端制造商、电信运营商、

---

① 喻晓马，程宇宁，喻卫东．互联网商业生态——重构商业规则［M］．北京：中国人民大学出版社，2016：58.

② 同①59.

③ 同②.

④ 同①.

⑤ 同①60.

内容/服务提供商等企业追捧与效仿的对象。苹果的成功也绝不是 APP 的成功，而是 iOS 的成功。对于苹果而言，只有系统，才是真正的入口。只有掌握了操作系统，才能真正地构建属于自己的商业生态系统。

终端和软件服务一体化的互联网垂直型商业生态体系，形成了支配主宰型互联网商业生态型公司——掌控核心智能手机操作系统 iOS 和开发部分应用软件的苹果公司，与各类硬件配套生产商、第三方软件应用开发商和最终消费者协同共创共享的商业生态价值。

苹果是拥有硬件、软件和操作系统全部产品体系的公司，以自有设备为核心的方式让苹果能够利用硬件的控制优势，结合自有软件平台发展自己的生态链，其拥有了对手无法复制和渗透的强大竞争优势。[①]

二、小米互联网垂直型商业生态的建构

（一）小米："终端＋软件服务"垂直一体化商业生态的建构过程

创立于 2010 年的小米是我国移动互联网时代诞生的一匹"黑马"。以小米成立之初"硬件＋软件＋互联网"的"三驾马车"模式来看，小米定位为一家专注于智能产品自主研发的移动互联网新媒体公司，努力发展为一家软硬件结合的平台型公司。小米在 2013 年 8 月第 4 轮融资后估值 100 亿美元，2014 年 12 月第 5 轮融资 11 亿美元后估值 450 亿美元。这意味着小米仅次于估值 510 亿美元的优步，成为全球最具投资价值的未上市公司之一。只间隔了不到 16 个月时间，是什么使得这家仅成立 5 年的企业，成长为中国风投机构眼中最具投资价值的聚宝盆？关键在于"生态"两个字。雷军在创立小米之初，并未预想到小米如今能成长为一家即将步入 1 000 亿美元级别的公司。[②]

如前所述，具有核心竞争力的智能手机 iOS 系统，让苹果能够利用硬件的控制优势，成功建构硬件和软件服务一体化的移动垂直型互联网商业生态体系。

与苹果的互联网商业生态主要基于其独特的手机 iOS 系统相似，小米手机起家于 MIUI，定位于我国广大的追求手机功能和性价比的"手机发烧友"。与苹果手机 iOS 系统的专业设计和生产模式不同的是，小米 MIUI 系统采用了专业设计与用户参与设计相结合的方式，契合了移动互联网时代手机粉丝用户的好奇心、参与感并产生病毒式传播效应，大大缩短了小米手机市场认同和品牌建构的过程。

自 2010 年 8 月 16 日发布至 2016 年初，短短 5 年多时间，MIUI 已经成长为我国安卓手机定制系统中最壮大的一支。2016 年 1 月 15 日，在小米年会上，小米联合创始人洪锋宣布，2015 年小米手机出货量超过 7 000 万，中国市场份额依然第一，小米 MIUI 联网激活用户已经达到 1.7 亿，包括 37 种官方语言版本，遍布 156 个国家和地区。小米已形成较大规模的 MIUI 联网激活用户规模，具有建立互联网商业生态的必备条件。

当一款移动互联网终端尤其是手机系统的用户特别是活跃用户达到一定规模后，企业就具有建构移动互联网商业生态体系的天然优势。与此同时，我国两大互联网巨头（阿里和腾讯）进入移动互联网之后加大"电商＋生态"和"社交＋生态"系统布局，几乎涉猎所有互联网和移动互联网服务，小米也把握趋势，开始向互联网商业生态模式转型。

起步于互联网上网终端设备的小米，其互联网商业生态模式的建构，主要是借鉴苹果公司

---

① 喻晓马，程宇宁，喻卫东．互联网商业生态——重构商业规则［M］．北京：中国人民大学出版社，2016：57.

② 同①60.

的“终端＋软件服务”的互联网垂直型商业生态模式，在其初期内部自建之时已形成小米手机、MIUI、米聊、小米电视机、路由器等核心产品，小米主要通过外部投资并购方式，加快互联网硬件和软件一体化的互联网垂直型商业生态体系的打造。得益于雷军近10年的投资经验和顺为基金对初创企业的优秀投资表现，小米系在“独角兽”榜单里的投资成绩颇为亮眼。不同于BAT的投资手法，成立时间较短的小米更希望通过投资智能硬件、O2O、内容娱乐等关键领域，与其现有的智能硬件产品形成互补，使更多优秀的移动新媒体平台加入小米产业链条，快速构建一个产融结合的小米生态舰队。

小米围绕生态布局所做的重要投资方向：一方面是围绕小米手机的软硬件商业生态整合；另一方面是依托小米手机的粉丝社群生态的商业延伸，实现社群的价值转化。

在硬件上，除了小米自家手机、电视机、路由器等产品，最重要的部署是12.66亿元战略投资美的，这为小米产品生态链打下基础。小米在2015年加大了对生态链的投入，布局包括华米（智能手环）、智米（空气净化器）、紫米（移动电源）、赛格威（平衡车）、misfit、云柚科技、ihealth等多个硬件产品。①

在软件上，小米发展LBE、金山云等大数据云存储，同时补充内容服务的短板，包括对爱奇艺、优酷、土豆、迅雷等投资，重点围绕内容生态进行布局。2014年小米先后投资或收购了爱奇艺（3亿美元）、优酷、土豆、界面、猎豹移动、积木盒子、九安医疗、迅雷（3.1亿美元）、美的（12.66亿元）等近40家企业，投资额高达32亿美元。

而在此之前，小米系旗下所属天使投资、顺为基金以及小米风投，两年来已投资企业超过60个，涉及手游、电商、新媒体、智能家居、智能家电、互联网金融、影视制作、视频网站、移动地图、移动家政、移动教育等众多领域。

小米的业务也从此前的手机、数码拓展到智能家居、金融教育等多个领域，初步构建起一个“硬件＋软件＋内容＋社群”的移动互联网商业生态系统。未来小米构建的商业生态系统将是以多个硬件领域培养强势的子品牌（生态链公司），垂直延伸形成新型的硬件平台，通过小米商店、小米社群发展而来的内容平台，内容、硬件和小米社群全面打通，从而形成完整的商业生态。②

通过上述一系列基于移动互联网“终端＋服务”的软硬件垂直一体化的互联网商业生态投资布局，小米已建构起“终端＋服务”的垂直型互联网商业生态体系，即以MIUI系统为平台的智能硬件和软件应用一体化的互联网商业生态体系。小米的商业生态体系主要包括小米生态圈和生态链。

但这种同盟式的合作关系，也考验着小米生态的用户流量、渠道管理和变现能力，生态成功则众乐，生态前途黯淡则军心不稳。

（二）小米互联网垂直型商业生态的初步格局

小米基于“终端＋软件服务”一体化所建构的互联网垂直型商业生态格局，主要由小米生态圈和小米生态链两大部分构成。

1. 小米生态圈的战略布局

小米生态圈的核心是移动互联网、智能硬件、电商平台。

一是围绕MIUI的移动互联网商业生态圈。目前MIUI用户已经过亿，而从2014年8月

---

① 喻晓马，程宇宁，喻卫东．互联网商业生态——重构商业规则［M］．北京：中国人民大学出版社，2016：61.

② 同①61-62.

起，小米的互联网服务收入（MIUI 收入）每月超过 1 亿元。小米应用商店应用分发量在 2015 年 5 月已经超过 180 亿。在 MIUI 系统内，小米账号已和应用商店、主题商店、电子阅读、游戏中心、小米云服务等打通，小米应用市场下载超过 5 亿次，涵盖游戏、生活、娱乐等 16 类产品 2 万款应用，位列中国前五大安卓市场之一，是用户活跃度最高的市场，而小米游戏中心总下载超过 6 000 万次，日均下载 100 万次。小米围绕 MIUI 的移动互联网商业生态圈已经初步形成规模。

二是智能硬件生态圈。除小米手机外，小米还陆续推出了小米盒子、小米电视、小米平板电脑、小米阅读器以及路由器、移动电源、随身 WiFi、耳机等。以路由器作为中心，配合小米智能模块，可在家电设备中，通过通用的控制中心，来统一家电设备入口。另外，小米智能模块还提供通用云服务，打通了应用云、基础云、网络基础设备，同时免费提供云服务给各大合作厂商。

小米还为家电合作伙伴提供成本为 22 元的智能模块，届时包括美的在内每年卖出的数亿台家电将全部与小米手机连接，构成庞大的智能硬件、智能家居生态圈。

三是电商平台生态圈。小米手机 2014 年销量达到 4 000 万台，以 2 000 万台红米手机、2 000万台小米手机计，仅手机销售产生的营业收入就超过 550 亿元，小米电商平台已成为淘宝、京东之外的中国第三大电商平台。2015 年 7 月，雷军在微博宣布了小米 2015 年上半年的傲人成绩单。截至 2015 年 6 月 30 日，小米手机的销售量为 3 470 万台，同比 2014 年增长 33%。至此，小米连续五个季度稳居国内手机销售量第一。[①]

2. 小米生态链的战略布局

小米生态链是和生态圈相辅相成的。2013 年 8 月，在手机业务初具规模后，小米生态链团队应运而生，由小米联合创始人刘德挂帅，旨在搜罗国内一流的智能硬件创业团队，覆盖日常生活场景中可能出现的硬件产品。小米生态链以手机为核心，快速搭建产业链，连接所有智能设备。小米不仅涉及了各个硬件设备的制造、软件研发、销售和进出口等，还布局了地图、影视、智能家居、互联网金融、移动安全、新媒体、电商、手游等。

未来小米生态系统的中心由手机、电视机、路由器三大产品线组成，中心不再做品类扩张，只做内容扩张。外围则负责品类的全面扩张，小米计划用投资的方式入股 100 家硬件公司，向其开放品牌和流量，以覆盖多数智能硬件领域。如果有足够庞大的终端接入，小米将拥有业内最完整的硬件生态，大量终端的数据在平台汇聚，最终形成一个数据采集、服务中心。[②]

雷军在谈到选择投资生态链企业的标准时称，小米考虑的是这类企业的业务市场规模要足够大，用户需求足够强烈，产品与小米用户需求契合。更重要的是具备强大的团队且价值观一致。价值观一致是小米生态链最重要的原则。这些生态链企业的创始人要愿意与用户做朋友，愿意做高品质、高性价比的产品。2016 年 12 月，在中国移动全球合作伙伴大会上，雷军在演讲中透露，经过几年的运作，目前小米生态链企业数量已经达到 77 家。

3. 小米线上线下一体化营销生态的初步形成

小米商城以低成本高效的互联网电商直销模式，在三年内得以快速崛起。随后，小米商城的销售品类得以扩展到小米智能生态的全品类。然而，智能手机的互联网电商直销模式也面临着用户售后服务的难题，这影响到小米商城的可持续发展，而小米之家是小米成立的线下直营

① 喻晓马，程宇宁，喻卫东．互联网商业生态——重构商业规则［M］．北京：中国人民大学出版社，2016：21－23.
② 同①.

客户服务中心，作为线下营销渠道在一定程度上解决了这个难题。小米为广大米粉提供小米手机及其配件自提、售后维修及技术支持等服务。小米之家从2011年下半年开始建设，11月底完成开放。小米之家已经在北京、上海、广州、深圳、南京、成都、武汉、珠海、郑州、长沙、无锡、东莞、济南、大连同时开业，并于贵阳、厦门、青岛、沈阳、石家庄、唐山、宁波、苏州部署小米之家服务站。截至2017年7月7日，小米之家全国开店数量已达137家。小米创立的小米之家，对小米生态链产生了很强的正向作用力，丰富了店面品类，提高了用户的购买频次，全面提升了小米的品效。

4. 小米智能生态链初具规模

国际数据公司IDC发布的2016年全球智能手机销售数据显示，小米手机在全球手机出货量排名中跌出前五。① 加之出海不顺、专利短板等一系列问题，让外界一度唱衰小米，在大家把矛头指向小米的同时，小米生态链企业交出了一张算得上漂亮的成绩单。2016年12月，在中国移动全球合作伙伴大会上，雷军透露，经过几年的运作，目前小米生态链企业数量已经达到77家，年收入高达150亿元人民币。从销量上统计，小米手环排行中国第一、世界第二，总销量2 300万只；小米移动电源排行世界第一，总销量5 500万只；小米耳机的总销量为1 800万只；小米插线板总销量550万只；小米摄像头总销量330万只。目前，小米生态已经连接激活超过5 000万台设备。这些产品在不断进入庞大的小米智能家庭网络，随着网络越来越大，其“高端制造＋智能化”的打法，不仅能促成产品的销量，更重要的是可以留存更多的数据。② 经历了2016年的低谷，小米能在2017年触底反弹，其中一个重要的原因是小米生态链迎来了较大发展。数据显示，2017年，小米生态链销售额突破200亿元，相较2016年增长了100%。关于小米赴港上市的消息不绝于耳。

综上所述，小米智能物联网的生态链条已初具规模。这得益于小米初期以互联网思维为导向的集研发、合作、生产与线上销售于一体的互联网智能硬件商业生态模式的快速崛起，随后以多样化的互联网智能硬件为支撑的线下营销渠道——小米之家成功落地，通过线上线下一体化，小米智能生态系统得以持续发展。未来，小米智能生态系统的机遇与挑战并存，只有在众多行业竞争者和消费者需求变迁中，把握好市场机遇，扬长避短，才能更好地迎接挑战，在机遇与挑战中得以进一步茁壮成长，使小米智能物联网的商业生态系统得以进一步巩固。

三、乐视：视频垂直型商业生态的具体建构模式

乐视也属于互联网的垂直型商业生态体系，与小米所建构的综合性垂直型商业生态体系所不同的是，乐视打造的是视频领域的垂直细分生态体系，其商业生态构建路径是从打造PC端视频服务平台——乐视网起步的，乐视的互联网商业生态是由垂直整合的视频闭环生态链和横向扩展的开放生态圈共同构成的完整商业生态系统。

乐视网是乐视生态核心的互联网视频平台。创立于2004年的乐视网，作为视频行业的四位一体互联网视频垂直型商业生态模式的首创者和国内A股创业板首家盈利的互联网视频上市公司，一直处于媒体、公众和大小股东及股民关注的“风口浪尖”之中，对其互联网视频垂直型商业生态模式的宏观发展愿景，社会舆论质疑之声从未中断过，甚至有人说乐视的生态犹

① 引自 http：//www.xiahuanet.com/info/ttgg/2017-02/04/c_136030132.htm。

② 引自 http：//www.cyzone.cn/a/20170426/310325.html。

如一座山，遍布所有不相关或者是弱相关的事物，甚至有人说乐视就是一个“庞氏骗局”。尤其是当创始人贾跃亭将乐视生态的重心转入到资本密集型重资产行业的乐视汽车之后，作为乐视上市体系的原本现金流充裕的乐视网，也被迫陷入严峻的现金周转困境之中，最终于2017年7月以创始人贾跃亭全身退出乐视网而转入非上市公司体系——乐视汽车生态，以融创中国公司的孙宏斌紧急“驰援”并“接盘”乐视网的“瘦身”方案，而暂告一段落。经过十二三年的乐视生态的打造，乐视庞大的互联网视频垂直型商业生态体系重新“瘦身”到核心的上市公司体系——乐视网。

从乐视商业生态的十多年具体建构实践来看，乐视庞大的互联网视频垂直型商业生态体系的建构模式，在战略宏图上是可以理解的甚至是无可厚非的，但需要阶段性的正确战术执行能力的给力配合。其主要特点如下。

（一）乐视的视频垂直型商业生态总体架构：“平台+内容+应用+终端”

“平台+内容+应用+终端”构成了乐视垂直整合的视频闭环生态链；而垂直整合的闭环生态链的每个节点，通过横向的生态开放，引入能够与生态强相关的外部资源，形成了横向扩展的开放生态圈。目前乐视已形成互联网（平台+应用）、内容、智能终端、汽车、体育五大生态圈，通过强烈的生态化学反应，不断创造全新的产品体验和更高的用户价值。如图10-1所示：

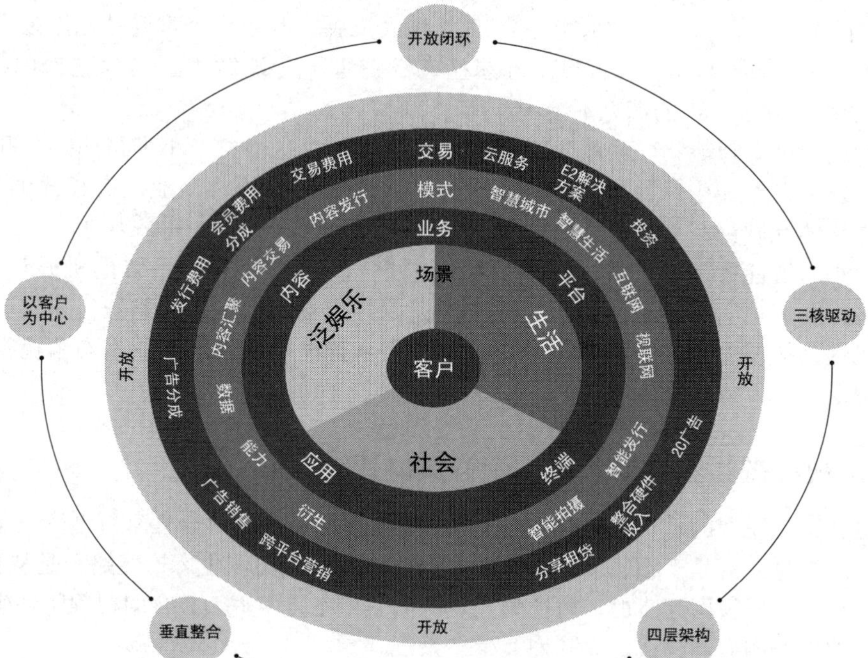

图10-1 乐视“平台+内容+应用+终端”的互联网垂直型生态蓝图

资料来源：喻晓马，程宇宁，喻卫东．互联网商业生态——重构商业规则［M］．北京：中国人民大学出版社，2016：20.

实际上，自乐视创始人贾跃亭提出四位一体的视频垂直型商业生态模式之初，乐视的发展就一直伴随着争议。其核心平台是乐视网提供的视频云平台，其延伸到视频内容和应用，尤其是延伸到七大智能终端（电视、手机、台式电脑、平板电脑、VR、影院、汽车），各大产业领域都以自营为主，这对于资金、人才和管理团队的现实要求都相当高，这些现实难题考验着乐视视频垂直型商业生态模式的现实可行性。

（二）乐视的视频垂直型商业生态的基石：乐视网平台生态圈的构建

乐视最早是从免费的 P2P 乐视网平台发展起来的。2006 年 10 月乐视网免费 P2P 平台正式开通，2007 年 6 月乐视自主研发的客户端软件开通，此后，乐视开始专心视频领域。2008 年，中国电影集团和乐视网合作打造中国电影网宽频影院频道，获得各种电影的放映和首映权。2009 年 8 月，乐视网打造独播剧场，线上提供最新热门独家影视内容，紧接着，乐视在 12 月推出了 VIP 高清影院改版，拿到了更多电视剧的独播和首播权。随着互联网和移动设备的兴起，乐视开始转战移动端。2009 年 12 月，乐视手机视频 iPhone 版上线，此后又陆续推出了 iPad 版等其他客户端。

正如上文所提到的，乐视网以丰富新颖的视频版权实现内容模式创新，收集大量的内容版权、自制内容、云技术内容、战略合作伙伴接入的内容。同时，乐视视频注重技术和广告形式的创新，1080P 的广告清晰度、首创全网贴片的广告模式，吸引了很多商家投放广告。

乐视网是中国视频网站行业唯一盈利的视频类网站，2010 年乐视成为首家在国内 A 股创业板上市的视频类公司。乐视网“版权＋用户＋增值”的三位一体商业模式，以正版内容为基础，向付费用户提供高清视频服务，向用户免费提供标清视频服务赚取广告及分流收入（导流给游戏、电商及教育类网站，2009 年转化率为 2.15%，收费标准为 47.24 元/人次）。2007 年乐视网首度实现盈利（其中，付费用户贡献 3 200 万元营收，收入占比为 86%；广告及用户分流收入 528 万元，收入占比为 14%），2010 年乐视网在我国 A 股上市时盈利大增（付费用户贡献突破 1 亿元，这部分收入占比从 86%降至 41%；广告及用户分流收入达 8 000 万元，这部分收入占比提高到 32%；版权分销收入从无到有，2010 年达 5 300 万元，占营收的 21%）。如图 10－2所示：

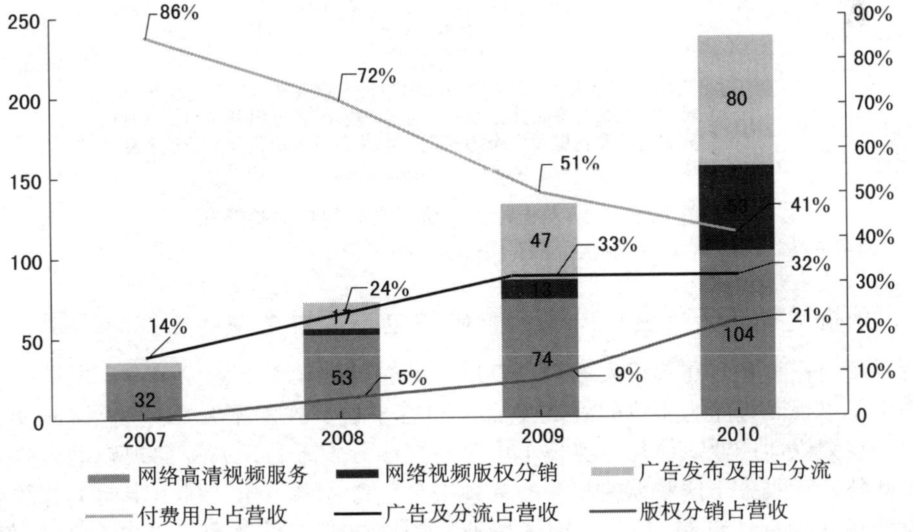

图 10－2　乐视早年营收结构（单位：百万元）

资料来源：《解密乐视网的盈利秘籍　为何其他视频网站都在亏?》（http：//mt.sohu.com/20160323/n441685429.shtml）。

2010 年 8 月，乐视网挂牌上市，A 股首家网络视频公司诞生，乐视网开始转战硬件领域。2013 年 3 月，乐视网联手富士康打造世界级品质超级电视，2013 年 5 月，Letv UI 官网上线，乐视发布超级电视。到 2013 年 7 月，乐视已经卖出 2 万台电视，收回现金超过 1 亿元。

乐视网不仅是我国唯一盈利的视频网站，而且连续九年持续实现盈利。2015 年财报显示，乐视全年营收达 130.17 亿元，同比增长 90.89%，净利润为 2.17 亿元，同比增长 68.57%。在国内视频网站普遍亏损的情况下，乐视网连续九年保持盈利。

混合多元的收费方式实现收入模式的创新，国内首创的“收费＋免费”模式、正版内容点播收费、广告收入、版权分销多种收费方式组合，既保证了盈利，又使得大部分非付费用户得以留存。乐视的收入构成主要包括：硬件收入（乐视手机、盒子、电视）＋内容收入（影视制作和版权分销、会员付费）＋应用分成＋终端广告。盈利分上中下游：上游是电影出版发行，乐视影业已经成为中国第四大民营影视公司。中游是版权内容和营销，版权内容为网站品牌奠定基础，更提供了版权营销这一巨大的盈利手段。下游是硬件销售，低价硬件打入互联网电视市场，建立起硬件终端销售市场。

乐视网成功的本质是整合互联网视频产业链的上下游资源，为用户提供极致体验。如图 10－3所示：

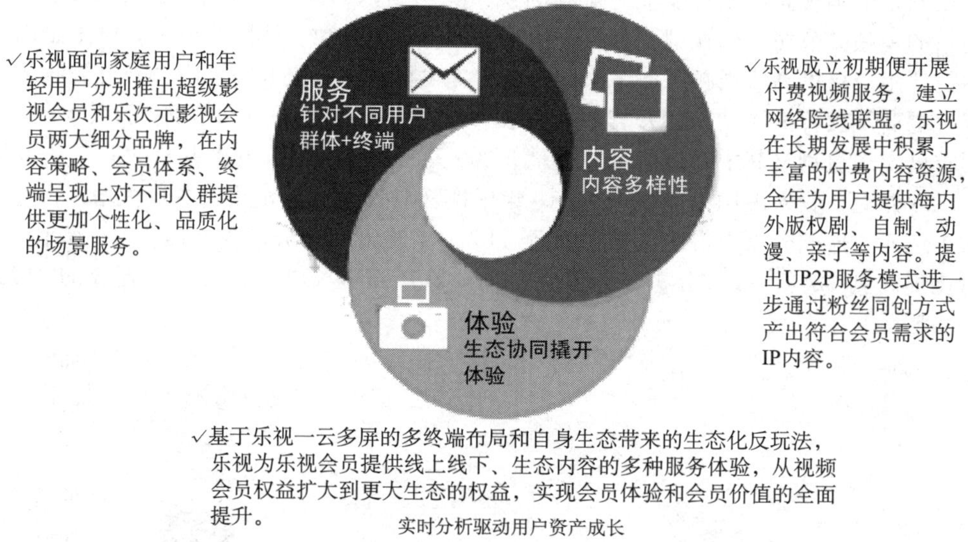

图 10－3　乐视视频生态协同带来用户体验提升

资料来源：易观《2016 中国网络视频付费市场专题分析》。

（三）乐视的视频云平台：向视频软硬件全产业垂直型商业生态拓展

乐视视频网作为平台在累积大量用户以后，沿着将视频产业的纵向“生态链”方向进行扩张，构筑了以视频行业为主线的终端平台、内容平台、技术平台、应用平台、电商平台、金融平台的视频纵向产业一体化，实现了由单一视频分发平台运营商向视频垂直生态运营商的转型。此外，为服务于这些纵向相关的视频平台生态体系，乐视进一步向上游的内容影视制作（收购花儿影视、自制内容）、乐视影业、乐视体育、乐视音乐等内容生态产业拓展。为让各类大量正版内容和自制内容有更多的终端用户观看，乐视进一步向互联网硬件生态体系（乐视智能电视、乐视手机、乐视汽车）拓展，甚至向乐视金融等延伸，一步步构建乐视的视频全产业垂直型商业生态系统。乐视网的视频“全产业链”垂直型商业生态模式，为人们勾勒了一幅令人心动的互联网商业生态发展图景，成为中外视频行业领域引人注目的创新商业模式。

然而，从现实运行视角来看，目前乐视生态体系分为两块：乐视上市体系，即乐视网；乐视非上市体系，即乐视移动、乐视体育、乐视影业、乐视金融、乐视汽车。总体而言，乐视上市体系自身相对运行较好，然而，非上市体系尤其是乐视汽车的资金缺口，对原本现金流充裕的乐视网产生了很大的负面影响。

(四) 乐视庞大的视频垂直型商业生态，面临着严峻的现实挑战

乐视网的触角越延伸，产业链环节越多，对人才、资金和管理水平的要求就越高，社会干扰因素越多，风险就越大。乐视的接触终端从乐视超级电视向乐视超级手机产业延伸时，其手机未获得用户的市场认同，从资金周转方面，波及了核心的乐视网，尤其是创始人贾跃亭将乐视的重心引向资本密集型硬件产业——乐视汽车，乐视面临着前所未有的现实挑战。

2016 年最后两个月，乐视遭遇近两年最严重的危机，其互联网汽车业务尤其受到外界质疑，如《乐视有多危险？贾跃亭有多挣扎?》《乐视到底危险在哪？有多危险?》《贾跃亭现象：中国版乔布斯有多危险》。2016 年 12 月乐视掌门人贾跃亭将《乐视的海水与火焰：是被巨浪吞没还是把海洋煮沸?》的内部信发出之后，乐视几乎每天都占据媒体头条，涉及融资、业务、裁员、欠款、股价等等问题，乐视的每一个维度都被外界放在放大镜下。对于乐视，支持者众多，唱衰者更多，放眼中国互联网行业，几乎没有一个公司像乐视这样，外界评价两极分化如此严重。而这些来自外部的质疑之声在被媒体放大之后，直接影响着乐视网的股价，持续下跌的股价直接影响着投资者的信心和外部资本再融资的成本和风险。

贾跃亭坦言："非上市体系的资金问题，远比我们想象的严重。"乐视很缺钱，这在业内已不是秘密，但乐视各项业务的资金缺口到底有多大，恐怕没有人能说清楚。

作为乐视上市体系的原本现金流充裕的乐视网，在被拖入资本密集型的重资产行业的乐视汽车之后，也被迫陷入严峻的现金周转困境之中。2016 年第四季度至 2017 年第一季度乐视网每股现金流量呈现出的增长率分别为－214.232（%）和－1 167.729（%）。

乐视上市体系已难以承受庞大的非上市体系尤其是乐视汽车的融资之重，乐视需要做出现实"切割"，才能"轻装前行"。

2017 年 5 月 21 日乐视上市公司公告，贾跃亭辞去乐视网总经理，到 7 月 6 日辞任董事长等一连串职务，而乐视汽车当日发布消息，即日起，贾跃亭将正式出任乐视汽车的董事长一职，全面负责汽车融资、全球化管理团队搭建、公司治理、产品研发测试及生产保障等方面工作，率领乐视汽车继续按照既定战略，实现变革百年汽车产业的梦想。

而作为国内一线视频网站，乐视网自身业务并没有问题，而这也是乐视最优质的资产，能够在短时间内与之形成协同的则是乐视影业和乐视电视（乐视致新），而这三者恰是 2017 年 1 月融创中国孙宏斌以 150 亿元巨资入股"乐视系"，"驰援"乐视所涉足的资产主要聚焦点（乐视网、乐视影业和乐视致新）。

作为以自营为主的庞大的互联网视频垂直型商业生态建构模式，乐视以其实践，给我们提供了可资借鉴的宝贵经验和深刻教训。

"三分战略、七分执行"，乐视创始人贾跃亭所设计的视频垂直型商业生态总体架构，从理论上讲，无可厚非，但其具体执行的实践过程却遭遇了现实挑战。一是"平台＋内容＋应用＋终端"商业生态模式的具体建构路径是从内容分发和生产平台的轻资产行业向内容智能终端硬

件的重资产行业发展的，但对于内容轻、重资产行业的财务运营特点缺乏清晰的认知，即重资产行业（智能电视、智能手机、智能汽车）是需要庞大资金支持的。从实践来看，乐视智能电视相对成功，未拖累内容视频轻资产主营业务并形成了生态协同效应，这使创始人对两者财务风险认知不足，产生了侥幸心理。然而，乐视智能手机未能在激烈的市场竞争中脱颖而出反而陷入资金流动性困境，而智能汽车不仅需要庞大的资金支持，而且建设和回收周期长，这加剧了本就盈利困难的内容视频行业的市场财务风险。二是对于内容轻、重资产的生态建构路径存在认知理念偏差，正确的认知理念是，需要庞大资金支持的重资产的运营，从一开始就应从内容视频平台生态圈中分割出去，实行独立的财务运营，将财务风险锁定在重资产内部。只有重资产行业成功实现市场化量产，其才能与视频内容轻资产行业对接起来，这才是财务风险可控的内容软硬件商业生态建构的有效路径。

第三节　互联网水平型商业生态的具体建构模式

高频软件服务主导成为互联网水平型商业生态的具体建构模式。具体而言，以开发满足互联网普通用户的高频软件应用需求的优势产品起步，在累积巨大用户规模后，转型为服务于双边或多边市场群体的高频优势平台，将其拓展到多个互联网上网终端上，继而在多个终端上建构具有核心竞争力的优势平台生态圈，然后依托这一优势平台生态圈，一方面沿着这一优势平台的横向产业方向进一步拓展多个相关的横向平台“生态圈”，另一方面沿着这一优势平台生态圈的纵向产业方向进一步拓展多个相关的小“生态链”，最终形成横向产业和纵向产业相互交织的“链圈”式互联网商业生态运营模式。

阿里和腾讯是以高频软件应用产品为基石的互联网水平型商业生态建构模式的典型代表，它们是分别以电商（支付宝）和社交（微信支付）产品为基石的高频软件服务互联网水平型商业生态型企业。

一、阿里“电商＋支付宝”主导的互联网水平型商业生态建构

（一）电商生态体系：阿里互联网商业生态体系的基础和核心

电商生态体系既是阿里的互联网商业生态的基础，也是其核心，多个横向的差异化电商生态圈和纵向电商生态链交织在一起，构成阿里最核心的互联网电商生态体系。

1. 阿里的电商大“生态圈”：以“电商＋支付宝”为基础

阿里的互联网水平型商业生态模式，首先建立在其电商和支付宝等用户高频使用的互联网实用软件服务产品基础之上。2003 年 5 月，淘宝创立，2003 年 10 月 18 日，淘宝首次推出支付宝服务。2004 年，支付宝从淘宝分拆独立，逐渐向更多的合作方提供支付服务，发展成为中国最大的第三方支付平台。2004 年 12 月 8 日，浙江支付宝网络科技有限公司成立。2005 年 2 月 2 日，支付宝推出“全额赔付”支付，提出“你敢用，我敢赔”承诺。在淘宝和支付宝得到用户的广泛认同之后，阿里进一步拓展了更多的电商平台生态圈，如 2008 年创立天猫、聚划算，从而打造了以支付宝为支撑的 B2B、C2C、B2C 等多元化的电商生态体系。

在阿里的多个电商平台生态圈中，B2C 的天猫平台生态圈的影响力最大；“天猫＋支付宝”是阿里互联网商业生态的核心基础业务。2008 年 2 月 27 日，支付宝发布移动电子商务战略，推出手机支付业务。

其主要成功因素如图 10－4 所示：

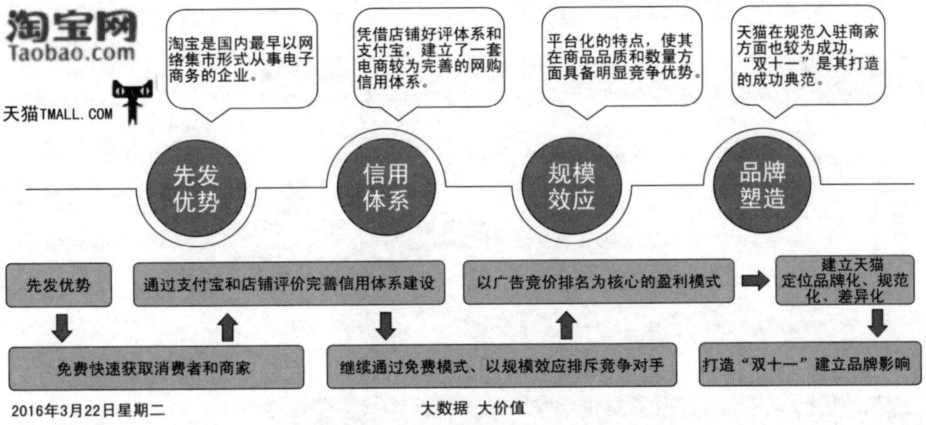

图 10－4　天猫的核心成功因素

2. 阿里电商小“生态链”的拓展

阿里围绕多个电商生态圈（B2B、C2C、B2C），进一步拓展纵向电商生态链，以形成电商生态的垂直闭环。

首先，拓展电商生态的纵向在线营销服务平台，既提升了多个电商平台中的卖家服务，也使其成为电商产业的重要盈利平台。如图 10－5 所示：

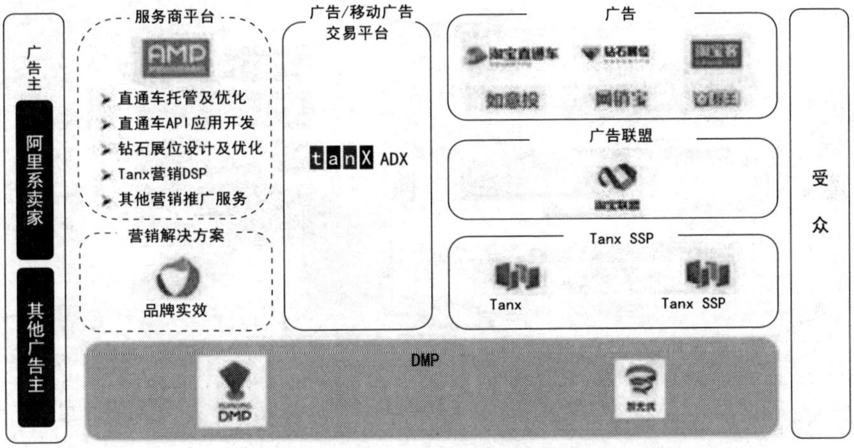

图 10－5　阿里的营销布局：阿里妈妈营销平台

其次，拓展电商生态的纵向物流体系，解决多个电商平台的物流短板，以实现阿里旗下电商平台的最终消费者（买家）所要求的快速物流服务，同时，应对以京东为代表的快速物流取胜的 B2C 电商平台的挑战（见图 10－6）。

至此，阿里的电商业务布局逐步完善，旗下的淘宝、天猫、聚划算等仍然是中国最大的电商平台。2015 年，阿里旗下多个电商平台第四财季在中国零售市场的交易总额为人民币 6 000 亿元（约合 970 亿美元），较上年同期增长了 40%。其中，淘宝的交易总额为人民币 3 810 亿元（约合 610 亿美元），同比增长了 29%；天猫的交易总额为人民币 2 190 亿元人民币（约合 350 亿美元），同比增长了 62%。阿里 2015 年第四财季在中国零售市场商品交易总额的增长，

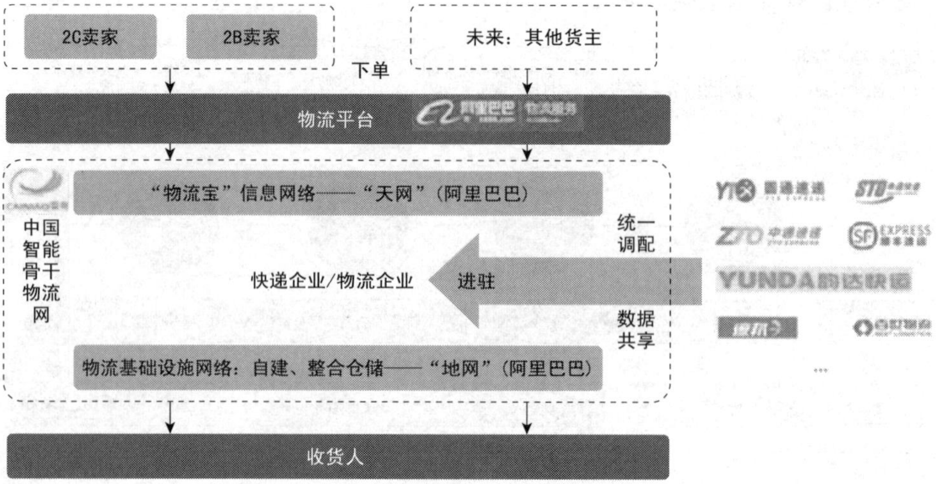

图 10-6　阿里的物流体系架构图

主要得益于活跃买家数量的增长。此外，电商生态也促进了阿里妈妈营销平台生态和物流体系的发展（如图 10-4、图 10-5、图 10-6 所示），形成了多个电商平台＋纵向电商生态链的"链圈"式电商生态。数亿活跃买家和卖家用户资源，是支撑其电商生态的核心要素及其发展根本，如图 10-7 所示。

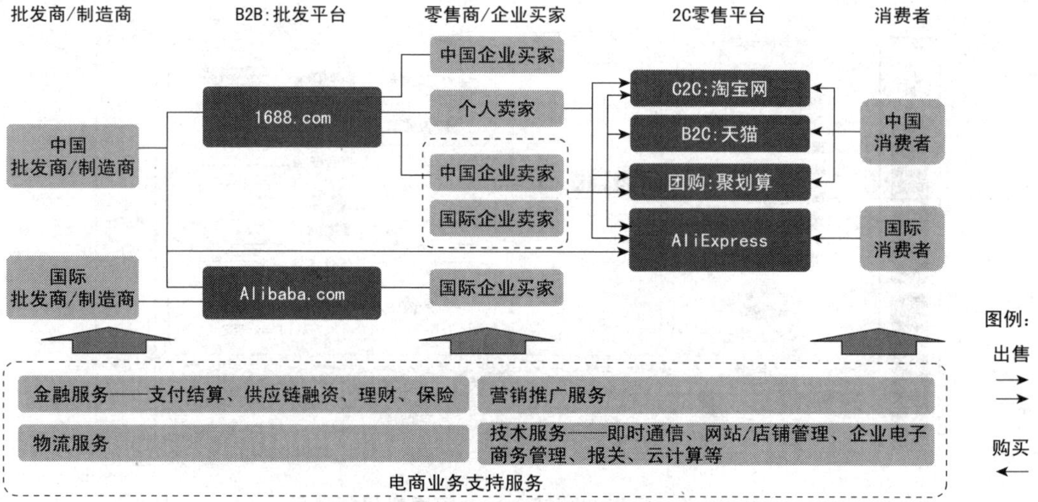

图 10-7　阿里完善的电商生态体系布局

（二）以支付宝为平台，拓展泛服务生态和互联网金融生态

阿里的核心电商生态战略布局尽管完善且成为其当下的核心利润来源，但却存在着较大的生态竞争压力和问题：一是阿里原有的绝对优势产品 C2C 淘宝平台面临着被 B2C 和导购网站边缘化的市场风险；二是消费者对电商品牌的消费需求持续升级，假货、刷单等诚信问题治理效果欠佳，跟不上电商消费升级要求，导致退换货较多；三是菜鸟物流体系仍未建立有力的竞争优势。三个方面因素的叠加，使其核心电商生态受到较大挑战。在 B2C 领域，虽然天猫的交

易额和利润仍排在首位，但以京东、唯品会、苏宁易购、1号店、小米、乐视为代表的垂直电商平台等后起之秀增速很快，均在有力地侵占着天猫市场份额和利润。阿里迫切需要在其核心电商生态之外，寻求具有核心竞争优势的新的互联网商业生态。

而在阿里的电商生态体系之中，支付宝无疑是起了核心的支付信用担保作用，支付宝这一功能可进一步向城市居民的泛生活生态和互联网金融生态延展。

2008年10月25日，支付宝公共事业缴费功能正式上线，支持水、电、煤、通信等缴费。支付宝从最初定位于服务阿里的电商生态体系，开始向适用于互联网各个终端的各个网上互联网缴费服务的跨终端跨行业的互联网支付生态体系发展。

支付宝日常的沉淀资金高达800亿元至1 000亿元，它成为阿里最大的现金流。2008年，马云针对资金周转困难的淘宝小卖家推出了账单抵押贷款业务，每天收取万分之五的利息；2010年12月23日，支付宝与中国银行合作，首次推出信用卡快捷支付；2013年，支付宝联合天弘基金推出了一款名为余额宝的产品，通过余额宝，用户不仅能够得到较高的账户余额增值收益，还能随时消费支付和转出，无任何手续费；2013年11月13日，支付宝手机支付用户超1亿，支付宝钱包用户数达1亿，支付宝钱包正式宣布成为独立品牌。

2013年11月30日，12306网站支持支付宝购买火车票；2013年12月31日，支付宝实名认证用户超过3亿；2013年，支付宝手机支付完成订单超过27.8亿笔，金额超过9 000亿元。自2014年第二季度开始支付宝成为当前全球最大的移动支付厂商，2016年支付宝注册用户数8亿。支付宝主要提供支付及理财服务，包括网购担保交易、网络支付、转账、信用卡还款、手机充值、水电煤缴费、个人理财等多个领域。在进入移动支付领域后，支付宝为零售百货、电影院线、连锁商超和出租车等多个行业提供服务，还推出了余额宝、招财宝等互联网理财服务和阿里小贷等系列互联网金融服务业务。2014年9月29日，阿里在赴美上市十天后，获得国家银监局颁发的互联网金融牌照，正式成立蚂蚁金服。

为此，阿里以当下难以撼动的支付宝为核心竞争力，进一步拓展了互联网金融生态（如图10－8所示）和泛生活生态（如图10－9所示）。在城市便民生活和互联网理财和小额贷款等领域已初步建立起了良好用户口碑。2016年3月底，蚂蚁金服推出“千县万亿”计划，将2015年起步的城市服务从北上广深推至县域。

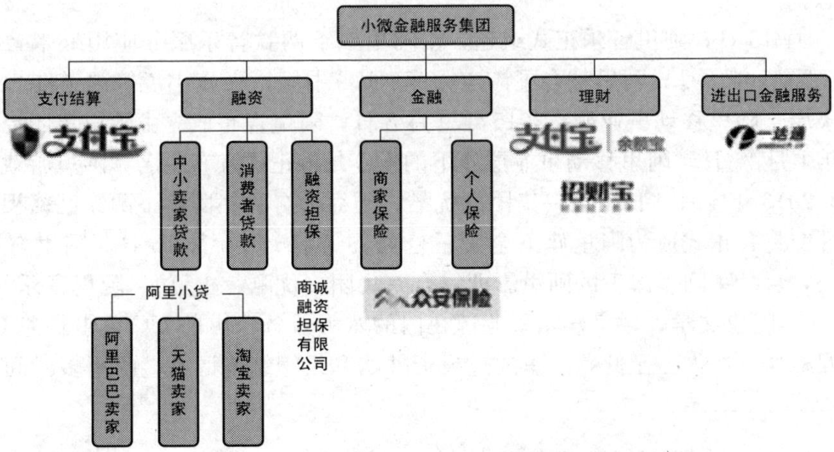

图10－8　阿里互联网金融生态架构图

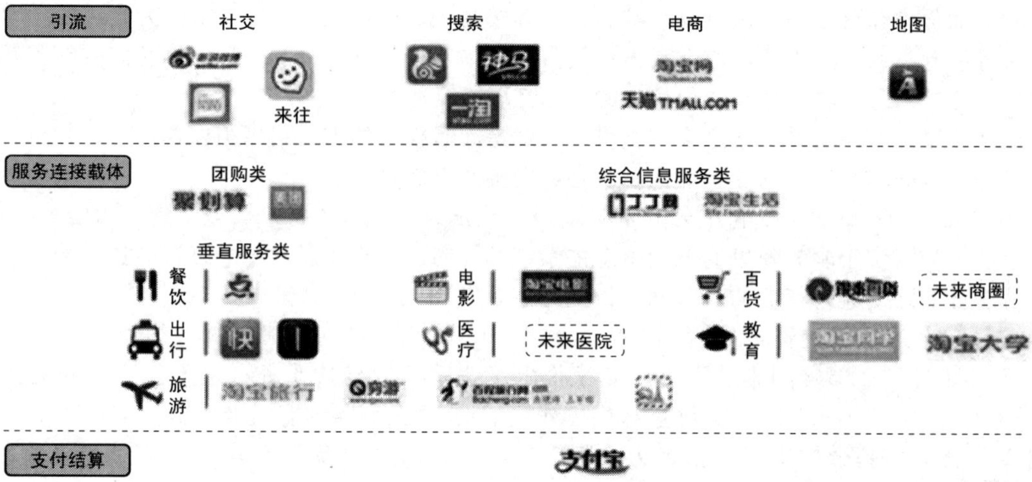

图 10－9　阿里互联网泛生活生态架构图

（三）阿里泛娱乐生态的构建

阿里进入大文化传媒的泛娱乐生态主要源于两方面的判断：一方面，基于经济增速下行趋势之下，娱乐产业发达的判断；另一方面，阿里后续的持续发展和进军国际市场都需要良好的文化传媒舆论环境的战略支撑。

阿里的泛娱乐生态首先起步于影视产业。2014 年 3 月阿里推出了娱乐宝，6 月 24 日，阿里耗资约 62.44 亿港元获得文化中国 59.32%股份，成为文化中国第一大股东，完成对文化中国的收购，8 月更名为阿里影业，开启了阿里进军大文化传媒生态的入口，阿里此后注入自己孕育的淘宝电影、娱乐宝业务。① 以阿里影业为主体，阿里全资收购了影院出票系统提供商之一的粤科软件，参与博纳影业私有化和大地院线投资，旗下娱乐宝还参与了对向上影业的投资。此外，阿里还投资了华谊兄弟、光线传媒、新片场传媒和芭乐传媒等，阿里影视业布局超过百度和腾讯。

2014 年 9 月 19 日，上市后的阿里凭借庞大的资本优势和融资能力，大举进军大文化传媒的泛娱乐生态。

2015 年 3 月 16 日，阿里音乐正式组建，由阿里旗下两款音乐服务应用虾米音乐、天天动听合并而成。2015 年 4 月，阿里整合了淘宝阅读、UC 书城、书旗小说等渠道能力，成立了阿里文学，其隶属于阿里移动事业群。2015 年 9 月 8 日，阿里宣布成立由阿里集团控股的阿里体育。② 2016 年 1 月 15 日，阿里移动事业群旗下的 UC 九游正式宣布更名"阿里游戏"并将进行公司化运作。2016 年 4 月 6 日，合一集团（优酷、土豆为合一集团旗下两家网络视频公司）与阿里完成合并交易，正式成为阿里旗下全资子公司。③ 2016 年 6 月 16 日，阿里宣布成立了阿里大文娱板块，囊括了阿里旗下的阿里影业、合一集团（优酷、土豆）、阿里音乐、阿里体育、UC、阿里游戏、阿里文学、数字娱乐事业部在内的八大业务，由前 UC 董事长兼 CEO 俞永福任阿里大文娱板块掌舵人。至此，阿里通过投资并购和组织结构调整，两年多时间，基本完成

① 引自 http：//epaper. bjnews. com. cn/html/2014-06/26/content。

② 引自 http：//www. szhgh. com/Article/news/society/2015-10-16/98399. html。

③ 引自 http：//stock. hexun. com/2016-04-06/183148873. html？from=rss。

了泛娱乐生态体系的建构。如表10－1所示：

表10－1　　阿里布局泛娱乐投资并购战略

板块		公司	形式	备注	时间
电影		华谊兄弟	阿里和马云共计持股8.03%	阿里＋马云＝第二大股东	2014.1
		光线传媒	投资，8.78%	第二大股东	2015.3
		新片场传媒	投资，20%		2015.9
		芭乐传媒	投资，不详		2014.8
	阿里影业	博纳影业	投资，8.29%	阿里影业入股	2015.12
		粤科软件	全资子公司		2015.4
		淘宝电影（淘票票）	自有业务注入		2015.11
		娱乐宝	自有业务注入		2015.11
		大地院线	投资，4.76%		2016.5
视频		优酷、土豆	投资，20.7%		2015.10
		华数传媒	20%	主体为马云、谢世煌	2014.4
	阿里数娱	天猫魔盒	自有业务		
音乐	阿里音乐	虾米音乐	全资子公司		2013.1
		天天动听(阿里星球)	全资子公司		2013.12
		韩国SM娱乐公司	4%	韩国艺人经纪公司	2016.2
体育		恒大淘宝俱乐部	40%		2014.12
	阿里体育		自有业务		2015.9
游戏	阿里游戏	UC九游	自有业务	阿里移动事业群	2016.1
文学	阿里文学	书旗小说		阿里移动事业群	
		UC书城			
其他		新浪微博	投资，30.5%		2013.4
		陌陌	投资，20.7%		2012.11
云锋基金		大麦网			
		华谊兄弟			
		优酷、土豆			
		乐视体育			
		观印象		印象刘三姐制作方	

资料来源：《阿里娱乐帝国"称霸"记》（http：//mt.sohu.com/20160609/n453684362.shtm）。

（四）以阿里云架构和大数据连接互联网综合生态系统

阿里庞大的互联网商业生态体系的有效运转，离不开基于用户大数据的云架构的支持（如图10－10所示）。其最终以庞大的数据连接起阿里的综合生态系统，如图10－11所示。

综上所述，起步于电商的支付宝，支撑阿里拓展了庞大的互联网水平型商业生态体系，如以电商＋支付宝平台为基础的多元化电商平台生态圈及其在线电商营销阿里妈妈平台、互联网金融生态、泛生活生态、泛娱乐生态。上述互联网商业生态都基于用户数据连接形成了阿里的综合生态系统。其中，电商生态是当下阿里的核心生态业务，而金融服务平台和物流平台是其多个电商水平型互联网商业生态体系的两大核心支持平台，而泛生活生态和泛娱乐生态以及物联网是当下正在布局和未来着力战略布局的互联网商业生态的延伸。

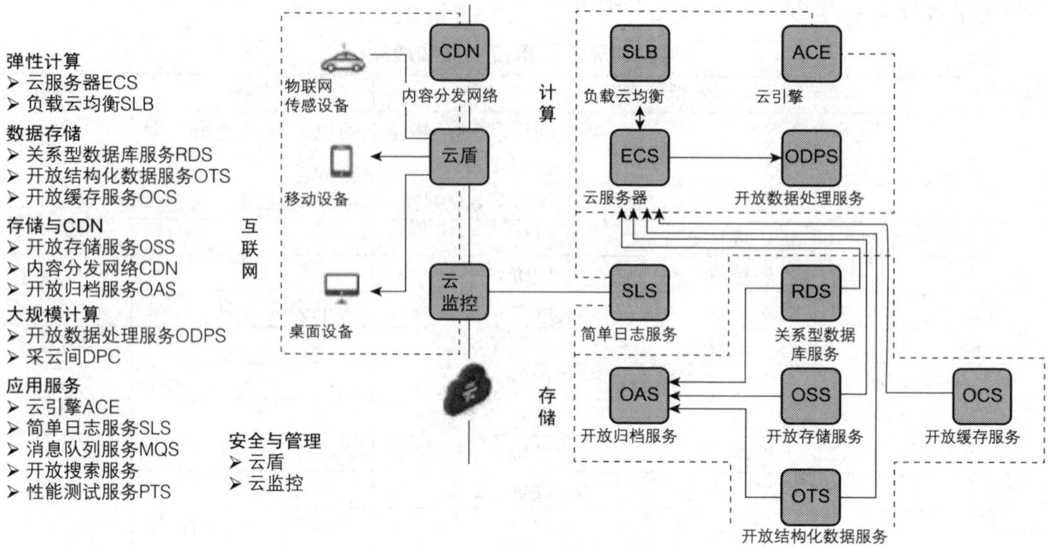

图 10－10　阿里云架构图

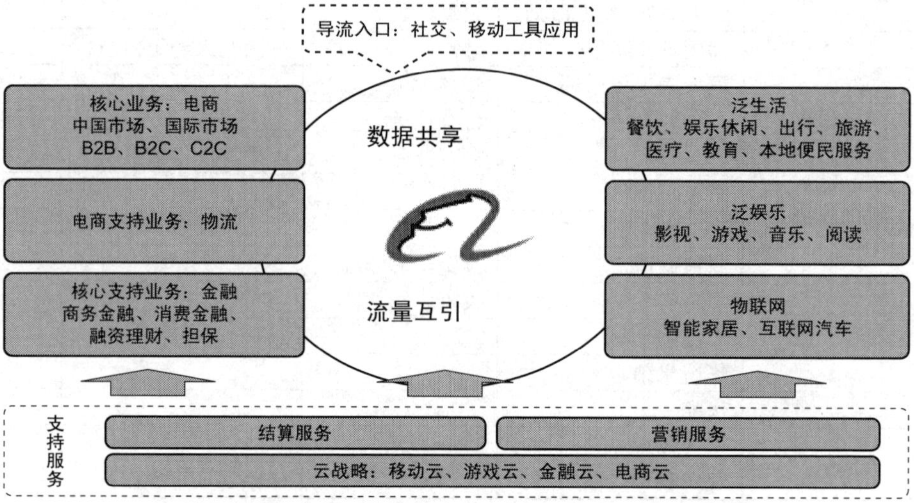

图 10－11　以数据连接的阿里综合生态系统

（五）阿里互联网水平型商业生态的构建方式

纵观阿里庞大的互联网商业生态的建构过程，其各个子生态体系的构建方式，主要有两种：内部自建与外部投资并购。

一是以自建方式为基石。

阿里互联网水平型商业生态是通过内部自建方式，即依靠自身创立和一步一步的自我成长和发展而构建的，阿里核心的电商生态，尤其是早期的三个定位独特的电商平台生态圈，如B2B、C2C、B2C和支付宝基本上都是从无到有、从小规模到大规模爆发式成长的。此外，淘宝电影、娱乐宝、余额宝、招财宝、阿里小贷、阿里音乐、阿里体育也是阿里自身构建的。

二是以外部投资并购方式为主。

阿里发展到中后期，在建构新的互联网金融生态、泛生活生态、泛娱乐生态等子生态体系之中，为了抢占发展的时间机遇期，大多以速度快的外部投资并购或战略合作为主导建构方式，其中，最为典型的是泛娱乐产业领域的投资并购。据不完全统计，阿里与马云的高管团队在两年多来，通过直接、间接、关联公司、个人入股等各类方式，将24家媒体纳入麾下或战略入股。截至2016年，阿里已构建起一个北起京城南至香港，东临沪杭西接川渝的传媒帝国，阿里的资本旌旗插遍中国媒体。华东——华数传媒、阿里影业、淘宝内容开放平台、第一财经等收购回来的媒体机构捍卫着阿里腹地；华北——新浪微博、光线传媒、无界新闻、36氪、虎嗅等十余家知名媒体植根中国的文化心脏；华中——封面传媒的成立开启川渝之地的文化个性化定制之旅；华南——《南华早报》的收购将一举填补这一区域的布局空白；海外——Tango与Snapchat早已成为阿里征战海外文化传媒市场的前哨。目前，阿里传媒商业版图已经涵盖影视、音乐、体育、视频、媒体。阿里基本完成了一个新传媒生态链的构建，其已经以资本为武器征服了中国媒体的半壁江山并且将势力范围向国际拓展。

2016年阿里的投资逻辑如下：一方面，基于现有业务需要，稳固电商O2O、互联网金融和物流业务，通过投资与自有业务形成战略合力；另一方面，对智能硬件、医疗、在线教育、体育等进行风口投资，抢先占位，获取未来话语权（如图10-12所示）。

图10-12 2016年阿里系投资图谱

资料来源：由艾媒咨询研究院自主研究与绘制。

在外部投资并购之后，阿里非常注重内外的协同整合，如完成收购文化中国之后，将其置入阿里的无形品牌资产，将文化中国更名为阿里影业并注入自己孕育的淘宝电影、娱乐宝业务。类似的内外并重整合的商业生态建构方式，还出现在阿里音乐、阿里游戏、阿里文学等泛娱乐子生态的建构过程之中。

除自建自营和外部投资并购一体化外，阿里在构建互联网大商业生态体系过程之中，还注重基于协同的市场联结方式。如阿里的菜鸟网络（中国智能物流骨干网），就是联合银泰、复星、顺丰、“三通一达”（申通、圆通、中通、韵达）及相关金融机构共同构建的物流体系生态圈。

通过自建自营和外部投资并购，阿里基本完成了以“电商＋支付宝”为主导的一站式生活服务（以大电商生态圈为主导）水平型商业生态体系的布局。

二、腾讯互联网水平型商业生态建构模式

腾讯的互联网水平型商业生态建构模式与阿里相似，也是从创建互联网用户的高频软件应用产品起步的，所不同的是腾讯以用户高度黏性的即时通信及社交产品 QQ 和微信为支撑，依赖于 QQ 和微信这些高频社交软件应用产品，积累了庞大的用户规模及其活跃用户。作为建构互联网生活服务一体化的互联网水平型商业生态的入口，腾讯以 QQ 和微信社交产品为工具，围绕用户需求，提供统一的、易用的、整合式的一站式生活服务（社交、资讯、娱乐、商务、金融、城市服务），从而形成了腾讯庞大的一站式服务的互联网商业生态体系。社交用户平台主导，成为腾讯互联网水平型商业生态的具体建构模式。

（一）“QQ＋微信”：腾讯社交用户平台的具体构建

腾讯是典型的以社交为核心元素的互联网商业生态型公司，腾讯的 QQ 和微信是当之无愧的第一梯队的商业生态型“树根级”产品。腾讯旗下众多拥有上亿用户规模的社交产品，如 QQ、QQ 空间、手机 QQ 空间、手机 QQ、微信、微信朋友圈、QQ 音乐客户端、腾讯新闻客户端等，构成了腾讯的优质社交用户平台体系，吸引了规模庞大而活跃的用户。截至 2016 年 3 月，微信注册用户数量突破 8.46 亿，月活跃用户 7 亿，日活跃用户 5.49 亿。腾讯有 8 亿多的 QQ 活跃用户，6.26 亿的 QQ 空间活跃用户，日上传照片 3.6 亿，每天点赞来表达自己情感的超过 3 亿。QQ 和微信社交平台持续提高自身服务，保持创新，巩固了它们作为中国最受欢迎的社交应用的地位。QQ 和微信（包括最近推出的微信小程序），已成为腾讯切入互联网尤其是当下移动互联网的入口级商业生态型工具社交性产品。腾讯 QQ 和微信（包括小程序）这类全民性的社交用户平台，成为普通用户接入互联网软件应用服务的最方便最刚需的“连接器”，也成为腾讯构筑基于用户社交连接的一站式生活服务的互联网商业生态体系的基石。

（二）腾讯：基于社交用户平台的互联网水平型商业生态的构建

凭借强大的免费社交软件 QQ 和微信作为其移动互联网流量的入口，腾讯吸引到了庞大的用户群，形成了以庞大 QQ 用户群体构建的网络平台（如腾讯新闻网、QQ 邮箱、QQ、QQ 游戏）、以庞大用户群体构建的微信平台（如公众号、微信朋友圈、微信红包、微信支付），进而逐步建立起基于用户在线聊天沟通的一站式生活服务的互动社区，在此基础上形成了即时通信业务、网络媒体业务、无线和固网增值业务、互动娱乐业务、互联网增值业务、电子商务和广告业务七大业务体系，完成了腾讯基于用户的一站式生活服务的互联网商业生态业务布局。

大规模的微信、QQ 活跃用户同时在线使用微信、QQ，这大大增强了每位用户的使用附加值。腾讯依托核心通信及社交用户平台，打造了多元化的社交商业化变现平台。

一是以社交用户平台体系为基础的增值服务收费平台。根据 2016 年企鹅智库《“微信”影响力报告》，微信已从最初的社交通信工具成长为人与人、人与服务、人与商业的综合性社交

服务平台，如图 10－13 和图 10－14 所示。

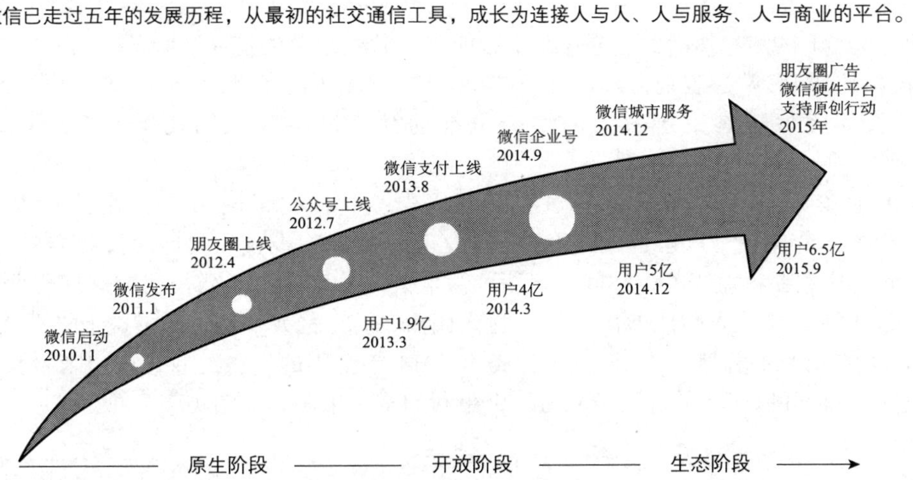

图 10－13　微信发展阶段回顾

注：用户数指月活跃用户数。

资料来源：腾讯财报。

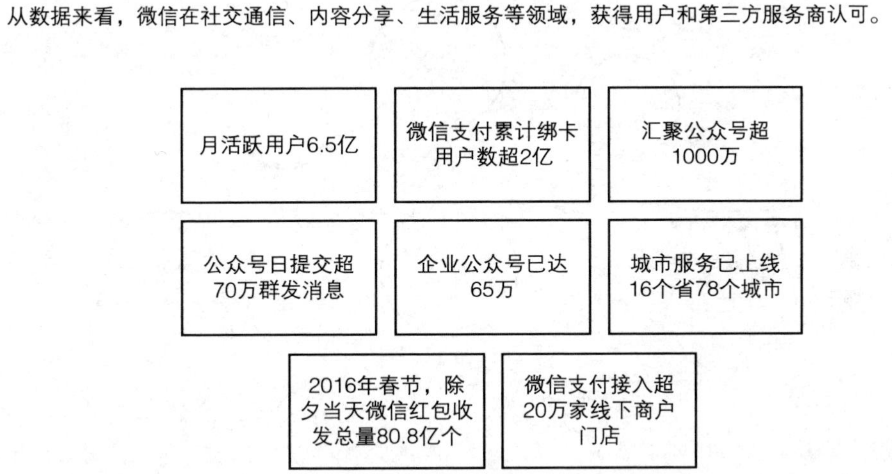

图 10－14　从数据看微信发展现状

资料来源：综合微信官方在 2016 年 2 月公开的资料或在演讲的披露信息而成。

超过六成微信用户使用微信生活服务，手机充值、买电影票等吃喝玩乐消费渗透率最高。在消费方面，微信直接带动了消费支出，微信泛娱乐平台（从核心的网络游戏平台发展到以核心 IP 打造为基础，集网络文学、音乐、视频、游戏、动漫于一体的泛娱乐平台）占了 53.6%、微信公众平台占了 20.0%、购物占了 13.2%、出行占了 11.3%、餐饮有 2%。据统计，微信直接带动的生活消费规模已达到 110 亿元，其中娱乐消费是最大支出，规模为 58.91 亿元。另外在微信打车用户中，每月消费 100 元左右的用户比例达到 34.3%。在微信公众号方面，29.1%的用户关注了自媒体，25.4%的用户关注了认证媒体，20.7%的用户没有关注任何公众号，18.9%的用户关注了企业商家，而 5.9%的用户则关注了营销推广类公众号。公众号已经成为微信的主要服务之一，近 80%的用户关注微信公众号。企业和媒体的公众号是用户主要关注的对象，比例高达 73.4%。根据 2015 年第四季度财务分析，腾讯增值服务业务收入至 2015 年第四季已达人民币 230.68 亿元，同比增长 35%。其中，网络游戏收入同比增长 33%，达人民币 159.71 亿元，其增加主要受益于智能手机游戏组合的扩大。同时，主要 PC 端游及于 2015 年推出的新 PC 端游表现良好，有助推动增长。数字内容订购服务和 QQ 会员带来的订购收入的增长和虚拟道具销售收入的增长也推动社交网络收入同比增长 37%，达人民币 70.97 亿元。

二是以社交用户平台体系为基础的网络广告平台。腾讯网络广告业务收入同比增长 118%，至 2015 年第四季度已达人民币 57.33 亿元。效果广告收入同比增长 157%，达人民币 29.16 亿元，这主要得益于 QQ 空间手机版、微信公众号广告以及微信朋友圈广告服务收入的增加。品牌展示广告收入同比增长 89%，达人民币 28.17 亿元，这主要得益于腾讯视频和腾讯新闻等平台移动侧的贡献增加。而且，在腾讯 2014 年全年的广告总收入中，来自移动平台的已经超过 65%，可见移动平台已经成为腾讯盈利的重要来源（如图 10－15 所示）。

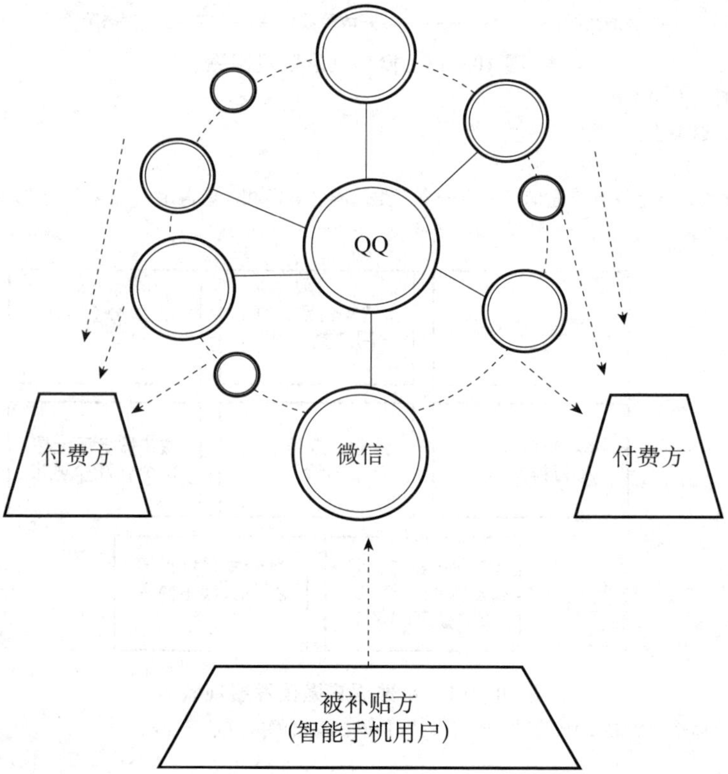

图 10－15 腾讯：基于 QQ 和微信用户平台的互联网商业生态架构图

资料来源：陈威如，余卓轩．平台战略——正在席卷全球的商业模式革命［M］．北京：中信出版社，2013：229.

（三）社交内容生态：腾讯水平型互联网商业生态的核心

依托高频刚需社交型工具性产品——QQ 和微信，腾讯形成了用户规模最大和用户黏性最强的互联网社区。在移动互联网时代，微信更是普通用户获取内容的最具黏性的互联网社区入口，庞大的微信和 QQ 社交用户规模尤其是活跃用户规模，支撑了腾讯基于用户社交入口的一站式互联网内容生态的构建。

第一，基于社交工具连接的网络新闻资讯内容及其广告生态构建。社交网络成为第二大新闻渠道，渗透率超过电视+电脑。以腾讯新闻客户端、天天快报和微信公众号、微信朋友圈为主导的新闻资讯内容平台生态圈，依托社交网络新闻资讯内容生态，腾讯顺势推出新的社交广告形式、技术，在帮助广告主触及互联网用户的同时，推动腾讯效果广告收入的快速增长，派生出社交效果广告服务平台生态圈，建构了我国最大的一站式网络资讯及广告生态体系，它们成为腾讯社交内容生态的基础。第九章已详述，在此不再赘述。

第二，基于社交工具连接的泛娱乐生态的构建。① 腾讯是我国最早构建泛娱乐生态的互联网新媒体公司，这首先源于2002年3月QQ注册用户数突破1亿大关。当时QQ用户大多为年轻用户，他们在通过QQ社交聊天的同时在线玩游戏，这成为年轻用户的一种新的在线娱乐方式。此后数年，QQ用户数量不断快速增长，2004年4月，QQ注册用户数再创高峰，突破3亿大关。在QQ用户爆发式增长之时，QQ经过几年的快速发展，2008年迎来了爆发期。腾讯由此真正赚到了游戏的第一桶金，初步掌握了网络游戏的研发规律。在腾讯游戏部门所做的大量游戏用户洞察和历史数据研究的基础上，一条鲜为人知的规律被探索出来：刨除游戏玩家年龄、性别、地域等千差万别的因素，竟然有87%的玩家对漫画很感兴趣。顺着这条隐形线索继续探究，研究发现在这些漫画爱好者中，绝大部分同时又是网络文学的爱好者。这样，就不难归纳出游戏用户有着包括游戏、漫画、文学等多方面的消费需求。正是基于对用户的深刻理解，腾讯凭借自身对明星IP的掌握能力，提出了内容跨界的聚合，这也正是泛娱乐思想建立的起点。2011年，腾讯第一次提出泛娱乐的概念；2012年，腾讯把游戏里的精品内容从游戏中扩展出来，成立了腾讯动漫；2013年，腾讯文学成立；2014年，腾讯电影成立。首提泛娱乐概念的腾讯在这一领域的战略是先纵后横，所谓的纵是指其在游戏、影视、动漫等领域打造繁荣的小生态，而后横向进行联动。基于IP内容产品的泛娱乐内容产业是腾讯当下和未来内容产业的核心发展方向。腾讯主席兼CEO马化腾曾表示："泛娱乐是内容产业的方向。过去的IP版权是割裂的，如何系统性地综合开发这些IP，一定是大势所趋。"腾讯有责任和义务去思考如何将IP泛娱乐化和多角度开发。现在正是大IP时代，对于腾讯而言，动漫、游戏、小说、电影是其泛娱乐生态的基础。在动漫、游戏、小说方面，腾讯的积累已经很深厚，特别是在游戏方面，游戏收入持续占腾讯整体收入50%以上可以说明一切问题，如图10-16所示。

泛娱乐生态的本质是基于明星IP的内容跨界，腾讯实现多领域共生打造出围绕明星IP的粉丝经济，其核心就在于打造好明星IP，如《仙剑》《火影忍者》《名侦探柯南》《蝙蝠侠》《喜羊羊和灰太狼》等IP文化娱乐产品。以前，这些明星IP在线下也有大量的粉丝俱乐部，但是它们和数以百万计的粉丝之间的互动是偶发的、间歇的，并没有日常沟通机制和情感交流。而在互联网时代，基于互联网对人的连接和对信息的承载，多个文化领域合作共生，让粉丝经济得以显现和爆发。IP明星和粉丝可以通过互联网社交网络，甚至进行24小时、365天不间断的互动，这样的零距离让泛娱乐内容更新得更快。腾讯可将其泛娱乐生态和其网络社交工具（QQ、微信）有机地对接起来，促进两者的实时互动和互促发展，既通过社交网络关系推动基于明星IP的泛娱乐内容的广泛分享，又通过IP明星娱乐内容增强用户的网络人际交往，使其成为腾讯社交内容生态体系的核心。

（四）以微信支付主导的一站式生活服务生态的构建

在微信强社交关系之上，腾讯进一步建立了以微信支付为核心的在线金融生态。腾讯在用

---

① 引自 http：//mt.sohu.com/20160801/n461933558.shtml。

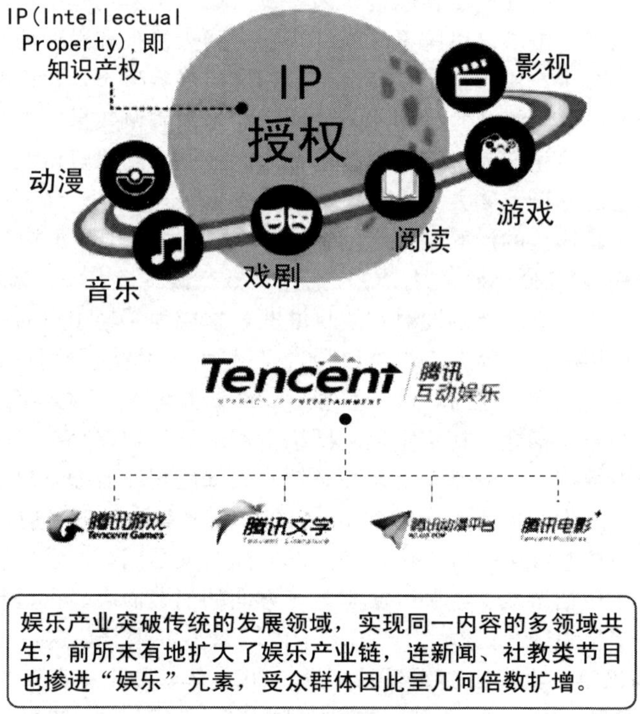

图 10-16　腾讯的文娱生态架构图

资料来源：《腾讯成为 2 000 亿美金市值的 3 大核心战略》（http：//mt. sohu. com/20160801/n461933558. shtml）。

户的微信客户端上增加了微信的支付功能，用户可以通过手机完成快速的支付流程。2013 年 8 月 5 日，微信支付正式上线。2014 年 1 月 4 日，滴滴打车接入微信支付，3 天突破 10 万单。2014 年 8 月 28 日，智慧生活全行业解决方案正式公布。2015 年 2 月 18 日开创春晚抢红包活动，10.1 亿次收发，创新了春节全民红包互动的新高潮。2016 年初的春节假期期间，仅在 6 天内通过微信支付收发的红包数量超过 320 亿，同比增长 9 倍。2015 年 5 月，零钱用户突破 3 亿。2016 年 1 月，微信支付接入线下门店超 30 万家。

微信支付已实现刷卡支付、扫码支付、公众号支付、APP 支付，并提供企业红包、代金券、立减优惠等营销新工具，满足用户及商户的不同支付场景。微信支付一直以来持续打造“智慧生活”。

无论打开支付宝还是微信，都有一个模块叫“城市服务”。2016 年 4 月 22 日，腾讯创始人马化腾与深圳人力资源和社会保障局签署了一项服务协议，腾讯以微信的实名认证用户为基础，以微信支付为便捷的渠道，面向深圳市民推出缴纳、查询医保、社保的服务。同时，腾讯方面透露，这项“互联网＋城市”的服务，已经同时在北京、广州、青岛等 35 个城市推行。无论是以微信还是以支付宝为窗口的城市服务，在后端都需要与政府、公共事业单位进行数据共享，前端，由于移动互联网让服务窗口的前移，城市服务给用户带来了便捷。以买电为例，传统的方式需要大众去供电局或银行的窗口排队，而在开通支付宝和微信支付服务的城市里，用户只需要打开 APP，输入电卡卡号，完成支付，电就可以续到自家的电表上。又如，过去我们查询社保在 PC 端要上相关部门的官网，现在只需在开通的城市首次输入和绑定自己的社保号，便可做查询、挂失、缴纳等，这样的服务由于有移动互联网技术的参与做到了随时随地。腾讯与深圳人力资源和社会保障局的合作，便被腾讯视为“用腾讯的数据和技术推动与各个领域的连接”。为了缓解“三长一短”（挂号排长队、就诊排长队、缴费排长队、看病时间短）的老难题，公众可以通过微信提供的城市服务提前预约，便捷缴费，同时还有可能根据系统推荐的就诊时间来到诊室门口。这就是腾讯和阿里都在尝试拓展的生活服务生态圈。[①]

通过线上线下场景的覆盖，腾讯给用户提供零售（2014 年入股京东，成为其第二大股东）、餐饮（2016 年腾讯 10 亿美元入股世界最大本地生活服务项目美团-大众点评）[②]、出行（入股滴滴出行）、民生（城市服务）等涉及生活方方面面的高效智慧的生活体验，让用户更加自在、有安全感地生活和出行，用户从此告别钱包、告别排队、告别假钱、告别硬币零钱。腾讯成功地实现了以微信支付为金融工具的线上互联网金融和线下商务的 O2O 一体化社交型金融商务生态。“社交＋工具＋社区＋金融＋商务”成为腾讯社交生态体系的新特色。

（五）腾讯互联网水平型商业生态的具体构建方式

与阿里庞大互联网商业生态的建构方式相似，腾讯各个子生态体系的具体构建方式，也体现为内部自建与外部投资并购两种方式并重。

QQ 和微信作为最核心的社交工具型应用产品，是腾讯首创的具有核心竞争力的高频生态级互联网软件应用型产品，它们都是由腾讯内部成员自行设计和自我构建的。而一些新兴的垂直细分类社交工具型应用产品，则往往是通过战略投资或并购方式，在短期内快速完成的，之后，与现行产品（或平台）进行资源整合。

自 2004 年在香港上市后，腾讯开始实施基于庞大社交用户平台的连接一切的一站式互联网生活服务生态的构建，建构方式以外部投资并购为主：战略型产业收购与合作。坚持以投资并购为手段，不管是创业型的新兴企业还是已有资源沉淀的上市公司，只要与腾讯有相关业务往来，腾讯都会培育其上下游产业链，直奔“以 QQ 及微信为核心基础平台、全面开放的一站式生活服务互联网商业生态”的终极目标。

互联网商业生态系统中的支配主宰型企业属于商业生态系统里的“巨无霸”，在某种程度上反对“物种多样化”，其通常会采取兼并重组的方式来整合有价值的核心企业。如获得过融资但未上市的明星创业企业（被业界称为“独角兽”），相比专业投资机构以利润回报为目的的财务投资，更受支配主宰型企业青睐。互联网新媒体公司更多基于战略意义布局投资，以期通过资源整合，对现有业务进行补充或者形成更大的战略协作合力。腾讯以马不停蹄的速度到处投资布局，投资了搜狗、京东（包含京东到家）、滴滴出行、乐居网、58 赶集、美团-大众点评、e 家洁、e 袋洗、口袋购物、丁香园、微医集团、饿了么、人人车、喜玛拉雅 FM、斗鱼、懒人听书等。其不仅巩固了传统的互联网服务领域（电商、搜索等），而且还顺利地抓住了 O2O 这波大潮并对泛内容领域做了一些补充性投资。

在 2016 年互联网巨头投资“独角兽”的图谱中，腾讯系投资笔数最多，占 25%，覆盖面最广，榜单显示出来的腾讯投资布局的三条主线分别如下：一是基于微信和 QQ 的流量入口优势，通过投资电商和 O2O 等生活消费业务，为 10 亿用户搭建丰富完善的移动互联网生活平台，通过开放服务平台，进一步巩固强化腾讯用户的口碑和黏性；二是通过投资游戏、直播、传媒等公司，扩充强化其以游戏为核心的泛娱乐版图；三是对互联网金融、智能硬件、社交、医疗、在线教育等进行风口投资，为未来打下基础。[③]

---

① 阿里、腾讯开始争夺城市服务这块万亿级金矿［N］. 21 世纪经济报道，2016－07－17.

② 引自 https：//baijiahao. baidu. com/。

③ 2016 互联网巨头投资独角兽图谱：腾讯占 25%（估值榜）. 21 世纪经济报道，2016－07－17。

总体上，内部自建和外部投资并购，是腾讯以 QQ 和微信为基石的互联网水平型商业生态体系的两大构建方式，在 SNS 社交、泛文娱、游戏、本地生活 O2O、金融、医疗健康、汽车交通、电子商务和硬件等领域，腾讯都有自营业务和投资布局，各个业务板块都以投资布局为主导，并与相关自营业务形成价值互补。以游戏为核心的文娱生态是其自营业务和投资布局的主要方向。通过自建自营业务和外部投资并购两种途径，腾讯基本完成了以社交用户平台的一站式生活服务（以文娱生态为主导）水平型生态为主并向纵向垂直生态延展的综合性互联网商业生态的布局，形成了包括 SNS 社交生态、游戏生态及其衍生的文娱生态、本地生活 O2O 生态、金融生态、电子商务生态、硬件生态、汽车交通生态等庞大的互联网商业生态体系（如图 10－17 所示）。

图 10－17　腾讯的互联网帝国自营业务与投资布局（2015 版本）

资料来源：http：//www.useit.com.cn/thread-11396-1-1.html。

【知识回顾】

本章首先探讨了互联网商业生态体系建构的主要特征与现实路径，然后以此为基础，具体探讨了两大类互联网商业生态体系建构模式与特色。一类是以“终端+软件服务”为特色的互联网垂直型商业生态建构模式，其生态扩张主要以打造软硬件纵向一体化的纵向大“生态链”为主线，然后逐步完善硬件小“生态圈”和软件小“生态圈”，最终形成以纵向一体化的大“生态链”为主线、横向“生态圈”为辅线的特色“链圈”式互联网垂直型商业生态体系，苹果、小米是互联网垂直型商业生态建构模式的典型代表。二是以互联网高频软件应用产品为主导的水平型商业生态建构模式，其生态扩张主要围绕优势产品和优势平台，打造相关软件服务的横向一体化的特色“生态圈”，然后逐步向泛相关的横向“生态圈”及其上的纵向小“生态链”扩张，最终形成以横向大“生态圈”和纵向小“生态链”为特色的“链圈”式互联网商业生态体系，以阿里和腾讯为典型代表。阿里形成了以“电商+支付宝”为主导的一站式生活服务（以大电商“生态圈”为主导）水平型商业生态建构的模式；腾讯形成了以QQ和微信为社交用户平台的一站式生活服务（以大内容“生态圈”为主导）水平型商业生态建构的模式。

【思考题】

1. 作为互联网商业生态型企业领军品牌的苹果与作为我国新兴的商业生态型企业品牌的小米，两家公司的互联网商业生态运营模式有何异同点？为什么？

2. 作为移动互联网初创时代的互联网公司，小米是如何从初期的小米手机产品起家，向互联网商业生态型企业转型的？如何看待未来小米商业生态的发展态势？

3. 分析乐视互联网垂直型商业生态体系的建构模式和具体实践中主要的得失成败及其主要成因，从中得到什么启示？

4. 比较阿里和腾讯的一站式生活服务互联网商业生态体系建构的特色和分析各自可能面临的问题。

5. 互联网商业生态发展时代的到来，给传统媒体带来了哪些挑战和机遇？举例说明。

参考文献

[1] 蔡斯．共享经济：重构未来商业新模式［M］．王芮，译．杭州：浙江人民出版社，2015.

[2] 陈灿．互联网+：跨界与融合［M］．北京：机械工业出版社，2015.

[3] 陈光锋．互联网思维：商业颠覆与重构［M］．北京：机械工业出版社，2014.

[4] 陈健聪，杨旭．互联网商业生态系统及其内涵研究［J］．北京邮电大学学报（社会科学版），2016（2）．

[5] 陈威如，余卓轩．平台战略——正在席卷全球的商业模式革命［M］．北京：中信出版社，2013.

[6] 仇勇．新媒体革命——在线时代的媒体、公关与传播［M］．北京：电子工业出版社，2016.

[7] 崔保国．中国传媒产业发展报告（2015）［M］．北京：社会科学文献出版社，2015.

[8] 丁芳．Web1.0 网络媒体与 Web2.0 网络媒体的对比分析［J］．湖南大众传媒职业技术学院学报，2008，8（5）．

[9] 范卫锋．新媒体十讲［M］．北京：中信出版集团，2015.

[10] 方兴东，潘斐斐，李树波．新媒体之道与媒体融合战略选择［J］．新闻记者，2016（1）．

[11] 费德勒．媒介形态变化：认识新媒介［M］．明安香，译．北京：华夏出版社，2000.

[12] 付峥嵘，常洛瑜．移动社交营销实战手册［M］．北京：人民邮电出版社，2016.

[13] 郝志中．用户力：需求驱动的产品、运营和商业模式［M］．北京：机械工业出版社，2016.

[14] 侯岩，杨淑玲．商业生态视角下电子商务平台企业商业模式初探［J］．吉林师范大学学报（人文社会科学版），2016（4）．

[15] 黄楚新．"互联网+媒体"——融合时代的传媒发展路径［J］．新闻与传播研究，2015（9）．

[16] 坚鹏．移动支付——开启互联网+商务之门［M］．北京：中国宇航出版社，2016.

[17] 金璞，张仲荣．互联网运营之道［M］．北京：电子工业出版社，2016.

[18] 匡文波．新媒体概论（第二版）［M］．北京：人民大学出版社，2015.

[19] 李斌．IP 生态圈：泛娱乐时代的 IP 产业及运营实践［M］．北京：中国经济出版社，2017.

[20] 李斌．广告精准投放：移动互联网时代的广告投放策略［M］．北京：中国经济出版社，2017.

[21] 李剑玲，王卓．商业生态系统商业模式创新［J］．学术交流，2016（6）．

[22] 李军．移动大数据商业分析与行业营销：从海量到精准［M］．北京：人民邮电出版社，2016.

[23] 李良荣，周宽玮．媒体融合：老套路和新探索［J］．新闻记者，2014（8）．

[24] 李籽萱．美团网运营模式探析［J］．知识经济，2014.

[25] 刘畅．网人合一·类像世界·体验经济——从 Web 1.0 到 Web3.0 的启示［J］．云南社会科学，2008（2）．

[26] 刘侠威．移动社交电商——电子商务的下一个风口［M］．北京：机械工业出版社，2016.

[27] 刘小华，黄洪．互联网+新媒体［M］．北京：中国经济出版社，2016.

[28] 刘阳．自媒体终极秘诀［M］．哈尔滨：哈尔滨出版社，2016.

[29] 罗杰斯．创新的扩散［M］．唐兴通，郑常青，张延臣，译．北京：电子工业出版社，2016.

[30] 麦克卢汉．麦克卢汉精粹［M］．何道宽，译．南京：南京大学出版社，2000.

[31] 莫岱青．美团点评“合体”重塑服务业 O2O 格局：中国互联网第二极崛起［J］．计算机与网络，2015.

[32] 欧阳日辉．“+互联网”到“互联网+”——技术革命如何孕育新型经济社会形态［J］．学术前沿，2015（5）．

[33] 彭兰．从“大众门户”到“个人门户”——网络传播模式的关键变革［J］．国际新闻界，2012（10）.

[34] 彭兰．社会化媒体、移动终端、大数据：影响新闻生产的新技术因素［J］．新闻界，2012（16）．

[35] 沈忱，陈威，黄聃聃．2016 猴年网络红包大战对比分析［J］．新闻研究导刊，2016（7）．

[36] 石长顺，梁媛媛．互联网思维下的新型主流媒体建构［J］．编辑之友，2015（1）．

[37] 舒杨．共鸣：内容运营方法论［M］．北京：机械工业出版社，2017.

[38] 苏杰．人人都是产品经理［M］．北京：电子工业出版社，2014.

[39] 谭贤．APP 运营推广［M］．北京：人民邮电出版社，2016.

[40] 唐兴通．引爆社群：移动互联网时代的 4C 法则［M］．北京：机械工业出版社，2016.

[41] 唐绪军．中国新媒体发展报告（2015）［M］．北京：社会科学文献出版社，2015.

[42] 唐绪军．中国新媒体发展报告（2016）［M］．北京：社会科学文献出版社，2016.

[43] 王彦．网络音乐市场，除了收费就无路可走？［J］．新闻与传播学术前沿，2015（7）．

[44] 吴建材．商业生态系统及其特征研究［J］．科技信息，2007（7）．

[45] 吴声．场景革命——重构人与商业的链接［M］．机械工业出版社，2016.

[46] 谢晓萍．微信力量［M］．北京：机械工业出版社，2015.

[47] 薛小伟．移动互联网时代：团购类网站更深层次实施 O2O 的方法探究——以美团网为例［J］．商场现代化，2015.

[48] 杨溟．媒介融合导论［M］．北京：北京大学出版社，2013.

[49] 于木．支付宝运营：从微商到支商［M］．北京：电子工业出版社，2016.

[50] 喻国明，郭超凯．线上知识付费：主要类型、形态架构与发展模式［J］．编辑学刊，

2017（9）.

［51］喻国明，刘旸．“互联网＋”模式下媒介的融合迭代与效能转换［EB/OL］．（2015－10－08）［2017－10－11］．http：//www. xmtnews. com/p/2710. html.

［52］喻国明．媒介革命：互联网逻辑下的传媒业发展的关键与进路［M］．北京：人民日报出版社，2015.

［53］喻晓马，程宇宁，喻卫东．互联网商业生态——重构商业规则［M］．北京：中国人民大学出版社，2016.

［54］张亮．从零开始做运营［M］．北京：中信出版社，2015.

［55］张向东，谭云明．中国传媒投资发展报告（2015）［M］．北京：社会科学文献出版社，2015.

［56］赵大伟．互联网思维独孤九剑［M］．北京：机械工业出版社，2014.

［57］中商情报网．2015 天猫双十一销售额 912 亿　7 年大增 1800 倍［EB/OL］．（2015－11－12）［2016－11－11］．http：//http：//www. askci. com/news/chanye/2015/11/12/02421u5a0. shtml.

［58］朱小妮．2015 年“互联网 ＋”下的媒体生态：创新、融合与变革［J］．出版广角，2015（12）.

［59］Baldwin C Y，Clark K B. Modularity in design：an analysis based on the theory of real options［Z］. Harvard Business School Working Paper，1994.

［60］Moore J F. Predators and prey：a new ecology of competition［J］. Harvard Business Review，1993，71（5，6）.

［61］Peltoniemi M，Vuori E. Business ecosystem as the new approach to complex adaptive business environments［C］//Frontiers of E-Business Research. Tampere，Finland，2004：1－34.

后 记

当下新媒体运营已成为关乎新媒体组织生存和发展的全局性经营管理活动。本书突破传统新闻传播学研究范式的局限性，以互联网二十多年以来新媒体商业化实践发展过程为总体语境，将以往新媒体分散的碎片化生存和发展状况（广义互联网新媒体的技术、传播、业务和产业），通过资本要素的黏合最终聚合到“集大成”的“新媒体实体组织”上，将其作为《新媒体运营》一书的探讨主体，并以新媒体组织生存和发展的三大动态成长阶段——产品型运营、平台型运营和商业生态型运营作为《新媒体运营》的探讨客体，以此探索我国互联网发展二十多年以来新媒体实体组织的系统的动态化市场商业运营规律。

本书在具体写作思路上，力图站在广大读者的视角，本着深入浅出的写作原则，以丰富的现实案例为切入点，注重图文并茂，方便读者理解，以降低广大读者的学习成本。

本书为国家社科基金项目“以资本运营推动传统媒体与新兴媒体产业融合一体化发展”的阶段性研究成果（项目编号：15BXW018）以及“互联网文化创意产业的创业”创新创业课程建设项目的阶段性研究成果，以我国新媒体二十多年的实践发展过程为总体背景，以大量鲜活案例为具体蓝本，力图总结具有较强实践指导意义的新媒体运营规律。本书可为新媒体从业者提供总体思路和具体方法，为高等院校提供兼具现实性和前瞻性的应用型教学资源。同时为进一步探讨传统媒体与新兴媒体的产业融合一体化发展的规律提供一定参考和借鉴。

本书由刘友芝提出全书及章节的具体写作思路、详细写作框架及主要观点，按写作顺序，具体各章节的作者分别如下：第一篇引言由张童、刘友芝完成；第一章由刘友芝、张童完成；第二章由刘友芝、张童完成；第三章由刘友芝完成；第二篇引言由刘友芝完成；第四章由薛乐、刘友芝完成；第五章由刘友芝、刘秋怡、薛乐、汪霞菲完成；第六章由刘友芝、王晓婉、李露露完成；第三篇引言由刘友芝完成；第七章由刘友芝、刘秋怡、王青霞完成；第八章由刘友芝、薛乐、李露露、刘秋怡、王晓婉、汪霞菲完成；第四篇引言由刘友芝完成；第九章由刘友芝、王青霞完成；第十章由刘友芝、王青霞完成。由熊婷婷最后按丛书格式要求，补充完成部分知识点内容和目录格式的生成与调整。全书内容的整体修改由刘友芝最终完成。

此外，刘馨玫、左翰嫡、沈宏宇为本书第四章第二节撰写了部分参考性的初始文稿；黎诗韵、周姝对本书第五章第三节撰写了部分参考性的初始文稿。感谢各位合作者的积极参与和辛苦工作，感谢各方的通力合作，使本书得以最终完稿。

在本书写作过程中，参阅了一些知名学者的理论研究文献和知名大数据网站出具的新媒体研究报告以及知名新媒体专业网站的文献资料，在此向各位作者一并表示诚挚的感谢！

感谢中国人民大学出版社人文分社策划编辑翟江虹女士的热忱邀请和指导及各位编辑校对人员的认真细致工作。

感谢家人在本人整个写作过程中给予的理解和支持，以此书献给我的家人。

感谢我的恩师——已故著名发展经济学家张培刚先生，正是受恩师的思想熏陶，我才有勇气站在中国互联网二十多年发展的宏大语境中，较为全面、动态、系统、深入地观察和思考中国广义的互联网新媒体组织的整体动态化市场商业运营规律。

新媒体技术日新月异，新媒体的形态及其市场瞬息万变，商业运营模式不断更新迭代，加之我们水平和时间的限制，本书虽经过反复修改，但仍难免存在错漏之处，在此，恳请读者批评指正。

刘友芝

于武汉大学东湖之滨

2023 年 10 月

图书在版编目（CIP）数据

新媒体运营/刘友芝著．—北京：中国人民大学出版社，2018.5（2025.9 重印）
21 世纪新媒体专业系列教材
ISBN 978-7-300-25702-0

Ⅰ．①新… Ⅱ．①刘… Ⅲ．①传播媒介-运营管理-高等学校-教材 Ⅳ．①G206.2

中国版本图书馆 CIP 数据核字（2018）第 069454 号

21 世纪新媒体专业系列教材
新媒体运营
刘友芝　著
Xinmeiti Yunying

出版发行	中国人民大学出版社		
社　　址	北京中关村大街 31 号	**邮政编码**	100080
电　　话	010－62511242（总编室）		010－62511770（质管部）
	010－82501766（邮购部）		010－62514148（门市部）
	010－62511173（发行公司）		010－62515275（盗版举报）
网　　址	http://www.crup.com.cn		
经　　销	新华书店		
印　　刷	北京昌联印刷有限公司		
开　　本	787 mm×1092 mm　1/16	**版　　次**	2018 年 5 月第 1 版
印　　张	18.25 插页 1	**印　　次**	2025 年 9 月第 10 次印刷
字　　数	467 000	**定　　价**	49.80 元

关联课程教材推荐

书号	书名	第一作者	定价	出书时间
978-7-300-24588-1	网络传播概论（第四版）	彭兰	59.80 元	2017-07
978-7-300-23591-2	网络传播法导论	邵国松	38.00 元	2017-01
978-7-300-27214-6	新媒体概论（第三版）	匡文波	49.80 元	2015-09
978-7-300-21417-7	社会化媒体	彭兰	45.00 元	2015-07
978-7-300-18897-3	新媒体理论与技术	匡文波	32.00 元	2014-07
978-7-300-10325-9	传媒经济学教程（第二版）	喻国明 等	49.80 元	2019-12
978-7-300-29737-8	新媒体运营实务	张浩淼 等	49.80 元	2021-08
978-7-300-28412-5	源流说：内容生产与分发的 44 条规则	吴晨光	59.80 元	2020-08

配套教学资源支持

尊敬的老师：

衷心感谢您选择使用人大版教材！

相关的配套教学资源，请到人大社网站（www.crup.com.cn）下载，或是随时与我们联系，我们将向您免费提供。

欢迎您随时反馈教材使用过程中的疑问、修订建议并提供您个人制作的课件。您的课件一经采用，我们将署名并付费。让我们与教材共成长！

联系人信息：

地址：北京海淀区中关村大街 31 号 206 室　　龚洪训 收　　邮编：100080

电子邮件：gonghx@crup.com.cn　　电话：010-62515637　　QQ：6130616

如有相关教材的选题计划，也欢迎您与我们联系，我们将竭诚为您服务！

选题联系人：	电子邮件：	电话：
翟江虹	zhaijh@crup.com.cn	010-62515636

俯仰天地　心系人文

人大出版社网站　www.crup.com.cn

全国新闻教师 QQ 群：259226416

欢迎您登录人大社网站浏览，了解图书信息，共享教学资源

期待您加入专业教师 QQ 群，开展学术讨论，交流教学心得